스토리 성경통독 ONE

당신이 하나님을 더 깊이 알아가고 더 널리 알리는 사람이 되는 것, 이 책에 담긴 도서출판 예수전도단의 마음입니다. 말씀을 통해 저자가 깨닫고, 원고를 통해 저희가 누릴 수 있었던 그 감동이 책을 통해 당신에게도 전해지기 원합니다. 그리고 당신을 통해 그 기쁨과 은혜가 더 많은 이에게 계속해서 흘러가기를 기도하겠습니다. 이 책을 통해 당신이 받은 은혜를 다른 분들에게도 나눠주십시오. 사랑하고 축복합니다.

스토리 성경통독 ONE

글 김형래

50주 성경일독프로젝트

예수전도단

성경통독 및 메시지 구절

일정표

*이 책에서 인용한 성경은 대한성서공회의 개역개정판을 따랐으며
다른 판본은 따로 표기하였습니다.

01	창 1 ~ 19	창 2:7	12	삼하 1 ~ 24	삼하 21:10~14
02	창 20 ~ 38	창 22:8~14	13	왕상 1 ~ 22	왕상 3:7~9
03	창 39 ~ 출 10	창 39:1~6	14	왕하 1 ~ 25	왕하 18:1~8
04	출 11 ~ 40	출 34:1~9	15	대상 1 ~ 29	대상 2:1~17
05	레 1 ~ 27	레 19:1~4	16	대하 1 ~ 23	대하 6:18~21
06	민 1 ~ 36	민 14:1~10	17	대하 24 ~ 스 10	대하 24:1~14
07	신 1 ~ 34	신 6:4~9	18	느 1 ~ 13	느 8:1~6
08	수 1 ~ 24	수 6:15~21	19	에 1 ~ 욥 10	에 4:10~17
09	삿 1 ~ 21	삿 5:24~31	20	욥 11 ~ 42	욥 42:1~6
10	룻 1 ~ 삼상 10	룻 4:9~12	21	시 1 ~ 43	시 42:1~5
11	삼상 11 ~ 31	삼상 28:3~7	22	시 44 ~ 77	시 77:10~15

23	시 78 ~ 102	시 102:12~22	37	슥 1 ~ 말 4	슥 10:8~12
24	시 103 ~ 127	시 107:1~9	38	마 1 ~ 28	마 4:18~22
25	시 128 ~ 150	시 150:1~6	39	막 1 ~ 16	막 10:41~45
26	잠 1 ~ 31	잠 16:1~9	40	눅 1 ~ 24	눅 7:36~50
27	전 1 ~ 아 8	전 3:1~11	41	요 1 ~ 21	요 2:13~22
28	사 1 ~ 22	사 7:10~17	42	행 1 ~ 28	행 4:29~31
29	사 23 ~ 44	사 30:18~26	43	롬 1 ~ 고전 16	롬 15:12~13
30	사 45 ~ 66	사 58:1~12	44	고후 1 ~ 빌 4	엡 2:8
31	렘 1 ~ 33	렘 6:1~8	45	골 1 ~ 몬 1	몬 1:8~21
32	렘 34 · 애 5	렘 50:17~20	46	히 1 ~ 13	히 13:1~8
33	겔 1 ~ 32	겔 15:1~8	47	약 1 ~ 벧전 5	벧전 2:1~5
34	겔 33 ~ 단 12	단 6:25~28	48	벧후 1 ~ 유 1	벧후 1:10~11
35	호 1 ~ 암 9	호 6:1~3	49	계 1 ~ 11	계 2:1~7
36	옵 1 ~ 학 2	미 6:6~8	50	계 12 ~ 22	계 19:11~21

스토리 성경통독 ONE

활용법

이 책은 일년일독을 목표로 성경통독을 완주하고자 하는 성도들을 돕기 위한 책입니다.
책에 담긴 50개의 스토리를 계속해서 이어가면 창세기부터 요한계시록까지
성경에 담긴 하나님의 이야기를 입체적으로 읽게 되고 풍성히 이해하게 될 것입니다.

1. 통독 일정에 따라 한 주간 정해진 분량의 성경을 읽습니다.

4 페이지

성경통독 및 메시지 구절

일정표

*이 책에서 인용한 성경은 대한성서공회의 개역개정판을 따랐으며
다른 판본은 따로 표기하였습니다.

주차, 주차 별 통독 범위, 메시지 구절이 적혀있습니다.

주차	통독 범위	메시지 구절	주차	통독 범위	메시지 구절
01	창 1 ~ 19	창 2:7	12	삼하 1 ~ 24	삼하 21:10~14
02	창 20 ~ 38	창 22:8~14	13	왕상 1 ~ 22	왕상 3:7~9
03	창 39 ~ 출10	창 39:1~6	14	왕하 1 ~ 25	왕하 18:1~8
04	출 11 ~ 40	출 34:1~9	15	대상 1 ~ 29	대상 2:1~17
05	레 1 ~ 27	레 19:1~4	16	대하 1 ~ 23	대하 6:18~21
06	민 1 ~ 36	민 14:1~10	17	대하 24 ~ 스 10	대하 24:1~14
07	신 1 ~ 34	신 6:4~9	18	느 1 ~ 13	느 8:1~6
08	수 1 ~ 24	수 6:15~21	19	에 1 ~ 욥 10	에 4:10~17
09	삿 1 ~ 21	삿 5:24~31	20	욥 11 ~ 42	욥 42:1~6
10	룻 1 ~ 삼상 10	룻 4:9~12	21	시 1 ~ 43	시 42:1~5
11	삼상 11 ~ 31	삼상 28:3~7	22	시 44 ~ 77	시 77:10~15

2. 통톡 일정표에 그 주마다 주신 말씀 묵상을 기록합니다.

각 장의 첫 페이지

01

창 1 ~ 19

말씀 동행

자신의 방식대로 이곳에 묵상 내용을 기록합니다.

(묵상 기록 예시)

1일차 창세기 1장 ~ 3장

"여호와 하나님이 아담과 그의 아내를 위하여 가죽옷을 지어 입히시니라"
아담과 하와가 하나님의 말을 거역했음에도, 그들을 사랑하시는 하나님을 만날 수 있었다.

2일차 창세기 4장 ~ 6장

3일차 창세기 7장 ~ 9장

4일차 창세기 10장 ~ 12장

5일차 창세기 13장 ~ 14장

6일차 창세기 15장 ~ 17장

7일차 창세기 18장 ~ 19장

3. 한 주간의 통독을 마치면, 핵심 구절에 대한 메시지를 읽고 묵상합니다.

추천사

성경을 가리켜 흔히 '인류 역사상 최고의 베스트셀러'라고 부릅니다. 기독교인을 넘어서 종교를 갖고 있지 않은 사람 중에도 많은 이들이 성경을 읽습니다. 도대체 성경은 무슨 매력이 있기에 종교를 초월하여 많은 이들에게 사랑을 받는 것일까요?

대다수 문학가가 주목하는 성경의 매력은 바로 '이야기'로 구성되어 있다는 점입니다. 수천 년에 걸친 이스라엘 민족의 이야기는 그 자체로 흥미진진해서 독자들을 자연스럽게 빠져들게 합니다. 그러다 보면 독자들은 그 이야기가 전하는 교훈을 자연스럽게 받아들이고, 어느 순간 성경이 제시하는 교훈대로 생각하고 살아가게 된다고 말합니다. 쉽게 말해서 '인생을 변화시키는' 성경의 힘은 바로 이야기에서 나옵니다. 실제로 유대인들이 나라를 잃은 뒤에도 수천 년간 정체성을 유지할 수 있었던 원동력도 성경에 나오는 이야기에 있었습니다.

그런데 우리는 오랫동안, 이 이야기의 힘을 무시했습니다. 그래서 흥미진진한 성경의 이야기를 너무나 재미없게 만들었습니다. 언젠가부터 기독교가 매력을 잃었다고 이야기하는 소리가 당연해진 이때, 어떻게 매력이 있는 기독교를 다시 세울 수 있을까요? 여러 방안이 있겠지만, 저는 그 시작이 성경의 이야기성을 다시 세우는 데서부터 시작해야 한다고 생각합니다.

그런 점에서 이 책은 기독교를 매력적으로 만들어줄 수 있는, 좋은 책입니다. 우선 난해하게 보이는 성경의 이야기를 누구나 쉽게 볼 수 있도록 풀어냈습니다. 또 이야기의 흥미를 잃지 않되, 이야기가 전하고자 하는 교훈을 놓치지 않도록 독자들을 자연스럽게 이끌어 줍니다. 또 1년만 투자하면 성경을 전체적으로 이해할 수 있도록 구성도 잘 되어 있습니다. 학자로서의 깊이와 목회자로서의 보편성을 고루 갖춘 저자의 모습이 고스란히 담겨 있습니다.

그래서 저는 확신합니다. 이 책을 보시는 독자마다 성경이 더욱 좋아질 것이라고 말입니다. 이 책이 한국교회를 다시 일으키는 또 하나의 마중물이 되기를 기대하며, 이 책을 기쁜 마음으로 여러분 앞에 추천합니다.

김학중 목사
꿈의교회

추천사

성경 읽기는 약속이 있는 모험이다

기독교인이 성경을 읽을 때는 성경이 고전이어서가 아니다. 교양을 쌓기 위함도 아니다. 우리가 성경을 읽는 것은 '성령의 감동으로 기록된 하나님의 말씀인 성경이 구원에 이르는 도리와 신앙생활에 충분한 표준이 됨을 믿기' 때문이다.

그러나 성경 읽기는 모험이다. 같은 성경을 읽으면서도 독자에 따라 응답이 서로 다르기 때문이다. 성경 안에는 안식일을 거룩하게 지켜야 한다는 계명이 있다. 안식일을 거룩하게 지키는 구체적 실천의 첫 단계는 늘 하던 일을 그치고 쉬는 것이다. 노동에 해당하는 행위가 금지된다는 말이다. 예수님 당시 바리새인들이 안식일 성수(聖守)에서는 완벽했다. 그러나 같은 모세오경에서 같은 안식일 계명을 읽고 자란 예수께서는 안식일에도 환자를 만나면 치료하셨고, 완치된 환자는 자기가 누웠던 병상을 치우거나 오랫동안 누었던 자리를 둘둘 말아 옮기기도 했다. 바리새인들은 이것을 안식일 성수를 어긴 것으로 정죄하는 데 반해, 예수께서는 안식일 계명을 성경 전체의 맥락과 성경에 나타난 하나님의 뜻에 비추어 안식일 규정을 폭넓게 이해하시고, 드디어 "...안식일이 사람을 위하여 생긴 것이지, 사람이 안식일을 위하여 생긴 것이 아니다. 그러므로 인자는 또한 안식일에도 주인이다."(막 2:27-28)라고 말씀하시는 경지까지 이르셨다.

저자 김형래 목사의 <스토리 성경통독 ONE>의 구조적 특징 중 하나는 '50주 구성 : 1주간의 성경 읽기 + 주제 성경 구절과 본문 강해'다. 특히 '주제 성경 구절과 본문 강해'는 성경 통독자가 본문의 세계에 얼마나 더 깊이 파고 들어가 본문의 의미를 탐구할 수 있는지, 그 무한한 여지를 넉넉히 보여주는, 저자 자신이 직접 안내하는 대목이다. 독자가 성경 통독과 함께 저자의 강해를 통해 '열린 성경, 열린 독서'를 계속하다 보면, 독자는 어느새 예수님처럼 열린 마음으로 성경을 읽고, 구원의 도리를 따라 신앙적 삶을 사는 모범을 나타내고 있을 것이다.

민영진 목사

前 대한성서공회 총무

추천사

김형래 목사와의 동행은 미국 드류신학교에서 시작되었다. 당시 목회학석사(M.Div) 과정에 등록한 김형래 목사(당시 전도사)의 첫인상은 침착하고 과묵한 모습이었다. 박사과정에서 논문을 작성하고 있던 나는 김형래 목사가 수강하던 예배학 기초과목의 조교로 수업에 참여하고 있었기에 그의 수업에서의 모습을 아직도 기억한다. 내가 기억하는 그는 침착하고 치밀하며 주의력이 매우 높았던 유학생이었다. 그런 김형래 목사가 이제는 목회 현장에서의 경험을 근거로 귀한 저서를 내놓았다. 그의 성격을 알기에 <스토리 성경통독 ONE>의 저서로서의 완성도와 목회적으로 성도들에게 마땅히 필요하다는 당위성은 의심할 필요가 없다.

성경통독은 우리 그리스도인들에게, 특별히 한국교회 성도들에게는 마치 하나의 큰 짐처럼 다가온다. 당연히 읽어야 하는 경전으로서의 성경이지만, 여러 가지의 이유로 뒤로 미루려 한다. 그와 같은 우리의 정서를 잘 알고 있는 김형래 목사는 성경통독의 본질을 이 책을 통해서 잘 안내하고 있다. 통독의 본질은 정해진 시간에 성경 일독을 목표로 해서는 안 된다는 것이다. 통독을 통해서 '하나님을 만나고, 하나님이 나에게 무엇을 원하시는지를 깨닫기 위한 일련의 과정'이라 저자인 김형래 목사는 강조하고 있다. 그는 통독을 통해서 하나님의 마음을 알아가는 것이 기쁨이 될 수 있도록 독자들을 잘 안내하고 있다. 1년에 일독을 목표로 하되, 읽은 본문의 말씀에서 하나님을 만날 수 있도록 강해의 작업을 치밀하고 꼼꼼하게 잘 기술했다. 이 책을 통해서 단순 통독이 헛헛함을 보충할 수 있는 핵심의 작업을 첨가한 것이다.

성경은 지속해서 읽어야 할 것이며, 상상력을 동원하여 입체적으로 읽을 수 있어야 한다. 활자를 읽어나가는 것에는 큰 의미를 둘 수 없다. 아무리 성경을 빈번하게 읽는다고 하여도 그 뜻과 의미가 자신에게 경험되어 나타나지 않는다면 무익하다. 김형래 목사의 <스토리 성경통독 ONE>을 통해 성경통독의 새로운 지경을 경험하길 권한다. 이 책을 통해서 이 시대를 살아가는 거룩한 성도의 성경적 삶을 조망할 수 있게 될 것이다. 우리를 향한 하나님의 마음을 경험할 수 있는 <스토리 성경통독 ONE>이기에 일독이 아닌 성경과 함께 늘 깊게 묵상할 수 있기를 권한다.

박해정 교수
감리교신학대학교

목차

서문

하나님은 태초에 인간을 영적인 존재로 창조하셨다. 따라서 인간에게는 육신의 양식뿐만 아니라 날마다 영의 양식이 있어야 한다. 예수님도 신명기의 말씀을 인용하시면서 "사람이 떡으로만 살 것이 아니요 하나님의 입으로부터 나오는 모든 말씀으로 살 것이라"(마 4:4)라고 강조하셨다. 그렇다면 과연 우리는 하나님의 말씀인 성경을 영의 양식으로 삼아 강건한 삶을 살아가고 있는가?

성경을 영의 양식으로 삼고자 해도 매일 꾸준히 읽는다는 것은 그리 쉬운 일이 아니다. 바쁜 일상에서 시간을 내기 어려울 뿐만 아니라, 성경을 읽다 보면 이해하기 어려운 내용을 만나거나 본문이 말하고자 하는 핵심을 찾지 못할 때가 많기 때문이다. 특히 연초에 창세기부터 성경을 통독하고자 결심하고도 얼마 가지 못해서 포기하는 경우가 많다.

이에 본 책은 성도들이 쉽게 완주하지 못하는 성경통독을 돕고자 기획되었다. 먼저 1주일간 정해진 분량의 성경을 읽은 후, 가장 핵심이 되는 구절에 대한 강해를 탐독함으로 해당 본문의 말씀이 주는 성경의 교훈과 지혜를 습득할 수 있도록 했다. 무엇보다 성도들이 미처 알지 못했던 성경 지식이나 주목받지 못한 스토리를 통해서 성경을 더욱 입체적으로 읽고 풍성히 이해하는 데 큰 도움이 되리라 기대한다.

본 책의 제목인 <스토리 성경통독 ONE>에 담긴 의미는 한 분이신 하나님이 만드시는 넘버원 스토리라는 것과 1년 1독을 완주하자는 뜻이다. 성경은 우리를 향하신 하나님의 구원 스토리이다. 이 스토리는 구약의 창세기부터 시작해서 신약의 요한계시록에서 마무리되기에, 시작부터 끝까지 포기하지 말고 스토리의 내용을 이해하며 핵심을 쫓아 완주해야 한다. 그 과정 가운데 어느 책도 등한시해서는 안 되고, 좋아하는 책에만 머물러서도 안 된다. 본 책이 안내하는 일정에 따라 성경통독을 완주하는 그날, 기쁨과 감사로 하나님께 영광 돌리게 되기를 간절히 소망한다.

한 해 동안 성경통독을 함께 하며 주일마다 메시지를 나눈 아현감리교회 성도님들에게 감사의 마음을 전한다. 또한 보다 많은 이들에게 말씀의 은혜를 나누고픈 저자의 마음을 이해하고 흔쾌히 출판을 기획하고 실무를 담당해 주신 도서출판 예수전도단의 정양호 대표님과 윤연선 본부장님의 수고에 감사한다. 마지막으로 늘 기도해 주시는 양가의 부모님과 언제나 힘이 되어주는 사랑하는 가족들에게 이 책을 바친다.

김형래 목사

01

창 1 ~ 19

말씀 동행

1일차

2일차

3일차

4일차

5일차

6일차

7일차

생명의 기운

창세기 2:7

7 여호와 하나님이 땅의 흙으로 사람을 지으시고 생기를 그 코에 불어넣으시니 사
람이 생령이 되니라

우리가 말씀을 읽는 목적은 무엇일까? 분명한 것은 단지 성경을 읽는 것으로만 끝내려는 것은 아니라는 사실이다. 그 말씀을 오늘 나의 삶으로 살아내려는 치열함, 이것이 말씀을 읽는 목적이 되어야 한다. 그렇게 될 때 말씀으로 역사하시는 하나님이 그 길을 인도하셔서 혼돈과 불안의 시대에도 하나님을 향한 믿음으로 승리케 하실 것이다.

우리가 성경 통독을 할 때마다 첫 번째 만나는 책은 대부분 '창세기'다. 창세기는 말 그대로 '세상을 창조하신 기록'이라는 뜻인데, 창세기 2장 말씀을 통해 이 책의 이름이 유래되었음을 알게 된다.

> 이것이 천지가 창조될 때에 하늘과 땅의 내력이니… (창 2:4)

원래 유대인들이 그들의 경전으로 삼았던 이 책에는 이름이 없었다. 구약의 다른 책들 역시 그 책의 첫 번째 단어를 이름처럼 불렀다. 즉 창세기의 첫 단어인 '태초에' 이것이 창세기를 가리키는 이름처럼 불린 것이다. "태초에 하나님이 천지를 창조하시니라" 이 말씀이 모든 것의 출발점이 된다. 우주에 존재하는 모든 것, 성경의 모든 이야기가 바로 여기에서 시작된다는 말이다. 시작이 반이라는 말도 있듯이 그만큼 시작은 중요하다. 그래서 창세기의 첫 단어이자 성경을 시작하는 첫 단어, 유대인들이 이 책의 제목으로 여겼던 '태초에'라는 말에는 매우 중요한 의미가 담겨 있다. '태초에'라는 단어를 들으면 시간상으로 어느 정도의 때를 떠올리는가? 아주 오래전, 호랑이 담배 피우던 때? 아니면 그보다 더 옛날? 창세기를 시작하는 '태초에'라는 말은 하나님이 행하신 창조의 시점을 의미한다. 무에서 유를 만드신 그 놀라운 사건이 처음 일어났던 바로 그'때' 말이다.

그런데 창세기 말고도 성경에 '태초에'라는 말로 시작하는 책이 또 하나 있다. 바로 신약의 요한복음이다.

> 태초에 말씀이 계시니라 이 말씀이 하나님과 함께 계셨으니
> 이 말씀은 곧 하나님이시니라 (요 1:1)

창세기와 요한복음에서 언급된 '태초에'는 우리말로는 차이가 없다. 두 곳 모두 한글로 '태초에'라고 번역되었기 때문인데, 사실 원어로 보면 서로 다른 의미의 말이다. 요한복음이 말하는 '태초'는 하나님의 창조사건 이전부터 존재했던 때, 즉 이 세상에 시간이 흐르기 시작하기 이전의 영원한 때를 의미한다. 그렇게 시간을 초월하는 영원한 말씀, 곧 하나님이 육신이 되셔서 이 땅에 거하신 분이 바로 그리스도이심을 전한다. 그러나 창세기를 시작하는 이 '태초에'라는 말은 우리말로 직역하면 '시초에' 즉 시간의 처음, 시간의 원점을 의미한다. 무에서 유를 만드신 하나님의 창조사건에 이 시간도 들어있다는 뜻이다. 다시 말해 하나님이 우주 만물을 창조하셨기에 이 세상에 시간도 시작됐다는 것이다.

이처럼 모든 것을 초월하시는 하나님이 우리 인생을 포함한 온 우주 만물과 오늘 지금 이 순간도 시간 속에서 만나시고 섭리해 가신다는 의미의 말이 바로 창세기의 첫 단어, '태초에'이다. 우리가 여기서 알아야 할 것은 하나님께서 당신이 지으신 피조물과 관계 맺기 위해서가 아니라면, 사실 창조 이전의 시간과 창조 이후의 시간이라는 이 구분도 하나님께는 아무런 의미가 없다는 사실이다. 스스로 자존하는 하나님은 시간과 공간의 제한을 받지 않으시고 모든 시공간을 초월하셔서 영원부터 영원까지 계시기 때문이다.

이처럼 성경은 시작의 첫 단어부터 하나님은 우리가 감히 그 어떤 존재

와도 비교할 수 없는 이 세상의 모든 차원을 초월하시는 전능하신 분임을 깨닫게 한다. 그러니 우리가 '창조주 하나님'이라고 부르고 고백할 때는 바로 이런 믿음이 담겨야 한다. 창조주 하나님께서 나와 함께 하시고 이 세상을 주관하심을 믿는 것만이 우리가 이 세상을 두려워하지 않고 오직 하나님만을 경외하도록 만들 것이다.

> 여호와 하나님이 땅의 흙으로 사람을 지으시고
> 생기를 그 코에 불어넣으시니 사람이 생령이 되니라 (창 2:7)

이 말씀은 사람을 지으시고 생명을 가진 존재가 되게 하신 하나님의 창조를 설명한다. 땅의 흙으로 사람을 지으신 다음, 하나님은 그 코에 '생기', 말 그대로 '살아있는 기운' 즉 '생명의 기운'을 불어넣으셨다. 사람이 살아있다는 것을 무엇으로 알 수 있는가? 바로 숨, 호흡이 있기 때문이다. 다시 말해 생기는 바로 사람을 살게 하는 '생명의 숨' '생명의 호흡'을 의미한다. 이것이 없으면 모든 생물은 살아있는 존재가 아니다.

'생기'하면 떠오르는 다른 성경 말씀이 있다. 바로 구약의 에스겔서다.

> 주 여호와께서 이 뼈들에게 이같이 말씀하시기를
> 내가 생기를 너희에게 들어가게 하리니 너희가 살아나리라 (겔 37:5)

죽음의 골짜기에서 마른 뼈들이 다시 살아나는 놀라운 일이 펼쳐지는데, 바로 '생기' 때문이다. 이처럼 하나님의 생기는 우리가 생명의 호흡을 할 때마다 생명의 기운을 주시고, 죽은 영혼까지도 다시 살아나게 하시는 하나님의 놀라운 은혜이자 축복이다.

다시 창세기의 말씀을 보면, 하나님이 '생기'를 불어넣으시자 사람이

'생령이 되었다'라고 말한다. 혹자는 이 말씀을 사람이 생기를 받으므로 곧바로 어떤 신령한 존재나 영적인 존재가 된 것으로 생각하기도 하는데, 그것은 너무 지나치고 자의적인 해석이다. 여기서 우리말로 '생령'이라고 표현된 말은 하나의 살아 있는 존재를 말한다. 영어로는 'a living person / being' 생기로 인해서 사람이 숨을 쉬는 하나의 생명체가 된 것을 의미한다. 이것은 사람의 영적인 차원이 아닌 오히려 육체적 차원에서 설명이다.

노아의 홍수 이야기가 시작되는 6장에서 그 의미가 더욱 분명해진다.

> 내가 홍수를 땅에 일으켜 무릇 <u>생명의 기운</u>이 있는 모든 <u>육체</u>를
> 천하에서 멸절하리니 땅에 있는 것들이 다 죽으리라 (창 6:17)

안타깝게도 '생명의 기운이 있는 모든 육체를' 심판하시는 장면이 나오는데, 사람의 죄악 때문에 하나님이 창조하신 가축과 기는 것과 공중의 새까지 지면의 모든 생물을 쓸어버리신다. 하나님이 보시기에 좋았다고 하신 그 창조의 세계를 심판할 수밖에 없는 하나님의 그 마음이 어땠을까?

천지창조 이후 노아의 홍수에 이르기까지 하나님은 준엄한 심판을 하면서도 계속해서 이 세상을 향한 구원의 사랑을 베풀어가셨다. 말씀에 불순종한 아담과 하와를 에덴동산에서 쫓아내실 때도 그들을 위해서 친히 가죽옷을 지어 입히셨고, 동생 아벨을 죽인 형 가인이 죽음의 두려움 앞에서 하나님께 간구했을 때도 하나님은 오히려 아무도 그를 해치지 못하도록 친히 그에게 징표를 주셨다.

창조 세계와 피조물에 대한 하나님의 한없는 사랑과 놀라운 구원의 계획은 노아에게 만들라고 하신 방주를 통해서 더욱 분명하게 드러난다. 혹시 하나님께서 노아에게 방주를 만들라고 명하실 때, 그 방주를 어떤 나무

로 만들라고 하셨는지 기억하는가?

> 너는 고페르 나무로 너를 위하여 방주를 만들되
> 그 안에 칸들을 막고 역청을 그 안팎에 칠하라 (창 6:14)

노아가 방주를 만들었던 나무는 '고페르'라는 나무인데, 이 나무는 성경에서 유일하게 방주를 만드는 데에만 언급된다. 사실 이 '고페르' 나무는 예전 개역한글판 성경에는 '잣나무'로 표현됐다. 그런데 잣나무에서 고페르 나무로 바뀐 이유는 방주를 만들었던 이 나무를 잣나무라고 단정하기 어렵기 때문이다. 사실 어떤 나무였는지 지금 우리가 정확히 알기는 어렵다. 그래서 히브리어 원어의 발음 그대로 '고페르' 나무라고 한 것이다.

그렇다면 구원의 방주를 만드는 데 쓰인 이 '고페르' 나무는 어떤 나무였을까? 학자들의 많은 연구를 토대로 가장 유력하게 설명할 수 있는 내용은 이 나무가 잣나무와 같이 어떤 하나의 나무 종류가 아니라 마치 합판처럼 어떤 특별한 가공이 된 목재였다는 것이다. 그 추정 이유는 이렇다.

첫째로 방주의 크기가 매우 컸기 때문이다. 방주는 길이가 삼백 규빗, 너비는 오십 규빗, 높이는 삼십 규빗으로 표현됐는데, 이것을 미터로 환산하면 길이가 135m, 폭이 22.5m, 높이가 13.5m나 되는 일종의 대형 건조물이라고 할 수 있다. 이런 방주가 물 위에 적어도 150일, 5개월을 떠 있었다. 그러려면 절대 물이 스며들지 말아야 하고, 나무가 휘어진다거나 비틀어지는 문제도 없어야 했다. 이렇게 볼 때, '고페르' 나무는 이러한 홍수의 환경을 견디기 위해서 특별하게 준비된 가공된 나무였을 것으로 추정된다.

둘째로, 하나님은 방주를 만들되 그 안팎에 '역청'을 칠하라 하셨다. '역청'은 석탄과 석유의 중간 제품인데, 이것은 자연적으로나 혹은 인위적으로 건조한 석유 생성물을 말한다. 방주의 안과 밖에 이러한 역청을 바르려면 합판을 만드는 것처럼 얇은 목재판에 역청을 칠하고 거기에 다시 목재판을 붙여야 한다. 이런 과정을 생각해 볼 때, 노아는 얇은 판과 판 사이에 역청을 발라서 어떤 특별한 합판을 만들고 그것으로 방주를 만들었으리라 추측할 수 있다. 어쨌든 우리가 '고페르' 나무가 어떤 나무인지 정확히 알 수는 없다. 하지만 이 나무를 잣나무에서 '고페르' 나무라고 표현함으로 그동안 미처 깨닫지 못했던 이 말씀에 담긴 중요한 의미를 새롭게 발견하게 된다.

우리말로 '잣나무'와 '역청'이라고 할 때는 이 둘 사이에서 어떤 의미의 관계를 예상하기가 어렵다. 그러나 '고페르'의 원어를 보고 역청의 원어를 살펴보니 이 둘 사이에 너무나 밀접한 연관이 있다는 것을 알게 된다. '역청'이라고 번역된 이 말의 히브리어 원어는 '코페르'다. 나무 이름 '고페르'와 어원이 같고 소리도 굉장히 비슷하다. 따라서 학자 중에는 역청인 '코페르'를 바른 나무가 바로 '고페르' 였을 것이라고 주장하기도 한다.

그런데 이것으로 끝이 아니다. 구원의 방주를 만든 '고페르' 나무, 그 나무에 칠한 역청 '코페르', 이런 관계 속에서 연상되는 말이 또 있다. '카파르'라는 말이다. 이는 히브리어로 '속죄, 구속, 죄 사함'을 의미한다. 이쯤 되니 노아의 방주를 그냥 우연히 아무 의미 없이 '고페르 나무'로 만들라고 하신 것이 아니라는 것을 알 수 있다.

홍수는 하나님이 행하신 심판의 사건이다. 우리 가운데 죄의 문제를 스스로 해결할 수 있는 사람은 아무도 없다. 예수 그리스도의 속죄 없이는 구원받을 사람이 아무도 없다. 노아의 방주는 바로 하나님의 그 놀라운 구속의 섭리를 예표하고 상징한다. '코페르'라는 역청을 바른 '고페르' 나무로 만들어진 그 방주 속에 '카파르' 즉 속죄받은 생명체들이 있었다는 말이다.

하나님이 땅 위의 모든 생물을 홍수로 쓸어버리고자 하실 때, 이렇게 특별한 나무로 지어진 그 큰 배에 누가 들어갔는가? 방주에 오른 사람은 모두 여덟 명으로 노아와 그의 아내, 그리고 노아의 세 아들과 그의 아내들뿐이었다. 오히려 방주의 나머지 많은 공간은 다른 생명체들을 보존하기 위한 하나님의 사랑과 은혜의 자리였다. 노아의 방주는 사람만이 아니라 온갖 짐승들까지 살린 진정한 생명의 방주였다. 그 방주에 들어간 것들에 대해 성경은 이렇게 표현한다.

> 무릇 생명의 기운이 있는 육체가 둘씩 노아에게 나아와 방주로 들어갔으니 (창 7:15)

하나님이 사랑하시는 모든 생물에게 '생명의 기운'을 주신 것이다. 그래서 성경은 홍수심판의 결과를 이렇게 말한다.

> 땅 위에 움직이는 생물이 다 죽었으니
> 곧 새와 가축과 들짐승과 땅에 기는 모든 것과 모든 사람이라
> 육지에 있어 그 코에 생명의 기운의 숨이 있는 것은 다 죽었더라 (창 7:21~22)

모든 생명이 하나님께 있음을 깨닫게 하신 말씀이다. 하나님은 심판의 과정인 노아의 방주를 통해서 모든 생명의 주인이 되시는 하나님의 뜻을 명백히 보여주셨다. 그러니 우리 삶의 여건이 어떠하든지 절대 잊지 말아야 할 것은 모든 생명은 하나님이 사랑하는 피조물에 주신 가장 소중한 선물이라는 것이다. 우리가 이것을 기억할 때, 생명의 기운을 주시고 생

명의 주인 되시는 하나님의 놀라운 구원의 역사가 오늘 우리 가운데 또한 이 땅 위에 반드시 이뤄질 것을 믿는다. 이 믿음이 세상을 지으시고 생명을 선물로 주신 하나님을 더욱 기쁘시게 하는 것임을, 그 사명을 온전히 감당하는 우리가 되길 소망한다.

02

창20~38

말씀 동행

1일차

2일차

3일차

4일차

5일차

6일차

7일차

예비하심의 은혜

창세기 22:8~14

8 아브라함이 이르되 내 아들아 번제할 어린 양은 하나님이 자기를 위하여 친히 준
비하시리라 하고 두 사람이 함께 나아가서
9 하나님이 그에게 일러 주신 곳에 이른지라 이에 아브라함이 그 곳에 제단을 쌓고
나무를 벌여 놓고 그의 아들 이삭을 결박하여 제단 나무 위에 놓고
10 손을 내밀어 칼을 잡고 그 아들을 잡으려 하니
11 여호와의 사자가 하늘에서부터 그를 불러 이르시되 아브라함아 아브라함아 하시
는지라 아브라함이 이르되 내가 여기 있나이다 하매
12 사자가 이르시되 그 아이에게 네 손을 대지 말라 그에게 아무 일도 하지 말라 네가
네 아들 네 독자까지도 내게 아끼지 아니하였으니 내가 이제야 네가 하나님을 경
외하는 줄을 아노라
13 아브라함이 눈을 들어 살펴본즉 한 숫양이 뒤에 있는데 뿔이 수풀에 걸려 있는지
라 아브라함이 가서 그 숫양을 가져다가 아들을 대신하여 번제로 드렸더라
14 아브라함이 그 땅 이름을 여호와 이레라 하였으므로 오늘날까지 사람들이 이르기
를 여호와의 산에서 준비되리라 하더라

성경을 쭉 읽다 보면 때로 질문이 생길 때가 있다. 만약 그렇지 않고 읽는 대로 다 '아멘'하는 것은 둘 중 하나일 것이다. 정말 믿음으로 다 받아들이든지, 아니면 아무 생각 없이 그냥 읽든지.

특별히 창세기 초반부에는 우리의 관점에서는 이해하기 어려운 내용이 있다. 하나님이 궁창을 만드셔서 궁창 아래의 물과 궁창 위의 물로 나눈다든지, 저녁이 되고 아침이 되는 것으로 하루를 말한다든지, 6일간의 창조 과정 중에 왜 둘째 날에만 '하나님이 보시기에 좋았더라'하는 이 말이 없는지…. 어떤가? 갑자기 궁금하지 않은가?

예전에 이런 질문을 받은 기억이 있다.

"하나님이 천지를 창조하신 이 과정, 사람을 만드신 이 모습을 누가 보고 기록한 것입니까? 누군가 있었으니까 기록했을 것 아닙니까?"

이 질문은 창세기 전체에 대한 이해가 필요하다. '창세기'라는 책을 우주와 천지에 대한 시작으로만 생각하면 해결하기 어려운 질문이라는 뜻이다. 물론 하나님은 우리 인간을 포함한 온 우주 만물을 창조하신 분이다. 모든 것의 시작이 되고 기원이 되시기에 성경의 가장 처음에 창조주 하나님을 선포한 것이다.

그런데 이것이 창세기를 기록한 주된 목적은 아니라는 것을 이해해야 한다. 그렇다면 창세기를 기록한 그 목적을 어떻게 알 수 있을까? 이는 50장까지 기록된 창세기 전체를 볼 때 알 수 있다. 천지창조에 대해서 기록하고 전하는 것이 창세기의 주된 목적이었다면, 당연히 그 내용이 창세기의 대부분을 차지했을 것이다. 하지만 그렇지 않다. 창조로 시작된 이 세상, 하나님의 형상대로 살게 하신 인간, 그러나 그 뜻에 순종하지 않은 인간의 죄와 그에 따른 하나님의 심판, 그런데도 구원의 방주를 통해서 새

창조를 이루신 하나님!

이처럼 인류 역사의 시작과 더불어 큰 그림을 보여주던 창세기의 분위기가 12장에 이르러서 극적으로 뒤바뀐다. 그렇게 원대하고 장대한 창조와 기원을 이야기하던 창세기가 갑자기 한 사람을 주목한다. 그리고 이 사람으로부터 시작해서 창세기 끝까지 한 가문의 이야기가 펼쳐진다. 그래서 창세기를 그 내용에 따라서 구분할 때, 1장부터 11장까지를 인류 역사에 대한 기원이라는 의미로 '원역사' 혹은 '태고사'라고 하고, 12장부터 50장까지를 이스라엘 족장들의 역사라고 해서 '족장사'라고 한다. 분량으로만 봐도 '족장사'가 3배 이상 더 많다. 무엇을 의미하는 걸까?

그렇다. 창세기는 하나님께서 택하신 이스라엘 민족의 시작을 이야기하려는 책이다. 이 세상의 시작, 즉 천지창조에 이어서 가장 많이 하고 싶은 이야기는 하나님 백성의 시작을 전하고자 함이었다. 이러한 목적을 모르고 '창세기'라는 이름만으로 이 책을 통해서 온 우주에 대한 과학적인 근거를 찾고자 한다면 실망할 수밖에 없게 된다. 사실 창세기는 천지창조의 과정에 대해서 자세히 설명하지 않는다. 창조의 과학적인 원리나 DNA에 대한 설명도 없다. 그러나 이 말씀이 출애굽한 이들이 광야에 머물던 그 시기에 기록되었음을 이해한다면, 이것은 오히려 놀라운 믿음의 증거요 기적의 책이라는 것을 깨닫게 된다.

창세기가 첫 번째로 주목하는 한 사람은 바로 '아브라함'이다. 성경은 왜 첫 번째로 아브라함에게 주목했을까? 이는 이스라엘 민족의 실질적인 역사가 아브라함에게서부터 시작되기 때문이다. 그래서 아브라함을 '믿음의 조상'이라고 부르는 것이다.

아브라함을 생각할 때 가장 먼저 떠오르는 생각은 무엇인가? 하나님에 대한 믿음의 확신을 가진 사람? 하나님과의 관계가 친밀한 사람? 흔들림 없는 강인한 사람? 대부분 긍정적인 모습을 많이 떠올릴 터다. 분명 그렇다. 아브라함은 그런 이미지에 맞는 사람이다. 오늘의 성경이 보여주는 아브라함의 모습도 그렇다. 하나님의 명령에 순종해서 자기 독자까지도 아끼지 않는 아브라함! 그는 하나님을 경외하는 진정한 믿음의 모습을 우리에게 보여준다.

사실 어린 시절 이 말씀을 배우면서 가장 먼저 들었던 생각은 두려움이었다. 나 역시 이삭처럼 외아들이었는데, '하나님을 열심히 믿으시는 아버지가 혹시 나한테도 이러시지 않을까?' 하는 막연한 두려움에 오히려 믿음이라는 것이 무섭게 생각되기도 했다. 또 결혼하고 아이를 낳은 후로는 아브라함의 이러한 믿음이 나의 믿음을 초라하게 느껴지게도 했다. '독자까지도 아끼지 않은 아브라함인데, 나는 이렇게밖에 못하나?' 하면서 말이다. 아마 누군가도 나처럼 자신의 연약한 믿음을 자책하거나 믿음에 대해서 회의를 가진 경험이 있을 것이다.

그러나 믿음의 조상 아브라함에게도 성경에 드러나는 이 모습이 결코 전부가 아니었음을 기억해야 한다. 사실 이 사건은 아브라함에게 있었던 '마지막' 시험이었다. '마지막'이라고 말하는 것은 앞서 그에게 여러 번의 시험이 이미 있었다는 의미다. 우리가 앞서 있었던 그 시험의 과정은 다 무시하고 오로지 이 사건만을 가지고 이것이 훌륭한 믿음이라고 여긴다면, 우리는 아무도 그러한 믿음에 이를 수 없을 것이다. 오늘을 살아가는 믿음의 사람으로 더욱 관심 가져야 할 것은 아브라함이 이 마지막 시험까지 오는 동안 겪었던 그 과정들, 아브라함을 진정한 믿음의 조상으로 만든 그 긴 시간이다.

12장을 보면 하나님이 그를 처음 부르시는 이야기가 소개된다. 그가 아직 '아브람'이라는 원래의 이름으로 있을 때였다. 성경은 그가 어떠한 상황에 있을 때 부르심을 받았는지 이렇게 소개한다.

> 데라가 그 아들 아브람과 하란의 아들인 그의 손자 롯과
> 그의 며느리 아브람의 아내 사래를 데리고 갈대아인의 우르를 떠나
> 가나안 땅으로 가고자 하더니 하란에 이르러 거기 거류하였으며
> 데라는 나이가 이백오 세가 되어 하란에서 죽었더라 (창 11:31~32)

아브람의 아버지는 '데라'인데 데라에겐 총 세 명의 아들이 있었다.

> 데라는 칠십 세에 아브람과 나홀과 하란을 낳았더라 (창 11:26)

사실 이 족보에는 중요한 의미가 담겨있다. 데라의 집안은 노아의 세 아들인 셈, 함, 야벳 가운데 셈의 후손이다. 11장 10절로부터 셈의 족보가 소개되면서 데라까지 내려오게 된다.

그런데 데라에 대한 소개를 읽으며 좀 이상한 점을 발견하지 않았는가? 다른 사람들은 전부 '몇 세에 누구를 낳고 그를 낳은 후 몇 년을 지내며 자녀를 낳았다.' 이렇게 소개한다. 즉 장자의 이름만 소개하고, 그다음 대로 이어진다는 말이다. 그런데 유독 마지막 데라의 소개만은 그렇지 않았다. '데라는 70세에 아브람을 낳고, (205세에 죽었으니까) 아브람을 낳은 후에 135년을 지내며 자녀를 낳았다.' 이렇게 기록해야 이전 선조들을 소개한 족보 형식에 맞는다는 말이다. 그러나 그렇지 않았다. "데라는 칠십 세에 아브람과 나홀과 하란을 낳았더라" 이렇게 기록돼 있다.

왜 그럴까? 그 이유는 아브람이 장자가 아니기 때문이다. 그 이전의 형식대로 한다면 아브람을 소개할 수 없기 때문이다. 따라서 이 족보는 단순

히 셈의 후손을 소개하기 위한 족보가 아니었다. 하나님이 부르신 자, 즉 이스라엘의 선조인 아브람을 소개하기 위한 믿음의 족보였다. 성경이 첫 번째로 주목하는 한 사람, 아브람은 혈통에 있어서 장자가 아니었다. 그러나 그는 믿음의 장자였음을 이 족보가 앞서 보여주는 것이다.

아브람의 아버지 데라에게는 세 아들이 있었다. 혈통의 순서로 한다면 하란, 나홀, 아브람 이렇게 된다. 장자인 하란은 갈대아 우르에 있을 때 롯을 낳고 먼저 죽고 만다. 그러자 데라는 손자 롯을 데리고 막내아들 아브람과 며느리 사래와 함께 그곳을 떠나서 가나안 땅으로 가는데, 결국 그곳에 다 이르지 못하고 중간에서 그만 죽는다.

만약 아브람의 입장이라면 어떤 선택을 할 수 있을까? 첫 번째, 지금 거류하는 곳에 계속 머문다. 두 번째, 고향으로 돌아간다. 세 번째, 아버지가 가고자 했던 가나안 땅으로 간다. 아브람의 입장에서 현실적으로 어느 선택이 가장 유리했을까? 아마도 두 번째인 고향으로 돌아가는 선택이었을 것이다. 아버지도 돌아가시고 지금 거류하는 곳에는 아무런 삶의 기반이 없었다. 그렇다고 가나안 땅으로 간다는 것은 오히려 더 큰 모험이니, 당연히 일가친척이 있고 그래도 기반이 있는 고향으로 가는 것이 현명한 선택이었다는 얘기다. 그런데 하나님이 아브람을 부르시면서 뭐라고 하셨는가?

> … 너는 너의 고향과 친척과 아버지의 집을 떠나
> 내가 네게 보여 줄 땅으로 가라 (창 12:1)

지금 있는 곳에 계속 머무는 것보다 사실 더 불안하고 염려되는 가장 비현실적인 선택을 하라는 것이다. 만약 우리에게 이런 상황을 준다면 이 선택을 할 수 있을까?

> 내가 너로 큰 민족을 이루고 네게 복을 주어 네 이름을 창대하게 하리니 너는 복이 될지라 (창 12:2)

물론 이 선택에 따른 하나님의 약속이 있었다. 이 부르심에 응답하는 선택을 한다면, 놀라운 복을 주시겠다는 약속이다. 그러나 현실의 문제 앞에서 이 말씀만을 붙잡고 가장 비현실적인 선택을 한다는 것은 절대 쉽지 않은 일이다. 그런데도 아브람은 자신에게 주어진 그 선택의 자리와 선택의 기회에서 과감히 하나님을 선택하고 그 말씀을 따라갔다.

이렇게 첫 번째 시험을 통과한 아브람은 하나님이 계획하신 그 길을 오직 믿음으로 가야 했다. 의지할 사람이 아무도 없었다. 자신을 부르신 하나님만을 신뢰하면서 믿음으로 가야 했다. 그러나 그 길을 가는 동안 아브람은 수차례 의심하고 염려하고 머뭇거렸다. 급기야 애굽에서 자신의 목숨을 지키고자 아내를 두고 거짓말을 하고 만다. 그런데도 하나님은 그 일로 바로와 그 집에 큰 재앙을 내리셔서 그의 실수와 실패를 덮어주시고 그에게 하신 약속을 지켜가셨다. 사실 이 정도면 아브람도 다시는 실수하지 말아야 했다. 하지만 20장에 보면 할례를 통해서 분명한 언약의 표징을 받고 '아브라함'이라는 새 이름을 얻은 후에도 그는 그랄에 거류하면서 또 다시 똑같은 거짓말을 한다.

아브라함의 이야기는 사람의 마음이 얼마나 변덕스러운지를 잘 보여준다. 오늘 주어진 모든 것에 감사하다가도 내일은 작은 것 하나에도 불평하고 원망하며, 어느 날은 희망으로 가득 찼다가도 또 어느 날은 절망의 늪에서 허우적거리는 우리의 모습 말이다. 그러나 너무 실망할 필요는 없다. 믿음의 조상인 아브라함도 그랬다. 하나님을 믿는다고 했지만, 현실에서 끊임없이 밀려오는 두려움과 의심은 그 믿음을 계속해서 흔들리게 하고 혼란스럽게 했다.

그런데 이런 믿음의 과정을 통해서 우리가 분명히 깨달아야 할 것이 있다. 하나님이 우리를 자녀로 삼으시고 구원하실 때는 우리에게 가장 적합한 계획을 가지고 부르신다는 것이다. 아브라함에게 그러셨듯이 하나님은 우리의 믿음이 굳건할 때나 그렇지 못할 때나 하나님이 계획하신 그 구원의 역사를 한결같이 이뤄 가신다. 때론 아브라함처럼 삶의 문제와 고난 앞에서 '혹시 하나님께서 나를 잊으신 건 아닌가?' 의심될 때가 있다. 정말 하나님이 나를 위해서 무엇인가 준비하고 계시기는 한 건지 불안할 때도 있다. 그러나 하나님은 아브라함을 통해서 분명히 보여주신다. 우리를 향하신 하나님의 계획은 반드시 이루어진다는 사실을 말이다. 하나님은 오늘도 그 구원의 은혜를 주시기 위해서 우리에게 필요한 가장 좋은 것을 준비해 놓으셨다.

아브라함은 믿음의 여정에서 여러 번 하나님을 의심했다. 그러나 그때마다 언약을 지키시는 하나님의 놀라운 은혜를 체험했다. 그리고 마침내 하나님의 마지막 시험에서 과거 자신처럼 의심 가운데 있는 아들 이삭의 질문에 멋지게 답한다.

> … 내 아들아 번제할 어린 양은 하나님이 자기를 위하여 친히 준비하시리라 …
> (창 22:8)

그의 믿음대로 하나님은 그의 독자 이삭 대신에 그 뿔이 수풀에 걸린 숫양 한 마리를 예비해 놓으셨다. 믿음은 이런 것이다. 하나님의 예비하심을 신뢰하면서 그것을 따라 살아가는 것, 그것이 진정 은혜의 삶이요, 하나님의 인도하심을 따라 사는 것이다.

아브라함은 100세가 되어서야 그 긴 과정과 오랜 세월을 통해 마침내 하나님을 믿고 하나님만 의지하는 법을 깨달았다. '여호와 이레', 그 놀라운 예비하심의 은혜를 깨닫고 나서야 비로소 아브라함은 진정 위대한 믿음의 조상이 되었다.

그 이후 아브라함의 삶은 하나님을 신뢰하는 믿음의 정수를 보여준다. 24장을 보면 아브라함이 아들 이삭을 위해서 아내를 택하는 이야기가 나온다. 아브라함은 종에게 "너는 이곳 가나안 족속의 딸 중에서 택하지 말고, 고향에 가서 내 족속 중에서 그의 아내를 택해오라."라고 말하는데 종의 입장에서 얼마나 부담되는 말인가. 결국 종은 "만일 이곳으로 오지 않으면 주인의 아들을 그곳으로 인도해 가도 될까요?"라며 나름 지혜로운 답변을 내놓는다. 이때 아브라함이 뭐라고 답하는가?

> 하늘의 하나님 여호와께서
> 나를 내 아버지의 집과 내 고향 땅에서 떠나게 하시고
> 내게 말씀하시며 내게 맹세하여 이르시기를
> 이 땅을 네 씨에게 주리라 하셨으니
> 그가 그 사자를 너보다 앞서 보내실지라 네가 거기서 내 아들을 위하여
> 아내를 택할지니라 (창 24:7)

하나님이 친히 앞서가셔서 예비하실 것임을 선언한다. 돌아보니 고향과 친척과 아버지의 집을 떠나게 하신 분도 하나님이고, 전혀 가능성 없는 사라에게서 이삭을 얻게 하신 분도 하나님이심을 아브라함은 깨달았다. 삶의 모든 것이 하나님의 계획안에서 그분의 예비하심대로 이루어져 가고 있음을 깨달은 것이다.

노아에게 명하셔서 고페르 나무로 방주를 예비하셨던 하나님께서 데라

의 막내아들 아브람을 부르셔서 예비하심의 은혜를 깨닫게 하시고 그를 믿음의 조상으로 세우셨다. 더욱 놀라운 것은 아브라함만이 아니다. 그를 이어서 창세기에 등장하는 이스라엘의 족장들, 즉 이삭과 야곱, 요셉 그들 모두는 혈통의 장자가 아니라 예비하심의 은혜를 깨닫고 살았던 믿음의 장자들이었다. 이 놀라운 예비하심의 은혜는 과연 언제까지일까? 성경은 이렇게 말한다.

> 너희는 마음에 근심하지 말라 하나님을 믿으니 또 나를 믿으라
> 내 아버지 집에 거할 곳이 많도다 그렇지 않으면 너희에게 일렀으리라
> 내가 너희를 위하여 거처를 예비하러 가노니
> 가서 너희를 위하여 거처를 예비하면 내가 다시 와서 너희를 내게로 영접하여
> 나 있는 곳에 너희도 있게 하리라 (요 14:1~3)

우리가 하늘나라에 갈 때까지 우리를 위해 예비하시겠다는 약속이다. 얼마나 놀랍고도 감격스러운 은혜의 약속인가! 그렇다. 우리는 오늘도 예비하심의 은혜로 살아가는 자들이다. 그 은혜가 없으면 하루도 살 수 없는 존재가 바로 우리이다. 내가 계획하고 내가 노력해서 잘 사는 것 같지만 깨닫고 보면 그 모든 것이 하나님이 계획하신 예비하심의 은혜임을 알 수 있다. 깨어있는 자만이 그 은혜의 풍성함을 누릴 수 있다. 언제나 우리보다 한 걸음 앞서 준비하고 길을 닦으시는 예비하심의 은혜가 불안한 오늘을 살아가는 우리에게 가장 큰 위로가 되길 소망한다.

하나님은 우리의 믿음이 굳건할 때나
그렇지 못할 때나 하나님이 계획하신
그 구원의 역사를 한결같이 이뤄 가신다

03

창 39~출 10

말씀 동행

1일차

2일차

3일차

4일차

5일차

6일차

7일차

꿈꾸는 자, 형통한 자

창세기 39:1~6

1 요셉이 이끌려 애굽에 내려가매 바로의 신하 친위대장 애굽 사람 보디발이 그를
그리로 데려간 이스마엘 사람의 손에서 요셉을 사니라
2 여호와께서 요셉과 함께 하시므로 그가 형통한 자가 되어 그의 주인 애굽 사람의
집에 있으니
3 그의 주인이 여호와께서 그와 함께 하심을 보며 또 여호와께서 그의 범사에 형통
하게 하심을 보았더라
4 요셉이 그의 주인에게 은혜를 입어 섬기매 그가 요셉을 가정 총무로 삼고 자기의
소유를 다 그의 손에 위탁하니
5 그가 요셉에게 자기의 집과 그의 모든 소유물을 주관하게 한 때부터 여호와께서
요셉을 위하여 그 애굽 사람의 집에 복을 내리시므로 여호와의 복이 그의 집과 밭
에 있는 모든 소유에 미친지라
6 주인이 그의 소유를 다 요셉의 손에 위탁하고 자기가 먹는 음식 외에는 간섭하지
아니하였더라 요셉은 용모가 빼어나고 아름다웠더라

꿈은 이루어진다!" 이 얼마나 설레고 벅찬 표현인가. 생각해 보면 우리는 언제나 꿈을 꾸고, 그 꿈이 이뤄지기를 간절히 바라며 살아왔다. 그렇기에 꿈을 꾸며 산다는 것은 하나님께서 우리 인생에 주신 참 귀한 축복이다. 현실이 어떻든 간에 지금 내 눈에 보이는 것이 전부가 아니라는 것을 깨달을 수 있기 때문이다. 그렇게 이 순간도 우리는 모두 꿈을 꾸며 그것이 이뤄지기를 간절히 기대한다. 그런데 대체 어떤 꿈이 이뤄지기를 바라는 걸까.

창세기는 하나님께서 그의 백성을 인도하시는 다양한 방법들을 보여 준다. 아브라함에게는 근엄하게 인격적으로 나타나셔서 친히 말씀하셨고 또한 천사들을 보내시기도 했다. 야곱에게는 밤새도록 씨름하게 하시고 하늘에 닿은 사닥다리를 보여주면서 아주 신비로운 방법으로 인도하셨다.

그런데 요셉의 경우는 그 인도하심이 좀 다르다. 직접 말씀하시거나 천사를 통해서 전하지 않고, 꿈을 통해서 인도하셨다. 어려서부터 꿈을 꾸게 하시고 그 인생의 고비 고비마다 계속해서 꿈을 통해 하나님의 계획과 하나님의 일하심을 나타내셨다. 요셉만 꿈꾼 것은 아니다. 요셉이 살아가는 그 주변에도 계속해서 꿈꾸는 자들이 등장한다. 바로 왕의 두 관원이다. 술 맡은 관원과 떡 굽는 관원도 감옥에 와서 꿈을 꾼다. 나중에는 바로 왕도 꿈을 꾸게 되고 그로 인해서 결국 요셉을 부르게 된다.

왜 그럴까? 왜 요셉의 인생에는 유독 꿈이 많이 나올까? 그 이유는 요셉의 이야기가 펼쳐지는 그 배경, 그 무대와 상관이 있다. 요셉의 삶의 자리는 애굽이었다. 형들로부터 버림을 받고 종으로 팔려 간 곳이 바로 애굽 땅이다. 그 당시 애굽 사람들에게 꿈은 신비의 영역이었다. 신이 내리는 꿈은 아무나 해석할 수 없는 특별한 의미가 있다고 여겼기 때문이다. 바로 그곳에서 하나님의 사람 요셉이 가장 귀하게 여김을 받을 수 있도록 하나님은 그를 '꿈꾸는 자'로 예비하셨고, 거기에 더해서 해몽의 능력도 주셔서 하나님 백성의 생명을 보존하게 하신 것이다.

아브라함부터 요셉에 이르기까지 이스라엘 족장사를 통해서 우리는 하나님이 얼마나 위대하신지를, 우리의 가정과 교회와 나라를 향해 얼마나 원대한 계획을 갖고 계신지를 깊이 깨달아야 한다. 그렇게 될 때 창세기가 우리와는 상관없는 옛 이스라엘의 역사가 아니라 우리를 위해 예비하신 놀라운 은혜와 축복의 말씀임을 깨닫게 된다. 이처럼 이스라엘 족장사는 하나님이 어떠한 분인지를 보여주는데 그 가운데 가장 극적이라고 할 수 있는 한 사건을 이렇게 기록한다.

> 하나님이 라헬을 생각하신지라 하나님이 그의 소원을 들으시고
> 그의 태를 여셨으므로
> 그가 임신하여 아들을 낳고 이르되 하나님이 내 부끄러움을 씻으셨다 하고
> 그 이름을 요셉이라 하니
> 여호와는 다시 다른 아들을 내게 더하시기를 원하노라 하였더라 (창 30:22~44)

창세기가 소개하는 이스라엘의 마지막 족장, 바로 요셉의 출생에 대한 기록이다. 그의 아버지 야곱에게는 두 아내가 있었다. 레아와 라헬이다. 사실 야곱은 라헬을 사랑해서 그녀를 아내로 얻고자 열심히 일했다. 하지만 약속한 때가 되었는데 엉뚱하게도 언니 레아를 먼저 아내로 삼게 된다. 그렇게 야곱의 두 아내가 된 자매는 남편의 사랑을 차지하기 위해 치열하게 경쟁한다.

야곱의 자녀를 먼저 출산한 것은 언니 레아였다. 그녀가 야곱에게 사랑받지 못함을 보시고 하나님이 레아의 태를 먼저 여신 것이다. 르우벤과 시

므온, 레위와 유다, 이렇게 아들 넷을 레아에게 주셨다. 그랬더니 동생 라헬이 언니를 시기해서 자신의 여종에게 야곱과 동침해서 자식을 낳게 한다. 그래서 여종 빌하가 야곱으로부터 두 아들, 단과 납달리를 낳는다. 그런데 그걸 본 언니 레아 역시 가만있지 않고, 마찬가지로 자신의 여종에게도 야곱의 자식을 낳게 한다. 그래서 레아의 여종 실바도 똑같이 두 아들 갓과 아셀을 낳는다.

이만해도 참 대단하지 않은가? 그런데 여기서 끝이 아니다. 시녀들이 아들을 낳는 것을 보고는 언니 레아가 하나님께 또 간구한다. 이미 아들 넷을 얻었지만 정작 남편의 마음을 얻지 못한 그 아픔을 아시고, 하나님은 추가로 두 아들, 잇사갈과 스불론을 주시고 딸 디나도 주신다. 이렇게 해서 야곱의 아들은 총 열 명이 된다.

그런데 이 많은 아들 중에 야곱이 사랑하는 아내, 라헬의 자녀는 한 명도 없다. 그런 라헬의 삶은 어땠을까? 그녀의 마음이 얼마나 상했을지 감히 짐작도 어려운 일이다. 하나님은 바로 그 상황에서 라헬의 소원을 들으시고 그녀의 태를 여셨다. 그렇게 태어난 아들이 바로 요셉이다. 요셉은 야곱의 열한 번째 아들로 집안의 서열로 보면 한참 뒷순위이다. 위로 형들이 열이나 있는, 특별한 존재감을 기대할 수 없는 인생으로 태어났다. 사람의 눈에 요셉은 참으로 별 볼 일 없어 보였을 것이다. 그러나 하나님은 여러 형제 가운데 그를 높이시고, 아브라함과 이삭, 야곱을 잇는 이스라엘 민족의 족장으로 세우셨다.

이처럼 하나님이 함께하시면, 어떠한 상황에서도 모든 것이 가능하다. 하나님이 택하시면, 사람의 눈에 보잘것없어도 쓰임을 받게 된다. 요셉의 출생에서부터 그의 인생 마지막까지 성경은 이것을 자세히 보여준다. 그래서 아브라함에서 이삭으로, 이삭에서 야곱으로 별다른 지체 없이 이어지던 창세기의 속도가 요셉에 이르러서 꽤 느려지고 장황해진다. 앞선 족장들보다도 요셉의 인생 여정을 소개하는데 많은 양을 할애하는데, 그만큼 요셉은 이스라엘의 중요한 믿음의 선조라는 뜻이다.

하나님은 먼저 그에게 꿈을 주셨다. 미래의 비전을 보여주셨지만, 그 꿈이 도움이 되기는커녕 오히려 그 꿈으로 인해 관계의 문제가 생긴다. 형들이 모두 자기에게 절하는 꿈을 꿨다고 말하고, 또 부모를 포함한 모든 가족이 자기에게 다 절하는 꿈을 꿨다고 자랑한다. 가뜩이나 형들이, 아버지가 요셉만 특별히 총애한다고 질투하고 시기하는 상황이었다. 결국 그 문제로 인해 사건이 벌어진다.

어느 날 형들이 멀리서 아버지의 양 떼를 치고 있을 때, 요셉은 형들과 양 떼가 잘 있는지 보고 오라는 아버지의 심부름을 하게 된다. 이 상황에서 그동안 기회를 엿보고 있던 형들이 결국 요셉에게 복수하기로 결심하는데, 처음에는 그를 죽이려고까지 계획했다. 하지만 차마 그렇게는 못하고, 애굽으로 가던 미디안 상인들에게 요셉을 팔아넘기고 만다. 그들 생각에는 그렇게 하면 다 끝날 줄 알았다. 형들도, 아버지 야곱도 다시는 요셉을 만나리라고는 상상도 하지 못했다.

그러나 결국 어떻게 되는가? 그들은 다시 만나게 된다. 그리고 하나님은 요셉에게 주셨던 그 꿈대로, 그대로 이루어지게 하신다. 요셉에게 주셨던 그 놀라운 꿈을 그들은 당장 이해할 수 없었다. 그저 가족 관계에 있어서 불편함을 만드는, 눈앞의 문제로만 여겼을 뿐이다. 하지만 하나님은 장차 먼 타국에서 그들을 위해 사용하실 구원의 도구로 예비하신 것이다.

애굽으로 팔려 간 요셉은 바로의 친위 대장 보디발의 소유가 된다. 아무리 인생이 하루 앞도 알 수 없다고 하지만, 너무나 절망적인 상황이었다. 형제들에게 버림을 받아 아무도 의지할 곳 없는 타국에서 종으로 살아갈 처지가 된 것이다. 그런데 성경은 그런 요셉을 향해서 뭐라고 말하는가?

> 여호와께서 요셉과 함께 하시므로 그가 형통한 자가 되어… (창 39:2)

그를 '형통한 자'라고 말한다. 이것을 보면 상황과 처지가 형통함의 기준이 아니라는 것을 알 수 있다. 사람들이 보기에 좋으냐 나쁘냐가 아니라, 하나님이 함께하시느냐가 바로 형통한 인생의 기준이라는 뜻이다. 그러니 이 순간 하나님이 나와 함께하심을 믿는다면, 그 인생은 분명 형통한 인생이다. 다른 사람과 비교할 필요가 전혀 없이 형통한 인생을 잘 살아가고 있다는 얘기다.

요셉이 형통하다는 말씀보다 더 놀라운 구절이 있다.

> 그의 주인이 여호와께서 그와 함께 하심을 보며
> 또 여호와께서 그의 범사에 형통하게 하심을 보았더라 (창 39:3)

이는 요셉을 지켜보던 주인 보디발의 판단이다. '아, 요셉은 뭔가 특별하구나! 그가 섬기는 여호와가 모든 것을 형통하게 하는구나.' 이러한 마음과 생각도 하나님께서 주장하신 것이다.

이처럼 하나님이 함께하심을 드러내는 '형통한 자'의 특징이 있다. 바로 다른 사람들로부터 신뢰 받는다는 사실이다. 왜 그런가? 다른 사람들에게 유익을 끼치기 때문이다. 형통한 자에게 임하는 복이 다른 이들에게 흘러가기 때문이다. 그것이 하나님이 형통케 하시는 이유이고, 하나님이 주시는 복의 원리이다. 그러니 만일 나만 생각하고 나만 잘 살려는 목표가 인생의 꿈이라면, 그것은 결코 하나님이 주신 꿈이 아니다. 그것은 하나님이 원하는 복된 인생이 아니기에 그렇다. 한낱 종으로 팔려 온 요셉이었다. 그런 그가 감히 어떻게, 비교 자체가 불가한 왕의 친위대장인 보디발에게 복을 끼칠 수 있겠는가? 이것은 세상에서는 결코 있을 수 없는 일이다. 그러나 하나님이 함께하시면 얘기는 달라진다. 형통한 자의 인생에서는 가능한 일이다.

하나님은 오늘 우리의 삶에서도 이 놀라운 신비를 깨닫게 하신다. 어떻게? 세상의 기준으로 그 사람을 함부로 평가하지 않을 때, 깨달을 수 있다. 아무리 보잘것없어 보이는 사람이라도 그가 나에게 오히려 복을 끼칠 수 있는 귀한 인생임을 인정할 때, 그 신비를 깨닫게 된다는 얘기다. 이는 보디발을 봐도 알 수 있다. 그는 요셉의 소유나 처지를 보고 판단하지 않았다. 여호와 하나님께서 그와 함께하심을 보고 깨달았다. 그래서 요셉에게 집안일 전체를 맡겼고, 그 결과 온 집안이 큰 복을 받게 된 것이다. 이 얼마나 귀한 일인가!

그런데 그 이후의 과정에서 우리가 깨달아야 할 것이 있다. 하나님은 이렇게 축복의 통로를 통해서 모두가 더불어 복을 받게 하시지만, 대개 이렇게 누리게 된 복은 그리 오래가지 못한다는 사실이다. 자신의 믿음으로, 감사함으로 받는 복이 아니라 누군가를 통해서, 부모나 이웃을 통해서 누리는 복은 그리 오래가지 못한다. 복 받기는 좋아하지만, 복의 근원이 되시는 하나님을 믿지 않으니 상황이 조금만 변하면 눈에 보이는 대로 귀에 들리는 대로 판단해 눈앞의 손익을 따져서 당장의 유익을 쫓아가기 때문이다. 보디발 역시 그만 아내의 거짓말에 속아서 그 복덩이 요셉을 내치지 않았던가. 그렇게 요셉은 억울하고 원통한 누명을 쓰고 옥에 갇혔지만, 오히려 그곳에서 더욱 높임을 받았다.

요셉은 그가 하인으로 있을 때나 죄수로 지내는 동안은 하나님의 원대한 계획이 장차 어떻게 이루어질지 전혀 알 수 없었다. 그 시간, 그 과정이 중요할 뿐이었다. 오직 하루하루 자신에게 꿈을 주신 하나님을 신뢰하면서 살아간 것이다. 그 모든 과정과 시간이 결코 허송세월이 아닌 것을 믿으며 오늘의 삶에 진실하게 최선을 다하는 것, 이것이 바로 하나님께 드려야 할 우리의 거룩한 삶의 모습임을 깨닫게 된다.

하나님이 주신 꿈을 형들에게 이야기했을 때 격려받고 응원받기는커녕 오히려 시기와 질투를 받고 구덩이에 던져져서 멀리 팔려 갔다. 보디발의 아내가 집요하게 유혹할 때도 끝까지 정직함을 지켰지만, 요셉은 오히려 감옥에 갇히는 신세가 되었다. 함께 감옥에 있던 사람들의 꿈을 듣고 성심성의껏 잘 해석해 줬지만, 아무도 그를 기억해 주지 않았다. 그러나 요셉은 단 한 번도 하나님의 계획을 의심하지 않았다. 단 한 번도 하나님에 대한 믿음을 저버리지 않았다. 얼마나 대단하고 놀라운 인생인가! 아마도 이것이 성경의 첫 번째 책인 창세기가 많은 지면을 요셉의 이야기에 할애하는 중요한 이유일 터다.

믿음의 조상 아브라함도 이삭과 야곱도 모두 다 인간적인 실수와 잘못을 범했다. 그러나 요셉은 그 모든 시련과 유혹에도 불구하고 언제나 한결같았다. 이런 요셉을 보며 떠오르는 누군가가 있지 않은가? 많은 학자가 구약의 요셉을 장차 오실 신약의 예수님을 미리 상징하는 인물로 보기도 한다. 예수님이 십자가에 달리실 때 동족 유대인들에게 그 옷을 빼앗기신 것처럼, 요셉도 그의 형제들에게 그가 입고 있던 채색옷을 빼앗겼다. 30대의 예수님이 은전 30개에 팔리셨던 것처럼, 20대가 다 된 요셉은 은전 20

개에 팔렸다. 예수님이 사단의 유혹과 시험을 다 물리치시고도 나중에 거짓 증인들에 의해서 고발당하셨던 것처럼, 요셉은 보디발의 아내로부터 당한 유혹을 물리쳤음에도 거짓으로 고발당하고 감옥에 갇혔다. 예수님께서 끝까지 인내하며 아버지의 뜻에 순종하셨던 것처럼, 요셉 역시 장차 이루실 하나님의 놀라운 구원의 역사를 믿고 자신을 먼저 보내셔서 예비하시는 하나님의 그 뜻에 순종했다.

이처럼 예비하심의 은혜를 따라 살아간 요셉을 통해 앞서 아브라함과 이삭, 야곱과 맺으셨던 하나님의 그 거룩한 언약이 마침내 결실을 맺으며 창세기가 끝난다. "내가 너로 큰 민족을 이루게 하겠다." 이 약속의 말씀대로 '이스라엘'이라는 새 이름을 주신 야곱에게 모두 열두 아들을 주시고, 그들에게서 태어난 무수한 자녀들로 마침내 하나님의 백성 이스라엘 민족을 세우셨다. 하나님은 이 놀라운 구원의 역사를 이루어 가시기 위해서 아무도 주목하지 않는 요셉을 부르셔서 '꿈꾸는 자'로 세우셨고, 하나님의 언약을 이루어 내는 진정 '형통한 자'가 되게 하셨다.

우리는 모두 꿈을 꾼다. 그러나 반드시 그 꿈의 목적과 방향을 점검해야 한다. 우리를 향한 꿈이라면 하나님을 향한 참된 꿈으로 변화해야 한다는 얘기다. 나 자신만을 위한 꿈이라면 차라리 이뤄지지 않는 것이 행복일지도 모른다. 그러나 하나님을 위한 꿈, 그분의 나라를 위한 꿈이라면 반드시 이뤄져야 한다. 아니 하나님께서 반드시 이뤄주실 것이다. 지금 나는, 우리 가정은, 우리 교회와 공동체는 과연 어떤 꿈을 꾸고 있는 걸까…. 부디 요셉처럼 나만을 위한 꿈이 아니라 하나님이 주시는 거룩하고 원대한 꿈을 꾸는 자가 되고, 그것으로 더욱 많은 이에게 복이 흘러가게 하는 형통한 자가 되길 간절히 바란다.

04

출11~40

말씀 동행

1일차

2일차

3일차

4일차

5일차

6일차

7일차

올라감의 영성

출애굽기 34:1~9

1 여호와께서 모세에게 이르시되 너는 돌판 둘을 처음 것과 같이 다듬어 만들라 네
가 깨뜨린 처음 판에 있던 말을 내가 그 판에 쓰리니
2 아침까지 준비하고 아침에 시내 산에 올라와 산 꼭대기에서 내게 보이되
3 아무도 너와 함께 오르지 말며 온 산에 아무도 나타나지 못하게 하고 양과 소도 산
앞에서 먹지 못하게 하라
4 모세가 돌판 둘을 처음 것과 같이 깎아 만들고 아침에 일찍이 일어나 그 두 돌판을
손에 들고 여호와의 명령대로 시내 산에 올라가니
5 여호와께서 구름 가운데에 강림하사 그와 함께 거기 서서 여호와의 이름을 선포
하실새
6 여호와께서 그의 앞으로 지나시며 선포하시되 여호와라 여호와라 자비롭고 은혜
롭고 노하기를 더디하고 인자와 진실이 많은 하나님이라
7 인자를 천대까지 베풀며 악과 과실과 죄를 용서하리라 그러나 벌을 면제하지는
아니하고 아버지의 악행을 자손 삼사 대까지 보응하리라
8 모세가 급히 땅에 엎드려 경배하며
9 이르되 주여 내가 주께 은총을 입었거든 원하건대 주는 우리와 동행하옵소서 이
는 목이 뻣뻣한 백성이니이다 우리의 악과 죄를 사하시고 우리를 주의 기업으로
삼으소서

어린 시절, 순교자 주기철 목사님의 생애를 다룬 영화를 본 적이 있다. 신사참배를 거부한 목사님이 일제의 고문과 탄압을 받는 과정이 생생하게 묘사됐는데, 그중 가장 하이라이트는 못이 빼곡히 박힌 송판 위를 걸어가시는 장면이었다. 일제는 주기철 목사님의 사기를 꺾고 성도들을 동요하기 위해 많은 성도 앞에서 수천 개의 못이 박힌 송판 길을 걷게 했다. 목사님이 못에 찔린 발을 들어가며 걸음을 뗄 때마다 피가 흘렀고, 이를 지켜보는 성도들의 눈물과 기도가 찬송과 함께 울려 퍼졌다. 비록 어린 나이였지만 목사님과 성도들이 함께 찬송하는 장면에서 얼마나 크게 감동했는지 모른다. 그때 울린 찬송은 이 영화의 제목이기도 한 '저 높은 곳을 향하여'였다.

이 찬송의 가사는 감리교 목사인 '존슨 오트만' 목사님이 쓰셨다. 그분은 19살에 예수님을 믿고 순회전도자가 되어 미국 전역에 복음을 전하셨다. 흥미로운 것은 원곡인 영어 찬송가에는 4절 밖에 없는데, 우리 찬송가에는 5절이 들어 있다는 사실이다. 일제 강점기에 우리나라 찬송가에 처음 번역되어 실리면서 암울한 현실에서 미래에 대한 소망을 담고자 5절이 창작된 것으로 보인다. 그 찬송의 가사처럼 주님을 따라 올라가서 저 높은 곳에서 영원한 복락을 누리는 것, 이것이 믿음의 참된 소망이 되어야 함을 깨닫게 한다.

성경에서는 올라감에 관련한 이야기를 할 때, 항상 산이 등장한다. 산은 저 높은 곳, 즉 하나님 나라와 낮은 이 세상을 이어주는 장소를 의미하기 때문이다. 산에 오른다는 것은 높은 곳에 계시는 하나님께 더 가까이 가기 위해서였다. 그래서 대부분 기도원이 산에 올라야 갈 수 있었고, 일명 '산기도'라고 불리는 산에 올라가서 기도하는 전통도 있었다. 그만큼 산을 오르는 것은 우리가 하나님께로 더 가까이 간다는 믿음의 표현이기도 했다.

이러한 올라감의 영성을 보여주는 대표적인 인물이 바로 모세이다. 그는 성경에서 처음으로 하나님을 만나기 위해 산에 올라간 인물로 여러 차례 산에 올랐다. 성경의 두 번째 책인 출애굽기는 이런 모세의 출생으로 시작한다.

앞서 읽은 창세기에서 야곱의 가족들은 기근을 피해서 애굽 땅으로 이주했다. 그로부터 많은 세대가 지났고 하나님이 택하신 이스라엘 자손은 생육하고 번성해 그 땅에 가득하게 되었다. 그런데 문제는 그 땅이 그들의 본토가 아니라는 사실이다. 요셉 덕분에 그리고 하나님의 예비하심의 은혜로 그곳에 머물 수 있었던 것이다. 시간이 흘러 요셉을 알지 못하는 후대의 왕이 애굽을 통치하면서 애굽 사람들과 이스라엘 사람들 사이에 긴장 관계가 고조되었다. 굴러온 돌이 박힌 돌을 빼내게 생긴 낫에 애굽 사람들은 이스라엘 자손을 더욱 가혹하게 대했다. 그리고 이제 하나님께서 처음 아브라함을 부르시고, 명하시고, 약속하셨던 바로 그 땅을 향해서 떠나야 할 때가 됐다. 이스라엘의 출애굽이 시작된 것이다. 애굽을 떠나서 약속의 땅으로 인도해 가는 그 사명을 감당할 자로 하나님께서 세우신 이가 바로 모세이다. 하나님께서 그 계획을 이루시기 위해 그를 택하시고 섭리하시는 방식이 얼마나 놀라운지는 그의 기적적인 출생과 성장 과정을 통해 알 수 있다.

> 그 여자가 임신하여 아들을 낳으니 그가 잘 생긴 것을 보고
> 석 달 동안 그를 숨겼으나 (출 2:2)

> 이스라엘 자손이 애굽 땅을 떠난 지 삼 개월이 되던 날
> 그들이 시내 광야에 이르니라 (출 19:1)

출애굽의 1차 목적지는 시내 산이었다. 그곳에서 모세는 그들을 인도하신 하나님을 만났다. 이렇듯 출애굽 사건은 이스라엘 역사의 새로운 시작이고, 신앙고백의 핵심이다. 그래서 성경은 이스라엘이 애굽을 탈출하면서부터 시내 산에 이르기까지의 여정을 아주 상세하게 기록한다.

출애굽을 앞둔 모세와 아론에게 하나님은 이렇게 명하신다.

이 달을 너희에게 달의 시작 곧 해의 첫 달이 되게 하고 (출 12:2)

출애굽을 시작하는 이달을 한 해의 첫 달로 지키라는 것이다. 하나님의 백성으로 구별되도록 다른 민족들과는 다르게 이스라엘만의 새로운 연력을 지키라는 말씀이다. 하나님의 원대하신 구원의 역사는 출애굽과 연결되는 부분이 많다. 유대인들은 한 해의 첫 달을 '니산월' 혹은 '아빕월' 이라고 부르는데 첫째 달의 열 나흗날, 즉 유대력으로 1월 14일이 출애굽의 날이다. 그리고 이날을 기념해서 지키는 절기가 바로 '유월절'이고, 신약에서 예수님이 십자가에 달려 돌아가신 날도 유월절이다. 출애굽 사건을 통해서 이스라엘이 자유를 얻고 종살이에서 해방된 것처럼 우리도 예수님의 십자가 사건을 통해서 죄와 사망에서 구원을 얻고 해방됐다는 것을 의미한다. 이스라엘은 유월절이 지나고 안식 후 첫날, 그해에 난 첫 이삭을 하나님께 드렸다. 예수님께서 부활하신 날이 바로 이날이다. 유월절이 지난 안식 후 첫날부터 유대인들은 매일 저녁에 날짜를 계산한다. 그리고 일주일 단위로 일곱 주간을 계산한다. 그러면 모두 49일이 되는 것이다. 그다음 50일째 되는 날을 '오순절'이라고 부르는데 그날이 바로 하나님께서 시내산에 강림하셔서 모세와 만나신 날이다. 또한 예수님이 승천하시고 성령께서 강림하신 날도 바로 이날 '오순절'이다. 너무나 신기하고 정말 완벽하지 않은가? 수천 년 전에 기록된 구약의 말씀이 어떻게 신약의 말씀과 이렇게 조화되고 연결될 수 있는가? 하나님의 섭리가 아니면, 결코 있을 수 없는 일이다. 성경은 우리에게 하나님께서 오늘도 살아 역사하심을 깨닫게 한다.

이스라엘이 애굽에서 나온 후 둘째 달 15일에 신 광야에 이르게 되는데, 이때 애굽에서 가지고 온 양식이 다 떨어지게 된다. 이스라엘 백성은 배고프고 힘들어 모세와 아론을 원망하고 불평한다. 이때부터 하나님께서 그들을 위해 주신 것이 만나와 메추라기이다. 이스라엘 백성이 아침에 일어나 보니 땅 위에 작고 둥글며 가늘기도 한 서리 같은 무언가가 있었고, 처음 보는 것이었기에 그들은 "이게 뭐지?" "이게 뭘까?"라고 물었을 것이다. 그렇게 그것은 '이것이 무엇이냐?'라는 뜻을 가진 '만나'라고 불리게 되었다. 하나님은 저녁에는 메추라기로, 아침에는 만나로 날마다 그들을 먹이셨다.

신 광야를 떠나 르비딤에 장막을 쳤을 때, 이번에는 마실 물이 없었다. 이스라엘 백성은 또다시 불평하고 원망한다. 마치 우리의 모습 같지 않은가? 하나님의 인도하심에 따라 살아간다고 하면서도 하나님의 마음과 뜻을 깨닫고자 하기보다는 문제가 생길 때마다 불평과 원망을 한다. 그리고 하나님께서 해결해 주시면 당연하게 여기고 감사하지 않는다. 그런데도 하나님은 출애굽기 12장에서도 모세를 통해 이스라엘의 문제를 다시 한 번 해결해 주신다. 모세가 지팡이로 반석을 치게 해서 그들에게 마실 물을 주신 것이다. 그리고 하나님은 아말렉이 쳐들어왔을 때도 또다시 이스라엘을 도와주신다. 아말렉과의 전투에서 모세가 손을 들면 이기고 손을 내리면 졌다. 여호수아가 백성을 이끌고 나가 싸우는데 그 전투의 승패가 산

꼭대기에 올라가 있는 모세의 손에 달려있었다. 모세의 팔이 피곤해지면 어떻게 했는가? 한쪽 팔은 아론이 붙들어 올리고, 또 다른 한쪽 팔은 훌이 붙들어 올려서 해가 지도록 그 팔이 내려오지 않게 했다. 그리고 끝내 아말렉을 물리쳤다. 이 사건을 기념해서 생긴 말이 '여호와 닛시'이다. 승리의 비결이 바로 여기에 있다. 철저히 계획하고 최선을 다하는 것도 필요하지만, 하나님을 의지하지 않는 자는 결코 승리할 수 없다. 지금 당장 잘 되는 것 같이 보일지라도 하나님이 함께하지 않으시면 세우는 자의 수고가 헛될 뿐이다. 이스라엘은 이 여정을 거치면서 출애굽 한 지 3개월이 되던 날, 마침내 시내 산에 도착한다.

> 그들이 르비딤을 떠나 시내 광야에 이르러 그 광야에 장막을 치되
> 이스라엘이 거기 산 앞에 장막을 치니라
> 모세가 하나님 앞에 올라가니 여호와께서 산에서 그를 불러 말씀하시되
> 너는 이같이 야곱의 집에 말하고 이스라엘 자손들에게 말하라 (출 19:2~3)

모세는 출애굽을 명하신 하나님 앞에 올라갔다. 하나님은 모세에게 가장 먼저 출애굽의 목적을 선언하신다. 우리는 이 출애굽의 목적을 잘 깨달아야 한다. 이스라엘이 왜 출애굽을 했는가? 하나님은 이스라엘을 왜 애굽으로부터 해방시켰는가? 그들이 고통 가운데 있어서? 아니면 약속의 땅으로 가야 하기 때문인가?

> 너희가 내게 대하여 제사장 나라가 되며 거룩한 백성이 되리라
> 너는 이 말을 이스라엘 자손에게 전할지니라 (출 19:6)

하나님께 예배하는 민족이 되라는 것이다. 다른 민족들과 구별되는 삶을 통해 거룩한 백성이 되라는 것이다. 모세가 애굽 왕 바로에게 가장 처

음 요청한 것은 무엇인가? "우리가 광야로 나가서 하나님께 예배하도록 허락해 달라!" 이것이다. 이미 애굽 땅에는 믿음의 선조들이 다 죽어 하나님께 예배하는 모습도 사라져갔다. 예배를 위한 탈출, 예배를 위한 구원, 그것이 바로 출애굽의 목적이다. 하나님은 오늘도 우리의 구원자가 되시며, 그 구원의 목적이 바로 예배이다. 그러니 구원자가 되시는 하나님의 이름을 찬양하고 하나님의 말씀에 순종하며 살아가는 참된 예배자가 되어야 한다. 그것이 바로 우리를 구원하신 하나님의 뜻을 이 땅에서 이루는 길이다.

하나님은 그 길을 알려주시기 위해 모세가 처음 시내 산에 올라갔다 내려온 지 사흘 뒤에 그 산꼭대기에 강림하신다. 그리고 다시 모세를 부르신다. 모세가 다시 올라갔을 때 하나님이 말씀으로 주신 것은 바로 십계명을 비롯한 그 이후에 나오는 여러 가지 법규들이다. 하나님이 그것들을 주신 이유는 하나님의 뜻을 더욱 구체적으로 알 수 있게 하기 위함이다. 그런데 이것이 끝이 아니다. 모세는 또다시 그 산에 올라간다. 그리고 장장 사십 주야를 그 산에 머물렀고, 그 긴 기간 동안 주신 것이 바로 성막에 대한 규례들이다. 성막은 하나님이 그들과 함께 계시겠다고 약속하신 거룩한 처소로, 모세에게 그 처소를 어떻게 만들고 어떻게 지켜가야 할지를 친히 명하셨다. 출애굽기 34장에 두 번째 돌판 이야기가 나온다.

> 여호와께서 모세에게 이르시되 너는 돌판 둘을 처음 것과 같이 다듬어 만들라
> 네가 깨뜨린 처음 판에 있던 말을 내가 그 판에 쓰리니
> 아침까지 준비하고 아침에 시내 산에 올라와 산 꼭대기에서 내게 보이되
> (출 34:1~2)

앞서 하나님은 모세에게 친히 쓰신 증거판 두 개를 주셨다. 그런데 왜

다시 돌판을 가지고 올라오라고 말씀하시는가? 모세가 그 언약의 돌판을 훼손했기 때문이다. 시내 산에 올라간 모세가 금방 내려오지를 않자 조바심이 난 백성들이 그를 기다리지 못하고 애굽 사람들이 섬기던 금송아지를 만들어 숭배했다. 그리고 그 모습을 목격한 모세는 너무나 분노했고, 손에 들고 있던 그 돌판을 산 아래로 던져서 깨뜨리고 말았다. 이 일로 인해 이스라엘에 큰 희생이 따른다. 하나님을 섬기지 않고 금송아지를 숭배한 백성 가운데 3천 명가량이 바로 그날에 죽임을 당했다. 이튿날 모세가 백성들을 위해 다시 하나님께 올라갔다. 그 산에 다시 오른 모세는 속죄함을 빌며 간절히 기도했다. 어느 정도로 기도했는가? 마치 에스더의 '죽으면 죽으리이다'라는 비장한 그 결단처럼 "그들의 죄를 사하지 않으신다면, 주께서 기록하신 책에서 내 이름을 지워 버려 주옵소서." 하며 모세는 간절히 기도했다. 모세는 하나님이 자신에게 맡기신 그 거룩한 사명의 자리를 걸고 부르짖으며 간절히 기도했다. 그래서 하나님은 그들에게 다시 한번 언약의 돌판을 주신 것이다. 하나님께 더욱 가까이 나아가는 것, 그것이 바로 모세의 올라감이다.

이렇듯 그리스도인에게 올라감의 영성이란 하나님께 나아가는 것이다. 모세가 올라갔던 시내산은 스스로 계시는 하나님이 아니고서는 그 누구도 존재할 수 없는 거칠고 황량한 곳이었다. 모세는 풀 한 포기 없는 그 산에 홀로 올라가서 인간의 한계를 넘어서는 40일을 머물렀다. 그것은 하나님이 그와 함께하셨기에 가능했다. 그리고 모세가 그 산에서 내려왔을 때, 그의 얼굴은 광채가 나서 백성들이 바라볼 수가 없을 정도였다. 마치 변화산에서 광채를 내며 변형되셨던 예수님처럼 말이다. 하나님은 우리와 함께하심으로 우리의 얼굴에도 어두운 근심이 떠나가고 광채가 빛나기를 바라신다. 그러기 위해선 하나님의 산에 올라야 한다. 하나님을 예배하는 그 거룩한 전에 올라가 오직 하나님과의 만남을 기뻐하며 세상의 유익을 내려놓아야 한다. 모세는 불평 한번 없이 그 산에 오르고 또 올랐다. 자신의 유익을 위함이 아니었다. 세상의 성공을 위함도 아니었다. 그저 하나님의 부르심에 순종해 백성들의 죄를 용서받기 위해서 끝까지 겸손함과 긍휼한 마음으로 올랐다.

우리는 '저 높은 곳'을 향하여 날마다 나아가는 자들이다. '저 높은 곳'은 스스로 높아지려는 허영심을 내려놓아야 올라갈 수 있다. 인생의 유한함을 깨닫고 죽음마저도 은혜임을 고백할 때 올라갈 수 있는 곳이다. 스스로 높아지고자 올라간다면, 그것은 결국 무너질 수밖에 없는 또 하나의 바벨탑에 불과하다. 사도 바울은 빌립보서에서 이렇게 고백한다.

> 푯대를 향하여 그리스도 예수 안에서
> 하나님이 위에서 부르신 부름의 상을 위하여 달려가노라 (빌 3:14)

지금, 무엇을 위해서 바쁘게 달려가는가? 위에서 부르시는 하나님의 그 부름의 상을 위해서 달려가길 바란다. 세상의 유혹을 이기고 저 높은 곳을 향하여 나아가길 바란다. 그때 모세를 통하여 출애굽의 놀라운 구원의 역사를 이루신 하나님께서 우리를 통해 이 시대에 새로운 구원의 역사를 이루실 것이다.

05

레 1~27

말씀 동행

1일차

2일차

3일차

4일차

5일차

6일차

7일차

너희는 거룩하라

레위기 19:1~4

1 여호와께서 모세에게 말씀하여 이르시되

2 너는 이스라엘 자손의 온 회중에게 말하여 이르라 너희는 거룩하라 이는 나 여호와 너희 하나님이 거룩함이니라

3 너희 각 사람은 부모를 경외하고 나의 안식일을 지키라 나는 너희의 하나님 여호와이니라

4 너희는 헛된 것들에게로 향하지 말며 너희를 위하여 신상들을 부어 만들지 말라 나는 너희의 하나님 여호와이니라

레위기는 사실 성경 통독이 아니면 잘 읽지 않게 되고 별로 관심하지 않는 책이다. 이야기로 전개되는 창세기와 출애굽기와는 완전히 다르게 장소의 이동이 하나도 없다. 처음부터 끝까지, 하나님과 그 백성의 만남의 장소인 시내산에서 이스라엘 자손을 위해 모세에게 명하신 하나님의 계명을 담고 있다. 그래서 레위기는 구약에서 이스라엘의 종교적 특성을 가장 잘 보여주는 책이다.

레위기를 시작하자마자 다섯 가지 종류의 제사가 나온다. 번제, 소제, 속죄제, 속건제, 화목제 그리고는 이러한 제사를 담당할 제사장의 위임식에 관한 규정이 나온다. 대부분 여기까지는 어떻게든 참고 읽곤 한다. 그러다가 정결례에 관한 내용이 시작되는 11장을 넘어가면서 슬슬 마음에 불평이 생기고 심하면 화도 나게 된다. '우리가 지금 이러한 방식으로 제사 드리지도 않고 이렇게 살지도 않는데, 왜 레위기를 읽어야 합니까?' 왜 그럴까? 심한 표현으로 정말 재미없게 느껴지는 레위기를 우리는 왜 읽어야 할까? 물론 레위기가 성경에 들어있기에 통독을 위해서는 읽어야만 한다. 그러나 평생 그런 이유로만 읽는다면, 참 힘들고 부담되는 일임이 분명하다.

우리가 꼭 알아야 할 것이 있다. 성경에는 그 책이 전하고자 하는 목적이 다 있다는 사실이다. 특별히 성경을 처음부터 끝까지 통독하면서 잊지 말아야 할 것은 한 권의 책이 끝날 때마다 그 책의 목적에 대해서 생각해 보는 것이다.

'이 책을 통해서 오늘 나에게 주시고자 하는 하나님의 뜻이 무엇일까?' 그 목적을 깨닫고자 하는 마음으로 말씀을 읽으라는 말이다. 그렇게 레위기를 읽으면, 나와는 별 상관없는 지겹고 재미없게 느껴지던 그 말씀 안에서 놀라운 하나님의 사랑과 은혜를 발견하게 될 것이다. 하나님은 우리를 하나님께 예배하는 자가 되도록 구원하셨다. 날마다 하나님을 찬양하고 하나님께 예배해야 하는 우리이기에 더욱더 레위기를 읽고 잘 알아야 한다. 이것은 너무나 중요한 사실이다.

출애굽기의 마지막 40장에서 이스라엘은 성막을 위한 모든 준비를 마치고 드디어 여호와께 성막을 봉헌한다. 그리고 하나님의 명령에 따라 출애굽 한지 둘째 해 첫째 달 초하루에 그 성막을 세운다. 증거궤를 들여놓고, 상 위에 물품을 진설하고, 등잔대에 불을 켜고, 성막 뜰에는 번제단과 물두멍을 놓았다. 모든 준비를 마치자 놀랍게도 그 성막 위에 구름이 덮이고 여호와의 영광이 충만했다. 그렇게 출애굽기는 끝이 난다.

바로, 이 상황이 레위기의 시작이다. 그런데 그리 공들여 봉헌한 성막에 그 누구도 들어갈 수가 없었다. 물론 낮에는 여호와의 구름이 성막 위에서 그들을 인도했고, 밤에는 그 구름 가운데에 불이 있음을 그들의 눈으로 보았다. 그러나 그들은 하나님을 직접 만날 수는 없었다. 이런 상황에서 이스라엘이 하나님께로 나아갈 방법을 전하는 책이 바로 레위기이다. 까다로운 제사 규정을 만들어서 그들을 힘들게 하려는 것이 목적이 아니다 하나님께 드리는 제사를 통해서 하나님이 진정 원하시는 것이 무엇인지 그것을 알려주고자 하는 것이 레위기의 목적이다. 제사의 방법과 수단은 시대에 따라 변하고 달라질 수 있다. 하지만 그 목적과 정신은 결코 변함이 없다. 우리도 레위기의 말씀을 통해 하나님께 예배하는 목적을 깨닫고 하나님이 원하시는 진정한 예배자가 되어야 한다. 하나님과 늘 동행하는 방법을 깨닫고 그 은혜의 삶을 살아가는 복된 인생을 살아야 한다.

앞서 레위기를 이스라엘 자손을 위해 모세에게 명하신 하나님의 계명이라고 소개했다. 레위기의 첫 시작은 이렇다.

> 여호와께서 회막에서 모세를 부르시고 그에게 말씀하여 이르시되 (레 1:1)

첫 시작뿐만 아니라 레위기의 전체 27장 가운데 무려 20장이 "여호와께서 모세에게 말씀하여 이르시되" 혹은 "여호와께서 모세와 아론에게 말씀하여 이르시되"로 시작한다. 그리고 주제 말씀인 19장 역시 "여호와께서 모세에게 말씀하여 이르시되" 이 말로 시작한다. 바로 여기에서 우리는 이 책이 '레위기'라고 이름 붙여진 이유를 알 수 있다.

> 레위 가족 중 한 사람이 가서 레위 여자에게 장가 들어 (출 2:1)

모세의 아버지도, 모세의 어머니도 모두 레위인이었다. 즉, 모세는 순수 레위인 혈통의 자손이라는 얘기다. 하나님은 그 모세를 통해 이 말씀을 주셨으며, 장차 이스라엘의 성막을 담당할 이들로 레위의 후손을 세우셨다. 성경에서 '레위'라는 이름이 처음 나오는 곳은 창세기 29장으로 야곱이 레아에게서 낳은 세 번째 아들의 이름이 바로 '레위'이다. 34절에는 그 이름의 뜻과 함께 이렇게 기록됐다.

> 그가 또 임신하여 아들을 낳고 이르되
> 내가 그에게 세 아들을 낳았으니 내 남편이 지금부터 나와 연합하리로다 하고
> 그의 이름을 레위라 하였으며 (창 29:34)

'레위'라는 이름은 '연합된 자'라는 뜻이다. 그 아들로 인해 남편과 아내가 사랑을 나누고 한마음으로 연합되기를 원하는 간절한 소망이 담긴 이름이다. 그 이름의 뜻처럼 야곱의 아들 레위는 그의 인생에서 가성이 연

합해야 하는 일, 이스라엘이 마땅히 해야 하는 일에 앞장섰다. 야곱이 가나안 땅 세겜 성읍에 장막을 쳤을 때, 그의 딸 디나가 하몰의 아들에게 강간당하는 일이 발생한다. 그때 시므온과 함께 계략을 꾸며서 세겜 부족을 다 몰살시켜 버린 자가 바로 레위이다. 그 후 레위는 게르손, 그핫, 므라리를 낳게 되는데 이 세 아들을 통해 형성된 자손들이 훗날 중요한 역할을 감당한다. 시내 산에 올라간 모세를 기다리지 못한 이스라엘 백성들이 금송아지를 만들어서 그것을 숭배했는데, 그때 유일하게 우상을 숭배하지 않았던 이들이 바로 레위의 자손들이다. 그뿐만 아니라 이후 요단 동편에서 이스라엘 백성이 또다시 우상을 섬기고 음행했을 때도 레위 지파의 후손인 비느하스가 그들을 처단함으로써 하나님의 공의를 세우는 일에 앞장선다. 하나님은 이처럼 '연합하게 하는 자' 레위의 후손인 모세를 택하셔서 하나님이 거하실 성막을 봉헌케 하셨다. 또한 레위기를 통해서 하나님께 예배하는 방법과 하나님의 백성으로 살아가는 방법을 가르치시고, 장차 그 일을 레위 지파가 감당하도록 명하신 것이다.

흔히 레위기는 읽기에 지루하며, 이스라엘의 제사장 같은 소수의 사람에게 주신 말씀이라고 생각하기 쉽다. 그러나 그 이름에 담긴 역사적 사건과 이러한 목적을 이해하게 된다면, 레위기는 우리를 하나님과 더욱 친밀하게 연합하도록 하는 놀라운 은혜와 사랑의 말씀으로 다가올 것이다.

이런 레위기에서 가장 핵심이 되는 말 하나를 고른다면, 바로 '거룩'이다. 다름 아닌 거룩함을 통해서 우리가 하나님과 연합될 수 있기 때문이다. 하나님은 모세에게 이렇게 명하신다.

> 너는 이스라엘 자손의 온 회중에게 말하여 이르라
> 너희는 거룩하라 이는 나 여호와 너희 하나님이 거룩함이니라 (레 19:2)

'거룩'은 하나님의 속성을 표현하는 말 중에 가장 중심이 되는 말이다. 그래서 성경의 첫 번째 책인 창세기의 시작부터 마지막 책인 요한계시록의 끝까지 계속해서 '거룩'이 언급된다. '거룩하다' 이 말은 '구별하다', '구분하다', '분리하고 깨끗하게 하다'라는 뜻이다. 따라서 "너희는 거룩하라"라고 명하신 이 말씀은 '하나님의 백성인 너희는 다른 민족들과 구별되어야 한다'라는 뜻이다. 이는 죄악과 부정을 철저하게 구분하고 스스로 분리해야 한다는 명령이다. 왜 그래야 하는가? 여호와 하나님께서 그런 분이기 때문이다. 거룩하신 하나님께는 죄악과 부정이 있을 수 없다. 그러니 하나님의 소유인 우리도 세상에서 구별되어야 하는 것이 마땅하다. 그것이 바로 거룩이고, 그렇게 할 때 하나님께 예배하는 삶이 된다는 것이다. '거룩'이 여전히 추상적으로 느껴지는가? 그래서 하나님은 거룩한 삶을 살아갈 수 있는 구체적인 방법을 레위기를 통해 일러주신다.

첫째, 거룩한 삶의 방법은 부모를 경외하는 것이다. 성경은 곳곳에서 부모에 대한 자녀의 도리와 책임을 강조한다. 십계명 중 다섯 번째 계명은 "부모를 공경하라"이다. 첫 번째부터 네 번째까지의 계명들이 하나님과의 수직적인 관계에 대한 것이라면, 나머지 여섯 개 계명은 인간과의 수평적인 관계에 관한 것이다. 하나님께서는 그 여섯 개의 계명 가운데 첫 번째로 부모에 대한 계명을 주셨다. 그것도 명령으로만 끝나는 나머지 계명들과는 다르다. 부모를 공경하는 자가 누리게 될 장수의 복까지 약속하셨기 때문이다. 사도 바울은 이것을 가리켜서 '약속 있는 첫 계명'이라고 강조했다.

오늘 이 시대의 모습은 어떠한가? 부모라는 이유만으로 자녀로부터 대접받고 공경받는 시대가 아니다. 오히려 말이 안 통한다고 무시하고, 병들고 돈 없다고 찾아가지도 않는다. 부모님도 때로 잘못 판단할 수도 있고, 전혀 통하지 않을 수도 있다. 그러나 하나님은 그분의 자녀인 우리는 달라야 한다고 명하신다. 더 나아가 레위기 19장 말씀에는 이보다 더 높은 차원의 의미가 들어있다.

> 너희 각 사람은 부모를 경외하고… (레 19:3)

'부모를 공경하라'가 아닌 '부모를 경외하라'라고 명하셨다. 히브리 원어로 '공경'과 '경외'는 의미가 다른 말이다. 먼저 '공경'은 대상이 부모로 존경의 마음을 뜻한다. 하지만 '경외'는 그 대상이 하나님이고 존경의 마음에 삶의 헌신까지 포함한다. 그러니 여기서 '경외'라는 말은 '공경'의 차원을 넘어서는 것이다. 깊은 존경의 마음과 더불어서 삶의 실제적인 헌신이 포함되는 말이다. 레위기 19장 32절에서 두 단어의 의미를 구분해 말씀하는 것을 볼 수 있다.

> 너는 센 머리 앞에서 일어서고 노인의 얼굴을 공경하며
> 네 하나님을 경외하라 나는 여호와이니라 (레 19:32)

그런데도 레위기 19장 말씀에서는 '경외하라'는 이 말이 부모에게 사용됐다. 이것은 절대 어쩌다가 이렇게 된 우연이 아니다. 너무나 놀랍고도 대단한 말씀이다. 부모를 하나님과 같은 차원으로 인정하시는 말씀이다. 하나님께 하듯이 똑같은 마음으로 부모를 대하고 섬기라는 뜻이다. 그것이 바로 하나님을 기쁘시게 하는 거룩한 삶이라는 얘기이다. 하나님께서 이렇게 부모의 위상을 높여주셨는데, 자녀에게 이것을 잘 가르치고 싶은가? 그렇다. 그 이유다. 그것이 바로, 이 말씀을 명하신 하나님의 목적이고

의도이다. "부모를 경외하라"라는 이 명령에는 부모가 감당해야 할 사명 또한 내포돼 있다. 하나님의 대리인으로서 자녀로부터 경외 받기를 기대하는 부모는 그 자녀가 성장하기까지 최선을 다해서 그를 믿음의 길로 인도해야 한다. 하나님이 어떠한 분인지, 하나님이 그에게 어떠한 삶을 원하시는지. 그것을 가르치는 것이 바로 부모에게 주신 사명이다. 그렇다면 그것을 어떻게 가르칠 것인가?

> … 부모를 경외하고 나의 안식일을 지키라 (레 19:3)

안식일을 구별하여 지키는 삶으로 자녀에게 가르치라는 것이다. 이것이 바로 거룩한 삶을 살아가는 두 번째 방법이다. 그런데 역시 이 명령도 십계명에 기록된 것보다 더 강조되고 있음을 알 수 있다. 그냥 '안식일을 지키라'가 아닌 '나의 안식일을 지키라'라고 되어있음을 명심해야 한다. 한 주를 시작하는 날, 주일. 이날은 주님의 날이다. 하나님이 주인 되심을 고백하고, 하나님께 예배하는 날로 정하신 것이다. 그래서 우리는 이날을 '거룩한 주일'이라고 부르기도 한다. '바쁜데도 불구하고 내가 이렇게 시간 내서 예배하고 있으니까 참 대단한 거지'라고 생각한다면 그것은 큰 착각이다. 내 시간을 내는 것이 아니다. 주일은 아무리 삶이 바쁘더라도 우리 인생의 주인이신 하나님을 잊지 않도록 주가 정하신 날임을 기억해야 한다.

마지막 세 번째, 우리가 거룩한 삶을 살아가는 방법은 세상을 살 때 헛된 것들에게로 향하지 않는 것이다.

> 너희는 헛된 것들에게로 향하지 말며 너희를 위하여
> 신상들을 부어 만들지 말라 나는 너희의 하나님 여호와이니라 (레 19:4)

세상에는 보기에 좋은 것들이 너무나 많다. 겉으로 보기에 그것이 진짜인지 가짜인지 알 수 없을 정도로 우리를 현혹하는 것이 너무나도 많다. 그래서 인생의 명확한 기준이 없고 판단의 근거가 흔들리면, 당장 눈앞에 보이는 그 화려한 유혹에 넘어질 수밖에 없다. 참된 진리를 깨닫지 못하고 헛된 것들에게로 향하게 되면, 점점 더 눈앞에 보이는 우상만을 찾게 된다.

모세가 없을 때 이스라엘이 금송아지를 만들어 숭배했던 것처럼 사람은 불안할수록 눈에 보이는 것만 믿고 조급해진다. 그 후에 문제를 깨닫고 돌이키고자 해도 이미 때는 늦고 만다. 헛된 것들에게로 향하고, 우상을 숭배하는 것은 하나님이 가장 미워하시는 죄악이다. 창조주이자 전능하신 하나님을 인정하지 않는 것이기 때문이다. 우리는 언제나 하나님께로 향하는 믿음의 인생을 살아야 한다. 우리의 비전과 시선이 날마다 하나님께로 향할 때, 예비하심의 은혜를 누리게 하실 것을 확신한다. 세상이 요구하는 기준 때문에 그 스펙을 갖추느라 영혼도 없이 헛된 것들에게로 향해서는 안 된다. 오직 하나님을 의지하고 그 선하신 인도하심을 따라 나아가야 한다. 나를 가장 잘 아시는 하나님께서 모든 것을 감당케 하시고 책임져 주시며 때를 따라 필요한 것을 채워주실 줄로 믿어야 한다.

부모를 경외하고, 주님의 날을 진정 '주님의 날'답게 지키며, 하나님이 허락하신 소중한 인생을 헛된 것들에 허비하지 않을 때, 우리의 모든 날이 하나님께서 기쁘게 받으시는 거룩한 산 제사가 되리라 확언한다.

06

민 1 ~ 36

말씀 동행

1일차

2일차

3일차

4일차

5일차

6일차

7일차

믿음으로 판단하라

민수기 14:1~10

1 온 회중이 소리를 높여 부르짖으며 백성이 밤새도록 통곡하였더라

2 이스라엘 자손이 다 모세와 아론을 원망하며 온 회중이 그들에게 이르되 우리가
애굽 땅에서 죽었거나 이 광야에서 죽었으면 좋았을 것을

3 어찌하여 여호와가 우리를 그 땅으로 인도하여 칼에 쓰러지게 하려 하는가 우리
처자가 사로잡히리니 애굽으로 돌아가는 것이 낫지 아니하랴

4 이에 서로 말하되 우리가 한 지휘관을 세우고 애굽으로 돌아가자 하매

5 모세와 아론이 이스라엘 자손의 온 회중 앞에서 엎드린지라

6 그 땅을 정탐한 자 중 눈의 아들 여호수아와 여분네의 아들 갈렙이 자기들의 옷을
찢고

7 이스라엘 자손의 온 회중에게 말하여 이르되 우리가 두루 다니며 정탐한 땅은 심
히 아름다운 땅이라

8 여호와께서 우리를 기뻐하시면 우리를 그 땅으로 인도하여 들이시고 그 땅을 우
리에게 주시리라 이는 과연 젖과 꿀이 흐르는 땅이니라

9 다만 여호와를 거역하지는 말라 또 그 땅 백성을 두려워하지 말라 그들은 우리의
먹이라 그들의 보호자는 그들에게서 떠났고 여호와는 우리와 함께 하시느니라 그
들을 두려워하지 말라 하나

10 온 회중이 그들을 돌로 치려 하는데 그 때에 여호와의 영광이 회막에서 이스라엘
모든 자손에게 나타나시니라

삶을 살다 보면 누구나 알 수 없는 미래를 기대하는 반면 염려하며 두려움에 빠지곤 한다. 신앙이 있다고 해서 그 두려움에서 자유로운 것도 아니다. 믿는 사람들 역시 감정의 파도에 휩쓸릴 때가 있기 때문이다. 그렇다면 이 두려움의 실체는 과연 무엇일까? 여러 요인이 있지만, 가장 큰 이유는 불확실한 미래가 불편할 수 있다는 부정적인 생각에 사로잡히기 때문이다. 이 두려움을 어떻게 극복해야 할지는 우리에게 아주 중요한 문제이다.

그러나 이보다 더 중요한 진짜 문제가 있다. 그저 미래에 내 뜻대로 되지 않을 사건이 아니라 우리 삶을 이끌고 가시는 하나님에 대한 믿음이 있느냐 없느냐이다. 믿음이 없다면 외형에 집착해 본질을 보지 못하고, 판단 기준을 내 눈 앞에 펼쳐진 현실로 국한하는 우매함에 빠지고 말 것이다. 그러나 믿음이 있다면 지금의 두려움을 담대하게 받아들이고, 후에 주어질 승리를 바라볼 수 있기에 그렇다. 그러니 하나님을 향한 믿음으로 오직 하나님께만 소망을 두어야 한다. 하나님께 소망을 둘 때 세상의 방법이 아니라 믿음의 능력으로 살아갈 수 있기 때문이다.

민수기 14장 말씀이 바로 이것을 증언한다. 1절과 2절을 보면 이스라엘의 온 회중이 모세와 아론을 원망하고 있다. 온 백성이 소리를 높여 부르짖으면서 밤새도록 통곡하는 상황이다. 그 이유가 무엇인가? 그들이 지금 머무는 광야에서 다 죽게 되었다는 이유였다. 젖과 꿀이 흐르는 땅으로 간다는 모세의 말을 믿고 애굽을 떠나 무척이나 고생하면서 이제 거의 다 왔다고 희망을 품었다. 그런데 막상 와서 보니 그 땅을 차지할 수 없어 보인 것이다. 삶의 터전을 다 포기하고 모든 것을 내려놓은 채 그렇게 떠나왔는데, 모세와 아론에게 속았다고 생각하니 얼마나 억울하고 분했겠는가. 마치 모든 것을 걸고 수년 동안 열심히 공부했는데 결국 그 시험에 떨어지고 그 길을 포기해야만 할 때, 사랑의 약속을 믿고 오랫동안 사귀던 연인과 결국 헤어져야만 할 때, 모든 수고가 다 물거품이 됐다고 여겨질 때와 같은 절망적인 상황이었다. 그 절망감이 너무나 크기에 원망이 나올 수밖에 없던 터였다. 모든 것을 걸었는데 그것이 다 바람처럼 날아가 버리게 된, 그렇게 감당하기 어려운 절망 가운데 이스라엘이 서 있다. 그런데 그 절망의 직접적인 이유는 뭐였을까? 다름 아닌 그들이 소망했던 가나안 땅을 앞서 정탐하고 돌아온 이들의 부정적인 보고 때문이었다.

민수기 13장 말씀을 보면, 이스라엘이 바란 광야에 머물 때 모세는 하나님의 명령에 따라 각 지파에서 한 사람씩 모두 열두 명의 지휘관을 뽑았고, 가나안 땅을 정탐하도록 보냈다. 하나님이 주신다는 그 땅이 좋은지 나쁜지, 그 땅에 사는 이들이 강한지 약한지, 그 수가 많은지 적은지, 그 성읍이 진영인지 산성인지, 토지가 비옥한지 메마른지, 나무가 있는지 없는지를 잘 살펴보고 또한 그 땅의 실과를 가져오는 것이 그들의 사명이었다. 그렇게 그들은 40일 동안 그 땅을 정탐했고, 모두 무사히 돌아왔다. 그런데 문제는 그들의 판단이 서로 달랐다는 것이다.

"그 땅은 정말 좋습니다. 그러나 그 땅의 거주민이 너무 강하고 성읍은 너무 견고합니다. 남방에도, 산지에도, 해변과 요단 가에도 이미 거주민들이 다 있습니다. 더군다나 장대한 아낙 자손의 거인들도 있으니 그들을 칠 수가 없습니다." 함께 갔던 12명 중에 무려 10명이 이러한 부정적인 판단을 했다.

"아닙니다. 우리가 곧 올라가서 그 땅을 취합시다. 우리가 능히 이길 수 있습니다!" 이렇게 긍정적인 판단을 내린 사람은 겨우 두 사람, 갈렙과 여호수아였다. 이들의 목소리는 다수에 의해서 묻힐 수밖에 없었다.

여기에서 우리는 믿음에 있어서 중요한 판단의 원리를 깨달아야 한다. 하나님이 원하시는 믿음의 판단은 그 수의 많고 적음에 있지 않다는 사실이다. 세상의 판단은 다수로 결정하면 되고, 사실 그렇게 다수결로 하면 큰 문제가 발생하지 않는다. 그런데 믿음의 판단은 그렇지만은 않다. 다수결로 결정된 판단이라고 할지라도 항상 옳다고 할 수 없다. 그 사실을 우리는 늘 겸손히 인정해야 한다. 그리고 그 겸손한 마음으로 끝까지 기도하며 하나님의 뜻을 행하는 자가 되어야 한다.

그러나 이스라엘 자손은 그렇지 못했다. 두 가지 판단을 듣고 어떤 정탐꾼의 보고가 하나님의 뜻인지를 간구했어야 했지만, 그들은 다수의 판단만 듣고 낙심했다. 그러다 보니 눈에 보이는 현실의 두려움에 빠지게 되고 판단력이 흐려져서 결국 하나님이 세우신 모세를 무시하고 다른 리더를 세워 종살이하던 그 애굽으로 돌아가고자 한 것이다. 우리는 이 이야기를 읽으면서 이 일을 계획하신 하나님의 목적을 잘 깨달아야 한다. 왜 하나님은 이들에게 그 약속의 땅을 정탐하게 하셨을까? 젖과 꿀이 흐르는 그 땅을 주신다고 약속하셨으면, 그냥 들어가게 하셨으면 되지 않은가. 왜 굳이 미리 가서 그 땅을 살펴보도록 명하셨을까? 이것이 바로 민수기의 목적이다.

우리말로 '민수기'라는 이름은 '백성들의 수를 기록한 책'이라는 뜻이다. 실제 두 번에 걸친 인구조사가 이 책 안에 들어있어 붙여진 이름이기도 하다. 물론 약속의 땅 가나안에 들어가기에 앞서 새롭게 형성된 이스라엘의 지파 별로 그 인원을 계수하는 것은 질서 있게 대열을 갖추고 행진하는 데 꼭 필요하고 중요한 절차이다. 그런데 이 책에서 우리가 더욱 주목해야 할 것은 출애굽 한 이들을 하나님의 백성이 되도록 양육하시고 훈련하시는 하나님의 계획과 그 목적을 이루어 가시는 하나님의 방법이다. 모세의 인도를 따라 애굽을 떠났던 그 무리 가운데에는 아브라함과 이삭, 야곱을 조상으로 하는 이스라엘만 있던 것은 아니다. 애굽에서 함께 종살이하던 여러 민족도 섞여 있었다. 출애굽기 12장에서 당시 함께 애굽을 떠났던 이들을 이렇게 기록한다.

> 이스라엘 자손이 라암셋을 떠나서 숙곳에 이르니
> 유아 외에 보행하는 장정이 육십만 가량이요
> 수많은 잡족과 양과 소와 심히 많은 가축이 그들과 함께 하였으며
> (출 12:37~38)

그들은 믿음의 뿌리가 없던 이방인이었다. 그래서 배고프고 힘들 때마다 이스라엘 자손을 더 어렵게 하곤 했다. 그런데도 하나님은 그 광야의 여정을 통해서 그들 모두를 하나님의 백성으로 새롭게 만들고자 계획하셨다. 이스라엘 민족만의 하나님이 아니라 여호와를 경외하는 모든 민족의 하나님이 되어 주시고자 하신 것이다. 그러나 그들은 하나님의 이러한 마음을 깨닫지 못했다. 그 뜻을 깨닫지 못했기에 믿음으로 판단하지 않은 실수를 범하고 말았다.

구약의 원어인 히브리어 성경은 그 책의 첫 단어를 책 이름처럼 부르고, 사람들은 그 말에 담긴 의미를 중요하게 여긴다. 그렇다면 민수기의 첫 히브리어는 무엇일까? '베미드바르', '광야에서'라는 뜻이다. 광야에서 인간은 스스로 한계를 절감할 수밖에 없다. 광야에서 인간은 창조주 하나님을 인정하고 의지할 수밖에 없다. 인간의 연약함을 고백할 수밖에 없는 그 광활하고 거친 땅 광야에서, 하나님은 그들 모두를 진정한 하나님의 백성이 되도록 만들어 가셨다. 이처럼 민수기가 '광야에서'라는 이름도 가지

고 있다는 사실을 기억해야 한다. 지금 나에게 아무런 희망이 없어 보일지라도, 광야와 같은 척박하고 메마른 삶을 살아갈지라도, 그 가운데 하나님께서 나를 향하신 하나님의 계획과 목적이 있음을 깨닫게 될 것이다.

그들은 지리적으로 가나안 진입을 눈앞에 둔 상황이었다. 하지만 눈에 보이는 대로 판단한 다수의 부정적인 보고에 그만 동화되고 말았다. 민수기 14장 5절 이하를 보면 상황이 아주 급하게 돌아간다. 불평하고 원망하는 소리가 너무 커지자, 모세와 아론이 이스라엘 자손의 온 회중 앞에서 엎드렸다. 더는 어찌할 방법이 없었던 까닭이다. 이 상황을 보다 못한 여호수아와 갈렙만이 자기들의 옷을 찢으면서까지 백성을 설득하고자 했다. "여호와께서 우리를 기뻐하시면 반드시 그 땅을 우리에게 주실 것이다" "여호와께서 우리와 함께하시니 그들을 두려워하지 말라" 그러나 이러한 간절한 호소도 아무런 소용이 없었다. 오히려 온 회중이 그들을 돌로 쳐서 죽이려고까지 했다. 이 절체절명의 순간, 마치 영화의 한 장면처럼 이때를 기다렸다는 듯이 여호와의 영광이 회막에서 나타나심으로 긴박했던 이 상황은 끝이 난다.

하나님은 지금까지 애굽과 광야에서 그들에게 많은 이적을 보여주셨다. 구름 기둥과 불기둥으로 그들을 인도하시고 지켜 주셨으며, 만나와 메추라기로 먹이시고 돌봐주셨다. 그런데도 그들은 오히려 하나님을 원망했다. 결국 하나님은 이렇게 한탄하신다.

> … 이 백성이 어느 때까지 나를 멸시하겠느냐
> 내가 그들 중에 많은 이적을 행하였으나 어느 때까지 나를 믿지 않겠느냐
> 내가 전염병으로 그들을 쳐서 멸하고
> 네게 그들보다 크고 강한 나라를 이루게 하리라 (민 14:11~12)

하나님 보시기에 우리의 모습은 과연 어떠할까? '보시기에 좋았더라'라고 기록될 수 있을까? 지금 이 시대를 바라보시면서 하나님께서 또다시 한탄하시지는 않을까? 우리가 살아가는 이 땅에서의 삶은 결코 완전할 수 없다. 예수님을 믿으면 복을 받지만, 그것이 세상이 말하는 성공은 아니다. 믿음으로 산다고 해도 항상 좋은 일만 있는 것도 아니다. 형통할 때가 있으면, 반드시 곤고할 때도 있다. 우리 인생에 이 두 가지를 병행하게 하심이 하나님의 섭리이다. 우리는 이것을 깨닫고 언제나 어떤 상황에서도 믿음으로 판단하는 자로 거듭나야 한다. 믿음의 판단은 지금 내 눈에 보이는 현상에 근거하는 것이 아니다. 보이는 현상에만 근거하면, 우리는 불안하고 염려되어 걱정할 수밖에 없다. 지금 내 눈에 아무런 증거가 보이지 않더라도 이미 베푸신 하나님의 그 놀라운 은총을 기억해야 한다. 끝까지 하나님의 약속을 신뢰하며 판단하는 자, 그가 바로 하나님을 기쁘시게 하는 믿음의 인생을 사는 사람이다.

믿음의 판단은 내 능력이나 지금의 상황이 아닌, 전능하신 하나님의 능력에 근거하는 결단이다. 여호수아와 갈렙이 그 두려운 상황에서도 담대할 수 있었던 이유는 바로 하나님의 능력에 근거했기 때문이다. 즉, 하나님을 향한 신뢰와 확신이 없으면 그 담대한 믿음의 판단은 불가능하다는 얘기다. 어떤 상황에서도 하나님의 능력과 그분의 가능성을 의심하지 말아야 한다. 내 능력으로는 부족하지만, 나와 함께하시는 하나님의 능력을 믿고 담대함으로 나아가는 복된 인생을 살아야 한다.

결국 믿음이 부족했던 이스라엘 백성의 하나님에 대한 원망과 불신앙으로 인한 결과는 상상을 초월하는 일로 나타난다. 하나님은 새로운 계획을 이렇게 선포하신다.

> 너희는 그 땅을 정탐한 날 수인 사십 일의 하루를 일 년으로 쳐서
> 그 사십 년간 너희의 죄악을 담당할지니
> 너희는 그제서야 내가 싫어하면 어떻게 되는지를 알리라 하셨다 하라
> (민 14:34)

놀라운 이적과 은혜에도 불구하고 하나님을 원망했던 그들의 광야 여정은 하나님의 말씀대로 무려 40년 동안이나 계속해서 이어진다. 이 얼마나 엄청난 사건이고 하나님의 준엄하신 심판인가? 사실 하나님이 이스라엘에 출애굽을 명하셨던 그 산에서부터 약속의 땅 가나안까지의 거리를 물리적으로 따지면 겨우 열 하룻길밖에 되지 않는다(신 1:2). 그런데 그들은 그 길을 통과하는 데 무려 40년이 걸렸다. 이것이 하나님의 심판이고 하나님의 능력이다. 열하루면 갈 수 있는 그 길도 하나님께서 막으시면 40년이 걸리게 된다. 그리고 그 여정에서 불신앙의 출애굽 세대는 전부 광야에서 죽음을 맞는다. 정탐하러 갔던 이들 중에서는 오직 여호수아와 갈렙만이 생존했고, 그들이 광야에서 태어난 새로운 세대를 이끌고 약속의 땅 가나안에 들어가게 된다.

하나님의 그 기준은 바로 믿음으로부터 나오는 판단이었음을 잊지 말아야 한다. 때로 "이 정도야 뭐 별것 아니야."라고 여길 수 있는 그 판단이 하나님이 보시기에는 참된 믿음을 나타내는 결정적인 기준이 될 수 있다. 여전히 우리에겐 세상의 방법이 크고 강해 보일 때가 많다. 하지만 그 순간에도 언제나 하나님을 향한 믿음의 고백과 결단을 해야 한다. 세상의 아무리 크고 강한 방법도 하나님의 가장 작고 약한 방법을 이길 수 없다. 우리에게 필요한 믿음은 바로 이 진리에 대한 확신이다.

끝까지 하나님의 약속을

신뢰하며 판단하는 자

그가 바로 하나님을 기쁘게 하는

믿음의 인생을 사는 사람이다

07

신1~34

말씀 동행

1일차

2일차

3일차

4일차

5일차

6일차

7일차

이스라엘아 들으라

신명기 6:4~9

4 이스라엘아 들으라 우리 하나님 여호와는 오직 유일한 여호와이시니
5 너는 마음을 다하고 뜻을 다하고 힘을 다하여 네 하나님 여호와를 사랑하라
6 오늘 내가 네게 명하는 이 말씀을 너는 마음에 새기고
7 네 자녀에게 부지런히 가르치며 집에 앉았을 때에든지 길을 갈 때에든지 누워
있을 때에든지 일어날 때에든지 이 말씀을 강론할 것이며
8 너는 또 그것을 네 손목에 매어 기호를 삼으며 네 미간에 붙여 표로 삼고
9 또 네 집 문설주와 바깥 문에 기록할지니라

이스라엘 백성은 약속의 땅 가나안을 믿음으로 판단하지 못하는 실수를 범했다. 그 결과로 민수기의 히브리어 이름처럼 '광야에서' 40년의 긴 세월을 보냈고, 하나님은 그 시간 동안 새로운 광야 세대를 훈련하셨다. 민수기의 끝은 그 새로운 광야 세대가 요단강 모압 평지에 머무는 시점에서 마무리된다. 이제 요단강만 건너가면 그토록 소원하던 가나안 땅에 들어가는 순간이었다. 얼마나 기대가 되겠는가? 너무나 흥분돼 아마 잠도 제대로 못 이뤘을 터다. 그들은 광야 길을 돌고 돌아서 마침내 약속의 땅에 거의 다 도달했다. 마치 임진강을 앞에 두고 고향 땅을 바라보는 실향민의 간절한 마음처럼 그들은 강 건너에서 꿈에도 그리던 가나안 입성을 목전에 두고 있었다. 민수기는 바로 이렇게 끝난다.

그렇다면 그다음에 이어지는 책은 어떻게 시작해야 논리적인가? 이제 그 요단을 건너서 곧장 가나안으로 들어가는 게 맞다. 광야에서 더는 지체할 이유가 없기 때문이다. 과연 신명기는 그렇게 시작할까?

> 이는 모세가 요단 저쪽 숩 맞은편의 아라바 광야 곧 바란과 도벨과 라반과 하세롯과 디사합 사이에서 이스라엘 무리에게 선포한 말씀이니라 (신 1:1)

낯선 지명들이 나오지만, 요단을 건넜다는 말은 없다. 5절 말씀에서 지금 이 상황을 더 분명히 알 수 있다.

> 모세가 요단 저쪽 모압 땅에서 이 율법을 설명하기 시작하였더라 일렀으되 (신 1:5)

민수기의 마지막 구절처럼, 이스라엘 백성은 여전히 모압 땅에 머물고 있다. 이제 바로 요단을 건너서 가나안으로 들어갈 것이라고 예상했지만,

모세는 그 일보 직전에 또다시 이스라엘 백성에게 율법을 설명한다. 그래서 이 책의 이름이 '신명기'이다. 여기에 사용된 '신'이라는 한자의 의미를 잘 알아야 하는데, '새로울 신(新)'이나 '매울 신(辛)'이 아닌 '거듭 신, 되풀이할 신(申)'이라는 뜻이다. 즉, 신명기는 이스라엘에 처음 선포되는 새로운 말씀이 아니다. 그동안 창세기부터 민수기까지 성경을 잘 읽어왔다면 새로울 것이 별로 없는, 반복되는 말씀이 바로 신명기다. 그렇게 다시 선포될 만큼 핵심적이고 중요한 말씀이라는 뜻이기도 하다.

약속의 땅에 들어가는 것은 중요한 사건 임이 틀림없다. 그러나 신명기를 통해 진짜 중요한 것은 그다음이라는 사실을 강조하신다. 그곳에 들어가 거룩한 하나님의 백성으로서 어떻게 살아가야 하는지를 들어가기 전에 다시 한번 깨닫고 결단해야 한다는 얘기다. 앞으로 그들의 삶을 보면서 그들의 여호와 하나님이 과연 어떤 분인지를 다른 민족들이 알게 되고 판단하게 되기 때문이다. 그래서 하나님은 모세를 통해 또다시 하나님의 뜻을 기억하고 결단할 수 있도록 소중한 기회를 주셨다. 이제 곧 약속의 땅에 들어갈 이스라엘을 향해서 모세가 다시 선포한 하나님의 말씀이 바로 신명기다. 그런 신명기를 대표하는 말씀은 이렇다.

> 이스라엘아 들으라 우리 하나님 여호와는 오직 유일한 여호와이시니
> 너는 마음을 다하고 뜻을 다하고 힘을 다하여 네 하나님 여호와를 사랑하라
> (신 6:4~5)

사실 이 말씀은 신명기만이 아니라 구약이 전하는 이스라엘의 여호와 신앙을 가장 잘 함축해서 요약하는 말씀이다. '쉐마'라는 말 들어본 적이 있는가? 우리말로 '들으라' 이렇게 번역된 말이 바로 '쉐마'이다. 우리말 어순은 '이스라엘아, 들으라' 이렇게 되는데, 히브리어 순서는 '쉐마 이스

라엘' 이렇게 된다. 그래서 '쉐마'로 시작하는 신명기 6장 4절부터 9절 전체를 가리켜서 '쉐마' 혹은 '쉐마본문'이라고 부르기도 한다.

중요한 말씀이라는 것을 나타낼 때 '쉐마' 즉 '들으라'로 시작하는 이런 구약의 전통 역시 신약까지 이어진다. 야고보서에 보면, 사도 야고보가 서신을 마치면서 마지막으로 강조하고자 하는 말씀에 바로 '쉐마'를 사용한다.

> 들으라 너희 중에 말하기를 오늘이나 내일이나 우리가 어떤 도시에 가서… (약 4:13)
>
> 들으라 부한 자들아 너희에게 임할 고생으로 말미암아 울고 통곡하라 (약 5:1)

이렇듯 중요한 말씀인 신명기 6장의 쉐마에서 가장 특징적인 말씀이 있다. '하나님을 사랑하라'는 말씀이 명령이라는 사실이다. 대체 왜 이 말씀이 특징인지 이해가 안 될 수도 있다. 신약에서 이런 하나님 사랑에 대한 말씀을 우리가 많이 대했고 이미 너무나 익숙하기 때문이다. "네 마음을 다하고 목숨을 다하고 뜻을 다하여 주 너의 하나님을 사랑하라" "주 너의 하나님을 사랑하고 또한 네 이웃을 네 자신 같이 사랑하라" 하면서 말이다.

그런데 하나님 사랑을 어떻게 하는 건지 구체적으로 생각해 본 적이 있는가? 거의 다 추상적이고 관념적일 것이다. 우리의 사고에 있어 사랑이라는 개념은 감정의 차원이기 때문이다. 행동의 차원이 아니기에 우리는 누구에게 '사랑하라' 말하지 않는다. 생각해 보자. 사랑이 명령한다고 되는 건가? 처음 맞선을 보는 이들에게 '이제, 서로 사랑하십시오' 명령한다고 사랑이 가능하냐는 말이다. 서로 마음이 끌리고 말로 설명할 수 없는 감정이 생겨야 사랑이 가능하기에 명령으로 사랑을 할 수 없다고 우리는 생각한다.

그런데 이 쉐마의 말씀은 그런 우리에게 명령하고 있다. "마음과 뜻과 힘을 다해서 하나님을 사랑하라"라고 말이다. 그리고 이 말씀이 역시 신약에서도 이어진다. 따라서 신명기의 이 말씀을 잘 이해하지 못하면, 예수님께서 명하신 '하나님 사랑, 이웃 사랑'의 의미도 충분히 이해하지 못하게 된다. 구약의 히브리 전통에서의 사랑은 단순히 감정의 차원이 아니었다. "하나님, 제가 하나님을 사랑합니다. 아시지요?" 이렇게 말한다고 사랑이 아니라는 얘기다. 반드시 행동의 차원이 수반되어야 사랑이 성립된다. 즉 성경이 말하는 사랑은 감정과 행동이 함께해야 하는 역동적인 개념이다. "내가 당신 사랑하는 거 알지?" 잘해주고 싶은 마음은 있지만, 그렇지 못할 때 주로 이렇게 말하곤 한다. 그런데 성경의 관점에서 보자면, 그 마음처럼 못 해주고 있다면 그것은 아직 온전한 사랑이 아니라는 말이다. 그렇기에 쉐마에서 선포되는 '하나님을 사랑하라'는 이 명령에는 어떻게 사랑해야 하는지 그 구체적인 방법이 함께 제시된다.

> 오늘 내가 네게 명하는 이 말씀을 너는 마음에 새기고
> 네 자녀에게 부지런히 가르치며 집에 앉았을 때에든지
> 길을 갈 때에든지 누워 있을 때에든지 일어날 때에든지
> 이 말씀을 강론할 것이며
> 너는 또 그것을 네 손목에 매어 기호를 삼으며 네 미간에 붙여 표로 삼고
> 또 네 집 문설주와 바깥 문에 기록할지니라 (신 6:6~9)

마음에 새기고, 몸에도 지니고, 그래서 온 가족이 늘 함께 보고 읽고, 또한 문밖에 지나다니는 다른 사람들도 이것을 보게 하라는 말씀이다. 하나

님을 사랑한다는 것은 감정으로만, 그저 말로만 되지 않는다는 뜻이다. 그래서 신명기에는 계속해서 '하나님을 사랑하라'는 이 명령이 나올 때마다 '하나님의 말씀을 지키라'는 말이 항상 같이 더불어 나온다. 그렇게 하는 것이 바로 마음과 뜻과 정성을 다해서 하나님을 사랑하는 행위이다. 이것이 얼마나 중요한 말씀이었으면 반복해서 신명기 안에서 또다시 이 말씀을 강조한다.

> … 너희는 나의 이 말을 너희의 마음과 뜻에 두고
> 또 그것을 너희의 손목에 매어 기호를 삼고 너희 미간에 붙여 표를 삼으며
> 또 그것을 너희의 자녀에게 가르치며 집에 앉아 있을 때에든지, 길을 갈 때에든지,
> 누워 있을 때에든지, 일어날 때에든지 이 말씀을 강론하고
> 또 네 집 문설주와 바깥 문에 기록하라 (신 11:18~20)

개인적으로 이 반복되는 말씀을 읽으면서 모세의 진심이 느껴졌다. 그는 끝내 그 약속의 땅에 들어갈 수 없었다. 죽을 각오로 출애굽을 인도했고, 그 힘든 광야의 여정을 다 감당했다. 그러나 거기까지였다. 왜일까? 민수기 20장에 기록된 므리바 사건으로 모세는 하나님께 불순종의 죄를 범하고 만다. 신 광야에 도착한 이스라엘이 물이 없어서 서로 다투는 일이 또 생기는데, 앞서 출애굽기 17장 사건을 기억한 모세가 하나님의 명령을 어기고 그만 똑같이 반석을 쳐서 물이 솟아나게 한 것이다. 당시 상황을 말씀으로 보면 이렇다.

> 지팡이를 가지고 네 형 아론과 함께 회중을 모으고
> 그들의 목전에서 너희는 반석에게 명령하여 물을 내라 하라
> 네가 그 반석이 물을 내게 하여 회중과 그들의 짐승에게 마시게 할지니라
> (민 20:8)

이유를 찾았는가? 하나님이 어떻게 하라고 하셨는가? 하나님은 모세에게 '반석에게 명령하여' 즉 말씀으로 물을 내라고 하셨다. 그런데 모세는 그 명령에 따르지 않고 어쩌면 별생각 없이 지난번처럼 지팡이로 반석을 내리친 것이다. 이것이 바로 모세가 약속의 땅에 들어가지 못하게 된 죄, 불순종이나. 살짝 의문이 생길 수도 있다. '아니, 뭘 이 정도로 그렇게까지 하시나, 지난번처럼 반석을 치라고 하시지, 왜 이번에는 말씀으로 하라고 하셨나…. 그게 뭐가 그렇게 중요한 거라고, 물만 나오게 하면 되지.' 혹시 이런 생각이 있다면, 그게 바로 불순종이다.

하나님께서 모세를 이런 이유로 가나안에 들어가지 못하게 하신 후에, 모세가 쓴 책이 바로 신명기다. 모세의 위대함이 바로 여기에 있다. 그는 그토록 갈망하던 가나안에 들어가지 못하게 됐음에도 하나님을 원망하기는커녕 마지막까지 주어진 역할에 순종했다. 마음과 뜻과 정성을 다하여 하나님을 사랑하라는 명령은 모세 자신이 비로소 그것을 체험했기에 마지막까지 믿음의 후손들에게 다시 한번 간절함으로 가르친 믿음의 고백이었다. 지도자로서 너무도 부끄럽고, 인간적으로 너무나 창피해서 감추고도 싶었을 것이다. 그러나 이스라엘을 진정 사랑했기에 그는 자신의 그 뼈아픈 잘못과 기억까지도 다시금 상기하며 말씀을 전했다. 그래서 모세는 "하나님의 사람, 모세"라고 부른 것이다.

약속의 땅 입성을 앞두고 다시 한번 반복되는 말씀인 신명기는 이스라엘을 향한 모세의 마지막 축복과 그의 죽음으로 끝난다. 그러나 이것은 단순히 신명기라는 한 책의 끝이 아니다. 창세기부터 신명기까지 모세라는 인물을 중심으로 이어져 온 성경의 처음 다섯 권인 5경의 이야기가 마침내 끝난 것이다. 그런데 신명기는 이러한 5경의 이야기를 모두 마치면서 우리가 잊지 말아야 할 너무나 중요한 말씀을 들려준다.

> 이에 여호와의 종 모세가 여호와의 말씀대로 모압 땅에서 죽어
> 벳브올 맞은편 모압 땅에 있는 골짜기에 장사되었고
> 오늘까지 그의 묻힌 곳을 아는 자가 없느니라 (신 34:5~6)

오래되어서 아는 자가 없다는 뜻이 아니다. 그는 마지막에 머물던 요단 저편 모압 땅에 묻혔는데, 너희는 그의 무덤이 어디에 있는지 알려고 하지 말라는 뜻이다. 왜 신명기는 5경을 마치면서 굳이 모세의 무덤이 어디에 있는지 모른다고 기록했을까? 그것은 이스라엘이 위대한 지도자 모세가 아니라 모세를 통해서 그들을 인도하신 하나님을 경외하도록, 오직 하나님의 영광만이 드러나게 하기 위해서였다. 모세가 누구인가? 그는 이스라엘이라는 새로운 민족을 이끌었던 해방자였고, 율법 수여자였으며, 제사장이자 예언자였고, 재판관이며 안내자였다. 이 모든 리더십이 결집 되었던 이스라엘 역사상 가장 위대한 지도자가 바로 모세였다. 혹 이스라엘 백성이 이런 그를 우상화하고 하나님의 은혜를 또 잊을까 하여 그의 무덤을 알지 못하도록 하신 것이다. 모세가 약속의 땅 가나안에 들어가지 못한 것은 인간적인 관점에서 볼 때 참 안타까운 일이지만, 신앙의 관점, 영적인 관점에서 본다면 아무리 위대한 지도자라고 할지라도 하나님과 같을 수는 없다는 사실이다.

무덤 없는 하나님의 사람, 모세를 통해 지금 우리가 깨달아야 할 것은 무엇일까? 우리 인생의 목적이 무엇이어야 하는지, 우리가 이 땅에 무엇을 남기는 믿음의 선조가 되어야 하는지를 다시금 결단해야 한다.

"이스라엘아, 들으라!"

모세는 오직 하나님의 말씀만을 남겼다. 그리고 끝까지 그 말씀에 순종

했다. 마음과 뜻과 정성을 다하여 하나님을 사랑하고, 또한 그와 같이 우리의 이웃을 사랑해야 한다. 이 명령이 이 시대를 살아가는 거룩한 하나님의 사람들이 마땅히 행할 계명이다.

08

수 1~24

말씀 동행

1일차

2일차

3일차

4일차

5일차

6일차

7일차

하나님이 싸워주십니다

여호수아 6:15~21

15 일곱째 날 새벽에 그들이 일찍이 일어나서 전과 같은 방식으로 그 성을 일곱
번 도니 그 성을 일곱 번 돌기는 그 날뿐이었더라
16 일곱 번째에 제사장들이 나팔을 불 때에 여호수아가 백성에게 이르되 외치라
여호와께서 너희에게 이 성을 주셨느니라
17 이 성과 그 가운데에 있는 모든 것은 여호와께 온전히 바치되 기생 라합과 그
집에 동거하는 자는 모두 살려 주라 이는 우리가 보낸 사자들을 그가 숨겨 주
었음이니라
18 너희는 온전히 바치고 그 바친 것 중에서 어떤 것이든지 취하여 너희가 이스
라엘 진영으로 바치는 것이 되게 하여 고통을 당하게 되지 아니하도록 오직
너희는 그 바친 물건에 손대지 말라
19 은금과 동철 기구들은 다 여호와께 구별될 것이니 그것을 여호와의 곳간에 들
일지니라 하니라
20 이에 백성은 외치고 제사장들은 나팔을 불매 백성이 나팔 소리를 들을 때에
크게 소리 질러 외치니 성벽이 무너져 내린지라 백성이 각기 앞으로 나아가
그 성에 들어가서 그 성을 점령하고
21 그 성 안에 있는 모든 것을 온전히 바치되 남녀 노소와 소와 양과 나귀를 칼날
로 멸하니라

하나님은 이스라엘을 참된 예배자들로 만드시기 위해 모세를 세우셔서 그들을 인도하셨다. 애굽에서 탈출한 후 이스라엘을 이끌어 왔던 지도자 모세는 약속의 땅을 눈앞에 두고 모압 땅에서 죽어 그곳에 묻혔다. 그렇게 성경의 처음 다섯 책인 '모세5경'이 끝나고, 이스라엘 역사로 본다면 '광야 시대'라고 하는 한 시대의 막이 내려졌다.

이제 새로운 시대가 시작됐다. 그동안 하나님의 백성이 되기 위해 광야에서 훈련받고 양육 받은 이스라엘이 역사의 무대에 등장해 본격적인 시험대에 오르게 된 것이다. 지금까지 그들은 '광야에서' 그들끼리만 있었다. 물론 광야라는 특수한 환경 때문에 그들이 겪어야 했던 어려움이 있었지만, 사실 그로 인해 다른 것에 한눈팔 일은 없었다. 사람이 너무 바쁘고 할 일이 많으면 힘들기는 하지만, 그것에 집중한 탓에 다른 것을 신경 쓸 여력이 없다. 그런데 갑자기 환경이 바뀌어 시간도 생기고 여력이 생기게 되면, 그동안에 미처 생각지 못했던 다른 것에 관심이 가기 마련이다.

이제 이스라엘은 광야와는 차원이 다른, 전혀 새로운 세상에 들어가게 된다. '젖과 꿀이 흐르는 땅!' 하지만 그것이 그냥 주어지는 것은 아니었다. 이미 그곳은 다른 민족들이 다 차지하고, 성을 세우고, 거주하고 있었다. 그들을 향해 '여호와 하나님께서 이 땅을 우리에게 주시기로 약속하셨다!' 이스라엘이 이렇게 선포한다 한들, 그들이 그 땅을 순순히 내주겠는가? 요즘 표현으로 가능성이 '1'도 없다. 가능성이 하나도, 전혀 없다는 얘기다. 오히려 어디서 정신 나간 놈들이 왔냐며 조롱받고 웃음거리만 될 판이었다. 그렇다면 이제 이스라엘은 어떻게 해야 할까? 답은 정해져 있다. 싸워야 한다. 그들과 맞서 싸워서 그 땅을 차지할 수밖에 없다. 다른 방법은 없었다. 그렇게 싸움을 앞둔 이스라엘은 생각할수록 더 난감했다. 외교적인 관계를 잘 활용해 군사적인 도움을 청할 수 있는 주변의 다른 민족이 있는 것도 아니었다. 그동안 이스라엘을 이끌었던 경험 많은 지도자 모세도 죽고 없었다.

새로운 역사를 시작해야 하는 그들에게 하나님은 무엇을 기대하고 원하셨을까? 여호수아서를 시작하는 첫 말씀에서 답을 찾을 수 있다.

> 강하고 담대하라 너는 내가 그들의 조상에게 맹세하여
> 그들에게 주리라 한 땅을 이 백성에게 차지하게 하리라
> 오직 강하고 극히 담대하여 … 우로나 좌로나 치우치지 말라 … (수 1:6~7)

담대한 믿음을 원하셨다. 환경과 여건에 따라서 이리 갔다 저리 갔다 하는 믿음이 아닌 오직 하나님을 경외하고 사랑하는, 온전한 믿음을 원하신 것이다. 이는 바로 모세가 마지막까지 이스라엘에 권면했던 말씀이기도 하다. 이제 이스라엘은 새로운 지도자 여호수아와 함께 오직 하나님만을 믿고 그 약속의 말씀을 붙잡고 나아가야 했다.

하지만 우리도 다 알다시피 훈련과 실제는 엄연히 다르다. 운동선수들을 보면 특히 신인 선수들의 경우, 훈련 때는 다 잘한다. 그런데 막상 실전 경기에만 나가면 마음대로 안 되는 경우가 참 많다.

그래서 뭐라고들 하는가? '훈련은 실전처럼, 실전은 훈련처럼' 그렇게 할 수 있는 선수가 프로에서도 주전이 되고 인기를 얻는 것이다.

이스라엘은 광야에서, 참으로 오랜 기간 믿음의 훈련을 받았다. 이제 처음으로 실전에 나서게 되는 상황이다. 지도자로서 아직 경험이 일천한 여호수아의 인도를 따라야 했다. 이 상황이 얼마나 두렵고 떨렸겠는가? 물론 머리로는 다 안다. '여호와 하나님께서 함께하실 것이다'라고. 그러나 눈앞에 보이는 환경, 그들이 상대해야 할 이들을 생각하면 믿음이 약해질 수밖에 없었다. 그래서 하나님은 이스라엘의 새로운 역사를 이끌어가

야 할 지도자 여호수아에게 가장 먼저 담대한 믿음을 갖게 하셨다.

> … 강하고 담대하라 두려워하지 말며 놀라지 말라
> 네가 어디로 가든지 네 하나님 여호와가 너와 함께 하느니라 … (수 1:9)

이 말씀에 힘을 얻은 여호수아는 곧바로 명령을 내린다. '양식을 준비하라. 사흘 안에 이 요단을 건너 그 땅을 차지하기 위해서 들어갈 것이다.' 어느 정도 예상은 했겠지만, 갑작스러운 명령에 백성은 당황했을 터다. 들어가긴 들어가야겠는데, '과연 우리가 그 땅을 차지할 수 있을까?' '예전에 열 명의 정탐꾼이 가보고 도저히 안 된다고 했었다는데….' 옛일을 떠올리며 염려했을 것이다. 이런 상황에서 여호수아는 두 사람에게 또 다른 명령을 내린다. '너희는 가서 그 땅과 여리고를 엿보고 오라.'

여기서 우리는 여호수아의 모습을 통해 담대한 믿음의 사람은 어떠해야 하는지를 깨달아야 한다. 하나님이 약속하셨다고 하나님께 다 맡기고 자신은 나 몰라라 해서는 안 된다는 얘기다. 믿음의 담대함은 미래를 향한 지혜로운 준비로 이어져야 한다. 예비하시는 하나님을 믿고, 두려움 가운데서도 준비하며 나아가는 것이다. 그럴 때 '여호와 이레'의 놀라운 역사가 나타난다.

많은 이가 알고 있듯이 이스라엘이 가나안 땅에서 처음 싸우게 되는 성의 이름은 '여리고'다. 여호수아 6장은 바로 그 성을 함락시키는 마지막 날 사건을 기록하고 있다. 그런데 이 여리고라는 지명은 여기서 처음 언급된 것이 아니다. 민수기의 마지막 구절에 요단 건너 가나안 땅을 바라보고 있는 이스라엘에 앞서 언급되었던 이름이다.

> 이는 여리고 맞은편 요단 가 모압 평지에서 여호와께서 모세를 통하여
> 이스라엘 자손에게 명령하신 계명과 규례니라 (민 36:13)

여기서도 '여리고'라는 이름이 그냥 나왔던 것이 아니다. 더군다나 이곳 한 번만이 아니다. 반복되는 말씀, 신명기를 마치면서도 다시 한번 언급한다.

> 모세가 모압 평지에서 느보 산에 올라가
> 여리고 맞은편 비스가 산꼭대기에 이르매… (신 34:1)

이것을 문학이나 예술의 용어로 말한다면, 이른바 '복선'이다. 그런데 왜 여리고일까? 그저 지리적으로 그 반대편에 있었으니까? 요단을 건너서 들어가다 보니 우연히 여리고를 만나게 된 것일까? 절대 아니다. 하나님은 이미 여리고를 만나게 하시려는 계획을 품고, 그들을 그곳으로 건너게 하셨다. 친히 여리고 성으로 인도하셨다는 뜻이다. 과연 무슨 이유에서였을까?

당시 여리고는 제일 안정되고 번성한 도시였다. 가장 오랜 역사를 가지고 튼튼한 성을 구축해 부유하게 살던 곳이다. 하나님은 여러 도시 가운데 하필이면 그런 여리고를 이스라엘의 첫 실전 대상으로 택하셨다. 지금까지 훈련받은 믿음의 첫 시험대로 삼으신 것이다.

하나님은 우리를 강하게 키우신다. 때로 시험과 연단 속에 넘어지고 쓰러지게도 하신다. 그래서 부르짖게 하신다. 왜? 한눈팔지 못하도록, 오직 하나님만 예배하는 인생이 되도록 말이다. 그런 훈련과 실전의 과정을 통해 비로소 담대한 믿음의 사람이 되는 것이다. 믿음의 담대함은 나에게서 나오는 것이 아니다. '담대해야지' 마음먹는다고 되는 것도 아니다. 훈련

부터 실전까지, 모든 시간 동안 하나님을 신뢰하고 인내하면서 간구하는 자에게 하나님이 은혜로 주시는 선물이다.

하나님은 요단을 건너기 전에 여호수아에게 담대함을 주셨다. "강하고 담대하라. 오직 강하고 극히 담대하라" 이렇게 분명하게 말씀하시고 담대함을 주신 것도 감사한데, 이것으로 끝내지 않으셨다. 이스라엘이 여리고에 가까이 이르렀을 때, 드디어 실전에 들어가기 직전에, 또다시 담대함을 주셨다. 아무런 무기도 없이 그 막강한 여리고 성을 향해 나아가는 이스라엘에 하나님은 여호와의 군대 대장으로 나타나셔서 말씀하신다.

> 여호와의 군대 대장이 여호수아에게 이르되
> 네 발에서 신을 벗으라 네가 선 곳은 거룩하니라 하니
> 여호수아가 그대로 행하니라 (수 5:15)

'네 발에서 신을 벗으라' 앞서 누구에게 하셨던 말씀인가? 바로 모세다. 이제 여호수아를 모세와 같은 위대한 지도자로 세우시겠다는 하나님의 의지와 계획을 선포하시는 말씀이었다. 이때 하나님의 손에는 칼이 들려 있었다. 이제 그들이 감당해야 할 가나안 정복이 그들의 힘으로 싸워야 할 전쟁이 아니라, 하나님이 함께하시고 친히 싸워주시는 전쟁임을 보여주신 것이다. 그렇다. 이미 이 전쟁의 승부는 결정 났다. 여호수아가 이끄는 이스라엘은 이길 수밖에 없었다.

이스라엘 백성은 하나님의 말씀에 따라서 엿새 동안 그 성을 매일 한 번씩 돌았다. 제사장 일곱이 양각 나팔을 잡고, 언약궤 앞에서 나아갔다. 드디어 일곱째 날, 같은 방식으로 그 성을 일곱 번 돌았다. 일곱 번째에 제사장들이 나팔을 불 때, 백성들이 큰소리로 외쳤다. 그러자 마침내 그 성벽이 무너져 내렸고, 이스라엘은 그 성을 점령했다.

이 승리는 이스라엘의 믿음이 원래 대단해서가 아니다. 하나님이 그들에게 담대함을 주셨고, 하나님이 친히 싸워주셨기 때문이다. 그들의 승리는 이미 보장돼 있었다. 그래도 못 이겼다면, 그것이 진짜 문제였다는 말이다.

여리고성 전쟁에서 우리가 잊지 말아야 할 것은 그다음이다. 승리한 다음, 그 승리의 주인공이 된 다음에 우리는 어떻게 해야 하는지를 말씀하신다.

> 그 성 안에 있는 모든 것을 온전히 바치되
> 남녀 노소와 소와 양과 나귀를 칼날로 멸하니라 (수 6:21)

일곱 번째로 그 성을 돌고 나팔을 불 때, 여호수아가 백성에게 명령했었다. '하나님께서 이 성을 우리에게 주실 터인데 너희는 이 성과 그 가운데에 있는 모든 것을 여호와께 온전히 바치라.' 첫 번째 승리의 모든 것을 하나님께 바치도록 명한 것이다. 모든 영광을 오직 하나님께 드리라는 명령이었다. 그렇게 내가 싸워서 얻은 것이라고 주장하지 않고 오직 하나님의 능력임을 고백할 때, 이스라엘은 그 이후 가나안의 모든 땅을 점령하게 된다.

믿음의 삶도 마찬가지다. 우리의 삶은 하루하루가 눈에 보이지 않는 영적인 싸움이다. 아무리 둘러봐도 방법이 없고 암담할 때, 우리가 해야 할 것은 무엇인가? 다른 방법은 없다. 오직 하나님만을 의지하고, 그분이 우리를 대신해 싸워주실 것을 믿음으로 고백해야 한다. 그럴 때 하나님께서 담대함을 주시고 친히 싸워주실 것이다. 그렇게 승리를 맛보고 우리가 다시 함께 모여 그 승리의 기쁨과 감격을 나눌 때, 오직 하나님께만 감사와 영광을 돌리게 하실 줄로 믿는다.

09

샷1~21

말씀 동행

1일차

2일차

3일차

4일차

5일차

6일차

7일차

주를 사랑하는 여인들

사사기 5:24~31

24 겐 사람 헤벨의 아내 야엘은 다른 여인들보다 복을 받을 것이니 장막에 있는
여인들보다 더욱 복을 받을 것이로다
25 시스라가 물을 구하매 우유를 주되 곧 엉긴 우유를 귀한 그릇에 담아 주었고
26 손으로 장막 말뚝을 잡으며 오른손에 일꾼들의 방망이를 들고 시스라를 쳐서
그의 머리를 뚫되 곧 그의 관자놀이를 꿰뚫었도다
27 그가 그의 발 앞에 꾸부러지며 엎드러지고 쓰러졌고 그의 발 앞에 꾸부러져
엎드러져서 그 꾸부러진 곳에 엎드러져 죽었도다
28 시스라의 어머니가 창문을 통하여 바라보며 창살을 통하여 부르짖기를 그의 병
거가 어찌하여 더디 오는가 그의 병거들의 걸음이 어찌하여 늦어지는가 하매
29 그의 지혜로운 시녀들이 대답하였겠고 그도 스스로 대답하기를
30 그들이 어찌 노략물을 얻지 못하였으랴 그것을 나누지 못하였으랴 사람마다
한두 처녀를 얻었으리로다 시스라는 채색 옷을 노략하였으리니 그것은 수 놓
은 채색 옷이리로다 곧 양쪽에 수 놓은 채색 옷이리니 노략한 자의 목에 꾸미
리로다 하였으리라
31 여호와여 주의 원수들은 다 이와 같이 망하게 하시고 주를 사랑하는 자들은 해
가 힘 있게 돋음 같게 하시옵소서 하니라 그 땅이 사십 년 동안 평온하였더라

이스라엘은 새로운 지도자 여호수아의 인도를 따라 가나안에 들어갔다. 여리고 성을 시작으로 해서 마침내 여호와께서 그 조상들에게 "주리라" 약속하신 온 땅을 다 차지하게 된다. 어디로 가든지 하나님이 함께하셨고 그들을 위해서 친히 싸워주셨기 때문이다. 이렇듯 하나님은 언제나 약속을 지키신다. 그 말씀대로 반드시 이루시는 분이다. 이스라엘이 가나안 정복을 마칠 때, 성경은 이렇게 기록한다.

> 여호와께서 이스라엘 족속에게 말씀하신 선한 말씀이
> 하나도 남음이 없이 다 응하였더라 (수 21:45)

하나님의 말씀은 우리를 살리는 능력이 있다. 이 세상을 심판하는 것이 하나님의 궁극적인 뜻이 절대 아니라는 얘기다. 심판을 통해서 다시 깨닫게 하시고 구원의 기회를 주시고자 하는 것이다. 그러니 우리는 두려움과 공포에 함몰돼서는 안 된다. 언제나 변함없이 이 세상을 주관하시는 하나님의 섭리를 깨달아야 한다. 말씀과 기도로 날마다 하나님을 더욱 가까이 할 때, 세상을 두려워하는 자가 아니라 살아 역사하시는 하나님을 진정 경외하는 자가 되게 하신다.

하나님은 여호수아를 통해서 바로 이 진리를 깨닫게 하셨다. 하나님만을 의지하고, 진정 하나님을 사랑하는 백성이 되는 것! 이것은 여호수아가 이스라엘을 향해서 마지막으로 당부했던 말에 더욱 분명히 나타나 있다. 여호수아 23장을 보면 이스라엘이 오랜 기간 평안을 누리며 지내고 있을 때, 이제 나이 들어 늙은 여호수아가 온 이스라엘을 불러 말씀을 선포하는 장면이 나온다.

> 오직 너희의 하나님 여호와께 가까이 하기를 오늘까지 행한 것 같이 하라
> 이는 여호와께서 강대한 나라들을 너희의 앞에서 쫓아내셨으므로
> 오늘까지 너희에게 맞선 자가 하나도 없었느니라
> 너희 중 한 사람이 천 명을 쫓으리니 이는 너희의 하나님 여호와 그가
> 너희에게 말씀하신 것 같이 너희를 위하여 싸우심이라
> 그러므로 스스로 조심하여 너희의 하나님 여호와를 사랑하라 (수 23:8~11)

"하나님 여호와를 사랑하라" 이 말의 의미와 방법을 기억하는가? 이 말은 단순히 감정적인 차원만이 아니다. 행동이 포함되는 역동적 차원의 사랑이다. 모세가 그랬던 것처럼 여호수아도 이제 자신의 마지막 때가 되었음을 깨닫고 하나님의 백성 이스라엘에 마지막 말씀으로 권면한 것이다. 하나님의 자녀는 어디로 가든지 하나님이 함께하시고 대신 싸워주신다. 전능하신 하나님을 의지하며 그 말씀에 온전히 순종하는 삶, 이것이 바로 하나님을 사랑하는 방법이다.

사사기 5장에도 이처럼 선한 말씀의 역사가 이루어진 믿음의 인생을 소개한다. '야엘'이라는 한 여인이 그 주인공인데, 그녀를 이렇게 소개한다.

> 겐 사람 헤벨의 아내 야엘은 다른 여인들보다 복을 받을 것이니
> 장막에 있는 여인들보다 더욱 복을 받을 것이로다 (삿 5:24)

그런데 지금 야엘을 축복하는 사람은 누구일까? 바로 '드보라'와 '바락'이다. 사사기 5장을 시작하는 첫 구절을 보면 알 수 있다.

> 이 날에 드보라와 아비노암의 아들 바락이 노래하여 이르되 (삿 5:1)

드보라는 이스라엘의 사사들 가운데 유일한 여성이었고, 바락은 그녀

를 도와서 가나안 군대와 싸웠던 사람이다. 사실 이 두 사람 중에 우리에게 더 익숙한 사람은 아마도 '드보라'일듯하다. 그런데 '믿음장'이라고 불리는 신약의 히브리서 11장에 보면, 믿음의 선진들을 시대순으로 소개하는 가운데 사사시대를 이렇게 말한다.

> 내가 무슨 말을 더 하리요 기드온, 바락, 삼손, 입다,
> 다윗 및 사무엘과 선지자들의 일을 말하려면 내게 시간이 부족하리로다
> (히 11:32)

사사를 대표하는 이름을 언급하는데 기드온과 삼손, 입다와 더불어 '바락'이 들어있다. 의아하게도 유일한 여성 사사인 '드보라'의 이름은 쏙 빼고, 오히려 '바락'을 언급한다. 우연이었을까? 부인할 수 없는 사실은 전통적으로 많은 학자가 드보라가 사사인지 여부를 두고 끊임없이 논쟁해 왔다는 것이고, 특히 히브리서의 이 말씀을 근거로 들면서 성경에서의 여성의 역할을 축소하거나 배제하고자 했다고 전한다. 사실 그러한 의도를 갖지 않는다 하더라도 성경을 읽다 보면 알게 모르게 남성 중심의 표현과 사고를 보게 된다. 이스라엘의 하나님을 '아브라함, 이삭, 야곱의 하나님'이라고 부른다든지, 일부다처제의 가정환경이라든지, 여성은 계수에도 포함되지 않는다든지 말이다. 이는 성경이 쓰인 그 시대적, 문화적 여건과 환경이 반영되기 때문이다.

그러나 우리가 잊지 말아야 할 것이 있다. 그런 역사적, 물리적 환경임에도 불구하고 오히려 성경은 하나님께 쓰임 받은 많은 여성이 있었음을 증언한다는 사실이다. 이것이 정말 놀라운 하나님의 역사다. 모세를 살렸던 히브리 산파인 '십브라'와 '부아', 출애굽의 첫 여성 선지자인 모세의

누이 '미리암' 그녀들이 없었다면, 모세는 결코 그의 사명을 감당할 수 없었을 터다. 여리고 성에서 목숨을 걸고 정탐꾼을 숨겨주었던 기생 '라합' 그녀가 있었기에, 여호수아는 용기를 가지고 가나안을 정복할 수 있었다.

이러한 흐름 속에서 더욱 공적인 리더십을 부여받고 이스라엘을 이끌어가는 여성이 등장하는데, 그녀가 바로 '드보라'이다. 그녀에게 부여된 '사사' 혹은 '선지자'라는 직분은 종교적인 신분일 뿐만 아니라 왕이 없던 그 공동체의 지도자를 뜻한다. 모세와 여호수아 이후에 하나님은 그들과 같은 강력한 지도자를 세우지 않으셨다. 백성들과 더불어 살면서 평상시에는 재판을 담당하고 전쟁과 같은 위기에서는 하나님의 명령을 받아서 백성을 이끌게 하셨다. 그들이 바로 '사사'라고 불리는 이들이다. 그러나 안타깝게도 이스라엘은 그러한 사사들에 순종하려 하지 않고, 점점 더 가나안 땅의 이방 신들을 섬기고 마음대로 음행을 저질렀다. 그런 이스라엘을 보시며 하나님은 진노하셨다. 그래서 이방 민족들을 통해서 그들을 치셨다. 하지만 전쟁의 큰 고통을 당하고서야 비로소 '하나님, 살려주십시오!' 부르짖으면, 긍휼하신 하나님은 또다시 그들을 구원해 주셨다. 이것이 바로 사사시대의 역사다.

이런 시대 상황 가운데, 오늘의 사건이 펼쳐진다. 드보라와 바락, 이 두 사람이 왜 야엘을 축복하면서 노래하고 있는가? 바로 가나안 군대를 무찌르는데 이 야엘이라는 여인이 결정적인 공을 세웠기 때문이다.

사사기 4장에는 드보라를 소개하면서 전하는 전쟁이 나오는데, 드보라에 대한 이야기 전체가 사실상 야엘과 관련되는 이야기다. 드보라가 등장하기 이전, 이스라엘은 80년을 평온하게 지냈다. '에훗'이라는 사사가 모압을 굴복시켰고, '삼갈'이라는 사사가 블레셋을 물리쳤다. 그렇게 오랜 평안을 누리게 되자 긴장이 풀린 이스라엘이 또다시 여호와의 목전에서 악을 행하고 만다. 그러자 하나님께서 이번에는 가나안 군대를 보내신다. 군대 장관 '시스라'가 철 병거 900대를 가지고 20년 동안 이스라엘 자손을 심하게 학대했다. 이스라엘이 어떻게 했을까? 고통을 당하고야 하나님께 부르짖었다. 그때 세우신 사사가 바로 '드보라'였다. 드보라는 곧바로 바락을 불러서 명령했다. "만 명을 거느리고 싸우러 가라." 그러나 바락은 너무 두려워서 거절했다. "만일 당신이 나와 함께 가지 않으면, 나도 가지 않겠습니다." 두려움 가운데 있는 그에게 드보라는 하나님이 주신 말씀을 담대히 대언한다.

> … 내가 반드시 너와 함께 가리라
> 그러나 네가 이번에 가는 길에서는 영광을 얻지 못하리니
> 이는 여호와께서 시스라를 여인의 손에 파실 것임이니라 … (삿 4:9)

여기서 이 여인은 누구를 말하는 걸까? 바로 야엘이다. 하나님은 선지자 드보라에게 야엘이라는 한 여인을 통해 그 전쟁에서 승리하게 하실 놀라운 계획을 미리 알려주신 것이다. 그렇게 그들은 함께 전쟁에 나갔다. 그런데 이게 웬일인가? 이스라엘은 싸우지도 않았는데, 그들 앞에서 적들이 다 죽어버린 것이다.

> 여호와께서 바락 앞에서 시스라와 그의 모든 병거와 그의 온 군대를
> 칼날로 혼란에 빠지게 하시매 시스라가 병거에서 내려 걸어서 도망한지라
> (삿 4:15)

하나님께서 적들을 친히 무찔러 주셨다. 군대 장관 시스라만 남기고, 온 군대가 모두 하나님의 칼에 죽었다. 결국 홀로 남은 시스라는 무작정 걸

어서 도망쳤다. 그렇게 도망하다 이르게 된 곳이 바로 야엘의 장막이었다. 시스라는 당도한 집이 겐 사람 헤벨의 집이라는 것을 알고는 한시름 놓았을 것이다. 왜냐하면 당시 가나안 왕과 야엘의 남편인 겐 사람 사이에 평화 조약을 맺은 관계였기 때문이다. 일단 야엘은 시스라를 보자 그를 장막으로 영접하고 안심시켰다. 얼마 후 지친 시스라가 깊이 잠이 들자, 야엘은 기다렸다는 듯이 돌변했다. 장막 말뚝을 가져다가 방망이로 쳐서 그의 관자놀이에 박아버렸고, 이에 시스라는 그 자리에서 즉사하고 만다. 이런 야엘의 행위는 인간적인 관계로 볼 때는 배신행위였다. 하지만 사사 드보라는 그것이 하나님이 예정하신 구원의 계획이었음을 알았기에 그녀의 담대함을 이 노래로 크게 칭송한 것이다.

여기서 한 가지 궁금한 것이 생긴다. 하나님께서 가나안 군대를 치실 때 왜 굳이 시스라만 남겨 놓으셨을까? 하나님의 칼로 군대 장관 시스라까지 다 진멸할 수 있으셨을 텐데, 왜 그를 도망가게 하셔서 야엘의 장막에 이르게 하셨을까? 이 모든 과정과 결과는 다 하나님의 계획이다. 하나님은 군대 장관 시스라의 마지막을 야엘이라는 한 여성의 손에 맡기셨다. 사람의 계수에도 들어가지 못하던 그 비천한 존재를 하나님의 역사를 이루는 귀한 도구로 쓰임 받게 하신 것이다.

야엘은 가나안 왕과의 인간적인 화친 관계에 얽매이지 않았다. 오직 역사의 주관자는 여호와 하나님이심을 믿고 그 뜻에 따라 담대히 행한 것이다. 한 여인의 담대한 믿음과 행함을 통해 하나님은 이스라엘 공동체 모두에게 완벽한 승리를 허락하시고, 그 땅에 또다시 40년 동안 평안을 주셨다. 드보라와 야엘은 진정 하나님을 사랑하는 여인들이었다. 하나님을 사랑한다면 어떻게 살아야 하는지를 그들의 삶으로 나타냈다.

세상은 그저 눈에 보이는 것, 그가 가진 것으로 판단하고 계산한다. 힘 있고 많이 가진 자들이 이 세상을 마음대로 이끌어 가는 것 같지만, 절대 그렇지 않다. 하나님은 오히려 오직 하나님을 의지할 수밖에 없는 나약한 자들을 통해서 강하고 있는 자들을 부끄럽게 하시고, 다시금 돌이킬 수 있는 구원의 기회를 주신다. 그러니 우리 역시 드보라와 야엘처럼 하나님이 쓰시고자 하실 때 담대함으로 순종하는 구원의 도구가 되어야 한다.

반면에 사사기 5장에 등장하는 다른 여인들이 있다. 시스라의 어머니와 그의 시녀들이다. 그들은 당연히 시스라가 이기고 돌아올 줄 알았다.

> 그들이 어찌 노략물을 얻지 못하였으랴 …
> 사람마다 한두 처녀를 얻었으리로다 시스라는 채색 옷을 노략하였으리니
> 그것은 수 놓은 채색 옷이리로다 … (삿 5:30)

그들은 세상 모든 것을 자신들의 힘으로 얻을 수 있다고 착각했다. 이 얼마나 어리석은 망상인가. 하지만 더욱 안타까운 사실은 지금 이 세대에도 이런 착각 속에 살아가는 인생이 너무나 많다는 사실이다. 그런 이들에게 하나님을 사랑하는 복된 믿음의 인생을 보여 줘야 한다. 그 일을 위해 하나님이 우리를 부르셨다. 삶의 진정한 기쁨과 평안이 무엇인지 세상에 전할 사명이 우리에게 주어졌다.

사사 드보라는 하나님께 찬양을 올리며 마지막으로 이렇게 간구한다.

> 여호와여 주의 원수들은 다 이와 같이 망하게 하시고
> 주를 사랑하는 자들은 해가 힘 있게 돋음 같게 하시옵소서 … (삿 5:31)

하나님을 대적하는 자와 하나님을 사랑하는 자에 대한 하나님의 처분을 간구하는 기도였다. 하나님은 드보라의 간구대로 이스라엘의 대적들은 모

두 처리하시고, 하나님을 사랑한 백성은 영광스러운 안식에 이르게 하셨다. 드보라의 기도를 들으셨던 하나님은 오늘도 주를 사랑하는 자들, 주를 사랑하는 여인들의 간절한 기도를 들으신다. 그리고 반드시 응답하신다.

10

룻 1 ~ 삼상 10

말씀 동행

1일차

2일차

3일차

4일차

5일차

6일차

7일차

보아스와 증인들

룻기 4:9~12

9 보아스가 장로들과 모든 백성에게 이르되 내가 엘리멜렉과 기룐과 말론에게
있던 모든 것을 나오미의 손에서 산 일에 너희가 오늘 증인이 되었고
10 또 말론의 아내 모압 여인 룻을 사서 나의 아내로 맞이하고 그 죽은 자의 기업
을 그의 이름으로 세워 그의 이름이 그의 형제 중과 그 곳 성문에서 끊어지지
아니하게 함에 너희가 오늘 증인이 되었느니라 하니
11 성문에 있는 모든 백성과 장로들이 이르되 우리가 증인이 되나니 여호와께서
네 집에 들어가는 여인으로 이스라엘의 집을 세운 라헬과 레아 두 사람과 같게
하시고 네가 에브랏에서 유력하고 베들레헴에서 유명하게 하시기를 원하며
12 여호와께서 이 젊은 여자로 말미암아 네게 상속자를 주사 네 집이 다말이 유
다에게 낳아준 베레스의 집과 같게 하시기를 원하노라 하니라

이스라엘은 하나님의 인도하심으로 약속의 땅에 들어가 정착했다. 하지만 시간이 지날수록 하나님이 세우시는 사사들을 따르지 않았다. 주변 이방 민족들이 가진 막강한 군사력과 물질적인 풍요함을 부러워하면서 점점 더 하나님을 멀리하고, 자신들이 섬길 왕을 찾기 시작했다. 사사기를 마치는 마지막 구절은 이스라엘의 사사시대가 이렇게 끝나가고 있음을 잘 표현한다.

> 그 때에 이스라엘에 왕이 없으므로
> 사람이 각기 자기의 소견에 옳은 대로 행하였더라 (삿 21:25)

이스라엘은 더는 사사의 리더십에 따르지 않았다. 그저 각기 자기의 생각대로 행동했다. 그러니 신앙 공동체에 큰 혼란이 초래될 수밖에 없었다. 그러면서 서로 핑계 대기 시작했다. "우리에게 왕이 없어서 그렇다." "우리도 왕이 있어야 한다!" 왕이 있어야 더 안전하고 더 잘 살 수 있다는 이상한 논리였다.

생각해 보자. 그동안 이스라엘에 왕이 없었는가? 절대 아니다. 전능하신 하나님이 그들의 왕이셨다. 세상의 그 어떤 왕과도 비교할 수 없는 하나님께서 그들을 친히 보호하시고 인도하셨다. 그런데도 이스라엘은 세월이 지나면서 그 은혜를 점점 잊어버렸다. 그렇게 감사를 잊은 채 하나님의 은혜를 망각한 이스라엘은 점점 더 왕을 요구했다. 결국 그들의 요구에 지친 하나님은 이스라엘에 왕을 허락하신다. 이런 우여곡절 끝에 이스라엘의 왕정 시대가 시작된다. 마지막 사사인 사무엘이 하나님의 명령에 따라서 사울에게 기름을 부어 초대 왕으로 세우고, 그다음 왕 다윗까지 세운다. 시대순으로 보면 '사사기'를 마치면서 사사시대를 끝내고, 왕정 시대를 시작하는 '사무엘상·하'로 이어진다.

그런데 성경은 이스라엘의 왕정 시대를 시작하기에 앞서서 '룻기'라는 짧은 책을 담고 있다. 성경 통독을 하면서 아마 한 번쯤은 의아하게 느낀 이도 있을 터다. 사사기를 마치고 룻기 없이 사무엘상으로 넘어가도 되는데, 이 룻기로 인해 역사의 흐름이 중단되는 느낌을 받기 때문이다.

룻기는 '룻'이라는 한 여성의 이름을 제목으로 삼는다. 성경에서 여인의 이름을 책 제목으로 삼은 것은 모두 2권뿐이다. 바로 룻기와 에스더다. 흥미로운 것은 이 두 사람이 여성이라는 공통점을 빼고는 오히려 모든 것이 상반될 만큼 너무나 차이가 많다는 사실이다.

창세기부터 통독해 오면서 룻기에 이르기까지 지금까지 등장한 하나님을 사랑하는 여인들은 늘 주목받지 못했다. 역사 속에서 드러나지 않는 조연 혹은 엑스트라에 불과했다. 그런데 룻기에서 처음으로 그 흐름이 깨진다. 또한 성경은 지금까지 이스라엘 공동체에 관한 이야기를 계속해 왔는데, 갑자기 룻기는 한 가정의 이야기를 전한다. 다소 흐름이 생소하다. 그러나 이런 여러 의아함에도 룻기가 지금 이 위치에 자리하는 이유가 분명 있다. 룻기를 시작하는 첫 구절이 언급하는 그 시대적 배경 때문이다.

> 사사들이 치리하던 때에 그 땅에 흉년이 드니라
> 유다 베들레헴에 한 사람이 그의 아내와 두 아들을 데리고
> 모압 지방에 가서 거류하였는데 (룻 1:1)

이 책의 배경이 바로 사사시대이기 때문이다. 왕정 시대로 넘어가기 전, 마지막 자리에 있는 이유이다.

룻기는 사사시대에 살던 한 가정의 역사를 전한다. 이 가정은 흉년이 들자 약속의 땅 가나안을 떠나 이방 땅으로 향했다. 자기들 마음대로. 물론 진지하게 고민했을 것이다. 그러나 기도하지 않고 자기 소견에 옳은 대

로 결정하고 행동했다. 세상의 기준으로 보면, 남들보다 앞서서 가족을 위해 결단한 지혜로운 선택이라고 할 수도 있다. 그러나 믿음의 기준으로 보면, 그 과정에 분명 문제가 있었음을 발견하게 된다. 기근과 흉년이 들면 죄를 회개하고 하나님께 돌아와야 했지만, 그들은 오히려 하나님을 떠나 이방으로 가버린 것이다. 아니나 다를까. 이후 이 가정은 전혀 예상치 못한 비참한 길을 가게 된다. 고향을 떠나서 이방 땅에 이주한 지 얼마 지나지 않아 그 가장이 갑작스럽게 죽고 만다. 남편을 잃은 아내는 어려워진 상황을 스스로 헤쳐 나가고자 두 아들에게 그 땅 모압의 여자 중에서 아내를 맞게 한다. 그렇게 십 년쯤 지내면서 이제 좀 살만해졌다 싶었는데 이번에는 두 아들이 한꺼번에 다 죽는다.

남편과 두 아들, 모든 것을 잃은 여인, 바로 그녀가 '나오미'다. 나오미는 이제 더는 그곳에서 살아갈 이유도 없고 희망도 사라졌다. 그나마 다행인 것은 이 고통과 아픔으로 인생을 포기하지 않고 뒤늦게라도 하나님을 다시 찾게 되었다는 사실이다. 어찌 보면 가장 불행해 보이는 여인이지만 그녀의 인생에서 그래도 희망의 불씨가 보였다. 이 모든 일이 그저 우연이 아니라 하나님의 손이 치셨다는 것을 깨닫고 고백했기 때문이다.

나오미는 귀한 믿음의 고백을 통해 담대함을 얻었다. 믿음의 확신이 생긴 것이다. 그래서 그 담대함으로 인간적인 모든 부끄러움을 무릅쓰고 고향으로 돌아가기로 결심한다. 게다가 돌아가는 길에 자신을 따라오는 며느리들의 입장까지 생각하게 된다. 자신의 처지도 물론 비참하지만, 남편을 잃은 며느리들이 이방 여인으로서 앞으로 유다 땅에서 살아간다는 것이 얼마나 힘들고 무슨 의미가 있겠는가? 그녀에게 긍휼한 마음까지 생긴 것이다. 참으로 놀라운 변화이다. 하지만 나오미는 여전히 인간적인 생각에 머물고 있었다. 하나님의 손이 치셨다는 것은 비로소 깨달았지만, 아직도 자기 소견에 옳은 대로 행하고 있었다. '너희는 이방 여인이니까…' 하며 자신의 기준으로 판단한 것이다.

우여곡절 끝에 시어머니와 함께 유다 베들레헴에 도착한 룻은 자신의 상황을 부끄럽게 여기지 않고 진심으로 어머니를 섬겼다. 스스로 밭에 이삭을 주우러 나가 시어머니를 봉양했다. 자신의 살길을 찾아 떠났다면 이런 고생을 하지 않아도 됐을 터였다. 남편의 고향에 왔으니 이제 법에 따라서 자신을 돌봐주고, 먹고 살게끔 책임져 줄 사람이 없는지 알아볼 수도 있었다. 그것이 현실적인 방안이었다. 그러나 룻은 그렇게 하지 않았다. 자신의 상황과 여건을 탓하지도 않았고, 도움을 얻고자 사람부터 찾아가지도 않았다. 남편을 잃은 이방 여인으로 굳이 감당하지 않아도 되었을 시어머니의 고통을 함께했다. 이런 그녀의 모습에 결국 베들레헴 사람들이 다 감동하게 된다.

여기서 한 가지 우리가 깨달아야 할 것이 있다. 감동했다고 되는 것이 아니라는 사실이다. 말씀에 은혜를 받고 감동하는 것은 참 귀한 일이다. 그러나 말씀의 은혜가 성령의 열매를 맺으려면 감동하는 것에 만족해서는 안 된다. 성령께서 감동하게 하셨다면 끝까지 그 일을 감당하는 자가 되어야 한다. 그가 바로 하나님께 쓰임 받는 복된 인생이다.

당시 유다 베들레헴 사람들도 다 감동은 받았다. 룻의 모습에 감동하고 그녀가 현숙한 여자인 줄은 모두가 다 알았다. 하지만 정작 그 가정을 돌보아야 할 '기업 무를 자'의 책임은 회피했다. 당시 율법에 따르면 남편과 가장 가까운 친족에게는 어려움에 부닥친 그 일가의 가족을 돌보는 의무가 있었다. 억울하게 당한 죽음을 대신 복수하거나, 빚 때문에 종이 된 가족이 있을 때는 다시 사들여서 회복시키거나, 미망인이 있을 때는 그녀와 결혼해서 돌봐야 한다는 등의 규정이 있었다. 의무니까 처음에는 억지로라도 이것을 지키고자 했다. 그러나 시간이 지날수록 이 일이 부담되고 힘드니까 회피하는 상황이 빈번해졌다. 꼭 그렇게 안 하더라도 이제 더는 비난받지 않는 상황이 된 것이다. 이런 상황임에도 기꺼이 남의 짐을 대신 감당하는 한 사람이 등장한다. 그가 바로 '보아스'였다.

성경은 이렇게 스스로 자원해서 기업 무를 자가 되기로 결단한 보아스와 이 일에 증인이 되는 베들레헴의 장로들과 백성들 사이의 대화를 전한다. 먼저 보아스가 그들에게 증인이 될 것을 요청했다.

> … 내가 엘리멜렉과 기론과 말론에게 있던 모든 것을
> 나오미의 손에서 산 일에 너희가 오늘 증인 되었고
> 또 말론의 아내 모압 여인 룻을 사서 나의 아내로 맞이하고
> 그 죽은 자의 기업을 그의 이름으로 세워 그의 이름이
> 그의 형제 중과 그 곳 성문에서 끊어지지 아니하게 함에
> 너희가 오늘 증인이 되었느니라 … (룻 4:9~10)

보아스는 법적으로 그 가정을 책임져야 할 자가 아니었다. 그렇게 한다고 자신에게 무슨 유익이 될 것도 전혀 없었다. 정작 법적으로 그 가정을 돌봐야 할 의무가 있는 자는 책임을 회피했는데, 보아스는 자원해서 기쁨으로 이 모든 것을 감당했다. 어떻게 이렇게 할 수 있었을까? 재산이 많아서? 아니다. 가진 것이 많다고 누구나 할 수 있는 일이 결단코 아니었다.

보아스는 룻을 통해서 참된 기쁨의 삶을 깨달았다. 가진 것이 전혀 없어도 고통의 자리에 함께하는 것, 그 고통을 함께 나누는 룻을 보면서 그 섬김이 바로 모두가 참된 평안을 누리는 길임을 확신했다. 그래서 룻이 나

오미의 고통을 감당했던 것처럼 보아스가 룻의 짐을 감당하기로 결단한 것이다. 이 믿음의 결단은 공동체 모두에게 아름답고 선한 영향을 미치게 된다. 증인 된 장로들과 백성들이 그 가정을 축복했다.

> … 여호와께서 네 집에 들어가는 여인으로
> 이스라엘의 집을 세운 라헬과 레아 두 사람과 같게 하시고 …
> 여호와께서 이 젊은 여자로 말미암아 네게 상속자를 주사
> 네 집이 다말이 유다에게 낳아준 베레스의 집과 같게 하시기를 원하노라
> (룻 4:11~12)

이전에는 감히 상상할 수도 없는 일이었다. "…이이가 나오미냐…"(룻 1:9) 하며 온 성읍이 조롱하고 비웃던 집안이었다. 그런데 그저 동네 여인들도 아니고, 가장 유력한 장로들과 남성들이 낯선 이방 여인과 그 가정을 축복한 것이다.

사사시대는 하나님의 뜻보다는 자기 소견대로 행하는 이들이 많았다. 그런 중에도 보아스는 하나님의 말씀과 사랑을 몸소 실천하는 귀한 섬김의 인생을 살았다. 그 결과는 어떻게 주어졌는가? 다윗의 조상이 되고 나아가 온 인류의 구원자이신 예수 그리스도의 계보에 오르는 영광을 얻었다. 우리 역시 보아스와 같은 섬김의 삶을 살아야 한다. 감동 받은 그 마음을 잊지 않고 누군가에게 사랑의 감동을 주는 믿음의 사명을 감당해야 한다. 각자의 자리에서 기쁨으로 남의 짐을 대신 지어주면서 말이다. 이 섬김이야말로 우리의 짐을 대신 지시고 십자가에 달리신 예수 그리스도의 사랑과 구원의 은혜를 전하고 나누는 길이다.

11

삼상 11 ~ 31

말씀 동행

1일차

2일차

3일차

4일차

5일차

6일차

7일차

위대한 침묵

사무엘상 28:3~7

3 사무엘이 죽었으므로 온 이스라엘이 그를 두고 슬피 울며 그의 고향 라마에
장사하였고 사울은 신접한 자와 박수를 그 땅에서 쫓아내었더라

4 블레셋 사람들이 모여 수넴에 이르러 진 치매 사울이 온 이스라엘을 모아 길
보아에 진 쳤더니

5 사울이 블레셋 사람들의 군대를 보고 두려워서 그의 마음이 크게 떨린지라

6 사울이 여호와께 묻자오되 여호와께서 꿈으로도, 우림으로도, 선지자로도 그
에게 대답하지 아니하시므로

7 사울이 그의 신하들에게 이르되 나를 위하여 신접한 여인을 찾으라 내가 그리
로 가서 그에게 물으리라 하니 그의 신하들이 그에게 이르되 보소서 엔돌에
신접한 여인이 있나이다

룻기를 마지막으로 이스라엘의 사사시대는 막을 내리게 된다. 이어 사울과 다윗을 중심으로 하는 초기 왕정 시대의 역사가 시작된다. 초대 왕 '사울'은 이스라엘 역사에 길이 남을 수밖에 없는 중요한 이름이다. 그다음 왕인 '다윗'은 이스라엘 역사에서 결코 빼놓을 수 없는 가장 영향력 있는 이름이다. 그런데 흥미로운 것은 왕정 시대를 여는 이렇게 중요한 주인공들의 이름이 그 내용을 담는 성경책의 이름이 되지는 못했다는 사실이다. 성경은 왕의 이름으로 불리지 않았다. 그 왕을 세운 하나님의 사람, 사사 '사무엘'의 이름을 기억하게 한다. 여기에는 중요한 의미가 담겨 있다. 왕정 시대라고 해서 그 역사의 주인공을 왕이라고 여기지 말라는 뜻이다. 이제 이스라엘에도 '왕'이라고 하는 새로운 지도자들이 등장할 텐데, 왕을 세우시고 그를 통해 통치하는 분은 하나님이심을 잊지 말라는 말이다.

겉으로 보이는 시대적 사건과 그 내용으로 보면 사무엘상은 사울이 주인공이고, 사무엘하는 다윗이 주인공이다. 그러나 우리는 그저 단편적인 시선이 아닌 신앙의 눈으로 이 책들을 바라봐야 한다. 왕위에 오른 성공한 인생으로 그들을 부러워하는 것이 아니라 왕을 허락하시면서도 끝까지 '사무엘'이라는 이름을 기억시키고자 하는 하나님의 그 마음을 읽어내야 한다. 이스라엘 왕들이 과연 하나님의 마음을 잘 헤아리는지, 끝까지 하나님의 기대에 잘 부응해 가는지 눈을 부릅뜨고 살펴야 한다. 만일 그렇지 못한 왕이 있다면, 그는 왜 그런 길을 갈 수밖에 없었는지 안타까운 마음으로 그의 삶을 들여다봐야 한다. 그 마음으로 사무엘상·하를 읽으면 오늘 우리에게 원하시는 하나님의 마음을 깊이 깨닫게 될 줄로 믿는다.

사울의 이야기인 사무엘상은 총 31장이다. 그중 28장은 사울의 시대가 거의 끝나게 되는 그런 상황이다. 과연 어떤 상황이었을까.

사무엘이 죽었으므로 온 이스라엘이 그를 두고 슬피 울며
그의 고향 라마에 장사하였고
사울은 신접한 자와 박수를 그 땅에서 쫓아내었더라 (삼상 28:3)

하나님의 명령에 따라서 사울에게 기름을 붓고 그를 이스라엘의 초대 왕으로 세웠던 사사, 사무엘이 죽었다. 이제 이스라엘에 더는 사사가 없고, 왕이 다스리게 된다. 그런데 여기서 더는 사사가 없다는 말을 오해하면 안 된다. 사무엘 이후에 '사사'라는 존재 자체가 아예 없었다는 뜻은 아니다. 사무엘상 8장에 보면, 사무엘 다음에 사사로 세움 받은 이들이 있었다.

사무엘이 늙으매 그의 아들들을 이스라엘 사사로 삼으니
장자의 이름은 요엘이요 차자의 이름은 아비야라
그들이 브엘세바에서 사사가 되니라 (삼상 8:1~2)

분명히 사무엘의 두 아들이 아버지의 대를 이어서 사사로 세워졌다. 그런데 어떻게 된 걸까? 예부터 자식은 부모 마음대로 안 된다고들 한다. 사무엘 역시 예외는 아니었던 듯하다. 그렇게 훌륭한 믿음의 아버지를 두었는데, 그 아들들은 그렇지 못했다. 아버지의 본을 따르지 않았다. 하나님 앞에 진실하지 못하고, 자신의 이익을 따라서 사람들로부터 뇌물을 받고 판결을 굽게 했다. 사사로 세워졌던 그 아들들은 급기야 그 공동체에서 인정받지 못하고, 오히려 왕을 요구하는 이스라엘의 목소리가 더욱 거세어졌다. 결국 그들은 분명 사사로 세워지긴 했지만, 믿음의 역사는 그들을 사사로 기억하지 않는다.

그렇게 마지막 사사로 기억되는 사무엘이 죽었다. 얼마나 애통한 일인가. 온 이스라엘이 슬피 울면서 그를 고향 땅에 장사했다. 그런데 그다음, 사울이 행한 일이 참 흥미롭다. 사무엘이 죽고 그를 장사지낸 후에 사울은

그 땅에서 신접한 자와 박수를 다 쫓아냈다. 여기서 '신접한 자'는 무당을 말한다. 주술을 사용해 이미 죽은 사람의 영혼을 불러내는 것처럼 해서 그의 말을 통해 앞으로의 길흉을 점치는 사람이었다. '박수'도 마찬가지다. 인간이 궁금해하는 미래를 점을 쳐서 이야기하는 점쟁이를 말한다. 사울이 이런 점쟁이들을 사무엘이 죽고 나서 그 땅에서 쫓아내었다.

그런데 좀 이상하지 않은가? "왕이여, 점쟁이들을 그렇게 두면 안 됩니다. 당장 그들을 다 쫓아내십시오."라고 사무엘이 사울에게 권면한 것도 아니다. 그에게 하나님의 마음을 전한 것도 아닌데, 사울이 왜 갑자기 스스로 점쟁이들을 쫓아냈을까? 역사의 흐름을 보면 지금 사울의 시대가 끝나가고 있다. 그래서 사울이 마지막으로 회개하고 다시 하나님을 찾고자 한 걸까?

사무엘이 죽었지만, 신접한 자와 박수를 쫓아내는 사울의 모습은 이스라엘 백성에게 새로운 기대를 품게 했을 것이다. '드디어 사울이 변했네. 이제 새로운 마음으로 제대로 하려나 보나.'

그러나 기대가 클수록 실망도 크다. 사람의 눈은 잠시 속일 수 있다. 하지만 하나님 앞에 결국 다 드러나게 되어 있다. 무당과 점쟁이들을 쫓아낸지 얼마 지나지 않아서 블레셋이 쳐들어왔다. 만약 사울이 진심으로 돌이켰다면, 이 위기의 상황에서 어떻게 해야 할까? 당연히 하나님께 먼저 묻고, 하나님의 도우심을 간구해야 한다. 그러나 사울은 어떻게 했을까?

> 블레셋 사람들이 모여 수넴에 이르러 진 치매
> 사울이 온 이스라엘을 모아 길보아에 진 쳤더니
> 사울이 블레셋 사람들의 군대를 보고 두려워서 그의 마음이 크게 떨린지라
> (삼상 28:4~5)

사울은 자신의 힘으로 싸우고자 나갔다. '하나님, 어떻게 싸워야 합니까? 하나님, 도와주셔야 합니다!' 이랬어야 했지만, 하나님께 묻지도 않고 간구하지도 않은 채 자신의 힘으로 나갔다. 가서 보니 블레셋 군대가 너무 강해 보였다. 도저히 감당이 안 되는 형국이었을 터다. 결국 싸우기도 전에 벌써 두려움이 마구 밀려왔다. 사울은 그제야 하나님을 찾았다. 다급해진 마음으로 하나님을 찾고자 여러 방법을 시도했다.

> 사울이 여호와께 묻자오되 여호와께서 꿈으로도, 우림으로도, 선지자로도 그에게 대답하지 아니하시므로 (삼상 28:6)

첫째, 사울은 꿈을 통해서 하나님의 뜻을 알고자 했다. 우리말로는 '꿈'이라고 단수로 표현됐지만, 원어를 그대로 직역하면 '꿈들', 복수이다. 즉 한두 번이 아니라 여러 날 동안 두려움에 밤잠을 이루지 못하면서 꿈을 통해 하나님께 묻고자 했다는 얘기다. 꿈이라는 방법 자체는 정당해 보인다. 구약시대에 꿈은 하나님의 계시를 알리는 하나의 중요한 방법이었으니. 그러나 하나님은 대답하지 않으셨다.

그다음으로 사울이 시도한 것은 '우림'을 통한 방법이었다. '우림'은 대제사장이 하나님의 뜻을 묻기 위해서 사용한 도구이다. 앞서 출애굽기와 레위기에서 나왔듯이 대제사장이 성소에 들어갈 때 입도록 규정한 예복에 보면, 가슴 부위에 이스라엘 열두 지파를 상징하는 보석들인 흉패를 붙이도록 했다. 그 안에 하나님의 뜻을 물을 때 사용하는 도구를 넣었는데 어떤 문제나 특별한 상황에 닥쳤을 때 대제사장이 그 판결 흉패에 넣은 우림을 가지고 하나님의 뜻이 무엇인지를 묻고 결정한 것이다. 사울은 이 방법도 동원했지만, 역시 하나님은 대답하지 않으셨다.

마지막으로 시도한 방법이 선지자를 통한 것이다. 원문의 표현으로 보면 '꿈들'과 마찬가지로 '선지자들'이란 복수형으로 되어 있다. 사울이 하도 답답하고 절박하니 여러 선지자를 불러서 어떻게든 시도했다는 것이다. 그러나 이마저도 소용이 없었다. 사울이 이토록 하나님께 묻고자 애쓰고 수고했음에도 왜 하나님은 그에게 대답하지 않으셨을까? 왜 하나님은 사울에게 끝까지 침묵하셨을까?

하나님은 아담과 하와를 에덴동산에서 쫓아내실 때도 가죽옷을 지어 입히셨다. 사래의 여종 하갈이 광야로 도망했을 때도 친히 그녀를 만나주신 분이다. 그런 긍휼과 자비의 하나님께서 사울에게는 너무 냉담하다고 생각할 수 있다. 그러나 이 말씀을 영적인 관점에서 읽어내야 한다. 절대 하나님이 냉담하신 것이 아니다. 하나님이 사울을 외면하시고 그에게 대답하지 않으셨기에 사울이 몰락한 것이 아니다. 그가 어떠한 마음으로 하나님을 찾았는지, 그가 무엇을 위해서 그토록 하나님의 뜻을 물었는지, 블레셋에 맞서는 사울의 모습을 믿음의 눈으로 바라보고 그것을 통해 우리의 영적인 상태를 점검해 봐야 한다.

하나님께서 자신을 왕으로 세우셨다는 것을 잊지 않았다면, 사울은 그 위기의 상황에서 가장 먼저 선지자를 불렀어야 했다. 자신이 왕이지만, 이 나라를 통치하는 분은 하나님이심을 고백하고 겸손히 하나님 앞에 엎드려야 했다는 얘기다. 그러나 사울은 어찌했는가? 꿈을 통해서 자신이 먼저 하나님을 부르고자 했다. 물론 하나님은 때로 꿈을 통해서 하나님의 뜻과 마음을 말씀하시고 보여주신다. 그렇다고 꿈에만 매달리는 자가 되어서는 안 된다. 말씀과 기도 생활은 안 하면서 꿈으로 하나님을 만나겠다는 사람이 바로 사울이었다.

사울이 사용한 '우림'을 통한 방법도 문제가 있었다. 언뜻 보기에는 사울이 우림을 통해서 하나님의 뜻을 구하는 것 같지만, 사람들을 의식한 속임수였고 편법이었음을 성경은 암시한다. 원래 성경에서 우림이라는 말은 단독으로 쓰이지 않는다. 항상 짝이 있다. 그것이 무엇인가? 바로 '둠밈'이다. 둠밈은 아마도 작은 돌 같은 모양이었을 것으로 학자들이 추측만 할 뿐이지 성경에 그 모양이 자세히 기록되어 있지 않다. 그 때문에 이것이 어떻게 생겼는지, 어떠한 재료로 만들어졌는지, 어떠한 방법으로 하나님의 뜻을 해석했는지 등은 정확히 알 수는 없다. 어쨌든 사울은 하나님이 명하신 '우림과 둠밈'이라는 방법이 아니라 마치 이단처럼 비슷하지만 자기 마음대로 교묘하게 이 도구를 이용했다. 또한 분명한 것은 그 목적이 하나님의 이름을 높이기 위해서가 아니었다. 점점 더 다윗에게 기울어져 가는 역사의 흐름을 자기 힘으로 바꾸고자 했고, 사람들에게 다시 인정받고 그 분위기로 왕권을 유지하려고 한 것이다.

선지자들을 통한 방법은 왜 소용이 없었는가? 사울이 택한 그들은 하나님을 섬기는 진실한 선지자들이 아니었기 때문이다. 이미 사울의 곁에는 자신의 유익을 추구하는 거짓 선지자들뿐이었다. 그 이유는 앞서 벌어진 결정적인 사건 때문이다. 사무엘상 22장을 보면, 사울이 놉이라는 지역의 제사장들을 다 죽이는 일이 벌어진다. 무려 85명의 제사장과 그 성에 살던 많은 사람을 한꺼번에 죽였는데, 그 일로 진실한 선지자들은 다 사울을 떠나서 다윗 곁으로 간 것이다. 그래서 사울이 여러 선지자를 불렀지만, 이미 그에게는 하나님의 뜻을 알려줄 선지자가 없었다. 최고 권력을 가진 왕이었음에도 그의 말년은 너무나 외롭고 불행했다. 그렇게 모든 상황이 자기 뜻대로 되지 않자 급기야 돌이킬 수 없는 명령을 내리고 만다.

사울이 그의 신하들에게 이르되 나를 위하여 신접한 여인을 찾으라
내가 그리로 가서 그에게 물으리라 하니 그의 신하들이 그에게 이르되
보소서 엔돌에 신접한 여인이 있나이다 (삼상 28:7)

이게 어떻게 된 일인가? 사무엘이 죽었을 때, 그 땅에서 신접한 자와 박수를 다 쫓아낸 사울이었다. 그런데 이제 그 행위가 어떤 의도였는지 그 목적이 만천하에 드러난 것이다. 하나님을 기쁘시게 하기 위해서가 아니었다. 나를 위해서, 내 지위, 내 명예, 내 성공을 위해서 버렸던 것이기에 이제 필요한 상황이 되니 그것을 다시 찾은 것이다. '보소서 엔돌에 신접한 여인이 있나이다' 마치 기다렸다는 듯이 신하들은 사울을 악한 길로 안내했다. 결국 그 길로 사울은 하나님을 영영 떠나고 만다.

하나님은 이 모든 과정 가운데 침묵하신다. 사울이 블레셋을 피해 도망하다가 세 아들과 함께 한 날에 다 죽게 되는 비참한 최후를 보시면서도 하나님은 끝까지 아무 말씀도 없으셨다. 사울이 누구인가? 그는 하나님이 택하시고 기름 부어 세우신 이스라엘의 첫 번째 왕이었다. 그런 그의 무너짐을 보며 하나님의 마음이 얼마나 아프셨을까? 그에게 전하고 싶은 말씀이 얼마나 많으셨을까? 그런데도 하나님은 모든 것을 참고 인내하셨다. 말보다 더 어려운 것이 침묵이다. 능력이 없어서, 사랑이 없어서 침묵하는 것이 결코 아니다. 오히려 너무나 사랑하기에 말로는 다 표현할 수 없는 침묵, 그 거룩한 고요함이 하나님의 위대한 침묵이다.

인간은 하나님의 그 위대한 침묵을 다 이해할 수 없다. 예수님도 십자가 위에서 그 침묵을 원망하지 않으셨던가. "엘리 엘리 라마사박다니" "하나님이여, 하나님이여, 어찌 나를 버리셨나이까" 그러나 우리 하나님은 절대 버리지 않으셨다. 십자가 죽음을 통해서 오히려 온 인류에게 영원한 생

명을 주신 것처럼 하나님은 사울의 죽음을 통해 하나님의 백성인 이스라엘을 더욱 강하고 새롭게 하셨다.

하나님은 오늘도 그 위대한 침묵을 통해 하나님의 놀라운 구원의 역사를 이루어 가신다.

"하나님, 제발 이 문제를 해결해 주세요! 날마다 기도하는데 왜 응답하지 않으시나요?"

우리는 그저 내 앞에 놓인 문제가 힘들고 답답해서 때로 하나님을 재촉하고 원망하기도 한다. 하지만 다시 한번 하나님의 마음을 깊이 헤아려 보기 바란다. 하나님은 오늘도 모든 것을 보고 계신다. 우리가 흘리는 눈물과 한숨을 다 알고 계신다. 지금 당장 그 모든 고통과 문제를 다 해결하실 수 있는 분이 바로 우리 아버지 하나님이다. 그런데도 그 하나님이 침묵하고 계신다면, 거기에는 분명히 하나님의 특별한 섭리가 있음을 믿어야 한다. 지금은 비록 그 깊은 뜻과 사랑을 다 헤아리지 못하더라도 분명한 진리는 하나님의 뜻은 언제나 선하다는 것이다. 하나님이 우리 모두를 항상 사랑하신다는 사실이다.

12

삼하 1 ~ 24

말씀 동행

- 1일차
- 2일차
- 3일차
- 4일차
- 5일차
- 6일차
- 7일차

힘없고 약한 어머니, 리스바

사무엘하 21:10~14

10 아야의 딸 리스바가 굵은 베를 가져다가 자기를 위하여 바위 위에 펴고 곡식
베기 시작할 때부터 하늘에서 비가 시체에 쏟아지기까지 그 시체에 낮에는 공
중의 새가 앉지 못하게 하고 밤에는 들짐승이 범하지 못하게 한지라
11 이에 아야의 딸 사울의 첩 리스바가 행한 일이 다윗에게 알려지매
12 다윗이 가서 사울의 뼈와 그의 아들 요나단의 뼈를 길르앗 야베스 사람에게서
가져가니 이는 전에 블레셋 사람들이 사울을 길보아에서 죽여 블레셋 사람들
이 벧산 거리에 매단 것을 그들이 가만히 가져온 것이라
13 다윗이 그 곳에서 사울의 뼈와 그의 아들 요나단의 뼈를 가지고 올라오매 사
람들이 그 달려 죽은 자들의 뼈를 거두어다가
14 사울과 그의 아들 요나단의 뼈와 함께 베냐민 땅 셀라에서 그의 아버지 기스
의 묘에 장사하되 모두 왕의 명령을 따라 행하니라 그 후에야 하나님이 그 땅
을 위한 기도를 들으시니라

각 나라의 화폐를 보면, 그 나라의 역사와 전통에서 가장 존경받는 인물들이 들어있다. 우리나라도 마찬가지다. 천 원의 퇴계 이황, 5천 원의 율곡 이이는 16세기 문화의 주역이었다. 이 두 인물 사이에 공통점이 있는데, 바로 어머니의 영향이 컸다는 사실이다. 한 나라를 대표하는 지폐의 인물로 선정될 만큼 훌륭한 아들을 키워낸 어머니들이 있었다는 말이다.

이황은 생후 7개월 만에 아버지를 잃고, 홀어머니 밑에서 훌륭한 인물로 자랐다. 이이의 어머니는 그 유명한 '신사임당'으로 우리 역사에서 그녀만큼 존경받는 여성도 드물다. 그래서 여성 최초로 우리나라의 가장 고액권인 5만 원 화폐의 인물이 된 것이다. 그녀는 어려서부터 시와 그림에 능했던 유명한 예술가였다. 당시에 특히 산수도를 잘 그리는 화가로서 명성이 자자했는데, 오늘날 사임당은 율곡 이이를 낳은 어머니로 더 알려졌다. 이것은 그녀가 낳은 4남 3녀 중 셋째 아들인 이이가 사임당이 죽은 후, 정치적으로 큰 영향력을 발휘해 후대 유학자들의 큰 존경을 받는 인물이 되었기 때문이다.

사임당의 일생을 보면, 우리가 단순히 현모양처라고 부르기 이전에 그녀는 화가로서 그리고 효녀로서도 훌륭한 여성이었다. 그러나 전통이라는 명목하에 그녀에 대한 이미지는 자신의 일생보다는 어머니로의 삶이 더 주목받았다. 어머니라는 존재는 시대를 막론하고 늘 나보다는 자녀, 내 것을 챙기기보다는 다 내어주어도 기쁜 희생으로 그려진다. 우리의 어머니들도 그런 삶을 사셨고, 또한 오늘날의 많은 어머니가 그런 삶을 살아간다.

사무엘하에 등장하는 한 어머니가 있는데, 그녀의 이름은 '리스바'이다. 성경을 읽다 보면 종종 이해하기 어렵고, 마음이 불편하고, 속이 쓰린, 마치 수수께끼 같은 이야기를 만나게 된다. 리스바의 이야기가 그렇다. 리스바는 이스라엘의 초대 왕이던 사울의 첩이었다. 사무엘하의 서론인 3장에서 딱 한 번 이름이 나온 후, 본론의 중요한 이야기들에는 전혀 등장하지 않고 있다가 마지막 부록이 시작되는 21장에서야 다시 등장한다. 리스바의 이야기 자체가 사무엘상·하의 핵심적인 위치에 있지 않은 이유로 그녀의 이름을 기억하는 사람은 많지 않다. 즉 리스바 이야기는 이스라엘의 왕정 시대를 세워가는 두 주인공인 사울과 다윗의 길고 중요한 이야기들을 마무리하는 과정에 숨겨진 이야기, 히든 스토리(hidden story)이다.

사무엘하 21장은 다윗이 왕이 된 후 일어난 일로 기브온 사람들의 요청에 따라 사울의 후손들을 그들에게 넘겨주고 그들을 이스라엘의 희생물로 삼았던 사건이다. 이 사건의 가장 마지막 부분에 리스바가 등장한다. 그런데 지금 그녀가 할 수 있는 것은 아무것도 없었다. 사람들이 이미 다 죽은 상황이었다. 다윗이 기브온 사람들에게 넘겨준 일곱 명이 동시에 다 죽은 것이다. 이미 다 끝났다고 여길만한, 그런 암담한 상황이었다.

그러나 리스바는 주검이 있는 그곳에 굵은 베를 펴놓고 온종일 그들과 함께했다. 낮에는 새가 앉지 못하도록, 밤에는 들짐승이 범하지 못하도록 혼자서 주검을 지켰다. 얼마 동안 그렇게 했을까?

… 곡식 베기 시작할 때부터 하늘에서 비가 시체에 쏟아지기까지… (삼하 21:10)

이 말씀만 있다면, 리스바가 얼마 동안 주검을 지켰는지 정확히 알기가 어려웠을 것이다. 이스라엘의 농사철에는 세 번의 수확시기가 있다. 그때마다 이스라엘은 주요 절기들을 지켰다. 첫 번째, 가장 먼저 보리를 수확할 때는 무교절을 지켰고, 두 번째 밀을 수확할 때는 오순절을 지켰다. 그리고 마지막 연말에 다른 농작물들을 수확할 때는 초막절을 지켰다. 다행히 바로 앞선 9절 말씀 마지막에 이 세 수확시기 중에 그때가 어느 때였는지를 알려준다.

> … 그들 일곱 사람이 동시에 죽으니
> 죽은 때는 곡식 베는 첫날 곧 보리를 베기 시작하는 때더라 (삼하 21:9)

리스바가 그 주검을 지키기 시작한 때는 첫 번째 시기인 보리를 베기 시작하는 4월경이었다는 말이다. 그럼 언제까지였을까? '하늘에서 비가 쏟아지기까지'라는 말은 우기가 시작되는 때를 말하는데, 이스라엘의 우기는 겨울인 11월경에 시작된다. 이렇게 놓고 보면 리스바는 장장 여섯 달 동안 바위 위에서 밤낮으로 그 주검을 지켰다는 설명이다.

리스바는 대체 어떻게 그 긴 시간을 홀로 견뎠을까? 이 사건은 다윗 시대에 3년 동안 기근이 들면서 일어났다. 성경은 이렇게 기록한다.

> 다윗의 시대에 해를 거듭하여 삼 년 기근이 있으므로
> 다윗이 여호와 앞에 간구하매 여호와께서 이르시되
> 이는 사울과 피를 흘린 그의 집으로 말미암음이니
> 그가 기브온 사람을 죽였음이니라 하시니라 (삼하 21:1)

기근이 들자 다윗은 하나님께 기도했다. 기근의 이유를 하나님께 물은 것인데, "사울이 기브온 사람을 죽인 것 때문이다."라는 응답을 주셨다. 지금 다윗이 겪는 흉년으로 인한 굶주림의 이유가 바로 사울이 저지른 살인죄 때문이라는 말씀이다.

그런데 이 말씀에서 선뜻 이해하기 어려운, 한 가지 의문점이 든다. 사울은 왜 기브온 사람들을 죽였을까? 우리는 그 이유를 정확히 알 수가 없다. 사울의 일생을 다룬 성경의 모든 기록에서 사울과 기브온 사이에 있었

던 어떤 사건도 언급되지 않기 때문이다. 그러나 다윗은 알고 있었던 듯하다. 왜냐하면 그것에 대해 더는 하나님께 묻지 않고, 기브온 사람들을 호출한 걸 보니 그렇다.

기브온 사람들은 이스라엘 백성이 아니고, 아모리 족속의 생존자들이었다. 이스라엘은 일찍이 가나안 땅을 정복하는 과정에서 기브온 주민들과 협정을 맺었다. 그들을 죽이지 않고 살려주기로 약속한 것이다. 여호수아 9장에 그 이야기가 나온다. 기브온 주민들은 승승장구하는 이스라엘을 보며 너무나 두려웠다. 그래서 이스라엘과 싸우기보다는 자신들의 생명을 보전하고자 꾀를 내어 여호수아를 속였다. 멀리서 온 사신의 모양으로 꾸민 것이다. 헤어진 전대와 해지고 찢어져서 기운 가죽 포도주 부대를 나귀에 싣고, 발에는 낡아서 기운 신을 신고, 낡은 옷을 입고, 다 마르고 곰팡이가 난 떡을 준비해서는 자신들은 멀리서 왔으니 경계하지 말라고 했다. 걱정하지 말고 '우리와 조약을 맺읍시다' 하면서 거짓으로 청한 것이다.

이때, 여호수아가 결정적인 잘못을 하고 만다. 그들이 가지고 온 양식을 먼저 취한 후, 그들을 어떻게 할지는 여호와께 묻지 않았다. 그렇게 그냥 그들과 화친을 해버렸다. 조약을 맺고 '그들을 살리리라' 맹세를 한 것이다. 사흘이 지나서야 여호수아는 속은 걸 알았지만, 이미 소용없었다. 하나님께 먼저 묻지 않고 일어난 이 일에 대해서 이스라엘은 결국 끝까지 책임을 져야만 했다. 이스라엘이 그렇게 맹세했던 그 약속을, 사울이 지키지 않은 것이다. 기근의 이유를 깨달은 다윗은 기브온 사람들을 불러서 물었다.

> … 내가 너희를 위하여 어떻게 하랴
> 내가 어떻게 속죄하여야 너희가 여호와의 기업을 위하여 복을 빌겠느냐 …
> (삼하 21:3)

급작스러운 질문에 기브온 사람들은 굉장히 신중하게 답했다. 자신들은 사울과 그 집안과의 관계에 있어서 돈의 배상이나 죽음으로 보복할 권한이 없다고 말이다. 하지만 다윗은 그 말이 그들의 진심이 아님을 알았다. 그래서 더욱 적극적으로 다시 한번 물었다. "너희가 말하는 대로 시행하리라" 다윗이 이렇게 약속한 후에야 그들은 다윗에게 요구사항을 내놓았다.

> … 우리를 학살하였고 또 우리를 멸하여
> 이스라엘 영토 내에 머물지 못하게 하려고 모해한 사람의
> 자손 일곱 사람을 우리에게 내주소서 …
> 우리가 그들을 여호와 앞에서 목 매어 달겠나이다 … (삼하 21:5~6)

자기들을 학살하고 이스라엘 영토에서 쫓아낸 사람의 후손 일곱을 내달라는 것이다. 그들을 목매 달겠다며 말이다. 여기서 우리말로 '목매달다'라고 번역된 히브리말은 구약에서 단 한번 바로 여기에만 사용된다. 이는 일반적으로 생각하는 교수형이 아니다. 이 말의 사전적인 의미는 '사지를 절단하여 벌여놓는다'로 태양 아래의 십자가형을 의미하는 매우 끔찍한 뜻이다. 그런데도 다윗은 주저함 없이 곧바로 대답했다. "내가 내주리라"

다윗은 이것을 정적의 후손을 제거할 수 있는 하늘이 준 절호의 기회라고 생각했던 걸까? 결국 기브온 사람들에게 내어줄 사울의 후손 일곱을 선택하는데, 바로 이때 다윗은 사울과는 달리 자신이 요나단과 했던 약속을 기억한다. 그래서 요나단의 아들 므비보셋은 살려 두고, 대신 사울의 첩 리스바가 낳은 두 아들과 사울의 딸 메랍에게서 난 다섯 아들이 선택한다.

성경의 많은 곳에서 다윗은 하나님의 권위에 자신을 복종시키는 사람

으로 그려져 있다. 그러나 리스바의 이야기에서 보면, 그는 자신의 왕권안정과 정치적인 목적을 위해 폭력적인 피의 보복을 그저 묵인한 것처럼 보이기도 한다.

이렇게 다윗의 허락으로 일곱 명의 사울 자손을 넘겨받은 기브온 사람들은 여호와 앞에 있는 산에서 이 끔찍한 형을 집행했다. 그 일곱 사람이 동시에 죽었다. 이 끔찍한 일이 바로 여호와 앞에서 시행된 것이다. 하루아침에 이렇게 죽은 일곱 명은 아무런 장례 절차도 없이 매장되지도 않은 채 비참하게 방치되었다. 심판받은 것이라고 여긴 탓에 아무도 그들을 거두지 않았다. 오직 리스바만이 그곳에서 주검을 지킨 것이다.

그녀는 이 엄청난 고통의 시간을 홀로 어떻게 견뎠을까? 어머니였기에, 자녀를 앞서 보낸 어머니였기에 이를 악물고 견뎠을 것이다. 다른 그 무엇도 할 수 없는, 힘없고 약한 어머니였기에 그저 버텼을 것이다. 그러나 이 견딤은 결코 약하고 힘없는 행동이 아니었다. 어머니가 할 수 있는 가장 큰 저항이요, 가장 위대한 사랑이었다.

리스바는 한때 사울 왕의 첩으로 왕실에서 왕의 총애를 받으며 살았을 터다. 한 여인으로서 누릴 수 있는 많은 것을 누렸을 것이다. 그러나 지금은 그 어디에도 왕실의 안락함을 상상할 수 없다. 그저 비참하게 죽임을 당한 아들의 주검이 훼손되지 않도록 밤낮으로 그 자리를 지키고 있을 뿐이다. 그 자리가 어디였는가? 바위 위, 피로 물들어서 벌겋게 된 바위였다. 이것이 그녀에게 주신 하나님의 사명이었을까? '리스바'라는 그녀의 이름은 바로 '빨갛게 타오르는 돌'이라는 뜻이다. 너무나 원통한 아들의 죽음 앞에서 단 한마디의 말도 없이 외로운 침묵으로 그 자리를 지킨 리스바! 그녀는 그렇게 '빨갛게 타오르는 돌'이 되었다.

얼마나 시간이 지났을까? 결국 리스바의 이야기가 다윗에게 알려졌다. 그제야 다윗은 뭔가 잘못되었다는 사실을 깨닫게 된다. 그래서 그때까지도 수습되지 않았던 사울의 뼈와 그의 아들 요나단의 뼈를 길르앗 야베스 사람에게서 가져온다. 그리고 일곱 명의 후손과 함께 사울 아버지의 묘지에 장사를 지낸다. 성경은 놀랍게도 이 모든 일이 있고 난 뒤, "하나님이 그 땅을 위한 기도를 들으시니라"(삼하 21:14)라고 기록하고 있다.

과연 누구의 기도를 들으신 걸까? 그렇다. 하나님은 리스바의 간절한 기도를 들으셨다. 억울한 죽음 후에 버려진 두 아들과 사울 외손자들의 주검을 지켜야 했던 그 외로웠던 자리가 바로 하나님을 향한 기도의 자리였다. 하나님은 힘없고 약한 어머니, 리스바에게 응답하셨다. 끝까지 희생자와 함께하시며 그의 눈물 맺힌 기도를 들어주셨다.

우리가 비록 약할지라도, 이제 아무 힘이 없다고 할지라도 그저 하나님 앞에 나아가면 된다. 힘없이 아무것도 할 수 없었던 리스바의 기도에 응답하신 하나님은 지금도 우리의 기도에 반드시 응답하신다. 사방이 막힌 암담한 상황에서도 홀로 하나님을 구했던 리스바를 통해 우리가 가야 할 길을 다시금 깨닫는 은혜가 있길 바란다. 가다가 지쳐 쓰러져도 절대 포기하지 말자. 끝까지 기도의 자리로 나아가자. 리스바의 기도에 응답하신 하나님께서 다시 우리를 일으켜 세우실 것이다.

하나님은 지금도

우리의 기도에

반드시 응답하신다

13

왕상 1~22

말씀 동행

1일차

2일차

3일차

4일차

5일차

6일차

7일차

여디디야의 승부수

열왕기상 3:7~9

7 나의 하나님 여호와여 주께서 종으로 종의 아버지 다윗을 대신하여 왕이 되게
하셨사오나 종은 작은 아이라 출입할 줄을 알지 못하고
8 주께서 택하신 백성 가운데 있나이다 그들은 큰 백성이라 수효가 많아서 셀
수도 없고 기록할 수도 없사오니
9 누가 주의 이 많은 백성을 재판할 수 있사오리이까 듣는 마음을 종에게 주사
주의 백성을 재판하여 선악을 분별하게 하옵소서

부모에게 자녀가 훗날 어떻게 자라기 바라는지를 물으면 종종 이런 대답을 듣곤 한다.

"우리 아이가 큰사람이 됐으면 좋겠어요."

이는 단지 외형적인 키나 덩치가 큰 것을 의미하지 않음을 다 알고 있다. 큰사람의 사전적 의미도 '됨됨이가 뛰어나고 훌륭한 사람, 또는 큰일을 해내거나 위대한 사람'이라고 돼 있다. 그렇다면 믿는 우리에게 큰사람은 어떤 의미일까?

성경을 보면 하나님께 '큰사람'으로 세움 받은 한 인물을 만날 수 있다. 바로 솔로몬이다. 열왕기상 3장은 솔로몬이 하나님께 자신의 소원을 간구하는 장면이다. 솔로몬은 아버지 다윗에 이어 이스라엘의 왕이 되는데, 사실 왕이 되었다고 하기보다는 왕위를 차지했다고 할 수 있다.

열왕기상은 11장까지 솔로몬 왕의 40년간의 통치를 기록하는데, 다윗이 죽은 후에 왕위를 둘러싼 치열한 쟁탈전으로 시작한다. 이 왕위쟁탈전에서 솔로몬이 마침내 최종 승리자가 된 것이다. 솔로몬은 불안한 자신의 입지를 공고히 하기 위해 먼저 자신의 정치적인 기반을 다진다. 그런데 흥미롭게도 아버지 다윗과는 전혀 다른 방식으로 해나간다. 다윗은 주로 전쟁을 통해 적을 무찔러서 이스라엘의 기반을 든든히 세워갔다. 반면에 아들 솔로몬은 전쟁보다는 외교적인 수완을 발휘해 주변 나라와 우호적인 관계를 맺었다. 좋은 파트너십을 맺고 그 우애를 잘 활용해서 나라를 평안하게 한 것이다. 어찌 보면 솔로몬이 아버지 다윗보다 더 현명했던 듯싶다. 힘들게 피 흘리면서 싸우지 않고도 이스라엘을 더욱 부강하게 했으니 말이다.

솔로몬 시대에 이스라엘이 얼마나 부유했는지는 열왕기상 10장에 잘 나타나 있다.

> 솔로몬 왕이 마시는 그릇은 다 금이요 레바논 나무 궁의 그릇들도 다 정금이라 은 기물이 없으니 솔로몬의 시대에 은을 귀히 여기지 아니함은 (왕상 10:21)

세금과 공물로 엄청난 양의 금을 얻어 그것으로 궁을 꾸미고 금잔을 만들기까지 했다. 그렇게 금이 많은 까닭에 솔로몬 시대에는 은을 돌처럼 흔하게 여길 정도였다. 그렇다면 솔로몬은 어떻게 표현했을까?

> 솔로몬 왕의 재산과 지혜가 세상의 그 어느 왕보다 큰지라 (왕상 10:23)

재산뿐만 아니라 그 어느 왕보다 지혜가 컸다고 말한다. 솔로몬하면 '지혜의 왕'으로 통한다. 이는 믿지 않은 사람들도 거의 다 알고 있을 정도이다. 솔로몬의 재판 일화가 유명하지 않은가.

그런데 솔로몬은 어떻게 해서 그런 부귀영화를 누리게 되었을까? 이 물음에 대한 답은 말씀에 자세히 기록돼 있다. 솔로몬이 하나님께 지혜를 구했고, 그 간구가 하나님의 마음에 흡족함으로 그가 구한 지혜는 물론이고 구하지 않은 부귀와 영광도 주셨다고 말이다. 그런데 성경 말씀을 보면 이상한 점이 발견된다.

> 누가 주의 이 많은 백성을 재판할 수 있사오리이까
> 듣는 마음을 종에게 주사 주의 백성을 재판하여 선악을 분별하게 하옵소서
> (왕상 3:9)

솔로몬은 지혜가 아닌 "듣는 마음"을 달라고 했다. 사실 예전 개역한글판 성경에서는 이것이 "지혜로운 마음"이라고 해석했다. 그것을 성경 원

문에 더 충실하게 해석해 "듣는 마음"으로 바꾼 것이다. 여기서 우리는 중요한 가르침을 깨달아야 한다. 성경이 말하는 지혜는 바로 '듣는 것'이라는 사실이다. 듣는 자가 곧 지혜로운 자가 된다는 말씀이다.

혼자서 고민하고 생각한다고 지혜가 생기는 것이 아니다. 지혜로운 사람이 되려면 무엇보다 잘 들어야 한다. 내 주장을 관철하고자 계속해서 말하는 것이 지혜가 아니다. 다른 사람의 생각과 나와 다른 의견도 잘 듣고자 하는 마음이 있을 때, 그를 통해서 내가 미처 깨닫지 못했던 지혜를 얻게 된다는 뜻이다.

그렇다면 '지혜의 왕' 솔로몬은 무엇을 잘 들었는가? 첫째, 왕으로서 자기 마음대로 행하지 않고 하나님의 말씀을 들었다. 자신의 이익을 추구하기보다는 하나님의 말씀에 귀를 기울였다는 얘기다. 둘째, 왕으로서 자신의 권위로 명령하기보다는 백성의 소리를 들었다. 일방적으로 지시하기보다는 백성의 생각과 마음에 귀를 기울인 것이다. 하나님의 말씀과 백성의 소리를 듣고 행함으로 솔로몬은 이스라엘 역사상 최고의 태평성대를 누리고 가장 큰 부귀영화를 누릴 수 있었다.

그런데 솔로몬이 지혜를 구한 말씀을 보며 오해하지 않아야 할 문제가 있다. 지혜를 구하는 기도는 숭고하고, 물질을 구하는 기도는 천하다고 오해서는 안 된다는 말이다. 절대 그렇지 않다. 물질도, 지혜도 모두 다 하나님께 속한 것이다. 모두 다 하나님께서 우리를 사랑하셔서 주시는 은혜이자 복이다. 그렇다면 왜 솔로몬은 지혜를 구했을까? 그 이유는 그가 유난히 경건해서가 아니다. 그의 믿음이 누구보다 특출해서도 아니다.

그때 솔로몬에게 가장 필요한 것이 바로 지혜였기 때문이다. 그 상황은 이랬다.

> 솔로몬이 애굽의 왕 바로와 더불어 혼인 관계를 맺어 그의 딸을 맞이하고
> 다윗 성에 데려다가 두고 자기의 왕궁과 여호와의 성전과
> 예루살렘 주위의 성의 공사가 끝나기를 기다리니라 (왕상 3:1)

솔로몬은 자신의 정치적인 기반을 다지기 위해 정략결혼을 하고, 애굽과 국교 관계를 맺었다. 이런 외교관계를 통해서 이미 경제적으로는 안정이 되고 풍요로움을 누리기 시작했던 때였다. 하지만 아직 부족한 것이 있었으니 신앙적으로 이스라엘이 하나가 되지 못하고 있었다.

> 그 때까지 여호와의 이름을 위하여 성전을 아직 건축하지 아니하였으므로
> 백성들이 산당에서 제사하며 (왕상 3:2)

산당은 이방 민족들이 그들의 신을 섬기던 곳이다. 하나님을 예배하는 처소를 아직 건축하지 못한 까닭에 여전히 각 지역에 있는 여러 산낭을 이용하는 형편이었다. 왕은 되었지만, 이스라엘의 종교적인 안정을 이루지 못했다는 얘기다. 그러니 솔로몬의 걱정이 무엇이었겠는가? 그의 관심이 어디에 있었겠는가? 바로 자신이 하나님이 세우신 왕이라는 그 권위를 인정받는 것이었다. 가능한 많은 이로부터 더욱 크게 인정받는 것이 그의 소망이었을 터다. 그래서 그가 간 곳이 어디인가?

> 이에 왕이 제사하러 기브온으로 가니 거기는 산당이 큼이라
> 솔로몬이 그 제단에 일천 번제를 드렸더니 (왕상 3:4)

백성들 몰래, 조용히, 작은 산당으로 가지 않았다. 큰 산당이 있어 많은 백성이 모이는 기브온으로 갔고, 거기에서 솔로몬은 '일천 번제'를 드렸다. 짐승 천 마리를 제물로 해서 번제를 드렸다는 말이다. 성경에 일천 번

제가 나오는 곳은 이곳이 유일하다. 솔로몬이 드렸던 이 일천 번제를 유래로 지금도 일천 번제 헌금을 드리지 않는가.

그런데 솔로몬은 과연 어떤 마음으로 일천 번제를 드렸을까? 마음의 중심을 보시는 하나님 앞에서 자신이 가진 재물을 아낌없이 전심으로 드렸을까? 많은 백성 앞에서 자신이 가진 재력을 드러내고자 하는 마음은 전혀 없었을까? 이는 오직 하나님만이 아실 것이다.

개인적으로 솔로몬이 드린 이 일천 번제가 솔로몬 인생의 승부수였다고 생각한다. 그가 온전한 믿음으로 드렸든지, 혹은 그의 믿음이 부족한 가운데 드렸든지, 중요한 것은 그가 하나님 앞에 나와 지금 자신에게 가장 필요한 것을 구하는 승부수를 던졌다는 사실이다. 그는 그저 걱정만 하지 않았다. 어떻게든 자신을 사랑하신다는 그 하나님 앞에서 왕으로서 자기의 살길을 찾고자 했다. 그렇게 간절한 승부수를 던졌기에 하나님은 그가 꿈에서라도 응답받을 수 있게 하신 것이다.

사실 그에게는 '솔로몬'이라는 이름 말고 또 다른 이름이 있었다. 그가 태어났을 때 선지자 나단을 통해 하나님께서 직접 주셨던 이름인데, 사무엘하 12장에서 이렇게 전한다.

> 다윗이 그의 아내 밧세바를 위로하고 그에게 들어가 그와 동침하였더니
> 그가 아들을 낳으매 그의 이름을 솔로몬이라 하니라
> 여호와께서 그를 사랑하사
> 선지자 나단을 보내 그의 이름을 여디디야라 하시니
> 이는 여호와께서 사랑하셨기 때문이더라 (삼하 12:24~25)

여디디야는 '주께서 사랑하셨다'라는 뜻이다. 그렇게 솔로몬은 '하나님께서 사랑하시는 자' '하나님으로부터 사랑받는 자'로 태어났다. 하나님이

그의 이름을 직접 지어주실 정도로 말이다. 여기서 우리가 또 한 가지 깨달아야 할 것이 있다. 솔로몬이 일천 번제를 드렸기 때문에 응답을 받은 것이 아니라는 사실이다. 하나님의 응답을 받으려면 어느 정도 해서는 안 되고, 일천 번제를 드릴 만큼 엄청난 정성을 들여야 한다는 것이 아니라는 말이다. 만일 우리가 성성으로 빌어야만 하나님께서 그 정성을 보시고 간구에 응답하신다면, 그것은 옛날 어머니들이 새벽마다 정화수를 떠 놓고 정성을 다해서 빌면 천지신명이 그 정성에 감복해 뜻을 이뤄준다고 믿는 것과 같다. 반대로 기도 응답을 못 받으면, 내 정성이 부족하기 때문이라고 여기는 것과 같다는 얘기다. 다시 말해 솔로몬이 어떤 마음으로 일천 번제를 드렸는지가 중요한 것이 아니라 이미 하나님은 그가 태어날 때부터 '여디디야'라는 이름을 주셔서 그를 사랑하심을 보여주셨다는 사실이 중요하다.

그렇다. 지혜를 구했던 솔로몬이 위대한 것이 아니다. 그의 부족한 것까지도 품으시고 처음부터 끝까지 그를 사랑하신 우리 하나님이 얼마나 위대하신지를 깊이 깨달아야 한다. 여디디야를 사랑하셨던 그 하나님이 지금 우리를 또한 사랑하신다. 우리 인생의 처음부터 마지막까지 모든 것을 품으시고 사랑하신다. 그러니 전능하신 하나님을 믿고 인생의 승부수를 던지기 바란다. '기도하면 될까?' 하며 여전히 염려 가운데 살지 말고 하나님께 우리의 소원을 진정으로 아뢰고 부르짖어 강청하길 바란다. 우리의 믿음이 온전해야만 응답받는 것이 아니다. 우리의 정성이 대단해야만 응답해 주시는 것도 아니다. 부족하고 연약한 믿음이라 할지라도 우리를 지으신 그 처음부터 하나님은 이미 우리를 사랑하셨다. 그래서 그 하나님 앞에 나와 부르짖는 자를 긍휼히 여기신다. 그러니 어떤 걱정도, 작은 주저함도 가질 필요가 없다. 우리 하나님은 이미 우리를 끝까지 사랑하기로 작정하신 분이다. 우리 삶 가운데 그 하나님을 다시 새롭게 만나는 은혜가 넘치길, 간절히 기도한다.

지혜를 구했던 솔로몬이 위대한 것이 아니다

그의 부족한 것까지도 품으시고

처음부터 끝까지 그를 사랑하신

우리 하나님이 얼마나 위대하신지를

깊이 깨달아야 한다

14

왕하 1 ~ 25

말씀 동행

1일차

2일차

3일차

4일차

5일차

6일차

7일차

하나님의 기준

열왕기하 18:1~8

1 이스라엘의 왕 엘라의 아들 호세아 제삼년에 유다 왕 아하스의 아들 히스기야
가 왕이 되니

2 그가 왕이 될 때에 나이가 이십오 세라 예루살렘에서 이십구 년간 다스리니라
그의 어머니의 이름은 아비요 스가리야의 딸이더라

3 히스기야가 그의 조상 다윗의 모든 행위와 같이 여호와께서 보시기에 정직하
게 행하여

4 그가 여러 산당들을 제거하며 주상을 깨뜨리며 아세라 목상을 찍으며 모세가
만들었던 놋뱀을 이스라엘 자손이 이때까지 향하여 분향하므로 그것을 부수
고 느후스단이라 일컬었더라

5 히스기야가 이스라엘 하나님 여호와를 의지하였는데 그의 전후 유다 여러 왕
중에 그러한 자가 없었으니

6 곧 그가 여호와께 연합하여 그에게서 떠나지 아니하고 여호와께서 모세에게
명령하신 계명을 지켰더라

7 여호와께서 그와 함께 하시매 그가 어디로 가든지 형통하였더라 저가 앗수
르 왕을 배반하고 섬기지 아니하였고

8 그가 블레셋 사람들을 쳐서 가사와 그 사방에 이르고 망대에서부터 견고한 성
까지 이르렀더라

우리는 인생을 살아가면서 끊임없이 평가받는다. 학교에 들어가면 시험을 치고 점수로 평가받고, 취업해 직장에 들어가면 회사의 기준에 따라 평가받아 이것으로 성과급이나 진급의 여부가 결정된다. 또한 우리는 나름대로 기준을 가지고 다른 사람을 평가한다. 상대방이 믿을만한 사람인지, 깊이 사귀어도 될만한 사람인지를 평가한다. 다른 사람을 평가하는데 가장 보편적인 기준이 되는 것을 알파벳으로 정리한 것을 본 적이 있다.

"A = Age 나이, B = Beauty 외모, C = Character 성격/인성, D = Degree 학벌/학력, E = Economy 경제력/재력, F = Family 집안/가문"

이 기준 자체가 나쁜 것은 아니다. 상황과 여건에 따라서 공정하고 일관된 평가 기준이 있어야 하기 때문이다. 중요한 것은 누군가를 평가하고 때로 우리가 누군가로부터 평가받을 때, 그 기준이 무엇인지를 잘 알아야 한다는 사실이다. 무엇을 기준으로 평가하는지 그 기준을 제대로 알지 못하면 아무리 열심히 준비하고 수고한 것도 의미가 없게 된다. 평가의 기준을 잘 알고 그것에 맞도록 최선을 다하는 방향성이 가장 중요하다.

신앙생활도 마찬가지다. 하나님이 나를 어떠한 기준에서 보시고 어떻게 평가하실까? 늘 이것을 염두에 두고 살아간다면, 언젠가 하나님이 부르시는 그날 우리가 심판대 앞에 서는 것이 두려움과 부끄러움이 아닌 하늘의 상급을 받는 기쁨의 날이 될 줄로 믿는다. 그러니 우리를 바라보시고 평가하시는 하나님의 기준을 잘 알아야 한다. 하나님이 무엇을 중요하게 보시는지, 나에게 무엇을 원하시는지를 말이다.

성경은 바로 그 기준을 우리에게 전한다. 특별히 열왕기서는 인생을 평가하는 하나님의 기준을 반복해서 강조하고 있다. 이스라엘의 초대 왕 사울로부터 시작된 왕정 시대는 다윗을 거쳐 그의 아들 솔로몬까지 잘 이어졌다. 잘 이어졌다는 표현은 왕위가 계승될 때 큰 분열 없이 그래도 하나의 왕국으로 지속되었다는 뜻이다. 물론 위험이 전혀 없지는 않았다. 다윗이 왕이 될 때도 그랬고, 솔로몬이 왕이 될 때도 그들을 반대하는 세력이 있었다. 그러나 나라가 분열될 정도는 아니었다. 얼마간의 시간이 지나면 잘 수습이 되고 온전하게 통치할 수 있었다. 그래서 사울부터 다윗을 거쳐 솔로몬에 이르는 이 시대를 가리켜서 이스라엘의 왕정 시대 중에서도 '통일 왕국 시대'라고 부른다.

이스라엘은 120년간 통일왕국을 누렸다. 참 신기하게도 이 세 명의 왕은 통치한 기간이 똑같다. 사울, 다윗, 솔로몬이 모두 똑같이 40년씩을 통치했다. 얼마나 공평하신 하나님인가! 비록 이스라엘에 왕이 세워졌지만 그들의 역사를 통치하시는 주관자는 오직 하나님이심을 깨닫게 하는 대목이다.

그런데 안타깝게도 솔로몬 이후 이스라엘은 남과 북, 둘로 분열되고 만다. 마치 우리나라와 너무나 비슷하게도. 이 시대를 가리켜서 '분열 왕국 시대'라고 부른다. 북쪽은 솔로몬의 신하였던 느밧의 아들 '여로보암'이 왕이 되고, 남쪽은 솔로몬의 아들 '르호보암'이 다스리게 된다. 열왕기상 시작부터 11장까지가 솔로몬에 대한 기록을 담았고, 열왕기상 12장부터 분열 왕국 시대가 시작된다.

그래서 이 시대를 읽다 보면 좀 복잡하게 느껴질 수 있다. 갑자기 '이스라엘'이라는 이름 말고도 '유다'라는 나라도 나오면서 여러 왕에 관한 내용이 막 섞여서 나오기 때문이다. 열왕기상·하에 기록된 왕들은 모두 서른아홉 명으로 북이스라엘의 왕이 열아홉 명, 남 유다의 왕이 스무 명이다. 뭔가 복잡할 것 같지만, 그 핵심을 알면 복잡하지 않다. 아무리 많은 왕이 등장해도 걱정할 필요가 없다. 하나님이 어떠한 기준으로, 무엇을 목적으로 열왕기서를 기록하게 하셨는지를 알면 너무나 간단하다.

열왕기서는 왕의 업적을 남기기 위해서 기록한 것이 아니다. 그들이 이룬 것, 그들이 누린 것을 전하고자 하는 것이 아니라는 말이다. 말씀대로 행한 왕인지, 자기 멋대로 산 왕인지를 기록한다. 성경이 특히 분열 왕국 시대를 통해서 말하고자 하는 내용은 바로 하나님의 기준에 관한 것이다. 처음부터 끝까지 선한 왕과 악한 왕, 두 종류의 왕을 일관성 있게 비교하면서 그들의 삶을 전한다. 그래서 먼저, 솔로몬 이후 두 나라로 분열된 원인이 무엇인지를 잘 이해해야 한다. 하나님께서 그분의 백성인 이스라엘을 왜 분열시키셨는지, 그 일을 통해서 깨닫게 하시려는 하나님의 기준과 목적을 알아야 한다.

하나님은 솔로몬이 죽기 전, 후에 왕국이 분열될 것을 친히 알려주셨다. 그래서 말씀을 보면 왜 분열시키시는지, 그 이유와 목적을 깨닫게 하시는 구절이 있다.

> 이는 그들이 나를 버리고 시돈 사람의 여신 아스다롯과 모압의 신 그모스와 암몬 자손의 신 밀곰을 경배하며 그의 아버지 다윗이 행함 같지 아니하여 내 길로 행하지 아니하며 나 보기에 정직한 일과 내 법도와 내 율례를 행하지 아니함이니라 (왕상 11:33)

이는 앞으로 북 왕국을 다스리게 될 '여로보암'에게 하신 말씀이다. 솔로몬은 아버지 다윗의 뒤를 이어 왕으로서 큰 부귀와 영화를 누렸지만, 안타깝게도 그의 아버지 다윗이 행함 같지는 않았다는 것이다. 정치적인 안정을 이루기는 했지만, 그 역시 정략결혼을 통해서 이룬 것이었고 결국 그 일로 여러 우상이 들어오게 됐다. 그에 대한 징계와 심판으로 하나님은 여로보암을 세우셔서 그의 왕국을 남과 북으로 분열시키신 것이다. 이렇듯 하나님의 징계에는 분명한 기준과 그 목적이 있다. 그렇기에 징계하시면 그냥 받아야지 체념하고 그것으로 그냥 끝나서는 안 된다. 하나님이 어떤 기준으로 징계하시고 징계의 목적이 무엇인지를 깨닫는 것이 중요하다.

하나님이 무엇을 위해서 이스라엘을 분열시키셨는가? 그렇다. 이방 신들을 버리고, 하나님과 성전의 관계를 다시 회복시키기 위해서였다. 이것이 바로 분열 왕국의 목적이다. 이스라엘이 이방 신들을 숭배했지만, 그런데도 그들을 너무나 사랑하시기에 분열의 아픔을 통해서라도 다시금 그들을 돌이키시고자 한 것이다.

이런 이유로 북이스라엘을 처음 다스리게 된 여로보암에게도 기회는 있었다. 하나님 보시기에 정직하게 행하고 하나님의 법도와 율례를 행하면, 복을 받고 잘 살 수 있는 길이 있었다. 그러나 여로보암은 오히려 금송아지를 만들었다. 그것도 두 개나 만들어서 백성에게 금송아지를 경배하게 하는 큰 죄를 저질렀다. 거기다가 산당들을 짓고 레위 자손이 아닌 보통 백성으로 제사장을 삼았다. 제사 드리는 절기도 자기 마음대로 정했다.

이렇게 여로보암은 사망의 길을 자처했다. 문제는 여로보암 이후, 북이스라엘의 거의 모든 왕이 그 길을 따라갔다는 사실이다. 그들을 돌이키기 위해 하나님은 선지자 엘리야와 엘리사를 보내셨지만, 아무런 소용이 없었다. 결국 북이스라엘은 열왕기하 17장에서 먼저 멸망하고 만다.

열왕기하 18장은 북이스라엘이 먼저 망하고, 이제 홀로 남게 된 남 유다만의 역사가 시작되는 시점이다. 여기서 의문점이 생긴다. 북 왕국은 망했는데, 어떻게 해서 남 왕국은 그래도 더 존립할 수 있었을까? 열왕기하 18장에 등장하는 주인공, 히스기야에게서 그 답을 발견할 수 있다.

히스기야가 그의 조상 다윗의 모든 행위와 같이
여호와께서 보시기에 정직하게 행하여 (왕하 18:3)

대부분 왕이 여호와 보시기에 악을 행했다. 하지만 남 유다의 13대 왕인 히스기야는 다윗의 모든 행위와 같이 하나님이 보시기에 정직하게 행했다는 말씀이다. 여기서 정직하게 행한다는 표현은 도덕적이고 윤리적인 차원에서 거짓말하지 않고 남을 속이지 않는 것을 말하는 것이 아니다. 과연 성경에서 말하는 '정직'이란 무엇일까?

히스기야가 이스라엘 하나님 여호와를 의지하였는데
그의 전후 유다 여러 왕 중에 그러한 자가 없었으니
곧 그가 여호와께 연합하여 그에게서 떠나지 아니하고
여호와께서 모세에게 명령하신 계명을 지켰더라 (왕하 18:5~6)

성경이 말하는 '정직', 하나님 보시기에 '정직하게 행했다'라는 말은 그가 하나님을 의지하고 하나님께 연합했다는 것을 의미한다. 그렇다면 그 정직은 어떠한 기준으로 평가한 것인가? 다름 아닌 하나님이 명하신 제사를 잘 지켜 행했는지가 기준이었다. 그런데 여기서 깊이 생각해볼 문제가 있다. 과연 히스기야가 다윗의 모든 행위와 같이 행한 것이 더 중요할까? 아니면 여호와께서 보시기에 정직하게 행한 것이 더 중요할까?

열왕기하 14장에 기록된 남 유다의 9대 왕 '아마샤'에 대한 평가에 이에 대한 답이 잘 나타나 있다. 참 흥미로운 것은 아마샤와 히스기야가 똑같은 나이 25세에 왕이 되었고, 똑같은 기간 29년을 다스렸다는 사실이다.

아마샤가 여호와 보시기에 정직히 행하였으나
그의 조상 다윗과는 같지 아니하였으며

그의 아버지 요아스가 행한 대로 다 행하였어도
오직 산당들을 제거하지 아니하였으므로
백성이 여전히 산당에서 제사를 드리며 분향하였더라 (왕하 14:3~4)

여호와 보시기에 정직히 행하였으나, 다윗과는 같지 않았다는 말씀이다. 즉 열왕기서가 평가하는 '여호와 보시기에 정직히 행했다'라는 기준은 하나님이 명하신 그 율법의 준수 여부에 달려 있었다. 물론 이 기준이 나쁜 것은 아니다. 당연히 율법은 잘 지켜야 한다. 그러나 그렇다고 해서 다윗과 같지는 않았다고 말한다. 그 율법에 담긴 뜻과 정신을 살리지 못하고, 그저 지켜야 하니까 형식적인 의무감으로만 행했다는 뜻이다. 여호와 하나님을 예배하기는 하지만, 또한 다른 한편으로 이방 신을 섬기도록 용인하고 묵인한 행위가 바로 이와 같다. 그래서 결국 북 왕국이 앗수르에 의해서 먼저 멸망 당하고 말았다.

이방 신을 섬기는 산당은 솔로몬 왕 이후에 생겨났다. 이스라엘의 율법 규정은 그 이전에 주어진 것이니 그 이후에 등장한 이방 신에 대한 것들을 일일이 다 규제할 수 없었다. 그 허점을 교묘히 악용하면서 "나는 율법을 지켰으니 하나님 보시기에 정직히 행하였습니다."라고 말한 것이다. 요즘 말로 한다면, 마약을 하는 사람이 "성경에 마약 하지 말라는 말씀이 있습니까?" 따지는 거랑 마찬가지다. 그래서 말씀을 묵상하는 것이 무엇보다 중요하다. 말씀 묵상은 내가 성경을 읽는 차원을 넘어서는 행위이다. 성경이 나의 삶을 읽도록 하는 것이다. 마치 병원에서 CT나 MRI 촬영을 하는 것처럼 하나님의 말씀이 나의 모든 행위와 생각을 읽도록 하는 것이다. 그럴 때 말씀에 담긴 하나님의 뜻과 마음을 깨닫게 되고, 날마다 하나님 앞에서 나의 죄를 회개하고 새사람이 될 수 있다.

그것을 깨닫고 행한 자가 바로 다윗이다. 그래서 다윗은 '하나님의 마음에 합한 자'라는 찬사를 받았고, 하나님은 그에게 영원한 축복의 언약인 '다윗 언약'을 주셨다. 열왕기서는 다윗을 기준으로 삼고 있다. 그 무엇보다도 "다윗의 모든 행위와 같이" 이것이 더 중요한 기준이었다. 다윗은 그저 율법이 명한 것, 규정된 것만을 따져서 그것을 지켰으니 나는 정직하다 하는 차원이 아니었다. 그는 그 모든 행위를 통해 원하시는 하나님의 마음과 그 의도를 헤아린 것이다.

히스기야는 다윗이 가졌던 그 마음으로 하나님 앞에서 정직하게 행했다. 무엇을 행했는가?

> 그가 여러 산당들을 제거하며 주상을 깨뜨리며 아세라 목상을 찍으며
> 모세가 만들었던 놋뱀을 이스라엘 자손이 이때까지 향하여 분향하므로
> 그것을 부수고 느후스단이라 일컬었더라 (왕하 18:4)

히스기야는 예배의 자리를 차지해 버린 여러 이방의 산당을 모두 제거했다. 모세가 광야에서 만들었던 그 기적의 놋뱀도 과감히 부숴버렸다. 그 놋뱀은 놀라운 치유의 기적을 상징하기도 한다. 그런데 어떻게 감히 그 놋뱀을 부쉈던 걸까? 놋뱀을 통해서 역사하신 하나님의 은혜를 잊어버리고 감사하지 않을 때, 놋뱀 자체가 오히려 하나님을 대신하는 우상이 되어버렸기 때문이다. 그래서 히스기야는 담대히 그 놋뱀을 부수고는 그것을 '느후스단'이라고 불렀다. '놋 조각'이라는 뜻이다. 이처럼 히스기야는 '다윗의 모든 행위와 같이' 하나님만을 의지하고 하나님께 연합했다. 그렇게 살았던 히스기야를 성경은 이렇게 평가한다.

> 여호와께서 그와 함께 하시매 그가 어디로 가든지 형통하였더라 … (왕하 18:7)

형통함의 길이 바로 여기에 있다. 하나님의 기준에 합한 길을 선택하는 자는 하나님은 오늘도 함께하시고 그가 어디로 가든지 형통케 하신다. 놀라운 것은 히스기야는 징계와 심판의 분열 왕국 시대에도 형통했다는 사실이다. 이방 나라들로부터 조롱받고 위협당하는 그 시대에도 하나님은 끊임없이 계속해서 형통함의 길을 깨닫게 하셨다.

답은 이것이다. 우리가 지금 아무리 힘들고 어려운 시대를 산다고 하더라도 분명한 것은 하나님은 오늘도 형통함의 복을 베풀어 주신다. 하나님의 기준에 넉넉히 맞는 자가 되면, 누구나 그 놀라운 복을 누리는 믿음의 주인공이 될 수 있다. 성경이 오늘도 그 기적의 역사를 전한다.

15

대상 1~29

말씀 동행

1일차

2일차

3일차

4일차

5일차

6일차

7일차

거룩한 역사의 연대기

역대상 2:1~17

1 이스라엘의 아들은 이러하니 르우벤과 시므온과 레위와 유다와 잇사갈과 스불론과

2 단과 요셉과 베냐민과 납달리와 갓과 아셀이더라

3 유다의 아들은 에르와 오난과 셀라니 이 세 사람은 가나안 사람 수아의 딸이 유다에게 낳아 준 자요 유다의 맏아들 에르는 여호와 보시기에 악하였으므로 여호와께서 죽이셨고

4 유다의 며느리 다말이 유다에게 베레스와 세라를 낳아 주었으니 유다의 아들이 모두 다섯이더라

5 베레스의 아들은 헤스론과 하물이요

6 세라의 아들은 시므리와 에단과 헤만과 갈골과 다라니 모두 다섯 사람이요

7 갈미의 아들은 아갈이니 그는 진멸시킬 물건을 범하여 이스라엘을 괴롭힌 자이며

8 에단의 아들은 아사랴더라

9 헤스론이 낳은 아들은 여라므엘과 람과 글루배라

10 람은 암미나답을 낳고 암미나답은 나손을 낳았으니 나손은 유다 자손의 방백이며

11 나손은 살마를 낳고 살마는 보아스를 낳고

12 보아스는 오벳을 낳고 오벳은 이새를 낳고

13 이새는 맏아들 엘리압과 둘째로 아비나답과 셋째로 시므아와

14 넷째로 느다넬과 다섯째로 랏대와

15 여섯째로 오셈과 일곱째로 다윗을 낳았으며

16 그들의 자매는 스루야와 아비가일이라 스루야의 아들은 아비새와 요압과 아사헬 삼형제요

17 아비가일은 아마사를 낳았으니 아마사의 아버지는 이스마엘 사람 예델이었더라

역대상은 성경에 기록된 또 다른 역사의 시작을 만나게 한다. '또 다른 역사'라는 말은 신명기 이후 여호수아서부터 열왕기하까지 계속된 역사의 관점과는 다른, 새로운 관점의 이스라엘 역사가 바로 역대상에서 시작된다는 뜻이다. 그 새로운 시작을 나타내는 사인(sign)이 바로 역대상을 시작하는 긴 족보이다. 첫 장부터 무려 9장까지 계속 이어지는 이 족보 때문에 통독할 때마다 참 지루하고 읽기 힘든 부분이라는 얘기도 종종 듣는다.

그런데 한번 생각해 보자. 역대상을 시작하면서 왜 갑자기 족보가 나올까? 그것도 누구부터 시작하는가? 1장 첫 시작을 보면, 역대상이 기록하는 족보는 아담부터 시작한다. 성경의 첫 번째 책인 창세기에서 그 이름이 언급된 이후로 한동안 잊고 있다가 바로 여기에서 다시 보게 된다. 이렇게 아담을 시작으로 믿음의 조상 아브라함과 그 자손들을 기록한다. 바로 앞 열왕기하까지 이스라엘 왕들에 관한 이야기가 계속된 것에 비하면, 갑자기 뜬금없어 보이기까지 한다.

열왕기하의 말씀은 남 유다의 여호야긴 왕의 이야기로 끝이 난다.

> 유다의 왕 여호야긴이 사로잡혀 간 지 삼십칠 년
> 곧 바벨론의 왕 에윌므로닥이 즉위한 원년 십이월 그 달 이십칠일에
> 유다의 왕 여호야긴을 옥에서 내놓아 그 머리를 들게 하고 (왕하 25:27)

이후로 이어지는 마지막 구절들을 보면, 바벨론 왕이 갑자기 포로로 잡아간 유다 왕에게 호의를 베푸는 장면이 나온다. 여호야긴은 18세에 왕위에 올라서 고작 석 달간 통치하다가 바벨론에 끌려가서 37년간 옥살이를 하던 중이었다. 그런 여호야긴의 지위를 높여준 것이다. 죄수의 의복을 벗게 하고, 항상 왕 앞에서 함께 먹게 하고 그 이후로 그가 쓸 것이 떨어지지 않았다고 기록함으로 열왕기서의 긴 역사를 모두 마친다.

그런데 흥미로운 것은 여호야긴이 남 유다의 마지막 왕이 아니었다는 사실이다. 그다음 왕이 한 명 더 있었다. 유다의 마지막 왕은 '시드기야'다. 그렇다면 열왕기서는 왜 시드기야로 끝나지 않고, 여호야긴으로 끝난 걸까?

시드기야는 여호야긴의 숙부로 그의 원래 이름은 '맛다니야'였다. 열왕기하 24장에 보면, 유다의 마지막 왕이 세워지는 이야기가 나온다. 여호야긴을 포로로 끌고 간 바벨론 왕이 그의 숙부를 대신 왕으로 세우고 이름을 '시드기야'라고 고쳐 부른다. 그렇게 왕이 된 시드기야는 자신의 눈앞에서 아들들이 다 죽임을 당하고, 결국 두 눈을 뽑힌 채로 놋 사슬에 결박당한 채 바벨론으로 끌려갔다. 여호야긴과 시드기야 중에 그래도 누구에게 희망이 있어 보이는가? 두 왕 모두 바벨론에 포로로 끌려갔지만, 그래도 장차 이스라엘 회복에 대한 일말의 소망을 보여줄 수 있는 여호야긴의 모습으로 왕정 시대의 역사를 마친 것이다.

이처럼 성경에서 '역사서'라고 불리는 여러 책은 단순히 역사적 사건을 일어난 시간의 순서대로 기록한 연대기가 아니다. 만일 성경이 하나의 연대기적 역사서라면, 열왕기하를 끝으로 이스라엘의 왕정 시대가 끝나야 한다. 그리고 열왕기하 다음에는 바벨론 포로 시대의 역사로 이어져야 맞다. 그러나 그렇지 않다. 갑자기 아담에서부터 시작되는 또 다른 왕정 시대 역사가 등장한다. 또 하나의 새로운 관점으로 하나님의 역사를 전하는 책이 바로 '역대기'다.

'역대기'라는 이름은 종교개혁자 루터로부터 붙여졌다. "거룩한 역사의 연대기", 이것이 역대기의 뜻이다. 역대기는 이스라엘 왕정 시대를 새롭게 바라본다. 왕정 시대를 왕을 중심으로 한 정치 역사로 보지 않는다. 이스라엘을 향하신 하나님의 거룩한 역사로 다시 바라본다. 그런 의미를 잘 기억하며 열왕기상·하와 비교해서 읽으면, 더 흥미롭고 그 차이를 깨달을 수 있다.

역대기를 시작하면서 우리는 그 거룩한 역사의 중요한 핵심을 발견하게 된다. 아담에서부터 시작되는 이스라엘의 족보는 아브라함에게로 내려오고, 아브라함의 아들 이삭에게로 이어진다. 이삭에게는 두 아들이 있었다. 에서와 야곱, 그런데 이 족보에는 '야곱'이라는 이름이 언급되지 않는다.

> 아브라함이 이삭을 낳았으니 이삭의 아들은 에서와 이스라엘이더라 (대상 1:34)

'야곱'이라는 이름 대신, 하나님께서 그에게 주신 새로운 이름 '이스라엘'만 언급한다. 왜 야곱을 '이스라엘'이라고만 언급하는지 그 의도가 느껴지는가? 이 족보를 그저 단순한 이름의 나열이라고만 생각하면 지루하게 느껴질 수밖에 없다. 그러나 역대상이 새롭게 전하는 이 족보에는 분명한 의도가 들어 있다. 그 의도를 깨닫게 되면, 이미 앞서 이스라엘 왕정 시대를 전하는 책들이 있음에도 불구하고 왜 새로운 역대기가 필요했는지를 이해하게 된다.

역대상 2장의 첫 구절도 마찬가지다.

> 이스라엘의 아들은 이러하니 르우벤과 시므온과 레위와 유다와 잇사갈과
> 스불론과 단과 요셉과 베냐민과 납달리와 갓과 아셀이더라 (대상 2:1~2)

야곱과 그의 열두 아들의 이름을 기록하면서, 역시 야곱이라는 이름 대신 "이스라엘의 아들은 이러하니"라고 표현한다. 이스라엘은 하나님이 야

곱을 축복하시면서 주셨던 이름이다. 그 이름이 그의 열두 아들을 통해 하나님으로부터 선택받은 민족의 이름이 된 것이다.

역대기의 저자는 이 족보를 통해 하나님께서 이스라엘 민족과 맺으셨던 그 약속을 상기시킨다. 우리는 하나님께서 선택하신 민족이고, 하나님의 거룩한 백성이라는 말이다. 이 약속을 잊지 말고 기억하라는 뜻이다. 이런 의도는 그다음 말씀에서 더욱 노골적으로 드러난다.

> 유다의 아들은 에르와 오난과 셀라니 이 세 사람은
> 가나안 사람 수아의 딸이 유다에게 낳아 준 자요
> 유다의 맏아들 에르는 여호와 보시기에 악하였으므로 여호와께서 죽이셨고
> (대상 2:3)

그 의도를 발견했는가? 야곱을 굳이 '이스라엘'이라고 부르고, 그의 열두 아들을 소개한 다음에 지금 누구의 자손부터 언급하는가? 바로 '유다'이다. 이것이 연대기적 족보라면 당연히 장자인 르우벤의 자손부터 나와야 마땅하다. 그러나 르우벤의 자손 명단은 한참 뒤인 5장에 가서야 나온다. 그럼 왜 유다의 자손부터 소개하는 걸까? 유다 지파의 계보를 통해 다윗을 보여주기 위해서다. 이새의 일곱 번째 아들로 태어난 다윗을 언급하고 강조하고자 하는 것이 이 긴 족보의 목적이요 핵심이다.

이어지는 3절과 4절에서는 다윗이 있기까지 그 가문에 있었던 하나님의 특별한 섭리도 보여준다. 유다의 맏아들이 있었는데, 여호와 보시기에 악한 그를 친히 죽이셨다. 하지만 대가 끊어질 그 위기에서 하나님은 유다의 며느리 다말을 통해 비정상적인 방법을 통해서라도 그 유다 지파를 존속시키셨고, 결국 다윗에까지 이르게 하셨음을 기록하고 있다.

그런데 왜 다윗일까? 이것은 바로 정체성의 문제이다. '이스라엘'이라

고 하는 이름, 그것이 어느덧 왕이 통치하는 한 왕국의 이름으로 여겨졌다. 그들이 예배하고 섬겨야 할 여호와 하나님은 점점 잊히고, 자신들의 이익과 관련된 왕들의 정치 역사만 관심의 대상이 된 것이다. 그래도 '이스라엘'이라는 이름 아래 하나의 나라로 있을 때는 좀 나았다. 정치적 안정을 명분으로 이방 신을 허용하고 우상숭배로 빠진 이스라엘은 솔로몬 이후에 결국 북이스라엘과 남 유다로 분열되고 만다. 이쯤 되면 정신 차리고 하나님 앞에 회개하고 돌아와야 했는데, 오히려 그들은 서로의 왕권을 높이고자 점점 더 대립했다. 하나님이 택하신 민족이 서로 간의 분열과 대립의 길에서 돌이키지 못하고, 결국 이방 민족들에게 다 멸망 당한 것이다.

'아무리 그래도 하나님이 지켜주시겠지', '어떻게 하나님이 우리를 이방인의 손에 망하게 하시겠어?' 그러나 그들의 예상과는 달리, 하나님은 다 망하게 하셨다. 하나님의 성 예루살렘은 다 허물어지고, 백성은 바벨론 포로로 끌려갔다. 당연하게 여기던 일상의 모든 삶이 다 무너졌다. 그때야 비로소 스스로 묻게 된 것이다.

"이스라엘, 우리는 과연 누구인가?" "이스라엘, 그것은 과연 무엇인가?"

절망과 애통의 자리 바벨론에서 그들은 그제야 자신들의 정체성을 고민하기 시작했다. 이처럼 역대상·하는 이스라엘의 포로기라는 역사적 상황이 만들어 낸 책이다. 그 절망적 상황에서 그들은 이스라엘의 정체성을 재정립해야 했고, 미래의 소망을 어디에서 찾아야 하는지 깨닫게 된다.

그들은 지나온 역사를 거슬러 올라가 하나님이 주셨던 이름, '이스라엘'에서 그 답을 찾았다. '이스라엘'은 왕이 세운 정치적 왕국이 아니었다. 그들이 왕권을 잃고 그 땅을 다 빼앗겼다 하더라도

여호와 하나님만을 섬기는 진정한 신앙공동체를 회복한다면, 하나님의

백성인 이스라엘은 결단코 사라지지 않을 것임을 깨달았다. 그렇다. 역대기의 목적은 잃어버린 땅을 되찾고 왕권을 세우고자 함이 아니다. 역사의 주관자는 하나님이심을 고백하고 이스라엘을 진정한 예배자로 회복시키는 것이다.

그 회복의 모델이 바로 다윗이다. 하나님께서 그와 맺으셨던 다윗 언약, 그 영원한 축복을 상기시키셨다. 지금은 비록 바벨론의 포로지만, 하나님은 반드시 하나님을 예배하는 그의 백성을 회복시키시고 무너진 성전을 다시 세우실 것이라는 미래 소망의 근거가 된 것이다. 그래서 역대기에서 다윗은 앞서 기록된 모습과는 다르다. 더는 정치지도자로서의 다윗이 아니다. 이상적인 종교 지도자요 참된 예배자로서의 다윗을 보여준다. 그래서 역대기에는 다윗의 실수나 범죄 한 이야기가 나오지 않는다. 예를 들어 다윗이 우리아의 아내 밧세바를 범한 이야기는 역대기에는 없고, 사무엘하에만 있다.

이처럼 역대기는 이스라엘 회복의 모델로 예배자 다윗을 제시하면서 그의 모든 업적을 신앙공동체를 위한 거룩한 헌신으로 그려낸다. 무엇보다 하나님의 전을 건축하기를 소원하는 그의 마음이 강조된다. 비록 자신이 직접 짓지는 못하지만, 그의 아들 솔로몬이 지을 수 있도록 마지막까지 모든 준비를 감당하고 하나님께 드리는 다윗의 감사기도로 거룩한 역사의 연대기 첫 번째 책인 역대상이 끝난다.

어떤가? 우리는 거룩한 역사의 연대기에 기록될 인생인가? 내 이름을 다윗의 계보에 당당히 올릴 수 있을 만한가? 조금의 의심이라도 든다면 지금 당장 우리의 정체성을 점검하고 회복해야 한다. 하나님은 우리를 그 믿음의 계보를 잇는 그분의 자녀로 택하셨다. 그리고 단 한 번도 그 선택과 부르심을 후회하신 적도 없다. 그러니 그 믿음의 약속을 믿고 하나님께로 나아가면 된다.

하나님께 드리는 참된 예배는 삶으로 계속 이어져야 한다. 이전의 모든 과거는 벗어버리고 새롭게 변화됨으로 또 하나의 새로운 믿음의 역사를 시작해야 한다. 우리의 관심이 단지 세상의 안정과 풍요에 머물러서는 안 된다. 한 사람 한 사람이 하나님이 원하시는 거룩한 예배자가 되어야 한다. 그렇게 될 때 이 땅에 진정한 회복이 일어나고 우리 인생이 거룩한 역사의 연대기에 기록될 것이다. 우리의 모든 순간을 거룩한 삶으로 하나님께 예배하며 새로운 믿음의 역사를 이루어가는 주님의 백성이 되길 간절히 소망한다.

한 사람 한 사람이

하나님이 원하시는

거룩한 예배자가 되어야 한다

16

대하 1~23

말씀 동행

1일차

2일차

3일차

4일차

5일차

6일차

7일차

이 곳을 향하여 비는 기도

역대하 6:18~21

18 하나님이 참으로 사람과 함께 땅에 계시리이까 보소서 하늘과 하늘들의 하늘이
라도 주를 용납하지 못하겠거든 하물며 내가 건축한 이 성전이오리이까
19 그러나 나의 하나님 여호와여 주의 종의 기도와 간구를 돌아보시며 주의 종이
주 앞에서 부르짖는 것과 비는 기도를 들으시옵소서
20 주께서 전에 말씀하시기를 내 이름을 거기에 두리라 하신 곳 이 성전을 향하여
주의 눈이 주야로 보시오며 종이 이 곳을 향하여 비는 기도를 들으시옵소서
21 주의 종과 주의 백성 이스라엘이 이 곳을 향하여 기도할 때에 주는 그 간구함을
들으시되 주께서 계신 곳 하늘에서 들으시고 들으시사 사하여 주옵소서

정치적 왕국으로서의 이스라엘이 다 사라진 상황에서 그들은 다윗 언약의 성취를 소망해야 하는 신앙공동체임을 깨닫게 된다. 그런 이유로 역대기는 그 시작부터 다윗의 계보를 중심으로 하는 긴 족보를 소개한다. 그 이후 다윗은 철저하게 종교적 지도자로서의 모습으로 드러나는데, 역대상이 전하는 다윗 왕국의 중요한 역사는 두 가지다. 하나는 그동안 방치되었던 하나님의 궤를 다시 옮겨오는 이야기로 13장에서부터 16장까지 아주 길고 자세하게 설명한다. 이 일의 시작을 기점으로 역대기가 강조하는 내용이 드러난다. 같은 사건을 기록하는 사무엘하 6장과는 달리 역대상 13장은 그 일의 시작을 이렇게 전한다.

> 다윗이 천부장과 백부장 곧 모든 지휘관과 더불어 의논하고
> 다윗이 이스라엘의 온 회중에게 이르되 만일 너희가 좋게 여기고
> 또 우리의 하나님 여호와께로 말미암았으면… (대상 13:1~2)

다윗이 왕으로서 명령하고 그 명령에 따르는 신하와 백성의 모습이 아니다. 모든 지휘관을 모아서 그들과 이 일을 의논하고, 이스라엘의 온 회중에게도 그들의 의견을 물었다고 기록한다. 정치적 지휘체계로 이루어진 것이 아니라 하나님을 예배 하는 신앙공동체의 연합된 모습을 나타내고 있다.

이후 예루살렘으로 옮겨오기까지 그 언약궤를 통해서 그들에게 임재하신 거룩한 하나님의 심판과 축복의 사건을 대조적으로 보여준다. '웃사'를 통해서 말씀에 불순종하는 자는 어떠한 벌을 받게 되는지 보여주고, 반대로 '오벧에돔'을 통해서는 하나님을 경외하는 가정은 어떤 복을 받게 되는지를 상기시킨다. 그리고서 언약궤를 예루살렘으로 옮기기 위한 마지막 준비 과정이 설명되는데, 이것이 바로 역대상의 하이라이트다.

> 다윗이 이르되 레위 사람 외에는 하나님의 궤를 멜 수 없나니
> 이는 여호와께서 그들을 택하사 여호와의 궤를 메고
> 영원히 그를 섬기게 하셨음이라 하고 (대상 15:2)

다윗은 철저히 하나님의 말씀에 순종한다. 모세를 통해 명하셨던 하나님의 그 명령대로 레위 자손에게 하나님의 궤를 어깨에 메고 옮기게 한다. 철저히 하나님의 방법대로 언약궤를 운반하는 다윗의 이런 모습은 역대기에만 있다. 다윗은 이스라엘의 왕으로서 누구보다도 많은 전쟁에서 승리를 거두었다. 그러나 역대상에는 너무하다 싶을 정도로 그의 승전에 대한 기록이 짧다. 대신 그의 모든 업적이 성전 건축과 연관된다. 하나님께서 그의 손에 허락지 않으셨음에도 끝까지 성전 건축을 준비하고 지시하는 이야기가 바로 역대상이 전하는 다윗 왕국의 또 하나의 중요한 역사이다.

이처럼 다윗은 정치적 지도자로서만이 아니라 오히려 역대기를 통해서 성전을 중심으로 회복되는 이스라엘 예배와 신앙의 창시자로 그려진다. 그런 다윗에 대한 이해가 시편 132편에 잘 나타나 있다. 이 시편은 이스라엘이 하나님께 예배하러 성전에 올라가면서 불렀던 노래이다.

> 여호와여 다윗을 위하여 그의 모든 겸손을 기억하소서
> 그가 여호와께 맹세하며 야곱의 전능자에게 서원하기를
> 내가 내 장막 집에 들어가지 아니하며 내 침상에 오르지 아니하고
> 내 눈으로 잠들게 하지 아니하며 내 눈꺼풀로 졸게 하지 아니하기를
> 여호와의 처소 곧 야곱의 전능자의 성막을 발견하기까지 하리라 하였나이다
> (시 132:1~5)

성전 건축을 위한 다윗의 뜨거웠던 열정을 회상하면서 이를 영원히 기억해 주시기를 간구하는 내용이다. 1절을 보면, '겸손'이라는 말이 나온다.

"여호와여 다윗을 위하여 그의 모든 겸손을 기억하소서" 원어로는 '운노토'라는 말인데, 물론 그 의미가 틀린 것은 아니다. 다윗이 왕으로서 교만하지 않고, 하나님 앞에서 겸손히 행했으니 말이다. 그런데 이 말을 여기에서 '교만'과 반대되는 뜻으로만 이해하면 이스라엘이 불렀던 이 노래의 의미를 충분히 이해하기에는 좀 부족하다. 오히려 이전에 보던 개역한글판이 그 의미를 더 잘 표현했다. "여호와여 다윗을 위하여 그의 모든 근심한 것을 기억하소서" 즉 '겸손'이라고 번역된 이 말에는 '수고'와 '괴로움'이라는 의미도 있다.

그렇다면 여기서 다윗의 근심, 그의 수고와 괴로움은 무엇이었을까? 다름 아닌 하나님의 전을 짓고자 하는 그 간절한 마음에서 비롯된 것이었다. '성전을 마련하지 못한 채로 내가 어찌 내 장막에 들어가서 편히 내 침상에 누울 수 있겠습니까?' 밤낮으로 근심하기까지 다윗은 여호와의 처소를 짓고자 노심초사했다. 신앙의 후손들은 그 성전에 올라가며 이 노래를 부르면서 그런 다윗을 예루살렘 성전과 여호와 신앙의 주역으로 기억한 것이다. 그의 아들 솔로몬도 마찬가지였다. 아마도 솔로몬은 아버지 다윗을 이어서 왕이 되기 전부터 자신의 아버지가 생전에 얼마나 성전 건축을 소원했는지, 그것 때문에 밤잠을 이루지 못할 정도로 얼마나 근심했는지, 누구보다 가장 가까이에서 지켜보았을 터다.

거룩한 역사의 연대기 두 번째 책인 '역대하'는 바로 그 관점에서 다윗 언약을 이루어 가는 솔로몬의 이야기로 시작한다. 먼저 그 구조도 참 인상적이다. 첫 번째 책인 역대상이 1장부터 9장까지 언약의 주인공 다윗의 계보를 보여주는 족보로 시작했던 것처럼, 두 번째 책 역대하도 1장부터 9장까지 언약의 계승자 솔로몬의 성전 건축과 성전 낙성식으로 시작한다.

역대하 6장은 바로 이 두 사건의 중간에 있다. 마침내 솔로몬은 성전 건축의 모든 일을 마쳤다. 그리고 제사장들에게 언약궤를 그 처소로 메어 들이게 했다. 그러자 여호와의 전에 구름이 가득해졌다. 아직 공식적인 봉헌식을 행하기 이전이었지만 여호와의 영광이 가득한 그 하나님의 전에서 솔로몬은 감사와 감격으로 하나님께 먼저 기도를 드렸다. 솔로몬의 이 기도는 전체 길이가 무척 긴데, 성경은 가장 먼저 솔로몬이 어떤 모습으로 기도를 드렸는지를 보여준다.

> 솔로몬이 여호와의 제단 앞에서 이스라엘의 모든 회중과 마주 서서
> 그의 손을 펴니라
> … 그가 그 위에 서서 이스라엘의 모든 회중 앞에서 무릎을 꿇고
> 하늘을 향하여 손을 펴고 (대하 6:12~13)

왕인데도 불구하고, 솔로몬은 모든 회중 앞에서 무릎을 꿇고 기도했다. 이 모습은 열왕기에는 없고, 이곳 역대기에만 표현된 장면이다. 솔로몬이 무릎을 꿇고 기도하는 것은 사람들에게 보이기 위해서가 아니다. 그곳이 바로 하나님이 임재하는 거룩한 처소임을 깨달았기 때문이다. 솔로몬은 왕인데도 회중들 앞에서 무릎 꿇고 간절히 기도할 정도로 신실했다. 이어지는 기도의 내용을 보면, 그가 아버지 나윗 못지않은 대단한 믿음의 사람이었음을 알게 된다. 솔로몬의 기도가 본격적으로 시작되는 말씀 첫 구절부터 우리를 깜짝 놀라게 한다.

> 하나님이 참으로 사람과 함께 땅에 계시리이까
> 보소서 하늘과 하늘들의 하늘이라도 주를 용납하지 못하겠거든
> 하물며 내가 건축한 이 성전이오리이까 (대하 6:18)

그 성전이 어떻게 건축한 성전인가. 아버지 다윗이 밤낮으로 근심할 정도로 간절히 소원했고, 그토록 오랜 기간 계획하고 준비해서 마침내 이룬 가문의 업적이었다. 충분히 자랑할 만하다는 뜻이다. 그런데 솔로몬은 마침내 성전을 다 짓고 드리는 첫 번째 기도에서 그 성전의 비천함과 한계성을 가장 먼저 하나님께 고백했다. "창조주 하나님께서 어떻게 사람과 함께 이 땅에 계실 수 있겠습니까?" "하늘들의 하늘이라도 감히 하나님을 모실 수 없거늘 어떻게 이 비천한 성전에 하나님을 모실 수 있겠습니까?" 그가 이미 하나님의 임재를 체험했기에 가능한 일이었다. 그 놀라운 하나님의 영광에 대한 감동을 하나님께 고백한 것이다. 이 기도를 들으신 하나님도 분명 솔로몬에게 크게 감동하셨으리라 본다.

하나님의 임재를 체험하고 먼저 감동의 고백을 드린 솔로몬은 이제 본격적으로 자신이 건축한 성전을 장차 하나님께 드릴 기도와 연관시킨다.

> 주께서 전에 말씀하시기를 내 이름을 거기에 두리라 하신 곳
> 이 성전을 향하여 주의 눈이 주야로 보시오며
> 종이 이 곳을 향하여 비는 기도를 들으시옵소서 (대하 6:20)

역대하 6장의 가장 핵심이 되는 구절이 바로 이것이다. 솔로몬의 이 간구에는 그동안 이스라엘이 이해했던 성전과는 다른 놀라운 변화가 나타나 있다. 다윗이 왜 성전을 건축하고자 했는가? 열왕기서의 표현을 빌리자면 "하나님 여호와의 이름을 위하여"(왕상 5:5) 그것이 성전 건축의 이유였고, "내 이름이 거기 있으리라"(왕상 8:29) 약속하신 하나님의 말씀을 전한다.

그런데 역대기는 여기에서 더 나아간다. '하나님 여호와의 이름을 위하여' 건축한다는 것이 어떤 의미인지 더욱 구체적으로 설명한다. 역대하 2장에 솔로몬이 성전 건축을 준비하면서 그 목적을 밝힌 구절이 있다.

> 이제 내가 나의 하나님 여호와의 이름을 위하여 성전을 건축하여
> 구별하여 드리고 주 앞에서 향 재료를 사르며 항상 떡을 차려 놓으며
> 안식일과 초하루와 우리 하나님 여호와의 절기에 아침 저녁으로
> 번제를 드리려 하오니 이는 이스라엘의 영원한 규례니이다
> … 내가 누구이기에 어찌 능히 그를 위하여 성전을 건축하리요
> 그 앞에 분향하려 할 따름이니이다 (대하 2:4, 6)

하나님 여호와의 이름을 위해 건축하는 성전은 하나님께 제사를 드리기 위한 곳으로 항상 향을 사르고 떡을 차려 놓고, 아침저녁으로 번제를 드리는 곳, 그곳이 바로 여호와의 이름을 위한 성전이라는 말씀이다. 그런데 성전 건축 후에 드리는 솔로몬의 이 간구는 어떤가? 성전이 '제사를 드리는 장소'에서 '기도하는 장소'로 확장된다.

이 변화가 역대기가 기록된 포로기 이스라엘의 상황에서 왜 중요했을까? 제사를 드리려면 성전이라는 물리적 공간이 반드시 있어야 했다. 그런데 지금 예루살렘 성전은 허물어지고 바벨론 포로 시절에는 성전에 갈 수도 없었다. 성전을 단지 제사를 드리는 공간적 장소로만 여겼던 사람은 예루살렘 성전이 허물어졌을 때, 그의 예배와 신앙이 다 무너질 수밖에 없었을 터였다. 그러나 솔로몬이 하나님의 임재와 영광을 경험한 후에 하나님께 드렸던 이 놀라운 간구의 변화가 그들에게 참된 회복과 소망의 근거가 됐다. "여호와 하나님의 전은 우리가 제사를 드리기 위한 물리적 공간만이 아니다!" "우리가 어느 곳에 있든지 진정 하나님께 기도한다면 그곳이 바로 성전이다!"라는 거룩하고 선한 변화가 일어난 것이다. 그렇다. 역대기는 더는 예배할 수 없다고 절망했던 하나님의 백성 이스라엘에 솔로몬의 이 간구를 통해 새로운 소망을 주었다. 그들을 향하신 하나님의 마음을 깨닫게 한 것이다.

'이 곳을 향하여 비는 기도를 들으시옵소서'(대하 6:20) 솔로몬이 간구한 '이 곳을 향하여 비는 기도'는 22절부터 6장 마지막까지 모두 일곱 가지가 기록돼 있다. 솔로몬의 '7중 청원기도'라고 불리는 이 기도의 가장 큰 특징은 자신을 위한 기도가 아니라는 사실이다. 솔로몬 개인을 위한 기도는 하나도 없다. 그중 두 가지 기도를 소개한다.

> 주의 백성 이스라엘에 속하지 않은 이방인에게 대하여도
> 그들이 주의 큰 이름과 능한 손과 펴신 팔을 위하여 먼 지방에서 와서
> 이 성전을 향하여 기도하거든
> 주는 계신 곳 하늘에서 들으시고 모든 이방인이 주께 부르짖는 대로 이루사
> 땅의 만민이 주의 이름을 알고 주의 백성 이스라엘처럼
> 경외하게 하시오며 또 내가 건축한 이 성전을 주의 이름으로
> 일컫는 줄을 알게 하옵소서 (대하 6:32~33)

솔로몬의 이곳을 향하여 간구하는 기도는 우리의 기도를 돌아보게 한다. 우리 역시 성전을 허락하신 하나님의 마음을 다시금 깨달아야 할 때이다. 후대의 역사는 이 성전을 '솔로몬 성전'이라고 불렀다. 그만큼 성전 건축은 솔로몬의 가장 위대한 업적이라고 할 수 있다. 그러나 솔로몬은 오히려 그 성전 건축을 준비하면서 먼저 자신의 한계와 연약함을 하나님께 고백했다. 성전을 건축하고도 장소를 초월하시는 하나님을 잊지 않았고, 자신을 위해서가 아니라 백성과 이방인들을 위해서 기도했다. 이런 '솔로몬 성전'이었기에 포로기 이스라엘에 큰 위로와 소망이 되었다.

이 시대에 우리에게 허락하신 모든 성전도 솔로몬의 성전으로 거듭나길 간절히 바란다. 하나님께서 거룩하신 그 이름을 두는 곳, 주의 눈이 주야로 지키시고 바라보는 곳, 이곳을 향하여 비는 모든 기도가 응납받는

곳. 솔로몬을 통해 이루셨던 것처럼 이 땅의 참된 예배자들을 통해서 하나님이 또한 이루실 줄로 믿는다.

17

대하 24~스 10

말씀 동행

1일차

2일차

3일차

4일차

5일차

6일차

7일차

인생의 멘토

역대하 24:1~14

1 요아스가 왕위에 오를 때에 나이가 칠 세라 예루살렘에서 사십 년 동안 다스
리니라 그의 어머니의 이름은 시비아요 브엘세바 사람이더라
2 제사장 여호야다가 세상에 사는 모든 날에 요아스가 여호와 보시기에 정직하
게 행하였으며
3 여호야다가 그를 두 아내에게 장가들게 하였더니 자녀를 낳았더라
4 그 후에 요아스가 여호와의 전을 보수할 뜻을 두고
5 제사장들과 레위 사람들을 모으고 그들에게 이르되 너희는 유다 여러 성읍에
가서 모든 이스라엘에게 해마다 너희의 하나님의 전을 수리할 돈을 거두되 그
일을 빨리 하라 하였으나 레위 사람이 빨리 하지 아니한지라
6 왕이 대제사장 여호야다를 불러 이르되 네가 어찌하여 레위 사람들을 시켜서
여호와의 종 모세와 이스라엘의 회중이 성막을 위하여 정한 세를 유다와 예루
살렘에서 거두게 하지 아니하였느냐 하니
7 이는 그 악한 여인 아달랴의 아들들이 하나님의 전을 파괴하고 또 여호와의
전의 모든 성물들을 바알들을 위하여 사용하였음이었더라
8 이에 왕이 말하여 한 궤를 만들어 여호와의 전 문 밖에 두게 하고
9 유다와 예루살렘에 공포하여 하나님의 종 모세가 광야에서 이스라엘에게 정
한 세를 여호와께 드리라 하였더니
10 모든 방백들과 백성들이 기뻐하여 마치기까지 돈을 가져다가 궤에 던지니라
11 레위 사람들이 언제든지 궤를 메고 왕의 관리에게 가지고 가서 돈이 많은 것
을 보이면 왕의 서기관과 대제사장에게 속한 관원이 와서 그 궤를 쏟고 다시
그 곳에 가져다 두었더라 때때로 이렇게 하여 돈을 많이 거두매
12 왕과 여호야다가 그 돈을 여호와의 전 감독자에게 주어 석수와 목수를 고용하
여 여호와의 전을 보수하며 또 철공과 놋쇠공을 고용하여 여호와의 전을 수리
하게 하였더니
13 기술자들이 맡아서 수리하는 공사가 점점 진척되므로 하나님의 전을 이전 모
양대로 견고하게 하니라
14 공사를 마친 후에 그 남은 돈을 왕과 여호야다 앞으로 가져왔으므로 그것으로
여호와의 전에 쓸 그릇을 만들었으니 곧 섬겨 제사 드리는 그릇이며 또 숟가
락과 금은 그릇들이라 여호야다가 세상에 사는 모든 날에 여호와의 전에 항상
번제를 드렸더라

문득 인생의 의미가 크고 버겁게 다가올 때가 있다. 나이의 앞자리 숫자가 바뀐다든지, 삶에 크고 작은 변화가 있다든지 할 때 그렇다. 그럴 때 고민을 털어놓을 수 있는 누군가가 있다는 것은 삶에 큰 위안이 된다. 그가 현명하고 신뢰할 만한 사람이라면 더더욱 그렇다.

그러나 사람이 사람을 믿고 의지하는 것은 분명 한계가 있다. 상대를 통해 교훈을 얻을 수는 있지만, 그 역시 완벽한 것이 아니고 영원할 수 없다는 사실이다. 그래서 우리는 인생의 변곡점을 만날 때마다 나를 도와줄 누군가가 아닌 하나님을 찾고 바라보는 훈련이 필요하다. 하나님이 우리 인생에 원하시는 것이 무엇인지, 우리가 그것을 잘 깨닫고 살아가는지를 말씀에 비추어 끝없이 점검해야 한다는 말이다.

역대하 24장에 소개되는 '요아스'를 통해 하나님이 우리 인생에 요구하시는 모습을 배울 수 있다. 그런데 '요아스'라는 이름만을 떠올린다면, 성경을 읽을 때 혼동할 수 있다. 왜냐하면 동명이인이 있기 때문이다. '요아스'라는 이름의 왕이 남 유다와 북이스라엘에 모두 있었다. 더군다나 통치했던 시기도 비슷하다.

> 유다의 왕 요아스의 제삼십칠 년에 여호아하스의 아들 요아스가
> 사마리아에서 이스라엘 왕이 되어 십육 년간 다스리며
> 여호와께서 보시기에 악을 행하여 이스라엘에게 범죄하게 한 느밧의 아들
> 여로보암의 모든 죄에서 떠나지 아니하고 그 가운데 행하였더라
> (왕하 13:10~11)

솔로몬 왕 이후, 분열된 이스라엘의 두 왕국에 똑같이 존재했던 왕의 유일한 이름이 바로 '요아스'다. 그런데 이름은 같았지만, 둘의 인생은 완전히 달랐다. 이 말씀에 등장하는 북이스라엘의 왕 요아스는 어땠는가? 선한 왕?

아니면 악한 왕? 사실 북 왕국에는 선한 왕이 거의 없었으니 말할 필요도 없다.

역대기에는 북 왕국의 역사가 기록돼 있지 않다. 왜냐하면 북이스라엘은 그 시작부터가 하나님이 보시기에 악했다고 여기는 까닭이다. 왜 악했는가? 하나님께서 다윗과 맺으셨던 그 영원한 언약을 깨뜨리는 것이기 때문이다. 다윗의 아들 솔로몬이 그 언약의 성취자로서 왕이 되어 거룩하신 하나님의 전을 건축한 것처럼, 솔로몬의 아들 르호보암이 통치한 남 유다만이 선한 왕국이라는 뜻이다.

앞서 기록된 열왕기를 보면, 다윗의 신하였던 느밧의 아들 여로보암이 그 왕위 계승에 반기를 든다. 그리고는 북 왕국을 세움으로써 결국 분열의 역사가 시작되고 말았는데, 후대의 모든 왕을 평가하는데 계속해서 그의 이름이 언급될 만큼 '여로보암'이라는 이름은 악의 뿌리요 악의 상징으로 전락했다. 더 나아가 역대기는 그 사건조차 자세히 언급하지 않는다. 북 왕국 자체를 악한 시대의 역사로 보기 때문이다. 분열 왕국 시대 가운데 오직 남 유다의 왕들, 그 선한 역사에만 관심을 기울인다. 그래서 '요아스'라는 이름도 당연히 역대기에는 남 유다의 왕만 기록하고, 북이스라엘의 왕이던 동명이인 '요아스'는 열왕기에만 등장한다.

역대기의 관점은 왕들의 업적이 아닌 하나님이 다윗과 맺으셨던 언약의 성취를 전한다. 그 기준에 따라 여호와 보시기에 악한 왕이냐 선한 왕이냐가 결정된다. 그래서 성경에 길게 기록돼 있고, 우리에게 익숙한 이름들이 바로 선한 왕들이다. '히스기야'나 '요시야'가 대표적 인물이다.

그런데 유다의 왕 요아스는 이 기준으로 평가하자면, 굉장히 독특한 왕이다. 역대하 24장의 전반부 말씀으로 보면, 그는 틀림없이 선한 왕이다.

오랫동안 방치되었던 하나님의 전을 그가 다시 보수하고 견고하게 세우는 과정이 자세히 기록돼 있다.

> 이에 왕이 말하여 한 궤를 만들어 여호와의 전 문 밖에 두게 하고
> 유다와 예루살렘에 공포하여 하나님의 종 모세가 광야에서
> 이스라엘에게 정한 세를 여호와께 드리라 하였더니
> 모든 방백들과 백성들이 기뻐하여 마치기까지 돈을 가져다가
> 궤에 던지니라 (대하 24:8~10)

요아스 왕이 어떻게 성전을 보수하는 일을 감당했다고 말하는가? 하나님의 방법대로 행했다고 기록한다. 자기 생각이나 인간적인 방법이 아니라 모세에게 명하셨던 하나님의 말씀대로 그것을 행했을 때 온 백성이 자원해서 기쁨으로 그 일에 동참했음을 기록하고 있다. 또한 성전을 다 수리하고 남은 돈도 그들 마음대로 쓰지 않고, 성전 내부에 필요한 것을 마련하는 데 사용했으며, 온 마음을 드려서 매일 번제를 드렸다고 기록돼 있다.

얼마나 귀하고 아름다운 모습의 인생인가! 유다 왕 요아스는 거룩한 역사의 연대기에서 그 어떤 왕보다도 여호와 보시기에 선한 왕으로 기록될 수 있었다. 적어도 여기까지는 그렇다. 그러나 안타깝게도 그의 인생 후반부에서 믿을 수 없는 반전이 일어난다. 악한 왕의 전형적인 모습을 보여주고 있다.

> 그의 조상들의 하나님 여호와의 전을 버리고 아세라 목상과 우상을 섬겼으므로
> 그 죄로 말미암아 진노가 유다와 예루살렘에 임하니라
> 그러나 여호와께서 그들에게 선지자를 보내사
> 다시 여호와에게로 돌아오게 하려 하시매
> 선지자들이 그들에게 경고하였으나 듣지 아니하니라 (대하 24:18~19)

아니 어떻게 갑자기 이럴 수 있을까? 하나님의 말씀대로 성전을 다시 보수하고 견고하게 했던 요아스였다. 그런 그가 어떻게 그 성전을 버리고 우상을 섬겼던 걸까? 하나님은 그를 다시 돌아오게 하시려고 선지자들을 보내기까지 하셨다. 그러나 요아스는 끝내 돌이키지 않았다. 차라리 처음부터 그냥 악한 왕이었으면 그러려니 할 수 있다. 하지만 누구보다 선한 왕의 모습을 보여주었던 요아스였기에 이런 반전이 너무나 놀랍고 충격적이다. 대체 그 이유가 무엇이었을까? 요아스는 왜 악한 왕으로 남을 수밖에 없었을까? 성경은 그의 인생에서 결코 빼놓을 수 없는 한 인물을 우리에게 소개한다. 먼저 선한 왕의 모습을 전하는 24장 전반부의 시작이다.

> 제사장 여호야다가 세상에 사는 모든 날에
> 요아스가 여호와 보시기에 정직하게 행하였으며 (대하 24:2)

요아스가 선한 왕의 모습을 보여주었던 그 기간은 바로 제사장 '여호야다'가 그 땅에 살아있던 날 동안이었다고 설명한다. 요아스가 악한 왕으로 기록되는 24장 후반부의 첫 시작에도 역시 그의 이름이 등장한다.

> 여호야다가 나이가 많고 늙어서 죽으니 죽을 때에 백삼십 세라
> 무리가 다윗 성 여러 왕의 묘실 중에 장사하였으니
> 이는 그가 이스라엘과 하나님과 그의 성전에 대하여 선을 행하였음이더라
> 여호야다가 죽은 후에 유다 방백들이 와서 왕에게 절하매
> 왕이 그들의 말을 듣고 (대하 24:15~17)

요아스가 변심한 이유는 제사장 여호야다였다. 그의 존재 여부에 따라 유다 왕 요아스는 선한 왕이었다가 결국 악한 왕이 되고 말았다.

이처럼 누군가의 인생에 큰 영향을 미친 사람을 우리는 '멘토'라고 부른다. 제사장 여호야다는 유다 왕 요아스에게 있어서 너무나 중요한 멘토였다. 어느 정도였는가?

여호야다가 그를 두 아내에게 장가들게 하였더니 자녀를 낳았더라 (대하 24:3)

아무리 멘토라지만, 이건 좀 심하다고 생각하는 이가 더러 있을 터다. 부모도 아닌 사람이 굳이 아내까지 정해서 장가들게 했나 하는 의구심이 들 수도 있다. 그러나 22장부터 기록되는 요아스의 성장 과정과 그가 왕이 되기까지 있었던 엄청난 사건들을 살펴보면 충분히 이해가 간다.

요아스가 왕위에 오를 때에 그의 나이는 겨우 일곱 살이었다. 그때까지 요아스는 하나님의 전에서 몰래 숨겨진 채로 자라야 했다. 왜냐하면 북 왕국 아합 왕의 딸인 '아달랴'가 당시 정략결혼을 통해서 남 유다의 왕비가 되었는데, 자기 아들이 왕위에 오른 지 1년 만에 살해되자 정국의 혼란을 틈타 스스로 왕이 되었기 때문이다. 그녀는 이스라엘 왕국 사에 있어서 유일한 여왕이었다. 그렇게 왕위에 오른 아달랴는 다윗 왕가의 후손들을 다 죽이고자 했다. 다윗 언약이 끊어질 뻔한 절체절명의 위기였다. 왕자들이 모두 죽임을 당하는 중에 요아스를 몰래 숨기고 그를 성전에서 키운 사람이 바로 제사장 여호야다의 아내였다. 다윗 왕가의 복권을 사명으로 여겼던 제사장 여호야다는 드디어 7년 후에 아달랴를 죽이고 요아스에게 기름을 부어 그를 왕으로 세웠다. 그러니 이 두 사람의 관계가 얼마나 특별했겠는가.

요아스가 성전을 보수하고 견고하게 하는 공사의 기록을 보면, 계속해서 여호야다가 함께 등장한다. 요아스의 인생에 있어 생존에서부터 왕으로 통치하는 데까지 여호야다는 모든 과정을 하나하나 세세히 다 챙겼을 것이다. 다윗 왕가, 유다의 역사에서 요아스가 너무나 중요한 존재였기 때문이다. "이건 이렇게 하시지요." "그건 그렇게 하시면 안 됩니다." 이것이 요아스를 선한 왕이 되게 하는 길이라고 여겼을 것이고, 모든 순간을 함께하면서 직접 다 관여하고자 했을 것이다.

그러나 그의 뜻대로 되지 않았다. 그가 곁에 있는 동안에는 문제가 없었다. 아니 문제가 드러나지 않았던 것뿐이다. 여호야다가 나이 들어 죽고 이 세상을 떠나자 요아스는 언제 그랬냐는 듯이 하나님을 떠난 악한 왕이 되고 말았다. 스스로 하나님을 경외하는 믿음의 인생이 되지 못했기 때문이다.

진정한 멘토는 자신이 양육하는 자가 홀로 서도록 도와야 한다. 지금 당장 모든 것을 다 해결해 주는 것이 멘토의 역할이 아니다. 스스로 감당할 수 있는 능력을 갖추도록, 스스로 하나님께 예배하는 삶을 살도록, 때로 고민하고 넘어지고 실패하는 모습도 사랑의 마음으로 함께해야 한다. 물론 직접 다 해결해 주는 것이 멘토의 입장에서도 더 쉽고 편할 수 있다. 그러나 멘토 앞에서의 모습은 그의 진정한 모습이 아닐 수 있다는 것을 알아야 한다. 스스로 감당할 능력이 갖춰지지 않으면, 스스로 하나님만 의지하겠다는 믿음의 고백이 없으면, 멘토 앞에서는 드러나지 않았던 모습이 멘토가 떠난 후에 뒤늦게 나타나게 된다.

여호야다가 떠난 요아스의 인생이 그 사실을 입증한다. 여호야다와 함께 견고하게 세웠던 하나님의 전을 헌신짝처럼 버리고, 그 전에서 항상 드리던 번제 대신 아세라 목상과 우상을 섬겼다. 그런데도 하나님은 그를 포기하지 않으셨다. 그를 다시 돌아오게 하시려고 제사장 '스가랴'를 보내셨다. 하지만 멘토가 떠난 요아스는 하나님의 말씀을 듣기는커녕, 스가랴를 성전 뜰 안에서 돌로 쳐 죽인다. 스가랴는 다름 아닌 바로 자신의 멘토였던 여호야다의 아들이었는데도 말이다.

하나님을 떠나서 자만과 교만으로 가득해지면 요아스처럼 배은망덕한 인생이 되고 만다. 마지막 그의 죽음과 그 이후의 역사도 비참한 인생의 종말을 잘 보여준다. 요아스가 아람 군대와 큰 전쟁을 벌였는데 비록 크게 다쳤지만, 목숨에는 지장이 없었다. 그런데 오히려 전쟁 후에 미처 생각지도 못한 자기 신하들에게 반역을 당해 자기 침상에서 죽임을 당한다. 차라리 이방 나라와의 전쟁에서 죽었더라면 더 나았겠다 싶을 정도였다. 왕정 시대 역사에서 아무리 악한 왕이었더라도 죽음 이후에는 다 왕들의 묘실에 장사 된다. 그러나 요아스는 결국 죽음 이후에 왕의 묘실에도 장사 되지 못하는 가장 비참한 역사에 그의 이름을 남기게 된다.

거룩한 역사의 연대기에 왜 이런 역사가 기록됐을까? 이는 아름답고 자랑스러운 역사만이 아니라 때로 부끄럽고 비극적인 역사도 기억해야 함을 전하기 위해서다. 특별히 누군가의 멘토로 살고 있다면, 하나님이 맡겨 주신 그들에게 성공과 축복만이 아니라 실패와 아픔을 통해서도 믿음의 인생을 가르치시는 멘토가 되길 바란다. 그리고 맡기신 이들이 스스로 하나님을 경외하는 인생이 되기까지 인내하며 기도하고, 때로는 한 발 떨어져 하나님을 더욱 신뢰하는 마음으로 지켜보길 바란다.

요아스를 통해 우리가 기억하고 새겨야 할 교훈이 있다. 아무리 훌륭한 인생의 멘토라 할지라도 그 인생을 끝까지 함께할 수는 없다는 사실이다. 그래서 오직 예수 그리스도만이 우리의 구세주요, 영원한 멘토임을 고백해야 한다. 인생의 진정한 멘토를 주님으로 삼는 자마다 그분이 우리의 삶을 예비하시고 선한 길로 인도하실 것이다. 그 탁월한 은혜를 누리며 살아가는 형통한 인생의 주인공이, 바로 그리스도인이다.

18

느1 ~ 13

말씀 동행

1일차

2일차

3일차

4일차

5일차

6일차

7일차

청바지 인생

느헤미야 8:1~6

1 이스라엘 자손이 자기들의 성읍에 거주하였더니 일곱째 달에 이르러 모든 백성이 일제히 수문 앞 광장에 모여 학사 에스라에게 여호와께서 이스라엘에게 명령하신 모세의 율법책을 가져오기를 청하매

2 일곱째 달 초하루에 제사장 에스라가 율법책을 가지고 회중 앞 곧 남자나 여자나 알아들을 만한 모든 사람 앞에 이르러

3 수문 앞 광장에서 새벽부터 정오까지 남자나 여자나 알아들을 만한 모든 사람 앞에서 읽으매 뭇 백성이 그 율법책에 귀를 기울였는데

4 그 때에 학사 에스라가 특별히 지은 나무 강단에 서고 그의 곁 오른쪽에 선 자는 맛디댜와 스마와 아나야와 우리야와 힐기야와 마아세야요 그의 왼쪽에 선 자는 브다야와 미사엘과 말기야와 하숨과 하스밧다나와 스가랴와 므술람이라

5 에스라가 모든 백성 위에 서서 그들 목전에 책을 펴니 책을 펼 때에 모든 백성이 일어서니라

6 에스라가 위대하신 하나님 여호와를 송축하매 모든 백성이 손을 들고 아멘 아멘 하고 응답하고 몸을 굽혀 얼굴을 땅에 대고 여호와께 경배하니라

예나 지금이나 청바지는 청춘의 아이콘이다. 그래서일까? 몇 해 전 "청춘은 바로 지금"이라는 말을 줄여 청바지라고 칭하는 것이 화제가 되기도 했다. 청바지가 젊음의 상징이라는 데서 착안한 것이다. 언젠가 TV홈쇼핑을 보는데 청바지를 파는 쇼호스트가 했던 말도 기억난다. "청바지라고 해서 이것이 젊은 청년들만의 옷이 아닙니다. 청바지를 입는 분들이 인생을 젊게 청년으로 사시는 겁니다."

누구나 인생을 건강하고 젊게 살기를 원한다. 그런데 어떻게 하면 인생의 청춘을 더 오랫동안, 아니 평생토록 누릴 수 있을까? 느헤미야서를 통해 날마다 청춘의 인생을 살아가는 비결을 배울 수 있다.

솔로몬 왕 이후로 남북 분열 왕국 시대를 맞은 이스라엘은 결국 이방 민족에 의해서 차례로 멸망하고 만다. 북 왕국이 먼저 앗수르에 의해서 망하고, 남 왕국이 홀로 버티다가 끝내 바벨론에 멸망한다. 하나님의 전과 왕실은 불탔고, 예루살렘 성벽은 다 헐렸다. 모든 귀한 것들은 부서지거나 빼앗겼고, 칼에 살아남은 자들은 바벨론으로 사로잡혀 갔다. 그때부터 이스라엘의 포로 시대가 시작되었는데, 그 기간이 얼마였는가? '바사'라는 새로운 제국이 등장해서 바벨론을 물리치고 통치하기까지 하나님이 예레미야를 통해 하신 말씀 그대로 70년을 보내게 된다.

성경에서 '바사'라고 부르는 이름은 세계사에서 '페르시아'를 말한다. 거룩한 역사의 연대기를 마치는 마지막 구절에서 이러한 시대적 변화를 하나님의 놀라운 섭리로 고백하고 있다.

> 바사의 고레스 왕 원년에 여호와께서 예레미야의 입으로 하신 말씀을 이루시려고
> 여호와께서 바사의 고레스 왕의 마음을 감동시키시매
> 그가 온 나라에 공포도 하고 조서도 내려 이르되

> 바사 왕 고레스가 이같이 말하노니 하늘의 신 여호와께서 세상 만국을 내게 주셨고 나에게 명령하여 유다 예루살렘에 성전을 건축하라 하셨나니 너희 중에 그의 백성된 자는 다 올라갈지어다 너희 하나님 여호와께서 함께 하시기를 원하노라 하였더라 (대하 36:22~23)

하나님의 말씀은 반드시 이루어짐을 믿어야 한다. 지금 당장 내 눈에 보이는 것이 전부가 아니다. 하나님의 역사는 마치 바람처럼 어디에서 불어와서 또한 어디로 가는지 우리가 다 알 수 없다. 그러나 성경이 증언하는 것은 분명하다. 모든 것이 하나님의 섭리 가운데 그 말씀대로 반드시 이루어진다는 사실이다.

시편은 우리에게 하나님이 허락하신 인생들 가운데 누가 복 있는 사람이라고 전하는가? 바로 하나님의 말씀을 신뢰하는 자가 복 있는 사람이다. 우리 안에 악한 마음이 다 있는데, 어떻게 악인의 꾀를 따르지 않을 수 있겠는가? 우리 안에 나를 먼저 생각하는 이기적인 마음이 다 있는데, 어떻게 오만한 자의 자리에 앉지 않을 수 있겠는가? 우리 스스로는 절대 할 수 없다. 그래서 여호와의 율법을 주야로 묵상해야 한다. 하나님이 약속하신 그 말씀을 늘 기억하고 붙잡아야 세상 유혹을 물리치고 하나님께로 피하는 자가 될 수 있다. 세상이 무서워서 피하는 것이 아니다. 하나님을 떠나 살아가는 세상이 헛된 것임을 알기에, 생명의 말씀으로 약속하신 하나님께로 나아가는 것이다.

하나님은 예언자를 통해 주신 약속의 말씀대로 이스라엘을 회복시키신다. 이 놀라운 구원의 역사가 하나님의 전적인 주권 아래에서 펼쳐지는데 이것을 기록한 책이 바로 역대하 다음에 등장하는 세 권이다. 에스라, 느헤미야, 에스더. 따라서 이 세 권의 시대적 배경은 동일하다. 바벨론을 멸망시킨 바사 제국이 통치하던 때, 즉 페르시아 시대에 있던 이스라엘의 귀환과 또한 포로지에 계속 남아있던 사람들의 이야기이다.

그중 느헤미야 8장은 느헤미야서의 핵심 본문으로 당시 상황은 이랬다. 그동안 고향을 떠나 살았던 이스라엘이 마침내 귀환을 허락받았다. 얼마나 큰 기쁨과 감격의 소식이었겠는가? 그런데 과연 다시 돌아간다는 것이 과연 그들에게 기쁘기만 했을까? 이미 너무도 많은 세월이 지난 때였다. 잡혀 왔던 세대들은 거의 다 죽었을 것이고, 그곳에서 태어난 후손들은 이방 여인들과 결혼해서 가정을 이룬 상황이다. 그러니 다시 돌아간다는 것은 여태껏 일군 삶의 모든 것을 포기해야 한다는 얘기다.

물론 이들은 "언젠가 우리는 약속의 땅으로 돌아가야 하는 인생이다." 이 말을 아버지로부터, 할아버지로부터 수없이 들어왔을 터다. "여호와 하나님께서 반드시 우리를 회복시키실 것이다." 이 말 역시 수없이 듣고, 기대했을 것이다. 그러나 그것이 막상 닥쳤을 때, 분명 현실은 그리 녹록지 않았을 것이다. 돌아가는 여정 또한 절대 만만치 않았을 것이다. 돌아간다 해도 그들에겐 아무런 삶의 기반도 보장되지 않았다. 그 때문에 돌아갈지 계속 남아있을지 결정하지 못하고, 다른 사람들이 귀환하는 것을 보고 난 이후로 결정을 미루는 이들도 있었을 것이다. 어떤가? 이런 상황이라면 스스로 바로 귀환하겠는가?

하나님은 약속의 말씀대로 이스라엘을 다시 회복시키신다. 그런데 중요한 것은 약속했다고 그냥 회복시키시는 것이 아니다. 그들에게 새로운 사명을 주셨다. 그것도 바사 왕 고레스를 통해 말이다. 그 사명이 무엇인가? "유다 예루살렘에 성전을 건축하라!"

그들은 귀환의 목적이 분명했다. 무너진 성전을 다시 건축하는 것, 그

곳에서 다시 하나님께 예배하는 것! 이것이 바로 포로된 이스라엘을 다시 살리시는 하나님의 뜻이었다. 이 뜻을 이루기까지 이스라엘은 여러 차례에 걸쳐서 유다 예루살렘으로 돌아오게 된다. 그때마다 그들을 인도할 지도자들이 세워졌는데 그 가운데 스룹바벨 다음으로 귀환해서 중단된 성전 재건을 마무리한 이가 에스라였고, 마지막 귀환을 인도하고 성벽을 중수했던 지도자가 바로 느헤미야였다.

느헤미야 8장은 먼저 귀환해서 성전 재건의 사명을 감당했던 에스라가 마지막으로 귀환해서 이제 성벽 공사를 다 마친 느헤미야와 온 백성들 앞에 등장하고 있는 장면이다. 그들은 그동안 계속해서 방해하던 여러 세력을 다 물리쳤다. 성전도 다시 건축했고 무너진 성벽도 다시 세웠다. 얼마나 뿌듯하고 자랑스러웠을까? 자축하는 잔치라도 한바탕 크게 벌일 만 했나. 그런 그들이 함께 모였는데, 과연 무엇을 위해 모였을까?

> 이스라엘 자손이 자기들의 성읍에 거주하였더니 일곱째 달에 이르러
> 모든 백성이 일제히 수문 앞 광장에 모여 학사 에스라에게
> 여호와께서 이스라엘에게 명령하신 모세의 율법책을 가져오기를 청하매
> (느 8:1)

먹고 마시기 위해서가 아니었다. 그들은 모세의 율법책에 기록된 하나님의 말씀을 듣기 위해 모였다. 2절과 3절을 보면 이들이 얼마나 간절히 말씀을 사모했는지 잘 나타나 있다. 남자만 모인 것이 아니고, 어른만도 아니다. '남자나 여자나 알아들을 만한 모든 사람'이 모였고, 모두 다 그 말씀에 귀를 기울였다고 반복해서 강조한다. 모인 숫자만 대단한 것이 아니다. 그들이 말씀에 귀를 기울인 시간은 어땠는가? '새벽부터 정오까지' 적어도 한나절을 오직 말씀에 집중했다.

그런데 느헤미야 8장엔 역사적으로 중요한 것이 또 있다. 다시 회복된 성전의 중요한 변화를 보여준다.

> 그 때에 학사 에스라가 특별히 지은 나무 강단에 서고 …
> 에스라가 모든 백성 위에 서서 그들 목전에 책을 펴니
> 책을 펼 때에 모든 백성이 일어서니라 (느 8:4~5)

그동안 성전의 중심은 제물을 드리는 제단이었다. 그러나 다시 회복된 성전의 중심은 제단에서 강단으로 변화됐다. 강단에 서서 에스라가 낭독할 그 책을 펼 때, 모든 백성이 다 일어나는 모습! 이것은 말씀에 대한 가장 높은 경외와 순종의 표현이다. 이 모습은 오랜 전통을 가진 세계 기독교회에서 지금도 이어지고 있다.

그런데 더욱 놀라운 것이 있다.

> 하나님의 율법책을 낭독하고 그 뜻을 해석하여
> 백성에게 그 낭독하는 것을 다 깨닫게 하니 (느 8:8)

말씀을 낭독한 것만이 아니었다. 낭독한 그 말씀의 뜻까지 에스라가 다 해석해 준 것이다. 이것이 무엇을 뜻하는가? 바로 '설교'이다. 설교의 가장 오랜 시초가 되는 분명한 증거가 바로 느헤미야 8장의 말씀이다. 이어 에스라의 설교를 듣고 깨달음을 얻은 백성들이 모두 우는 놀라운 일이 일어나는데, 하나님의 영이 그들을 감동시킨 것이다. 그동안 이스라엘을 인도하시고, 그들과 함께하셨고, 그들을 통해 역사하신 하나님의 놀라운 섭리와 그 사랑을 다시금 깨달았던 것이다.

백성이 율법의 말씀을 듣고 다 우는지라 총독 느헤미야와 제사장 겸 학사 에스라와 백성을 가르치는 레위 사람들이 모든 백성에게 이르기를 오늘은 너희 하나님 여호와의 성일이니 슬퍼하지 말며 울지 말라 하고 (느 8:9)

오늘은 거룩한 날이니 슬퍼하지 말고 울지 말라고 권면하며 더는 근심하지 말고 여호와로 인해 기뻐하는 인생이 되라고 선포한다. 이 말씀을 듣고 깨달은 모든 백성이 곧 가서 먹고 마시며 나누어 주고 모두가 크게 즐거워함으로 이날의 모임이 끝난다.

이렇게 하나님의 사랑을 깨달을 때, 새로운 인생은 시작된다. 나를 향하신 하나님의 사랑을 날마다 깨닫고 고백할 수 있다면, 바로 그 인생이 날마다 새롭고 푸르른 청춘의 인생이 된다. 그렇다. 청춘의 인생을 사는 비결은 바로 말씀의 깨달음에 있다. 성전을 다시 건축했다고 다 된 것이 아니다. 성벽을 다시 세웠다고 근심이 사라진 것도 아니다. 그들에게 유다 예루살렘에 성전을 건축하라고 주셨던 사명은 오직 말씀의 은혜로 말씀의 깨달음으로 하나님의 보호하심 안에서 살게 하시려는 위대한 사랑이었다.

믿음의 청춘은 한번 지나가고 끝나는 것이 아니다. 날마다 시작된다. 우리가 날마다 말씀에 귀를 기울일 때, 말씀에 집중하는 인생이 될 때, 하나님은 우리의 인생을 더욱 새롭게 하시고 새로운 사명을 주신다. 에스라와 느헤미야, 그들은 합력해서 그러한 믿음의 인생을 살아갔다. 오늘 이 시대에도 그 사명을 감당하도록 우리를 주님의 제자로 부르셨다. 이를 위해 우리의 예배를 회복시키시고 우리의 일상을 회복시키시는 하나님의 마음을 깨닫고, 날마다 믿음의 사명을 이루어 가는 인생이 되어야 한다. 믿음의 청춘은 절대 끝나지 않았다. 바로 지금부터 다시 시작이다.

19

에1~욥10

말씀
동행

1일차

2일차

3일차

4일차

5일차

6일차

7일차

사명자로 사는 인생

에스더 4:10~17

10 에스더가 하닥에게 이르되 너는 모르드개에게 전하기를
11 왕의 신하들과 왕의 각 지방 백성이 다 알거니와 남녀를 막론하고 부름을 반
지 아니하고 안뜰에 들어가서 왕에게 나가면 오직 죽이는 법이요 왕이 그 자
에게 금 규를 내밀어야 살 것이라 이제 내가 부름을 입어 왕에게 나가지 못한
지가 이미 삼십 일이라 하라 하니라
12 그가 에스더의 말을 모르드개에게 전하매
13 모르드개가 그를 시켜 에스더에게 회답하되 너는 왕궁에 있으니 모든 유다인
중에 홀로 목숨을 건지리라 생각하지 말라
14 이 때에 네가 만일 잠잠하여 말이 없으면 유다인은 다른 데로 말미암아 놓임
과 구원을 얻으려니와 너와 네 아버지 집은 멸망하리라 네가 왕후의 자리를
얻은 것이 이 때를 위함이 아닌지 누가 알겠느냐 하니
15 에스더가 모르드개에게 회답하여 이르되
16 당신은 가서 수산에 있는 유다인을 다 모으고 나를 위하여 금식하되 밤낮 삼
일을 먹지도 말고 마시지도 마소서 나도 나의 시녀와 더불어 이렇게 금식한
후에 규례를 어기고 왕에게 나아가리니 죽으면 죽으리이다 하니라
17 모르드개가 가서 에스더가 명령한 대로 다 행하니라

이 시대 많은 사람은 인생에서 성공을 추구한다. 하지만 성공은 수치적인 기준으로 판단할 수 없고 추상적인 개념인 만큼 정의도 만족도 힘든 것이 사실이다. 그래서 인생의 성공에 대한 기준은 각자 다르다고 할 수 있다.

몇 해 전부터 직장인에게 가장 핫한 키워드가 있다. 바로 '워라밸'이다. '일과 삶의 균형'을 이루자는 의미로 워크(work), 라이프(life), 밸런스(balance) 이 세 단어에서 우리말로 각각 앞 글자를 딴 것이다. 일만 하지 말고, 일과 여가의 균형을 이루는 인생을 살자는 뜻이다. 사실 이 개념은 1970년대 후반 영국의 여성 노동자 운동에서 처음 등장했다. 여성들이 직장 일과 가정일을 모두 감당하려면 정부와 기업에서 출산휴가와 육아휴직 등 모성보호 관련 휴식제도를 강화하고 유연한 근무 시간제를 시행해야 한다는 뜻이다. 생각해 보면 예전에는 돈만 많이 주면 아무리 힘든 일도 열심히 했고, 수당만 더 주면 휴일에도 빠지지 않고 나와서 일했다. 하지만 요즘은 아니다. 돈을 좀 덜 받더라도 내 시간을 가질 수 있는 일을 선호하는 추세다. 실제 한 여론조사에 의하면 한국인 10명 중 7명이 연봉과 워라밸 중에서 워라밸을 더 중시한다고 할 만큼 연봉 제일주의가 변하고 있다.

그러나 이러한 기준도 흔들리고 있다. 코로나 팬데믹을 겪으며 우리 사회에 많은 변화가 일어났고, 그 때문에 앞으로 무엇을 준비해야 할지 어떻게 해야 할지 예측하기도 어려운 상황이 됐다. 이렇듯 급변하는 시대 속에서 우리는 어떻게 살아가야 할까?

고민할 것 없다. 답은 이미 정해져 있다. 하나님의 자녀인 우리는 변치 않는 하나님의 말씀을 붙잡으면 된다. 날마다 말씀을 통해서 하나님이 원하시는 인생의 방향과 목적을 깨닫는 것이 은혜의 삶이기에 그렇다.

그런 인생을 살아간 성경 속 인물이 있다. 바로 에스더이다. 그녀의 인생은 우리에게 복된 삶의 길을 분명히 제시한다. 에스더의 인생을 상징하는 가장 대표적인 말씀을 기억하는가?

“죽으면 죽으리이다!” 에스더는 어떤 마음으로 이런 말을 했던 걸까?

에스더는 바사 제국의 왕후였다. 그러니 자신의 안위를 먼저 생각했다면 굳이 나서서 무리할 필요가 없었다. 자신 때문에 벌어진 일도 아니었고 규례를 어기면서까지 굳이 목숨을 건 모험을 할 필요가 없었다. 그녀의 결단이 성공한다 해도 자신에게 돌아올 어떤 이익도 기대할 것이 없었다. 그러나 민족의 위기 앞에서 그녀는 오직 한 가지, 인생의 주관자가 되시는 하나님의 뜻이 무엇인지 그것만을 알고자 했다.

하나님은 모르드개를 통해서 에스더를 깨닫게 하셨다. 에스더는 어려서 일찍 부모를 잃었는데, 모르드개가 삼촌의 딸인 에스더를 사랑으로 양육했고 그녀가 왕후가 되기까지 늘 곁에서 도왔다. 이러한 사랑과 신뢰의 관계를 바탕으로 어려운 문제도 서로 권면하고 순종함으로 함께 해결해 갈 수 있었던 것이다.

왕에게 나가지 못한 지가 이미 30일이나 된 에스더에게 모르드개는 진심으로 권면했다.

> … 너는 왕궁에 있으니 모든 유다인 중에 홀로 목숨을 건지리라
> 생각하지 말라
> 이 때에 네가 만일 잠잠하여 말이 없으면 유다인은 다른 데로 말미암아
> 놓임과 구원을 얻으려니와 너와 네 아버지 집은 멸망하리라 … (에 4:13~14)

모르드개의 말은 좋게 표현해서 권면이지 사실 거의 반협박에 가깝다. ‘아니, 내가 왕비인데 감히 나한테 이렇게 말을 해? 나를 아직도 부모 잃

은 어린아이로 생각하는 거 아니야?' 만일 왕비라는 권위를 앞세워서 감정적으로 받아들였다면, 얼마든지 화를 내고 이 말을 무시할 만도 했다. 아니면 반대로 "알겠소. 이제는 내가 다 해결하겠으니 가만히 계시오."라며 자신의 지위와 권력을 과시할 수도 있었다.

그러나 에스더는 모르드개의 권면을 듣고 겸손히 자신이 지금 무엇을 해야 할지, 하나님께서 무엇을 원하실지에 집중했다. 그리고 모르드개에게 이렇게 회답했다.

> 당신은 가서 수산에 있는 유다인을 다 모으고 나를 위하여 금식하되
> 밤낮 삼 일을 먹지도 말고 마시지도 마소서
> 나도 나의 시녀와 더불어 이렇게 금식한 후에
> 규례를 어기고 왕에게 나아가리니
> 죽으면 죽으리이다 … (에 4:16)

분명 두려운 상황이었지만, 하나님의 도우심을 믿었기에 담대히 결단한 것이다. 이렇듯 사명자로 사는 인생은 눈에 보이는 상황으로 인해 낙담하거나 두려움에 빠져서는 안 된다. 보이지 않지만 모든 상황을 주관하시는 하나님을 믿어야 한다.

에스더서의 특징은 하나님의 이름이 한 군데도 등장하지 않는다는 것이다. 하나님에 대한 직접적인 언급이 전혀 없는 성경책이다. 하지만 그 어떤 책보다도 모든 사건의 배후에 하나님의 놀라운 역사와 섭리가 있다는 사실을 너무나 분명히 드러내고 있다. 부모도 없는 에스더가 왕후로 간택되었고, 규례를 어기고 왕에게 나간 에스더에게 왕은 두 번이나 금규를 내밀었다. 모르드개를 제거하려는 음모가 실행되기 바로 전날 밤, 왕은 잠이 오지 않아서 역대 일기를 읽게 되었고 모르드개가 자신을 암살의 위기

에서 구했다는 숨겨진 사실을 알게 된다. 그로 인해 하만이 모르드개를 매달려고 세웠던 높이가 오십 규빗 되는 나무에 오히려 하만이 매달리는 극적인 반전의 사건이 펼쳐지고, 멸망의 위기에 몰렸던 유다 사람들이 그 대적들을 전부 멸하게 된다.

이처럼 하나님의 타이밍은 너무나 완벽하다. 내 생각에는 지금은 너무 빠르다고 혹은 이제는 너무 늦다고 불평할 수 있지만, 믿음으로 결단하고 나아갈 때 우리 인생의 모든 사건이 하나님의 계획 가운데 있음을 깨닫게 하신다.

마침내 유다 백성 모두가 금식하며 슬피 울던 그날은 오히려 승리의 잔치를 베풀고 기쁨을 나누는 '부림절'이 되었다. 여기서 '부림'이라는 말은 하만이 유다 백성을 멸하고자 뽑았던 제비를 뜻한다. 하나님이 죽음의 위기에서 살려주신 구원의 역사를 기념하는 날이 된 것이다. 물론 에스더 이후로도 이방 민족들의 침략과 박해가 많이 있었다. 그러나 그때마다 하나님의 보호하심을 믿고 환란 가운데도 기쁨의 삶을 살았기에 이 부림절의 의미는 사실 더욱 크다고 할 수 있다.

에스더서는 이렇게 부림절의 유래를 전하면서 더불어 끝까지 믿음의 사명을 다한 모르드개의 인생을 기억하게 한다. 에스더서의 마지막 구절은 이렇게 끝을 맺는다.

> 유다인 모르드개가 아하수에로 왕의 다음이 되고
> 유다인 중에 크게 존경받고 그의 허다한 형제에게 사랑을 받고
> 그의 백성의 이익을 도모하며 그의 모든 종족을 안위하였더라 (에 10:3)

에스더서는 모든 상황이 전화위복으로 끝난다. 그렇다. 어느 곳에 거하든지 어떠한 상황에 있든지 주님의 사명자임을 잊지 않고 믿음으로 충성

하며 겸손한 인생을 살 때, 하나님이 함께하셔서 그 인생을 돌보시고 높여 주실 것이다. 하나님은 역전의 명수이다. 그러니 지금 믿음의 인생을 살아가고 있다면, 결코 실망하거나 포기할 이유가 없다. 사명자로 사는 인생에는 드라마틱한 역전의 승리가 반드시 있기 때문이다.

세상은 모든 성공의 기준을 내가 잘 사는데 두고 어떻게든 편안하고 안락하게 살기를 원한다. 그러나 믿음의 인생은 그 기준이 다르다. 내 인생의 주인이 내가 아니기 때문이다. 죄로 인해 죽을 수밖에 없는 인생을 하나님께서 살려주셨기 때문이다. 하나님이 내 인생의 주인이 되심을 인정하고 하나님의 뜻에 따라 사는 것, 이것이 바로 믿음의 인생이다. 무엇을 위해서 살아야 할지, 하나님이 무엇을 원하시는지에 집중하는 것, 그 믿음의 결단이 바로 사명자로 사는 인생을 만든다.

그 과정에서 하나님은 우리에게 여러 가지 방법으로 깨닫게 하신다. 말씀을 통해서 듣게 하시고, 가족과 이웃을 통해서 알려주시기도 한다. 때로 육신의 연약함이나 실패와 고난을 통해서도 깨닫게 하신다. 그런데 중요한 것은 그것을 깨닫는 것에 그쳐서는 안 된다는 것이다. 깨닫게 하신 하나님의 능력을 믿고 그 뜻을 이루기로 결단해야 한다. 결단 없는 믿음은 인생의 아무런 변화를 이끌어내지 못하기에 그렇다. 하나님을 신뢰하는 믿음의 결단이 사명자로 사는 인생을 만드는 것이다.

"죽으면 죽으리라" 예수님도 하나님의 섭리를 깨닫고 그 뜻에 순종하셨다. 그리고 십자가의 죽음을 통해서 구원의 놀라운 진리를 선포하셨다. 사명자로 사는 인생은 내가 죽는 인생이다. 내가 죽고, 내 안에 오직 예수 그리스도께서 사는 인생이다. 주님이 진정 주인이 되시는 인생, 십자가의 능력으로 살아가는 인생, 그것이 바로 죽으면 사는 역전의 인생이다.

무엇을 위해서 살아야 할지
하나님이 무엇을 원하시는지에
집중하는 것
그 믿음의 결단이 바로
사명자로 사는 인생을 만든다

20

욥 11 ~ 42

말씀 동행

1일차

2일차

3일차

4일차

5일차

6일차

7일차

가장 위대한 인생

욥기 42:1~6

1 욥이 여호와께 대답하여 이르되

2 주께서는 못 하실 일이 없사오며 무슨 계획이든지 못 이루실 것이 없는 줄 아
오니

3 무지한 말로 이치를 가리는 자가 누구니이까 나는 깨닫지도 못한 일을 말하였
고 스스로 알 수도 없고 헤아리기도 어려운 일을 말하였나이다

4 내가 말하겠사오니 주는 들으시고 내가 주께 묻겠사오니 주여 내게 알게 하옵
소서

5 내가 주께 대하여 귀로 듣기만 하였사오나 이제는 눈으로 주를 뵈옵나이다

6 그러므로 내가 스스로 거두어들이고 티끌과 재 가운데에서 회개하나이다

역사서가 끝나고 그다음 만나게 되는 책들은 그 성격이 좀 다르다. 욥기에서 아가서까지 다섯 권은 이른바 '시가 문학'이라고 불리는데, 시와 노래로 부르는 하나님 안에서의 사랑 이야기라는 뜻이다. 시가 문학은 우리말 번역으로는 잘 느끼기 어렵다는 한계가 있다. 이 책들이 주로 운문으로 기록돼 있기 때문이다. 시가 문학 중 가장 대표적으로 알려진 것이 바로 시편이지만, 욥기 역시 시가 문학으로서 매우 중요한 특징이 있는 귀한 책이다.

욥기는 서론인 1장과 2장, 그리고 마지막 결론인 42장만 산문으로 되어 있고, 그 중심이 되는 가운데 긴 본론은 다 운문으로 기록돼 있다. 즉 산문으로 시작해서 운문으로 계속되다가 다시 산문으로 결론을 맺는 형식인데, 이러한 문학 형식은 고대 근동의 어떠한 작품에서도 찾아볼 수 없는 아주 독특한 것이다. 그래서 욥기는 우리 신앙인들만 읽는 책이 아니라 오히려 오랜 역사를 통해 많은 문학가가 이 책을 더 소중히 여기고, 인류가 낳은 문학작품의 백미로 그 귀한 가치를 인정받고 있다.

어릴 적 읽은 위인전에 등장하는 인물들은 각자 대단한 업적을 세운 사람들이다. 그런데 그들의 인생을 떠올려 보면서 한 가지 물음이 생겼다. 과연 어떤 인생을 '가장 위대한 인생'이라고 할 수 있을까? 사실 누군가의 인생을 깊이 잘 알지도 못하면서 다른 사람과 비교하거나 누가 더 위대하다고 평가하는 것은 불가능하고 적절하지 않은 일이다. 그런데도 단연코 이 세상에서 살아낼 수 있는 가장 위대한 인생이라고 부르고픈 한 사람이 있다. 바로 욥이다.

'욥'이라는 이름은 '미움을 받은 자'라는 뜻이다. 그런데 성경을 보면 욥은 누군가에게 미움을 받을 만한 못된 일이나 악한 일을 한 적이 없다. 오히려 성경은 그를 '온전하고 정직하여 하나님을 경외하며 악에서 떠난 자'라고 소개한다. 구약에서 욥은 노아, 다니엘과 함께 세 의인으로 언급되기까지 한다. 그러니 얼마나 억울한가?

이처럼 동방 사람 중에 가장 훌륭한 자라고 칭찬받던 욥이 이해할 수 없는 고난과 시련을 겪는 것이 바로 욥기의 내용이다. 욥기의 무대는 두 군데다. 하나는 천상의 무대이고, 다른 하나는 지상의 무대이다. 욥이 당하는 고난은 바로 천상의 무대에서 있었던 한 회의 결과로 시작된다.

어느 날 사탄이 하나님께 이의를 제기한다. "욥이 그렇게 온전하고 정직한 데는 다 그럴만한 이유가 있어서입니다. 하나님이 그에게 복을 주셔서 그의 소유물이 이 땅에 넘치게 하셨기 때문이죠. 그래서 욥이 하나님께 감사하고 번제를 드리는 겁니다. 어찌 그가 까닭 없이 하나님을 경외하겠습니까?" 그로부터 욥에 대한 신앙의 테스트가 시작되는데, 하나님께서 사탄의 손에 그의 소유물을 다 맡기신 것이다. 결국 그의 인생에 갑자기 여러 재앙이 한꺼번에 닥친다. 그런데 그 재앙은 감당할 수준이 아니었다. 연속된 재앙으로 욥의 자녀들이 다 죽임을 당하고, 말 그대로 하루아침에 인생의 수고한 모든 것을 다 잃어버리게 된다.

자, 만약 우리에게 이런 일이 닥친다면 과연 어떻게 반응했을까?

욥을 가장 위대한 인생이라고 단언한 첫 번째 이유는 성경이 전하는 가장 위대한 신앙고백을 바로 욥의 인생에서 발견하기 때문이다. 욥기를 시작하는 첫 장에서 욥은 자신의 신앙을 이렇게 고백한다.

> … 내가 모태에서 알몸으로 나왔사온즉 또한 알몸이 그리로 돌아가올지라
> 주신 이도 여호와시요 거두신 이도 여호와시오니
> 여호와의 이름이 찬송을 받으실지니이다 … (욥 1:21)

그 누구도 도저히 감당할 수 없을 거라고 여겼던 극심한 고난의 자리에

서도 욥은 하나님을 원망하지 않고 가장 먼저 하나님께 예배를 드렸다. 어떻게 이런 일이 가능했을까?

욥은 이미 자신의 모든 것이 하나님의 것임을 깨닫고 살았기 때문이다. 그의 소유를 인생 성공의 기준으로 삼았다면, 그는 가장 억울한 인생으로 끝날 수도 있었다. 많은 소유를 주셨기 때문에 감사한 것이 아니었고, 자녀들이 성공하고 효도를 잘해서 감사한 것이 아니었다. 만일 그랬다면 욥은 더는 하나님의 이름을 찬송하지 못했을 것이다. 하지만 욥은 주신 이도 거두신 이도 여호와임을 분명히 알았다. 그렇기에 어떤 상황에서라도 그분의 이름을 찬양할 수 있던 것이다. 욥이 고백한 가장 위대한 신앙고백, 이것이 바로 우리가 오늘도 하나님께 예배해야 하는 이유이다.

욥의 인생을 가장 위대한 인생이라고 부르게 된 또 하나의 중요한 이유는 성경이 전하는 가장 위대한 회개를 바로 그에게서 발견하기 때문이다. 욥기의 마지막 장에서 욥은 이렇게 회개한다.

> 내가 주께 대하여 귀로 듣기만 하였사오나 이제는 눈으로 주를 뵈옵나이다
> 그러므로 내가 스스로 거두어들이고 티끌과 재 가운데에서 회개하나이다
> (욥 42:5~6)

욥의 인생은 우리에게 진정한 회개의 의미와 그 은혜를 깨닫게 한다. 그에게 닥친 고난은 자신의 죄로 인한 심판이나 징벌이 아니었다. 하나님 보시기에 욥은 누구보다 의롭고 정직한 삶을 살았기 때문이다. 하지만 욥을 찾아온 세 친구는 그 사실을 알지 못했다. 먼저, 엘리바스는 욥에게 이렇게 권면했다.

> 생각하여 보라 죄 없이 망한 자가 누구인가
> 정직한 자의 끊어짐이 어디 있는가 (욥 4:7)

엘리바스는 죄인에게만 고난이 임한다고 믿었다. 의인의 고난은 미처 생각하지 못한 것이다. 이처럼 고난을 하나님이 죄인을 벌하시는 수단으로만 생각하게 되면, 기도와 격려가 필요한 누군가를 오히려 정죄하는 큰 잘못을 범하게 된다. 하나님은 때로 고난을 통해서 우리의 신앙을 더욱 단련시키는 분이다. 그래서 고난도 믿음의 인생에는 큰 유익임을 믿어야 한다. 엘리바스의 말을 들은 욥은 그에게 이렇게 답했다.

> 그러나 내가 가는 길을 그가 아시나니
> 그가 나를 단련하신 후에는 내가 순금 같이 되어 나오리라 (욥 23:10)

하지만 두 번째 친구 빌닷 역시, 욥의 인생을 이렇게 비하했다.

> 그런즉 하나님 앞에서 사람이 어찌 의롭다 하며
> 여자에게서 난 자가 어찌 깨끗하다 하랴
> 보라 그의 눈에는 달이라도 빛을 발하지 못하고 별도 빛나지 못하거든
> 하물며 구더기 같은 사람, 벌레 같은 인생이랴 (욥 25:4~6)

뜻밖의 고난을 겪게 되면, 특히 우리 한국 사람들은 그 고난보다도 다른 사람의 시선을 더 의식하는 경우가 종종 있다. '나를 어떻게 생각할까? 우리 가정을 어떻게 볼까?' 하며 말이다. 하지만 하나님께서 그 고난을 주셨다고 믿어진다면, 다른 사람을 의식하기보다 그 고난에 집중해야 한다. 하나님께서 그 고난을 통해서 나를 어떻게 단련시키고자 하시는지를 기도하면서 인내해야 한다. 그렇지 못하고 다른 사람을 의식해서 예배의 자리를 피하게 되면, 스스로 헤쳐나오기 어려운 인생의 허무와 무기력함에

빠지게 된다. 고난의 시기에 있을수록 하나님을 더욱 신뢰하면 고난 중에도 하나님의 이름을 찬송하는 진정 위대한 인생이 되게 하실 것이다.

세 번째 친구인 소발도 욥이 당한 그 고난을 이해하지 못하고 그를 비난했다.

> 하나님은 허망한 사람을 아시나니
> 악한 일은 상관하지 않으시는 듯하나 다 보시느니라 (욥 11:11)

소발은 욥에게 줄곧 하나님의 심판만을 강조했다. 하나님의 사랑과 긍휼에 대해서는 한마디도 하지 않은 채 말이다. 그에게 하나님의 축복을 받는 길은 오직 도덕적인 행위를 통해서 자신의 공로를 쌓는 것이라고 여겼기 때문이다. 착한 일을 한 만큼 복을 받고, 악한 일을 한 만큼 벌을 받는다는 것이다. 어찌 보면 맞는 말 같지만, 이것은 성경이 말하는 믿음의 인생은 아니다. 이런 생각으로 신앙생활을 하게 되면, 다른 사람의 눈에는 굉장히 바르고 열심히 하는 것처럼 보일지라도 정작 자신의 마음에는 점점 더 부담만 커지고 기쁨이 사라질지도 모른다. 믿음의 인생은 언제나 은혜가 먼저여야 한다. 값없이 주시는 하나님의 은혜가 넘칠 때, 진정 기쁨과 감사의 인생을 살 수 있다.

욥은 도대체 자신을 이해하지 못하는 세 친구가 너무나 답답했다. 그래서 마지막으로 그들에게 이렇게 선언한다.

> 내가 언제 다른 사람처럼 내 악행을 숨긴 일이 있거나
> 나의 죄악을 나의 품에 감추었으며
> 내가 언제 큰 무리와 여러 종족의 수모가 두려워서
> 대문 밖으로 나가지 못하고 잠잠하였던가
> … 나를 고발하는 자가 있다면 그에게 고소장을 쓰게 하라 (욥 31:33~35)

욥이 무엇을 잘못했는가? 아무런 잘못도 없지만, 그는 고난 중에도 먼저 하나님께 예배했던 사람이다. 그렇게 고난을 이해하지 못하는 친구들에게 자신의 믿음을 나누자 욥에게 마침내 하나님이 폭풍우 가운데 나타나 물으셨다.

> 무지한 말로 생각을 어둡게 하는 자가 누구냐
> 내가 땅의 기초를 놓을 때에 네가 어디 있었느냐
> 네가 깨달아 알았거든 말할지니라 (욥 38:2, 4)

그렇게 말을 잘하던 욥이었는데, 하나님의 이 첫 물음 앞에서 더는 아무 말도 할 수가 없었다. 고난을 겪은 자신의 처지를 변호하고 변명하고자 그토록 친구들과 논쟁했던 자신의 어리석음과 하나님 앞에서의 교만함을 깨닫고 티끌과 재 가운데에서 회개했다.

이러한 욥의 회개는 우리에게 중요한 영적인 깨달음을 준다. 아무리 위대한 신앙고백을 했더라도 아니 그럴수록 더욱 겸손히 자신을 돌아보고 날마다 하나님 앞에서 회개해야 한다는 사실이다. 그렇게 할 때 아무리 억울한 상황일지라도 아무리 이해되지 않는 상황 가운데서도 오직 하나님의 선하심을 신뢰하는 인생이 될 수 있는 것이다. 그것이 바로 가장 위대한 인생임을 욥은 우리에게 증언한다.

'고난의 그 이유는 과연 무엇인가?'

우리의 기대와는 달리, 욥은 끝내 마지막까지 명쾌한 답을 얻지는 못했다. 따라서 욥기는 단순히 고난의 이유를 설명하는 책이 아니다. 그렇다고 실망할 필요는 없다. 욥은 하나님과의 극적인 만남을 통해서 가장 위대한 인생의 비밀을 깨닫게 된다. 그것은 바로 우리 인생을 향하신 전능하신 하나님의 계획, 오늘도 행하시는 하나님의 선하신 일은 인간의 토론 대상 자체가 아니라는 것이다. 이런 깨달음의 은혜는 욥의 인생을 새롭게 변화시켰다. 자신을 비난하고 공격했던 그 친구들을 위해서 오히려 기도하게 됐고, 하나님은 그런 욥에게 닥친 모든 곤경을 돌이키시고 이전 모든 소유보다 갑절로 회복시켜 주신다.

"주신 이도 여호와시요 거두신 이도 여호와이십니다."

우리도 욥처럼 어떠한 상황에서도 위대한 신앙고백을 드리는 자가 되어야 한다. 또한 믿음의 연수가 더해 갈수록 더욱 겸손히 회개함으로 하나님이 주시는 은혜를 힘입어 믿음의 사명을 감당해야 한다. 믿음의 삶으로 하나님의 이름을 높이며, 말씀의 능력으로 가장 위대한 인생을 살아가는 우리가 되길 간절히 소망한다.

주신 이도 여호와시요

거두신 이도 여호와시오니

여호와의 이름이 찬송을 받으실지니이다

-욥 1:21-

21

시1~43

말씀 동행

1일차

2일차

3일차

4일차

5일차

6일차

7일차

시편사색 (1)갈망

시편 42:1~5

1 하나님이여 사슴이 시냇물을 찾기에 갈급함 같이 내 영혼이 주를 찾기에 갈급
하니이다
2 내 영혼이 하나님 곧 살아 계시는 하나님을 갈망하나니 내가 어느 때에 나아
가서 하나님의 얼굴을 뵈올까
3 사람들이 종일 내게 하는 말이 네 하나님이 어디 있느뇨 하오니 내 눈물이 주
야로 내 음식이 되었도다
4 내가 전에 성일을 지키는 무리와 동행하여 기쁨과 감사의 소리를 내며 그들을
하나님의 집으로 인도하였더니 이제 이 일을 기억하고 내 마음이 상하는도다
5 내 영혼아 네가 어찌하여 낙심하며 어찌하여 내 속에서 불안해 하는가 너는
하나님께 소망을 두라 그가 나타나 도우심으로 말미암아 내가 여전히 찬송하
리로다

'시편'이라는 말은 '시를 모아 묶은 책'이라는 뜻으로, 시편은 모두 150편의 시를 5권의 묶음으로 모아 놓았다. 그중 시편 42편은 두 번째 묶음을 시작하는 첫 번째 시다. 묶음마다 특징이 있는데, 41편까지의 첫 번째 묶음은 주로 다윗의 시로만 구성돼 있다. 이에 비해 두 번째 묶음에는 다윗 이외 여러 저자들의 시로 이루어져 있다. 그렇기에 시편을 읽을 때, 이 시가 누구의 시인지를 먼저 관심 가져야 한다. 성경에 보면 각 시마다 대개 이 시의 저자가 누구인지, 또한 어떠한 상황에서 지은 것인지를 소개하는 표제어가 앞에 붙어있다. 이것을 통해 시에 대한 이해를 높일 수 있다.

'시'라는 문학 양식은 함축적이고 운율적인 언어로 표현되는 글인 까닭에 이야기로 풀어쓰는 산문 형식의 글보다 한 장의 길이가 매우 짧다. 한 편 한 편 읽는 데는 빠르고 쉬울 수 있지만, 오히려 그런 이유로 저자의 생각이나 마음을 깊이 이해하기는 더 어려울 수 있다. 단어 하나하나의 의미와 쓰임새를 잘 이해하고 전하고자 하는 의도를 깨닫기 위해서는 한두 번 빨리 읽어서는 부족하다는 얘기이다. 마음의 여유를 가지고 마치 시를 암송해서 낭송하는 사람처럼 한 편을 읽고 묵상하고, 또다시 반복해서 읽고 깊이 생각하면서 그 시인의 삶을 공감하려는 시간과 노력이 있어야 한다.

전통적으로 시편 42편과 그다음에 이어지는 43편을 본래 하나로 이루어진 한 편의 시라고 본다. 여기에는 두 가지 근거가 있는데, 첫째는 표제어이다. 시편의 제 2권을 시작하는 42편부터 49편까지 계속해서 '고라 자손'이 지은 시가 나오는데, 유독 43편에만 별도의 표제어가 붙지 않았다. 이것은 무엇을 의미하는가? 바로 43편이 그 앞에 있는 42편에 이어지는 것임을 암시한다. 그래서 이곳에만 별도의 표제어가 없는 것이다. 두 번째 근거는 이 두 편의 시가 전하는 내용과 형식이 동일하다는 이유이다. 가장 분명하게 보이는 것이 바로 마지막 후렴구에 있다. 42편 5절과 11절, 그리고 43편의 마지막 5절이 똑같다.

> 내 영혼아 네가 어찌하여 낙심하며 어찌하여 내 속에서 불안해 하는가
> 너는 하나님께 소망을 두라 그가 나타나 도우심으로 말미암아
> 내가 여전히 찬송하리로다 (시 42:5)

아무리 낙심되고 불안할 수밖에 없는 상황에 있다 할지라도 우리가 끝까지 포기하지 말아야 할 것이 무엇인지를 여기서 깨닫게 된다. 그것은 바로 장래의 소망을 하나님께 두는 것이다. 하나님께 소망을 두는 인생은 결코 삶의 희망이 사라지지 않는다. 아무리 세상이 예측할 수 없고, 도저히 해결할 수 없는 문제라 할지라도 전능하신 하나님이 나타나셔서 반드시 도우시기 때문이다.

이처럼 42편과 43편을 하나의 노래로 본다면, 전체가 모두 3절로 이루어진 한 곡의 찬송이라고 할 수 있다. 어떤 찬송가를 부를 때, 우리가 가장 친숙한 가사는 그 찬송의 첫 절이다. 특히 1절의 첫 구절이 그 찬송가의 제목이기도 한데, 시편 제 2권을 시작하면서 등장하는 고라 자손의 여러 시편 중에서도 첫 번째 42편의 첫 번째 구절이 가장 친숙하게 여겨진다.

> 하나님이여 사슴이 시냇물을 찾기에 갈급함 같이
> 내 영혼이 주를 찾기에 갈급하니이다 (시 42:1)

이 말씀을 가사로 한 찬양곡이 있을 정도로 이 구절은 시편 전체를 통틀어서도 아마 가장 친숙한 내용 중 하나일 듯하다. 목마른 사슴이 시냇물을 찾아 헤매는 모습을 보며 우리가 하나님을 찾는 갈급함을 그것에 비유해서 표현하고 있다. 시편의 무수한 비유들 가운데 우리의 뇌리에 이처럼

친숙하게 자리하고 있다는 것은 그만큼 이 표현이 뛰어나다는 것을 입증하는 것이다.

'사슴이 시냇물을 찾기에 갈급함 같이'처럼 직유법이라고 부르는 이런 시작은 시편에서 42편이 유일하다. 이것이 42편의 특징이기도 하다. 그런데 왜 하필 사슴일까? 시냇물을 찾는 다른 동물들도 많을 텐데, 왜 시인은 하나님을 찾는 이들을 사슴에 비유했을까? 본래 사슴은 유독 열이 많은 동물이다. 그래서 다른 동물들보다도 자주 물을 먹어야만 한다. 지금 당장 목마름의 문제를 해결하려는 것뿐만 아니라 물을 먹음으로써 몸의 열을 식혀야 살 수 있는 동물이 바로 사슴이다.

1972년 12월 7일, 미 항공우주국의 마지막 유인 탐사 우주선인 아폴로 17호의 우주비행사들이 찍은 지구 사진이 화제가 됐었다. '블루마블(Blue marble)' 지구의 색상과 모양이 마치 푸른색 유리구슬과 같다 해서 붙여진 이름이다. 지구가 푸른 빛을 띠는 이유가 무엇일까? 그것은 지구 표면의 4분의 3이 물로 이루어져 있기 때문이다. 그런데 신기한 것은 지구만이 아니라 사람이나 생물도 4분의 3이 물로 이루어져 있다는 사실이다. 이처럼 물은 사람과 생물에게 있어서 그 존재부터 생존에 이르기까지 결코 없어서는 안 되는 매우 소중한 것임을 다시금 깨닫게 된다.

사슴에게 있어서 물은 단순히 목마름의 갈증을 해결해 주는 수단이 아니다. 때를 따라 마셔야만 살아갈 수 있는 다른 것으로 대체 불가한 삶의 가장 중요한 생명의 근거가 된다. 그렇다면 우리 삶의 근거는 무엇일까? 무엇을 위해서 살아야 할까? 사슴이 물이 없이는 살 수 없듯이 우리 인생도 결코 하나님 없이는 살 수 없음을 고백하는 간절한 노래가 바로 시편 42편이다.

우리 몸은 물을 마시지 않으면 일주일 정도밖에 살지 못한다고 한다. 그래서 오랜 기간 금식을 하더라도 물은 꼭 마셔야 한다. 그런데 '일주일'이라는 기간, 이것도 신기하지 않은가? 우리가 함께 모여 하나님 앞에서 거룩한 주일을 지키는 기간이 일주일이다. 일주일마다 안식을 주시고 하나님께 예배하도록 하신 그 의미를 또한 여기서 깨닫게 된다. 육신만이 아니라 우리의 영혼도 생수이신 주님을 만나지 않고 그 샘물을 마시지 않으면 죽는다는 의미일 것이다. 그렇다. 하나님께 예배드릴 때 성령의 능력이 우리의 영혼을 소생시키신다. 하지만 영혼이 죽어가는 것은 우리 눈에 보이지 않기 때문에 대개 그 위급함이나 그 심각성을 잘 깨닫지 못하곤 한다.

그런데 문제는 하나님을 찾아 나오는 것이 그리 쉽지 않다는 사실이다. 마음은 굴뚝같아도 새로운 삶으로 결단하기가 절대 쉽지 않다. 사슴이 시냇물을 찾을 수밖에 없다는 것을 맹수들은 너무나 잘 알고 있다. 그래서 시냇물로 오는 길목에서 잘 지켜보고 있다가 사슴이 물을 마시는 그 가장 취약한 순간에 사슴을 덮친다. 이처럼 사슴이 시냇물을 찾는다는 것은 갈급함을 해결하는 방법인 동시에 이러한 위험을 모두 감수해야 하는 일상의 모험이 된다. 생명을 담보로 하는 끊임없는 도전인 것이다. 우리의 영혼이 하나님을 찾는 것 역시 결코 취미생활이 아니다. 믿음의 삶은 목숨을 건 끊임없는 도전이고 사명이다. 사슴을 노리는 맹수처럼 믿지 않는 이들도 우리를 지켜보면서 호시탐탐 기회를 노리고 있기 때문이다. 이 시를 지은 고라 자손도 역시 그러했음을 보게 된다.

> 사람들이 종일 내게 하는 말이 네 하나님이 어디 있느뇨 하오니
> 내 눈물이 주야로 내 음식이 되었도다 (시 42:3)

누구나 한 번쯤 이런 경험이 있을 것이다. 답답하고, 억울하고…. 나를 둘러싼 문제가 빨리 해결돼서 조롱하고 비웃는 사람들에게 큰소리치면 좋겠는데, 도무지 하나님은 어디에 계시는지 암담하기만 한 상황 말이다. 하지만 그럴 때도, 아니 그럴수록 끝까지 하나님을 찾아야 한다. 그렇지 않고 갈급함을 못 참고 다른 곳에서 다른 방법으로 해결하려고 하면, 오히려 또 다른 문제가 생기기 십상이다. 결코 근원적인 해결책을 얻을 수 없다는 얘기다. 그러니 어떠한 상황에서도 모든 문제의 해결자가 되시는 전능하신 하나님을 찾아야 한다. 그래서 시인은 너무나 힘들고 억울한 그 상황에서도 자신이 해야 할 것이 무엇인지 깨달았음을 보여준다.

> 내 영혼이 하나님 곧 살아 계시는 하나님을 갈망하나니
> 내가 어느 때에 나아가서 하나님의 얼굴을 뵈올까 (시 42:2)

하나님을 '살아 계시는 하나님'이라고 다시 한번 고백하며 선포하고 있다. 지금 눈에 보이는 삶의 현실은 마치 하나님이 계시지 않은 것 같지만, 그는 하나님을 향한 믿음을 끝까지 포기하지 않았다. 히브리인들에게 '하나님의 얼굴을 본다'라는 말은 하나님이 계신 성전에 가서 예배드린다는 의미이다. 지금 시인이 누구보다도 하나님께 예배드리는 것을 더욱 갈망하는 이유는 무엇이었을까?

> 내가 전에 성일을 지키는 무리와 동행하여 기쁨과 감사의 소리를 내며
> 그들을 하나님의 집으로 인도하였더니
> 이제 이 일을 기억하고 내 마음이 상하는도다 (시 42:4)

역대기의 말씀을 보면, 당시 고라 자손은 성전의 문지기나 제사 지낼 때 찬송하는 자로 하나님을 섬겼다. 삶의 자리가 성전이었을 만큼 늘 하나

님을 가까이하며 하나님의 일을 감당했던 것이다. 그런데 지금 그 성전을 떠나 있으니 하나님께 나아가 예배드리지 못하는 상황이 얼마나 답답하고 안타까운 심정이었겠는가? 예배를 간절히 드리고 싶지만 그럴 수 없는 상황, 코로나 팬데믹을 통해 경험했던 바로 '갈망(渴望)'이다.

그런데 '갈급'과 '갈망'은 비슷하면서도 다른 의미가 있다. 갈급(渴急)은 '목이 마를 듯이 몹시 급하다'라는 뜻이다. 사슴이 목마름을 느끼면 갑자기 숨이 거칠어지고 급해진다고 한다. 그동안 매 주일 교회 나갔었는데 갑자기 못 나가게 되면 처음에 느끼게 되는 답답함과 조급해지는 심정, 이것이 갈급이다. 그러나 갈급하다고 해서 그것이 다 하나님을 향한 갈망이 되는 것은 아니다. 만일 영상예배를 드리면서 그 시간과 장소를 성별하지 않고 그저 편하게 예배드리는 것에 만족하고 있다면, 그것은 갈망이 아니다. 갈망은 여전히 목이 타는 듯한 조급함을 느끼면서도 포기하거나 다른 것을 찾지 않고, 끝까지 오래도록 그 상황을 인내하며 하나님만을 바라는 것이다. 나의 모든 상황을 아시는 하나님을 믿기에 가장 좋은 것으로 이미 예비하신 하나님을 신뢰할 때 가능한 것이다.

하나님은 물 하나도 너무나 세심하게 만드셨다. 물은 참 신기한 물질인데 그중에서 가장 신기한 성질은 얼음이 되었을 때 물보다 더 가벼워진다는 사실이다. 물을 제외한 대부분 물질은 고체가 되면 더 무거워진다. 그래서 물 아래로 가라앉지만, 물은 얼면 더 가벼워져서 얼음이 물에 뜨는 것이다. 이것이 왜 중요할까? 하나님이 왜 이렇게 만드셨을까? 만약 얼음이 물보다 무거워서 물에 가라앉는다면 물은 바닥에서부터 얼기 시작할 텐데 그러면 물속에 있는 물고기들과 식물들은 다 얼어 죽게 된다. 그런데 하나님은 물만큼은 얼었을 때 위로 뜨게 하셨다. 그래서 추운 겨울에 오히려 얼음이 마치 이불처럼 물 위를 덮게 된다. 그 덕분에 물 밖이 아무리 추워도 물속은 춥지 않다. 기온이 내려가면 내려갈수록 얼음이 더 두꺼워지니 물속 생물들은 더 두툼한 이불을 덮게 되는 것이다.

이렇게 하나님은 물 하나도 너무나 세심하게 정성을 들여 만드셨다. 하물며 하나님의 형상대로 지으시고 하나님의 자녀로 삼으신 우리를 하나님께서 어찌 돌보지 않으시겠는가? 그러니 우리가 바랄 것은 어떠한 상황에 있든지 끝까지 하나님을 의뢰하며 갈망하는 예배자로 서는 것이다. 그런 자들에게 하나님께서 반드시 나타나 도우심으로 말미암아 하나님의 이름을 찬송하게 하실 것이다. 오늘 우리의 갈급함이 하나님을 향한 거룩한 갈망이 될 때, 하나님을 진정 기쁘시게 하고 놀라운 은혜를 누리는 복된 삶이 될 것임을 확신한다.

우리가 바랄 것은
어떠한 상황에 있든지
끝까지 하나님을 의뢰하며
갈망하는 예배자로 서는 것이다

22

시 44~77

말씀
동행

1일차

2일차

3일차

4일차

5일차

6일차

7일차

시편사색 (2)기억

시편 77:10~15

10 또 내가 말하기를 이는 나의 잘못이라 지존자의 오른손의 해

11 곧 여호와의 일들을 기억하며 주께서 옛적에 행하신 기이한 일을 기억하리이다

12 또 주의 모든 일을 작은 소리로 읊조리며 주의 행사를 낮은 소리로 되뇌이리
이다

13 하나님이여 주의 도는 극히 거룩하시오니 하나님과 같이 위대하신 신이 누구
오니이까

14 주는 기이한 일을 행하신 하나님이시라 민족들 중에 주의 능력을 알리시고

15 주의 팔로 주의 백성 곧 야곱과 요셉의 자손을 속량하셨나이다

2020년 4월, 경북 칠곡군에서 시행한 캠페인이 화제가 됐다. "6037을 아시나요?"라고 불린 이 캠페인은 한국전쟁 70주년을 맞아 칠곡군에서 6·25에 참전했던 에티오피아 용사 6,037명을 기리는 운동이었다. 에티오피아 참전군은 6·25 당시 강원도 화천군과 김화군, 문등리 등에서 무려 253차례 전투에 참전해서 모두 승리를 거두었다. 그중 최대 격전지 중의 한 곳인 칠곡은 55일간 치열한 전투가 벌어져 많은 군인이 전사하거나 다친 곳이다. 그들의 숭고한 희생과 헌신을 다시금 기억하며 감사한 마음을 담아 당시 코로나 팬데믹으로 어려움 가운데 있는 에티오피아 참전용사와 그 가족들에게 마스크를 보내는 캠페인을 펼친 것이다.

당시 생각지도 못한 깜짝 선물에 평균 연령 88세의 노병들과 그 가족들은 큰 위로와 감동을 하고, 많은 감사 인사를 전해왔다고 한다. 참전용사에게 마스크는 단순한 방역물품이 아니라 젊은 시절 낯선 나라의 자유와 평화를 위해서 청춘을 바쳤던 그 삶을 70년이 지난 후에도 그 후손들이 기억해 준다는 감격과 자부심이었을 터다.

은혜를 기억하고 감사한다는 것, 마땅히 해야 할 일이지만 때로 그렇지 못한 것이 우리의 모습이다. 하나님께도 마찬가지다. 조금만 힘들어지고 뜻대로 되지 않으면 감사와 찬양보다는 불평과 원망이 앞서게 된다. 시편 77편의 시인도 그러했다. 그는 자신의 연약함을 깨닫고 이렇게 고백한다.

> 또 내가 말하기를 이는 나의 잘못이라… (시 77:10)

무엇이 그의 잘못인가? 앞서 1절로 9절까지에 걸쳐서 고백하는 그 내용이 바로 시인이 깨달은, 자신의 연약함에서 비롯된 잘못이다.

내가 내 음성으로 하나님께 부르짖으리니
내 음성으로 하나님께 부르짖으면 내게 귀를 기울이시리로다
나의 환난 날에 내가 주를 찾았으며 밤에는 내 손을 들고 거두지 아니하였나니
내 영혼이 위로 받기를 거절하였도다
내가 하나님을 기억하고 불안하여 근심하니 내 심령이 상하도다 (시 77:1~3)

이 시가 시작되는 첫 구설에서 시인은 자신의 정체를 드러내는 특별한 단어를 반복해서 사용한다. 바로 '음성'이라는 말이다. 그는 그냥 '하나님께 부르짖다'라고 표현하지 않았다. '내 음성으로' 하나님께 부르짖으리니, '내 음성으로' 하나님께 부르짖으면…. 이렇게 반복해서 자신이 하나님께 부르짖는 그 음성을 강조하고 있다.

시편 77편의 저자는 누구인가? 성경을 보면 '아삽의 시'라고 되어 있다. 시편의 중심이 되는 세 번째 묶음을 시작하는 73편부터 83편은 모두 열한편의 아삽이 쓴 시가 집중적으로 모여 있는 것이 특징이다. 그리고 두 번째 묶음에 들어 있는 50편까지 해서 시편 전체에는 모두 열두 편의 아삽이 쓴 시가 들어있다.

'아삽'이라는 이름은 '모으는 자'라는 뜻이다. 역대기를 보면 아삽은 다윗과 솔로몬 시대에 찬양으로 봉사하던 자였고, 찬양대의 악장이었음을 알 수 있다. 또한 그는 하나님의 언약궤 앞에서 제금을 켜는 역할도 감당했고, 그의 후손들은 이러한 전통에 따라 성전에서 찬송을 부르는 직무를 맡았다. 즉 찬양으로 하나님 앞에 회중을 모으는 역할을 했던 아삽이었다. 그런데 그런 아삽도 환난과 역경의 상황 속에서 밤새도록 하나님께 기도했지만, 별다른 위로를 얻지 못했다는 것이다.

여기서 '내 손을 든다'라는 것은 하나님께 모든 것을 맡기고 간절하게 기도한다는 의미이다. '위로받기를 거절하였도다'라는 표현은 내가 위로

를 거절했다는 의미가 아니라, 지금 내가 너무나 극심한 고난과 슬픔에 처해 있어서 나에게 아무것도 위로가 되지 못한다는 히브리 관용 어구이다.

이처럼 시인은 고난의 밤에 자신의 음성으로 하나님께 부르짖었다. 밤새도록 손을 거두지 않고 하나님께 간절히 기도했다. 그런데 뭔가 이상하지 않은가? 그런데도 그의 영혼은 위로받지 못했다. 3절을 보면, 그는 하나님을 기억하고는 오히려 불안하여 근심해서 자신의 심령이 상했다고 고백하고 있다. 이상하지 않은가? 너무나 힘들어 절망하다가도 예배하며 주님을 생각하면 근심이 떠나가고 새 힘을 얻어 우리의 마음이 평안해져야 맞는 것 아닌가?

그렇다. 사실 아삽에겐 부족한 것이 있었다. 그는 하나님을 기억한다고는 했지만, 자신의 기준에서 판단하고 자신의 한계 속에 갇혀서 하나님의 위대하신 그 사랑을 미처 깊이 다 깨닫지 못했다. 그 이후 아삽은 연약하고 부끄러운 자신의 그 모습을 솔직하게 고백한다.

> 주께서 내가 눈을 붙이지 못하게 하시니
> 내가 괴로워 말할 수 없나이다 (시 77:4)

그는 잠 못 드는 밤의 원인이 누구에게 있다고 하는가? 불안과 근심에 휩싸여서 잠을 이루지 못했던 그 책임을 하나님께 돌렸음을 고백하고 있다. 그러나 하나님은 우리가 잠을 못 자도록 눈꺼풀을 붙잡으시는 분이 아니다. 오히려 사랑하는 자에게 잠을 주시는 분이다. 시편 127편에서 솔로몬은 이렇게 노래했다.

> 너희가 일찍이 일어나고 늦게 누우며 수고의 떡을 먹음이 헛되도다
> 그러므로 여호와께서 그의 사랑하시는 자에게는 잠을 주시는도다 (시 127:2)

그의 사랑하시는 자가 누구인가? 하나님을 신뢰하는 자! 눈앞의 현실이 아무리 불안하고 염려되는 상황이라 할지라도 선하심과 인자하심이 영원하신 하나님을 신뢰하는 자는 그 속에서도 하늘의 평안을 누릴 수 있다. 바로 예수님이 그러셨다. 제자들과 함께 배를 타고 호수 건너편으로 가실 때 큰 광풍이 일어났다. 배에 물이 가득하게 되어 금방이라도 침몰할 그 위태로운 상황에서 예수님은 무엇을 하고 계셨는가? 잠을 자셨다. 무섭고 두려워서 예수님을 깨운 제자들에게 뭐라고 말씀하셨는가?

"너희 믿음이 어디 있느냐!"

아삽은 하나님을 기억한다고 말하면서도 하나님의 행하심보다 하나님께 간구했던 자기 기도를 내세우고, 자신의 노력에 대한 즉각적인 대가를 바랐던 것이다. 그렇게 자신은 나름대로 열심히 했다고 생각했는데 밤새도록 기도해도 나아지지 않는 그 상황을 보면서 당연히 실망할 수밖에 없었다. 이제 그의 잘못이 무엇이었는지가 분명히 나타난다.

> 밤에 부른 노래를 내가 기억하여 내 심령으로, 내가 내 마음으로 간구하기를
> 주께서 영원히 버리실까, 다시는 은혜를 베풀지 아니하실까,
> 그의 인자하심은 영원히 끝났는가, 그의 약속하심도 영구히 폐하였는가,
> (시 77:6~8)

기도는 우리가 날마다 하나님을 기억하도록 베풀어 주신 은혜의 수단이다. 내가 원하는 것을 요구하고 그대로 되지 않으면 하나님이 안 계신다고 판단해 버리는 방법이 되어서는 안 된다는 말이다. 하나님이 나를 얼마나 사랑하시는지, 나를 위해서 얼마나 기이한 일들을 행하셨고 또한 예비하셨는지를 날마다 기도함으로 더욱 깊이 깨닫게 되는 것이다.

드디어 시인은 비로소 자신이 진정 기억해야 할 것이 무엇인지를 깨닫게 된다.

> … 지존자의 오른손의 해
> 곧 여호와의 일들을 기억하며 주께서 옛적에 행하신 기이한 일을 기억하리이다
> (시 77:10~11)

여기서 '오른손'이라는 것은 하나님의 강하신 능력을 상징한다. 그는 자신의 지난날들이 바로 전능하신 하나님의 능력이 나타났던 너무나 귀한 시간이었음을 깨달았다. 하나님의 행하심이 아니면 그 놀라운 일들을 도저히 설명할 길이 없음을 비로소 깨달은 것이다. 하나님은 우리가 하나님을 잊지 않기를 원하신다. 거룩하신 하나님, 우리의 아버지가 되신 하나님을 늘 기억하기를 원하신다.

> 곧 여호와의 일들을 기억하며
> 주께서 옛적에 행하신 기이한 일들을 기억하리이다 (시 77:11)

'기억하다'라는 말이 두 번이나 반복해서 등장한다. 무엇을 기억한다는 의미일까? 다름 아닌 여호와의 일들, 나를 위해 행하신 하나님의 그 놀라운 일들을 기억하는 것이다. 이것이 바로 우리가 기억해야 할 것이다. 뒤이어 그것을 기억하는 구체적인 방법도 언급된다.

> 또 주의 모든 일을 작은 소리로 읊조리며
> 주의 행사를 낮은 소리로 되뇌이리이다 (시 77:12)

작은 소리로 읊조리는 것, 바로 '묵상'이다. 낮은 소리로 되뇌는 것, 이것이 바로 깊이 생각하는 것, '사색'이다. 우리의 묵상과 사색은 하나님을 기억하기 위한 것이 되어야 한다. 그렇지 않고 하나님을 기억하기보다 나의 수고와 나의 헌신을 기억하고, 그것을 잊지 않기 위한 묵상과 사색이

되어서는 안 된다는 얘기다. 여기서 '기억하다'라고 번역된 히브리 원어 '에즈케라'의 의미는 단순히 어떤 사실을 막연히 머릿속에 저장해 둔다는 의미가 아니다. 그것을 마음에 품고 입으로 되뇌어 전하는 것까지 포함돼 있다. 예수님께서 마지막 만찬의 자리에서 제자들에게 당부하셨던 말씀도 마찬가지다.

> 축사하시고 떼어 이르시되 이것은 너희를 위하는 내 몸이니
> 이것을 행하여 나를 기념하라 하시고
> 식후에 또한 그와 같이 잔을 가지시고 이르시되
> 이 잔은 내 피로 세운 새 언약이니 이것을 행하여 마실 때마다
> 나를 기념하라 하셨으니 (고전 11:24~25)

여기서 '기념하다'라고 번역된 희랍어 '아남네시스' 원어의 의미도 바로 그렇게 '기억하라'는 것이다. 2천 년 전에 십자가에 달려 죽으심으로 끝난 과거의 사건이 아니라 주님의 그 십자가 희생이 오늘도 우리를 구원하시는 영원한 현재의 사건임을 우리 마음에 늘 품고 입으로 되뇌며 전하라는 것이다.

우리가 하나님을 기억해야 하는 이유는 단지 과거에 행하신 구원의 역사를 찬양하는 데만 있지 않다. 하나님을 기억함으로 오늘도 살아 역사하시는 하나님의 능력과 섭리를 지금 우리의 삶에서 믿음의 눈으로 발견하고 전하기 위함이다. 말씀을 통해서 하나님이 행하신 모든 일을 깊이 묵상하고 사색함으로 지금 우리가 처한 이 어려운 위기의 상황 가운데서도 반드시 구원을 베푸실 하나님을 신뢰하며 갈망하라는 얘기이다.

'기억'의 반대말은 뭘까? 기억하지 못하는 것, 잊어버리는 것, 바로 '망각'이다. 현실에 대한 망각이 지나치면 '망상'이 된다. 이 세상을 창조하시

고 지금도 주관하시는 그 하나님을 인정하지 않고 기억하지 않는 삶은 결국 자신만의 망상의 세계에서 살다가 허무하게 끝나고 만다. 마치 영적 치매에 걸려 하나님을 잊고 오직 자신의 힘으로만 살려고 버둥대는 고단한 인생으로 전락할 것이다. 그러나 우리가 하나님을 기억할 때, 하나님은 우리가 어떠한 위기에 처해 있을지라도 능히 우리를 구원하신다. 우리가 하나님이 행하신 일들을 묵상할 때, 우리가 어떠한 자리에 있다 할지라도 하나님을 향한 확고한 믿음을 가지게 될 것이다.

고난과 역경의 자리에 처했던 이스라엘의 후손들은 시편의 가장 중심에 자리하고 있는 이 아삽의 시를 통해서 다시금 하나님을 기억하고 하나님을 찬양했다. 우리 역시 다시 한번 하나님을 기억하며 그분의 놀라운 섭리를 찬양함이 옳다. 나아가 불안과 염려 가운데 있는 많은 이가 우리의 예배와 거룩한 삶을 통해 하나님의 섭리를 알게 되고 영원한 생명의 길로 인도함을 받도록 소망해야 할 것이다.

기도는

우리가 날마다 하나님을 기억하도록

베풀어 주신 은혜의 수단이다

23

시 78~102

말씀 동행

1일차

2일차

3일차

4일차

5일차

6일차

7일차

시편사색 (3)탄식

시편 102:12~22

12 여호와여 주는 영원히 계시고 주에 대한 기억은 대대에 이르리이다

13 주께서 일어나사 시온을 긍휼히 여기시리니 지금은 그에게 은혜를 베푸실 때라 정한 기한이 다가옴이니이다

14 주의 종들이 시온의 돌들을 즐거워하며 그의 티끌도 은혜를 받나이다

15 이에 뭇 나라가 여호와의 이름을 경외하며 이 땅의 모든 왕들이 주의 영광을 경외하리니

16 여호와께서 시온을 건설하시고 그의 영광 중에 나타나셨음이라

17 여호와께서 빈궁한 자의 기도를 돌아보시며 그들의 기도를 멸시하지 아니하셨도다

18 이 일이 장래 세대를 위하여 기록되리니 창조함을 받을 백성이 여호와를 찬양하리로다

19 여호와께서 그의 높은 성소에서 굽어보시며 하늘에서 땅을 살펴 보셨으니

20 이는 갇힌 자의 탄식을 들으시며 죽이기로 정한 자를 해방하사

21 여호와의 이름을 시온에서, 그 영예를 예루살렘에서 선포하게 하려 하심이라

22 그 때에 민족들과 나라들이 함께 모여 여호와를 섬기리로다

시편의 네 번째 묶음에는 저자를 밝히지 않은 시들이 많은 것이 특징이다. 모세의 기도인 90편과 다윗의 시 두 편을 제외하면, 다른 시들은 그 저자가 누구인지 알 수가 없다. 그 가운데 유독 눈에 띄는 시가 바로 시편 102편이다. 긴 표제어가 붙어있기 때문이다.

"곤고한 자가 마음이 상하여 그 근심을 여호와 앞에 토하는 기도"

저자가 누구인지 어떤 특정한 인물을 알려주지는 않지만, 이 시가 어떠한 상황에서 쓰였는지는 상세히 소개하고 있다. 고난의 자리에서 너무나 마음이 상한 자가 하나님께 부르짖는 간절한 기도라는 말이다. 살다 보면 너무 답답하고 마음이 상해서 우리의 근심을 하나님 앞에 토로할 때가 있다. 그럴 때면 마치 하나님께서 우리를 떠나신 것 같은 암담함이 느껴지기도 한다. 시인이 고백하고 있는 그가 처했던 고난의 상황도 그랬다.

> 내 날이 연기 같이 소멸하며 내 뼈가 숯 같이 탔음이니이다
> 내가 음식 먹기도 잊었으므로 내 마음이 풀 같이 시들고 말라 버렸사오며
> 나의 탄식 소리로 말미암아 나의 살이 뼈에 붙었나이다 (시 102:3~5)

시인이 처했던 고뇌와 절망의 상황은 어땠는가? 뼈가 숯 같이 탈 정도였고, 음식을 먹기는커녕 입에서 탄식 소리가 끊이지 않았다. 말 그대로 하루하루 산다는 것 자체가 더는 감당하기 어려운 고통이라는 말이다. 사실 누구에게나 산다는 것은 끊임없는 격전이다. 다른 사람을 보면서 '저 사람은 나보다 낫겠지' 생각될 수 있지만, 그건 절대 모르는 일이다. 그 사람의 입장이 되어보지 않으면 알 수 없기 때문이다. 이렇듯 모든 삶에는 기쁨만 있는 것이 아니라 괴로움도 따르게 마련이다. 하지만 그 역시 하나님의 뜻 안에서 이뤄지는 일임을 믿어야 한다.

형통한 날에는 기뻐하고 곤고한 날에는 되돌아 보아라 … (전 7:14)

인생에는 형통한 날도 있고, 곤고한 날도 있다. 이 두 가지를 병행하게 하신 것이 바로 우리 인생에 행하신 하나님의 계획이요 섭리이다. 물론 언제 형통할지 언제 곤고할지는 우리가 알 수 없다. 그것을 미리 점치고 우리가 정하고자 한다면 그것은 하나님께 대한 교만이다. 하나님의 때에 하나님의 뜻에 따라 이루어 가실 것을 신뢰해야 한다. 그러니 우리가 해야 할 것은 하나님께서 우리를 형통케 하실 때에는 무엇을 해야 할지, 반대로 우리에게 곤고한 날을 주실 때에는 우리가 어떻게 살아야 하는지를 하나님의 때에 맞게 하나님을 뜻을 구하고 믿음으로 감당하는 것이다. 그렇지 않으면 형통한 날임에도 불구하고 하나님께 감사하지 못하고, 곤고한 날에는 그 의미를 모르고 절망에 빠져서 결국 하나님을 떠나고 말 것이다.

그렇다면 어떻게 해야 형통한 날에도 곤고한 날에도 언제나 하나님이 함께하심을 믿고 하나님과 동행하는 복된 삶을 살아갈 수 있을까? 시편 77편에 기록된 아삽의 시를 통해서 우리가 깨달은 방법, 바로 하나님을 기억하는 것이다. 지금 내가 어떠한 상황에 있든지, 형통한 때나 곤고한 때나 지난한 사망의 음침한 골짜기를 다닐지라도 하나님께서 나를 위해 행하신 그 기이한 일들을 기억하면 된다. 그 거룩한 기억이 지금 곤고한 날을 지내는 우리를 다시금 하나님이 예비하신 새로운 소망의 길로 나아가게 할 것이다.

이 시인 역시 바로 이것을 깨닫고 고백한다.

여호와여 주는 영원히 계시고 주에 대한 기억은 대대에 이르리이다
주께서 일어나사 시온을 긍휼히 여기시리니
지금은 그에게 은혜를 베푸실 때라 정한 기한이 다가옴이니이다 (시 102:12~13)

우리의 입에서 탄식의 소리가 나올 때, 우리가 해야 할 것은 환경을 탓하고 누군가를 원망하는 것이 아니다. 우리의 삶에 탄식이 끊이지 않을수록 더욱 하나님을 갈망하고 신실하신 하나님을 기억해야 한다. 바로 거기에 우리의 탄식이 변하여 감사가 되는 하나님의 놀라운 은혜가 있기 때문이다.

시편은 모두 다섯 권으로 묶여 있지만, 이러한 구성과는 별도로 각각의 시들이 전하는 내용에 따라서 시편의 주제를 몇 가지로 구분한다.

① 하나님의 이름을 부르며 찬양하는 노래, '찬양시'
② 하나님의 은혜를 고백하며 감사하는 노래, '감사시'
③ 왕 중의 왕이신 여호와 하나님을 높이며 선포하는 노래, '제왕시'
④ 인생의 고난 가운데 하나님께 부르짖는 기도의 노래, '탄식시'

시편의 주제에 따른 구분에서 우리가 깨달아야 할 것은 당당히 시편의 한 종류를 차지할 만큼 많이 등장하는 이 '탄식'은 인생에 있어서 또한 믿음의 삶에 있어서 그만큼 중요하다는 것이다.

우리는 대개 고통스럽거나 근심이 있을 때 탄식한다. 탄식하는 것이 결코 죄거나 잘못된 것이 아니라는 말이다. 성경을 보면 하나님의 백성도 탄식하는 경우가 많았다. 애굽의 압제 속에서, 먹을 것 없는 궁핍함 속에서, 세상의 부패와 악의 득세를 보면서 오히려 하나님의 백성이기에 그 불의와 아픔을 보며 탄식해야만 했다.

대표적인 '탄식시'인 시편 102편을 묵상하면, 앞서 열왕기상 19장에 등장했던 엘리야의 탄식이 떠오른다. 엘리야가 누구인가? 그는 갈멜산에서 벌어진 영적 대결에서 놀라운 승리를 거두었던 하나님의 선지자다. 바알과 아세라를 섬기는 거짓 선지자들 850명을 상대로 1대 850의 대결을 펼친 그였다. 말도 안 되는 이 대결의 승자는 혼자였던 엘리야였다. 살아계신 여호와께서 오직 하나님만이 참된 신이라는 것을 엘리야를 통해 세상에 선포하신 것이다. 그 이후 엘리야는 영적 전성시대를 구가했다. 그가 기도하니까 3년이나 지속되던 가뭄도 끝나고 비가 내렸다. 영적 리더십에서 엘리야에 필적할 사람이 아무도 없었다.

그렇다면 그 상황에서 이스라엘은 어떻게 해야 했을까? 이미 검증된 엘리야를 그들의 영적 지도자로 세우고, 그를 따라 합력해서 함께 하나님을 섬기는 것이 마땅했을 터다. 그랬다면 정말 훌륭한 믿음의 공동체를 이뤘을 것이다. 그런데 전혀 그렇지 않았다. 하나님께서 그렇게 두지 않으셨다. 오히려 패역한 왕비 이세벨의 위협에 두려워 떨며 도망가게 하셨다. 그토록 여호와의 능력이 임했던 선지자 엘리야였는데, 누구 하나 그를 지켜주려 하거나 변호해 주는 이도 없었다. 너무나 부끄럽게도, 엘리야는 자기 목숨을 부지하고자 도망하는 자가 되고 만다. 브엘세바의 광야로 피신한 엘리야는 그제야 한 로뎀 나무 아래에 앉아서 탄식한다.

… 여호와여 넉넉하오니 지금 내 생명을 거두시옵소서… (왕상 19:4)

개인적으로 성경의 여러 인물 가운데 가장 안타까운 탄식의 주인공이 바로 엘리야가 아닐까 싶다. 그런데 놀라운 것은 그가 모든 것을 잃고 탄식하는 그 순간, 하나님의 보호하심과 인도하심의 역사가 시작되었다는 것이다. 탄식하며 절망하는 엘리야에게 하나님은 천사를 보내셔서 그를 다시 하나님의 산 호렙으로 인도하신다. 그리고 그곳 굴에 머물고 있던 엘리야에게 나타나 물으셨다.

… 엘리야야 네가 어찌하여 여기 있느냐 (왕상 19:9)

이 물음에 대한 엘리야의 대답에 중요한 의미가 있다.

> … 내가 만군의 하나님 여호와께 열심히 유별하오니
> 이는 이스라엘 자손이 주의 언약을 버리고 주의 제단을 헐며
> 칼로 주의 선지자들을 죽였음이오며 오직 나만 남았거늘
> 그들이 내 생명을 찾아 빼앗으려 하나이다 (왕상 19:10)

'오직 나만 남았습니다.'라는 표현은 처음부터 열심이었고 위기의 그 순간에서도 변함없이 믿음을 고수한 사람은 오직 자신 혼자만 남았다는 뜻이다. 그 대답에 하나님은 이번에는 엘리야를 굴 밖으로 나와서 여호와 앞에서 산에 서라고 명하셨다. 그리고 그에게 크고 강한 바람과 지진, 지진 후에 불을 보여 주셨다. 그러나 신기한 그 자연현상 속에 하나님은 계시지 않았다. 그때 세미한 소리가 들려왔다. 귀를 기울여야 들을 수 있는 세미한 음성으로 하나님은 재차 물으셨다.

> … 엘리야야 네가 어찌하여 여기 있느냐 (왕상 19:13)

하나님께서 이렇게까지 엘리야에게 보여주시고 다시 물으시면, '하나님이 왜 그러실까? 나에게 무엇을 원하실까?' 좀 고민하고 생각한 다음에 뭔가 그래도 새로운 대답이나 고민한 흔적이 담긴 대답을 해야 했다. 그런데도 엘리야의 대답에는 전혀 변함이 없었다. 두 번을 똑같이, 토씨 하나 다르지 않게 하나님께 대답했다. '오직 나만 남았거늘'이라며 말이다. 믿음의 사람은 오직 자신만 남았다는 것을 탄식으로 드러내는 말이었다.

그런데 그것은 어디까지나 엘리야의 착각이었다. 엘리야의 탄식을 들으신 하나님은 그에게 하나님의 예비하심을 친히 알려주셨다.

> 그러나 내가 이스라엘 가운데에 칠천 명을 남기리니
> 다 바알에게 무릎을 꿇지 아니하고 다 바알에게 입맞추지 아니한 자니라
> (왕상 19:18)

칠천 명을 앞으로 남겨 둘 것이라는 미래의 계획을 말씀하신 게 아니다. '남기리니'라는 이 원어의 시제는 이미 엘리야가 자기 홀로 남았다고 하나님께 탄식하기 전에, 하나님이 믿음의 용사 칠천 명을 남겨 두고 계셨다는 뜻이다. 물론 하나님은 예비하신 믿음의 용사 칠천 명이 어디에 있는지, 어떻게 만날 수 있는지 엘리야에게 알려주지 않으셨다. 다만 탄식하는 엘리야에게 '너 혼자만이 아니다.' 하시며, 하나님을 갈망하는 믿음의 용사들이 또 있다는 것을 기억하게 함으로 그가 가야 할 그 사명의 길을 끝까지 인내하며 가도록 용기를 주셨을 뿐이다.

이처럼 하나님은 예비하심의 은혜로 우리를 돌보시는 분이다. 그분은 우리의 탄식을 들으실 뿐 아니라 우리가 탄식하기 이전부터 이미 우리에게 필요할 것을 다 아시고 가장 좋은 것으로 예비하신다. 시편 102편에서 고난 가운데 있는 시인이 결국 그 고난을 통해서 깊이 깨닫고 고백하는 것이 바로 이것이다.

> 여호와께서 빈궁한 자의 기도를 돌아보시며
> 그들의 기도를 멸시하지 아니하셨도다 …
> 여호와께서 그의 높은 성소에서 굽어보시며 하늘에서 땅을 살펴 보셨으니
> 이는 갇힌 자의 탄식을 들으시며 죽이기로 정한 자를 해방하사
> 여호와의 이름을 시온에서, 그 영예를 예루살렘에서 선포하게 하려 하심이라
> (시 102:17~21)

오늘도 우리의 기도를 돌아보시고, 우리의 탄식을 들으시는 하나님께서 반드시 우리를 보호하시고 선한 길로 인도하실 것이다. 우리를 통해 하

나님의 거룩하신 이름을 세상에 선포하도록 하기 위함이다. 우리가 비록 애끓는 탄식의 자리에 있다 할지라도 하나님 앞에 토로하며 믿음으로 기도한다면, 반드시 하나님의 마음을 깨닫게 하시고 오늘의 애통한 탄식이 변하여 감사의 찬양이 되게 하실 줄로 믿는다. 이를 위해 하나님이 보내신 각자 삶의 자리에서 하나님의 행하심을 믿음의 눈으로 바라보며 선포하는 복음의 전도자로 당당히 서야 할 것이다.

우리가 탄식하기 이전부터

이미 우리에게 필요할 것을 다 아시고

가장 좋은 것으로 예비하신다

24

시 103~127

말씀 동행

1일차

2일차

3일차

4일차

5일차

6일차

7일차

시편사색 (4)감사

시편 107:1~9

1 여호와께 감사하라 그는 선하시며 그 인자하심이 영원함이로다
2 여호와의 속량을 받은 자들은 이같이 말할지어다 여호와께서 대적의 손에서 그들을 속량하사
3 동서 남북 각 지방에서부터 모으셨도다
4 그들이 광야 사막 길에서 방황하며 거주할 성읍을 찾지 못하고
5 주리고 목이 말라 그들의 영혼이 그들 안에서 피곤하였도다
6 이에 그들이 근심 중에 여호와께 부르짖으매 그들의 고통에서 건지시고
7 또 바른 길로 인도하사 거주할 성읍에 이르게 하셨도다
8 여호와의 인자하심과 인생에게 행하신 기적으로 말미암아 그를 찬송할지로다
9 그가 사모하는 영혼에게 만족을 주시며 주린 영혼에게 좋은 것으로 채워주심이로다

시편의 마지막 묶음을 시작하는 시편 107편은 우리에게 명령으로 시작한다.

"여호와께 감사하라"

감사는 우리가 마땅히 해야 할 일이다. 하나님을 경외하는 믿음의 삶에 감사는 선택이 아니다. 내가 평안하고 자녀들이 잘돼서 하는 감사라면 성경이 말하는 믿음의 감사는 아니라는 뜻이다. 그렇다면 하나님의 자녀로서 우리가 하나님께 드려야 할 감사는 어떤 것인가? 구약에서 대표적으로 그 감사를 깨닫게 하는 선지자가 바로 하박국이다.

> 비록 무화과나무가 무성하지 못하며 포도나무에 열매가 없으며
> 감람나무에 소출이 없으며 밭에 먹을 것이 없으며
> 우리에 양이 없으며 외양간에 소가 없을지라도 (합 3:17)

선지자 하박국이 고백하는 이런 감사의 삶을 살아가려면 우리의 감사가 어떤 환경이나 결과에서 비롯되지 않아야 한다. 처음 시작부터 그 과정에서도 그리고 마지막 결과까지 모든 것이 하나님께 있음을 믿고 날마다 기도하며 살아갈 때 가능한 감사이다. 그래서 사도 바울은 신약의 데살로니가전서를 마치면서 이렇게 권면했다.

> 항상 기뻐하라 쉬지 말고 기도하라 범사에 감사하라 … (살전 5:16~18)

그런데 문제는 항상 기뻐할 수 없다는 현실이다. 당장 수입이 반토막이 나고, 앞으로 어떻게 해야 할지 눈앞이 캄캄한데 어떻게 기뻐할 수 있겠는가? 애써 기른 나무에 과실이 하나도 없는데, 어떻게 감사할 수 있겠는가? 아마 감사는커녕 우리의 입에서 탄식이 나올 것이 자명하다.

물론 탄식도 하나님의 놀라운 은혜의 시작이 된다. 세상의 탄식이 아니라 하나님 앞에서 토로하는 우리의 탄식을 하나님은 들으시고 반드시 우리를 구원해 주시기 때문이다. 그렇다고 해서 우리가 매번 고난의 자리에서 힘들 때마다 탄식만 하는 자가 되어서 안 된다. 항상 기뻐하고 범사에 감사하는 것이 바로 그리스도 예수 안에서 우리를 향하신 하나님의 뜻이기 때문이다.

시편 107편은 앞의 106편과 함께 읽어야 한다. 비록 묶음으로는 떨어져 있지만, 106편을 읽고 나서 107편을 읽을 때 전하고자 하는 시인의 의도가 더욱 분명히 드러나기 때문이다. 그 사인이 바로 이 두 시편의 첫 구절에 나타나 있다.

> 할렐루야 여호와께 감사하라 그는 선하시며 그 인자하심이 영원함이로다 (시 106:1)
>
> 여호와께 감사하라 그는 선하시며 그 인자하심이 영원함이로다 (시 107:1)

할렐루야를 제외하면, 두 시편의 첫 구절이 똑같다. 우리에게 익숙한 이 구절이 바로 '감사시'를 나타내는 전형적인 표현이다. 연속해서 이어지는 이 두 편 말고도, 시편 전체에 두 편이 더 들어있다. 118편과 136편이다. 이 두 편은 서로 떨어져 있는데, 흥미로운 것은 이러한 감사시에는 저마다의 독특한 특징이 있다는 사실이다.

118편은 감사시를 나타내는 이 대표 구절로 시작할 뿐만 아니라 또한 마지막에도 이 구절을 다시 한번 반복하고 끝나는 것이 특징이다. 즉 처음과 마지막 구절이 동일하다. 136편도 물론 감사시의 대표 구절로 시작하는데, 그 이후 모든 구절에 '감사하라'는 이 명령이 다 들어있다는 것이 특징이다. 1절부터 마지막 26절까지, 모두 26번의 '감사하라'는 명령이 나온다. 시편 전체에서 '감사하라'는 명령이 가장 많이 나오는 것이다.

그렇다면 시편 107편의 특징은 무엇인가? 전체를 읽지 않더라도 1절에서 9절 안에서도 찾을 수 있다. 감사시를 나타내는 첫 구절의 단어 중에 그 이후에 다시 반복되는 단어가 있다.

> 여호와의 인자하심과 인생에게 행하신 기적으로 말미암아 그를 찬송할지로다 (시 107:8)

바로 '인자하심'이 반복된다. '여호와의 인자하심' 시인은 우리에게 "여호와께 감사하라"라고 명하면서, 우리가 감사해야 하는 이유와 근거를 여호와의 인자하심에 두라고 말한다. 이 말은 여호와의 인자하심을 제대로 깨닫고 고백하는 자만이 하나님이 기뻐하시는 감사를 드릴 수 있다는 뜻이기도 하다. 이런 시인의 의도는 107편 전체를 살펴볼 때 더욱 수긍이 간다.

여호와의 '인자하심'이 들어있는 이 구절은 107편 안에서 무려 4번이나 반복된다. 시인이 반복적으로 고백하며 전하고자 하는 하나님의 성품이 바로 '인자하심'이라는 것을 보여주는 것이다. 그렇게 4번이나 반복했는데도 여전히 마음이 놓이지 않았는지 시인은 마지막 절에 그 의도를 직접적으로 드러내면서 끝마친다.

> 지혜 있는 자들은 이러한 일들을 지켜 보고
> 여호와의 인자하심을 깨달으리로다 (시 107:43)

하나님의 행하심을 통해 인자하심을 깨달아야 한다는 말이다. 왜 그럴까? 그분의 인자하심을 깨달을 때 하나님이 원하시는 진정한 감사를 드릴 수 있기 때문이다.

그렇다면 우리는 하나님의 '인자하심'을 어떻게 이해하고 있을까? 우리가 누군가를 '인자하다'라고 이야기할 때는 대부분 그 사람의 말과 행동이 온화하고 어질고 관대한 것을 의미한다. 충분히 화낼만한 상황에서도 화를 안 낼 만큼 마음이 넓고, 어떤 일에든지 늘 너그러운 태도를 보이는 사람을 우리는 '인자하다'라고 말한다. 이것이 보편적으로 이해하는 '인자하다'의 사전적인 의미이다.

물론 틀린 것은 아니다. 시편 107편 1절로 9절의 말씀도 바로 이러한 보편적 이해로 하나님의 인자하심을 고백하며 찬양한다. 고난 속에서 하나님께 부르짖을 때 하나님은 우리의 간구를 들어주셨고, 광야의 나그네 같은 삶 속에서 주리고 목마를 때 우리의 필요를 채워주셨으니 그렇다.

시편 107편을 106편에 이어서 읽어야 하는 이유가 있다. 시작하는 첫 구절이 같아서만이 아니라 106편의 1절에서 9절의 말씀이 바로 106편 전체에 대한 요약이기 때문이다. 이스라엘은 출애굽의 사건과 광야의 삶을 통해서 놀라운 승리와 구원을 경험했고 하나님의 인자하심을 깨달았다. 만나와 메추라기로 먹이셨고, 반석을 열어 생수를 마시게 하셨다. 이처럼 이스라엘을 향하신 하나님의 이 놀라운 행하심을 다시 회상하면서 시인은 첫 번째 단락을 이렇게 마친다.

> 그가 사모하는 영혼에게 만족을 주시며
> 주린 영혼에게 좋은 것으로 채워주심이로다 (시 107:9)

하나님은 오늘도 우리의 만족이 되신다. 갈급함으로 나온 우리의 심령에 생명의 물을 가득 채워주시는 분이다.

그런데 시편 107편을 통해 우리가 또한 깨달아야 할 것이 있다. 우리가 드리는 감사의 근거가 되는 하나님의 인자하심이 이것이 전부가 아니라는 사실이다. 10절부터 마지막 43절까지, 오히려 4배나 더 많은 분량으로 시인은 하나님의 인자하심에 내포된 또 다른 의미를 전한다.

> 그러므로 그가 고통을 주어 그들의 마음을 겸손하게 하셨으니
> 그들이 엎드러져도 돕는 자가 없었도다 (시 107:12)

이 구절만 아니라 그 이후로 시인은 계속해서 '고통'이라는 단어를 반복한다. 107편의 주제어라고 할 수 있는 '인자하심'이라는 말이 모두 여섯 번 등장하는데, '고통'이라는 말은 오히려 그보다 더 많이 총 여덟 번 등장한다. 그만큼 우리 인생에 찾아오는 고통이 하나님의 인자하심을 깨닫게 하는 중요한 통로가 된다는 뜻이다.

그렇다. 하나님은 때로 우리에게 고통을 주신다. 우리가 어떻게 하든지 무조건 다 용납하거나 마음대로 하라고 내버려 두시지 않는다. 우리를 진정 사랑하시기 때문이다. 우리가 하나님의 말씀을 거역하거나 하나님의 뜻을 멸시할 때, 우리에게 고통을 주셔서 다시 하나님을 찾아 부르짖게 하신다. 고통을 통해서 우리의 죄악을 깨닫게 하시고 우리를 다시 살리시기 위함이다. 이것이 바로 고통 가운데 담긴 하나님의 진정한 사랑이다. 만일 우리가 고통을 느끼지 못한다면 어떻게 될까? 고통을 느끼지 않으면 너무 행복하고 편안할 것 같지만, 절대 그렇지 않다.

선천적으로 통증을 전혀 느끼지 않는 희소병이 있다. 의학적 통계로 125만 명당 한 명에게서 나타난다고 하는 '선천성 무통증 무한증'이라는

희소질환이다. 뇌신경의 이상으로 인해 당연히 느껴야 할 고통을 느끼지 못하는 거다. 뜨거운 것과 차가운 것도 느끼지 못해 뜨거운 것에 데는 사고를 당한다. 눈을 비비다가도 우리는 눈이 좀 아프면 곧 멈추지만, 그 병에 걸리면 아프지 않기 때문에 계속 눈을 비비다가 안구가 빠지는 일도 있다고 한다. 더운 날 우리는 몸이 뜨거움을 느끼면 자연히 땀을 흘리고 더위를 피하지만, 뜨거움을 느끼지 못하니까 더운 날씨에 열사병으로 쉽게 쓰러지기도 한다. 몸에 어디가 상처가 나서 피가 나도 고통을 느끼지 못하는 탓에 제때 필요한 치료를 받기 어렵다고 한다. 결국 일상의 모든 것이 다 위험에 노출되는 것이다.

어떤가? 고통도 은혜이다. 고통의 의미를 깨달은 자는 그 고통을 통해 치유와 회복의 역사를 이루어 가시는 하나님의 인자하심을 깨닫기 때문이다. 그러니 지금 고통 가운데 있다고 좌절하거나 절망할 이유가 없다. 오히려 고통을 통해서 나와 함께 아파하시는 하나님의 사랑, 그 인자하심을 깨닫고 오늘도 하나님의 은혜 가운데 살아가고 있음에 진정 감사할 수 있어야 한다.

이 외에도 시편 107편에는 하나님의 '인자하심'을 설명하는 또 다른 의미가 있다.

> 여호와께서는 강이 변하여 광야가 되게 하시며
> 샘이 변하여 마른 땅이 되게 하시며
> 그 주민의 악으로 말미암아 옥토가 변하여 염전이 되게 하시며 (시 107:33~34)

어떤가? 좀 생소하지 않은가? 대개 성경이 증언하는 하나님은 광야에 길을 내시고 사막에 강을 내시는 분이다. 그렇게 치유하시고 회복시키시는 하나님께 감사하고 찬양하기 마련이다. 그런데 33절과 34절의 말씀은 오히려 정반대의 일을 하신다고 표현한다. 강이 변해서 광야가 되게 하시고, 샘이 변해서 마른 땅이 되게 하시며, 좋은 땅을 더는 열매 맺지 못하는 땅이 되게 하신다고 말한다. 이뿐이 아니다.

> 다시 압박과 재난과 우환을 통하여 그들의 수를 줄이시며 낮추시는도다
> (시 107:39)

조금은 낯선 이 일들을 한마디로 말하면, 이것이 곧 하나님의 '심판'이다. 34절을 보면 하나님이 이렇게 행하시는 이유를 분명히 밝히고 있다. "그 주민의 악으로 말미암아"

하나님의 인자하심은 분명 사랑과 긍휼에서부터 시작된다. 죄인 된 우리를 불쌍히 여기시고 고통에서 우리를 구원하신다. 그러나 이것으로 하나님의 인자하심이 끝나는 것이 아니라는 것이다. 시인은 마지막 단락에서 심판을 통해서도 하나님의 인자하심을 깨닫게 한다. 모든 이들에게 행하시는 그 심판을 통해서 하나님의 인자하심을 온 세상에 알게 하신다는 뜻이다.

하나님의 심판은 믿지 않는 이들에게는 멸망을 의미한다. 반면에 믿는 우리에게 하나님의 심판은 공평'을 의미한다. 우리가 하나님을 칭할 때 '공평하신 하나님!'이라고 부르기도 하는데, 성경에서 말하는 공평의 의미를 잘 이해해야 한다. 이 공평의 핵심은 심은 대로 거두게 하는 것이다.

> 스스로 속이지 말라 하나님은 업신여김을 받지 아니하시나니
> 사람이 무엇으로 심든지 그대로 거두리라
> 자기의 육체를 위하여 심는 자는 육체로부터 썩어질 것을 거두고
> 성령을 위하여 심는 자는 성령으로부터 영생을 거두리라 (갈 6:7~8)

말씀에 순종해서 심는 자는 생명의 열매를 거두고 자신의 정욕에 따라 심는 자는 세상에서 썩어질 것을 거두게 하는 것, 이것이 바로 성경이 말하는 '공평'이고, 이에 따른 공평한 심판을 통해서 하나님의 인자하심을 나타내신다는 뜻이다. 만일 자신이 심지도 않은 것을 거두고자 기대하고 그것을 원한다면, 그것은 스스로 속이는 것이고 또한 살아 계신 하나님을 업신여기는 것이다. 하나님의 인자하심을 제대로 이해하지 못하는 증거인 셈이다.

세상에서 공평과 비슷한 의미로 많이 쓰이는 말이 있다. 바로 평등이다. '인간은 누구나 평등하다 = 인간은 누구나 동등하다'라는 의미로 쓰이는데, 평등이라는 말은 성경의 단어가 아니다. 성경에는 평등이라는 말은 한 번도 나오지 않는다. 오직 심판을 통한 하나님의 인자하심을 나타내는 공평이라는 말만 쓰인다.

하나님은 오늘도 모든 이에게 햇빛을 주시고 동일한 시간과 자유를 주신다. 하지만 우리가 절대 잊지 말아야 할 것은 하나님을 거역하는 자는 반드시 멸하시고, 하나님을 경외하는 자는 형통케 하시는 하나님의 그 공평하신 심판이 우리에게도 반드시 행해진다는 사실이다. 우리가 고통과 심판을 통해서도 하나님의 인자하심을 깨닫고 감사할 때, 선한 목자이신 주님께서 앞으로 가야 할 그 길도 끝까지 동행하실 것이다. 우리에게 행하시는 하나님의 모든 일을 통해서 오늘의 탄식을 넘어 영원하신 하나님께로 나아가자. 그것이 우리가 마땅히 행할 감사의 찬양이다.

25

시 128 ~ 150

말씀 동행

1일차

2일차

3일차

4일차

5일차

6일차

7일차

시편사색 (5)찬양

시편 150:1~6

1 할렐루야 그의 성소에서 하나님을 찬양하며 그의 권능의 궁창에서 그를 찬양
할지어다

2 그의 능하신 행동을 찬양하며 그의 지극히 위대하심을 따라 찬양할지어다

3 나팔 소리로 찬양하며 비파와 수금으로 찬양할지어다

4 소고 치며 춤 추어 찬양하며 현악과 퉁소로 찬양할지어다

5 큰 소리 나는 제금으로 찬양하며 높은 소리 나는 제금으로 찬양할지어다

6 호흡이 있는 자마다 여호와를 찬양할지어다 할렐루야

믿음은 내가 원한다고 생기는 것이 아니다. 성령께서 깨닫게 하시는 능력이고, 겸손한 자에게 주시는 은혜이다. 때로 절대로 교회를 다니지 않을 것 같은 교만한 자도 하나님은 강권적으로 역사하셔서 믿음의 인생으로 세우시기도 한다. 그 과정과 방법은 다를 수 있지만 분명한 것은 우리는 모두 하나님이 주신 그 믿음 덕분에 예배의 자리로 나올 수 있고 은혜의 삶을 살아가고 있음을 고백하며 감사할 수 있다. 그래서 믿음의 고백은 참 중요하다.

바로 이 믿음의 고백을 다양한 주제로 담아내는 것이 바로 시편이다. 하나님을 향한 갈망으로, 하나님이 행하신 기이한 일들에 대한 기억으로, 때로는 하나님 앞에 토로할 수밖에 없는 탄식마저도 믿음의 고백으로 표현한다. 그리고 하나님의 인자하심에 대해 깨닫게 될 때, 마침내 탄식을 넘어 하나님께 드려야 할 진정한 감사와 영원한 찬양으로 나아가는 것이다. 다섯 묶음으로 구성된 시편의 전체 구조가 바로 이것을 지향하고 있다. 특별히 시편의 마지막 다섯 번째 묶음의 마지막 다섯 편의 시들, 146편부터 150편까지는 시편의 이러한 궁극적인 목적을 성취하면서 마침내 시편 전체를 마무리한다.

시편 150편을 포함해서 시편의 마지막 다섯 편의 시들을 '할렐루야 시편'이라고 부른다. 모두가 '할렐루야'로 시작해서 '할렐루야'로 끝나기 때문이다. '할렐루야'는 세 개의 히브리어 단어로 구성된 합성어이다. '할랄 + 루 + 야'인데 '할랄'은 찬양하다, 영광을 돌리다, 노래하다, 자랑하다 라는 뜻이고, '루'는 너희를 의미하며, '야'는 여호와의 축약형 단어이다. 따라서 할렐루야라는 말은 '너희는 여호와를 찬양하라', '모든 영광을 여호와께 돌리라', '하나님을 자랑하라' 이런 뜻이다. 때로 '알렐루야'라고 하는 예도 있는데, 이것은 같은 뜻의 라틴어이다.

학자들의 연구에 따르면, 이 할렐루야 시편들은 주로 이스라엘 백성이 성전에서 매일 아침 제사 지낼 때 부른 것으로 본다. 신약에서는 세상의 마지막 때에 사탄은 심판을 받고 믿는 자들은 최후 승리를 얻게 되는데 그때 최후 승리를 얻는 자들이 구원의 하나님을 향해서 크게 외쳐 부르는 것, 그것이 바로 '할렐루야'라는 외침임을 계시록에서 언급하고 있다. 이렇듯 최후 승리의 소망을 가지고 초대교회 이후 오늘날에 이르기까지 그리스도인이 주님 안에서 기쁨과 감격을 표현할 때 '할렐루야'를 외치는 것이다.

이사야서를 보면, 하나님은 선지자 이사야를 통해 우리를 지으시고 구원하신 그 뜻을 분명히 선포하셨다.

> 이 백성은 내가 나를 위하여 지었나니 나를 찬송하게 하려 함이니라 (사 43:21)

새번역 성경은 이 구절을 이렇게 기록한다.

> 이 백성은, 나를 위하라고 내가 지은 백성이다. 그들이 나를 찬양할 것이다.
> (사 43:21, 새번역)

여기서 이 백성은 주전 8세기, 남 유다 예루살렘의 백성을 말한다. 그들은 당시 앗수르와 애굽, 아람과 북이스라엘 등 여러 위협 속에 있으면서도 스스로 열심히 하나님께 예배드린다고 여겼다. 하나님께 무수한 제물을 드렸고, 매일 분향을 올렸으며 월삭과 안식일과 대회로 모이는 많은 성회가 있었기 때문이다. 그러나 그 모든 것이 하나님 보시기에 그저 눈에 보이고자 하는 것이 되었을 때, 하나님은 그들의 예배를 물리치셨고 그들의 찬양을 받지 않으셨다. 그들이 당면했던 대외적인 위협보다 더 시급한 문제가 무엇인지를 깨닫지 못했던 이스라엘을 향해서 하나님은 이렇게 선포하셨다.

> 너희는 스스로 씻으며 스스로 깨끗하게 하여
> 내 목전에서 너희 악한 행실을 버리며 행악을 그치고
> 선행을 배우며 정의를 구하며 학대 받는 자를 도와 주며
> 고아를 위하여 신원하며 과부를 위하여 변호하라 … (사 1:16~17)

이것이 진정 하나님이 원하시는 우리의 찬양이다. 물론 예배 시간에 우리가 부르는 곡조의 노래와 음악도 중요하다. 그러나 우리의 삶에서 하나님의 뜻을 이루고자 하지 않는다면, 그 음악의 찬양은 헛된 소리에 불과할 뿐이라는 얘기다.

시편은 본래 그 목적이 하나님께 올리는 찬양이다. 지금은 비록 그 곡조를 알 수 없지만, 매일의 삶에서 불린 찬양이었다. 성전에 올라가면서 또한 제사를 지내면서 불렀던 찬양이 바로 시편이다. 시편 150편은 시편 전체를 마무리하면서 시편의 이러한 목적을 다시 한번 분명히 상기시킨다. 먼저 1절에서 우리가 잊지 말아야 할 찬양의 장소, 두 곳을 언급한다.

> 할렐루야 그의 성소에서 하나님을 찬양하며
> 그의 권능의 궁창에서 그를 찬양할지어다 (시 150:1)

'성소'는 하나님께서 친히 임재하는 거룩한 처소이다. 하나님께서 직접 만나주시겠다고 택하시고 세우신 하나님의 전을 말한다. 당시 예루살렘 성전만이 아니라 오늘 우리가 예배하는 이 자리도 하나님께서 친히 세우셨음을 믿는다면 하나님이 거하시는 성소가 된다. 이 거룩한 처소에서 하

나님을 찬양하는 것, 이것이 바로 우리가 지금 예배를 통해서 감당하고 있는 믿음의 사명이다.

또한 잊지 말아야 할 것은 우리가 감당해야 할 찬양의 사명이 이 자리에서 끝나지 않는다는 사실이다. 시인은 '성소'와 더불어 또 다른 찬양의 자리를 언급한다. '그의 권능의 궁창'에서 하나님을 찬양하라 명령하고 있다. 궁창은 하나님께서 지으시고 모든 것을 다스리시는 공간을 의미한다. 성소가 하나님의 백성들이 모여서 예배드리는 특정한 장소를 의미한다면 궁창은 하나님이 지으신 모든 피조물이 살아가는 모든 장소를 의미한다. 즉 우리 일상의 모든 순간, 언제 어디에서도 하나님을 찬양해야 한다는 것이다. 이 엄숙한 찬양의 사명이 우리에게 주어졌다.

시편 150편은 모든 구절이 다 명령형이라는 특징도 있다. 앞서 있는 다른 네 편의 할렐루야 시편들은 '찬양하라' 하고 명령한 후에 우리가 여호와를 찬양해야 할 그 이유를 상세히 언급한다. 그러나 마지막 시편 150편은 우리가 하나님을 찬양해야 할 이유를 굳이 장황하게 이야기하지 않는다. 단지 2절에서 아주 간단히 짧게 언급하고는 오히려 3절로 5절에서 하나님을 찬양하는 다양한 방법을 소개할 뿐이다.

하나님을 찬양할 때 어떻게 찬양해야 하는가? 우리의 목소리만이 아니라 여러 악기와 춤을 통해서도 열심히 하나님을 찬양하라는 것이다. 그 목적이 하나님을 찬양하고자 하는 데 있느냐, 오직 그것이 중요하다는 얘기다.

마지막 시편에는 성경에 기록된 모든 악기가 거의 다 등장한다. 크게 세 종류로 나눌 수 있는데, 첫째는 관악기(부는 것)에 속하는 나팔(짐승의 뿔이나 쇠로 만듦)과 통소(피리), 둘째는 현악기(타는 것)에 속하는 비파와 수금(짐승의 두 뿔 사이에 줄을 이음), 셋째는 타악기(치는 것)에 속하는 소고와 제금(심벌즈)이다. 이처럼 당시에 사용하던 관악기, 현악기, 타악기를 고루 다 언급하면서 '하나님을 찬양하라' 명령하고 있다.

성경에서 현악기인 수금을 무척이나 잘 연주했던 사람이 있다. 왕이 병들어 신하들이 수금을 연주하는 사람을 찾게 되는데, 이 악기를 잘 연주한다는 이유로 등장하는 인물이 바로 다윗이다.

> 원하건대 우리 주께서는 당신 앞에서 모시는 신하들에게 명령하여
> 수금을 잘 타는 사람을 구하게 하소서 하나님께서 부리시는 악령이
> 왕에게 이를 때에 그가 손으로 타면 왕이 나으시리이다 하는지라 (삼상 16:16)

이스라엘의 초대 왕인 사울이 하나님을 배반하고 병에 걸린 상황이었다. 여호와의 영이 그에게서 떠나며 악령이 그를 번뇌하게 했다. 그때 신하들이 수금을 잘 타는 사람을 찾아서 악령이 왕을 괴롭게 할 때 그가 연주하게 하면 나을 것이라고 조언한 것이다.

이때는 다윗이 아직 본격적으로 등장하기 이전이다. 사무엘에게 기름부음을 받았지만, 여전히 이새의 여러 아들 중 막내에 불과한, 아무도 주목하지 않는 그저 별 볼 일 없는 존재였다. 그런 다윗이 성경의 중요한 인물로 등장하게 된 계기가 바로 수금을 잘 타는 사람이었다는 이유였다. 여기서 다윗이 수금을 잘 탔다는 것은 단지 악기를 연주하는 타고난 재능이 있었다는 것을 의미하는 것이 아니다. 평소에 늘 수금을 타면서 하나님께 감사하고 찬양하는 삶을 살았다는 것을 나타내는 것이다.

결국 이 이야기는 어떻게 되는가? 악령이 사울에게 와서 그를 괴롭힐 때, 다윗이 수금을 들고 와서 연주하니 놀랍게도 사울이 그 즉시 상쾌하여 낫고 악령이 그에게서 떠나게 되었다고 전해진다. 이 사건으로 인해 다윗

은 인정받고 사울을 섬기는 자가 된다. 그리고 마침내 사울의 뒤를 이어서 이스라엘의 왕이 된다.

'여호와를 찬양하라' 이 명령의 말씀에는 우리가 당연히 해야 하는 찬양의 의무와 사명만 말하는 것이 아니다. 찬양을 통해 베푸시는 하나님의 은혜와 치유의 능력을 선포하는 것이다. 그렇다. 찬양이야말로 우리 인생이 진정 형통케 되는 길이요, 평생토록 하나님과 동행하며 살 수 있게 하신 하나님의 축복이다.

시편에 가장 많은 시를 남긴 이가 왜 다윗인지 이제 이해가 되는가? 150편 가운데 무려 절반 가까이 다윗의 작품으로 간주하는데 그것은 그가 왕이었기 때문도 아니고, 부귀영화를 누렸기 때문도 아니다. 그가 찬양의 능력, 찬양의 은혜를 체험했기 때문이다. 진정으로 하나님을 찬양할 때 하나님께서 얼마나 놀라운 치유와 회복의 역사를 이루시는지 다윗은 몸소 깨달았기 때문이다. 그래서 다윗은 고난의 자리에서도, 탄식의 아픔 속에서도 찬양을 통해서 하나님의 구원하심의 능력을 간구할 수 있었고 누구보다 평생토록 여호와 하나님을 찬양한 것이다.

창조주 하나님은 우리의 찬양을 받으시기에 너무나 합당하신 분이다. 우리의 구원자가 되시는 하나님은 우리의 찬양을 받으시기에 전혀 부족함이 없다. 그런데 더욱 놀랍고 감사한 것은 우리가 마땅히 드려야 할 그 찬양을 통해서 오히려 하나님은 더욱 크고 위대하신 사랑과 은총을 끊임없이 베풀어 주신다는 사실이다. 우리에게 호흡이 있을 때까지, 우리 인생의 목적은 하나님을 찬양하는 데 있음을 잊지 말아야 한다. 평생토록 최선을 다해 그 목적을 끝까지 다 이루어 주님이 예비하신 의의 면류관을 받는 우리가 되어야 할 것이다.

26

잠1~31

말씀 동행

1일차

2일차

3일차

4일차

5일차

6일차

7일차

슬기로운 신앙생활 (1)지혜

잠언 16:1~9

1 마음의 경영은 사람에게 있어도 말의 응답은 여호와께로부터 나오느니라

2 사람의 행위가 자기 보기에는 모두 깨끗하여도 여호와는 심령을 감찰하시느
니라

3 너의 행사를 여호와께 맡기라 그리하면 네가 경영하는 것이 이루어지리라

4 여호와께서 온갖 것을 그 쓰임에 적당하게 지으셨나니 악인도 악한 날에 적당
하게 하셨느니라

5 무릇 마음이 교만한 자를 여호와께서 미워하시나니 피차 손을 잡을지라도 벌
을 면하지 못하리라

6 인자와 진리로 인하여 죄악이 속하게 되고 여호와를 경외함으로 말미암아 악
에서 떠나게 되느니라

7 사람의 행위가 여호와를 기쁘시게 하면 그 사람의 원수라도 그와 더불어 화목
하게 하시느니라

8 적은 소득이 공의를 겸하면 많은 소득이 불의를 겸한 것보다 나으니라

9 사람이 마음으로 자기의 길을 계획할지라도 그의 걸음을 인도하시는 이는 여
호와시니라

몇 해 전 TV에서 큰 인기를 끌었던 드라마 시리즈가 있다. 의사들의 삶을 다룬 이야기와 수감생활을 새로운 각도에서 그려낸 작품이다. 이 두 작품 모두 같은 제작진이 만들었는데, 전혀 관련성이 없어 보이는 이 두 작품의 다른 세계를 통해서 이 드라마는 우리에게 하나의 공통된 메시지를 던졌다. 어떠한 형편과 처지에 있든지, 사람은 슬기로운 삶을 살아야 한다는 것이다. 매일 반복되는, 그래서 때론 평범하게 느껴지는 그 일상 속에서도 하루하루 조금은 특별한 의미를 갖는 삶이 바로 '슬기로운 생활'이라고 말이다.

국어사전을 보면 '슬기'라는 단어를 이렇게 풀이한다. '사리를 바르게 판단하고 일을 잘 처리해 내는 재능' 그러한 재능이 있는 사람을 우리는 '슬기롭다.', '슬기로운 사람이다.'라고 부른다. 이처럼 슬기를 재능이라고 풀이하는 사전적인 의미만 보더라도 이것이 누구에게나 똑같이 다 있는 것이 아니라는 것을 알 수 있다. 슬기로운 사람이 있는 반면에 슬기롭지 못한 사람도 있고, 슬기로운 인생이 있는 반면에 어리석은 인생도 있다는 얘기다.

신앙생활도 마찬가지다. 신앙생활을 슬기롭게, 항상 기쁨과 감사로 하는 분이 있는 반면에 신앙생활마저도 너무나 힘들게 억지로 하는 이들이 있다. 둘은 겉보기에는 비슷해 보이지만, 그 삶에는 엄청난 큰 차이가 있다. 왜 우리는 때로 슬기로운 신앙생활을 하지 못하는 걸까? 그 답을 찾는데 잠언이 중요한 역할을 하리라 본다.

역사서가 끝나고 이어지는 다섯 권의 책(욥기, 시편, 잠언, 전도서, 아가)을 '시가 문학'이라고 부른다. 그중 잠언은 시가 문학의 다섯 권의 책들 가운데 그 중심에 있다. 중심에 위치한다는 것은 그만큼 중요하고 핵심이 된다는 의미일 터다. 성경의 여러 책이 수집되고 배열된 것은 그냥 된 것이 아니기에 그렇다. 오랜 시간에 걸쳐 많은 손길과 여러 과정을 통해서 성령의 역사하심으로 이뤄진 것이다. 시가 문학에 속하는 다섯 권의 책들이 지금처럼 구성되고 배열된 데에도 중요한 의미가 들어 있다는 얘기다. 이 순서에는 질서와 원칙이 있는데, 이 책들의 저자와 관련이 있다.

욥은 전통적으로 아브라함 시대만큼이나 아주 오래전 사람으로 여긴다. 그래서 가장 앞에 위치해 놓은 것이다. 그다음으로 대부분 다윗의 작품인 시편이 나오고, 그다음 솔로몬의 작품인 잠언, 전도서, 아가 이렇게 되는 것이다. 즉 저자가 태어난 순서대로, 아버지의 작품이 아들의 작품보다 먼저 등장하게끔 구성해 놓았다.

그런데 이 다섯 권의 책들 가운데서도 특별히 욥기와 잠언, 전도서 이 세 권을 따로 칭하는 용어가 있다. '지혜문학'이다. 여기서 말하는 지혜는 세상의 처세술이 아니다. 믿음의 사람에게 주시는 '슬기', 하나님을 경외하는 자에게 주시는 믿음의 '재능'이 바로 성경이 말하는 '지혜'이다.

지혜문학으로 구분되는 이 책들 역시 특징이 있다. 구약의 다른 책들은 대부분 그 출발점이 하나님에 대한 신앙의 고백에 있다. 창조주이신 하나님, 구원자가 되시는 하나님을 먼저 고백하며 시작한다. 그러나 이 지혜문학의 책들은 인간의 이성과 경험에서 시작한다. 현실의 납답한 삶에서 제기되는 여러 가지 문제의 해답을 찾고자 하는 데서 시작한다는 것이 특징이다. 그래서 기독교 신앙의 경전이라는 종교적인 거부감이나 부담을 주지 않고 오히려 삶에 필요한 좋은 지혜를 얻어 보라고 권하기에 참 좋은 책이다. 그렇게 부담 없이 읽다가 참으로 지혜로운 삶이 과연 무엇인지를 깨닫게 되는 것이다.

욥기, 잠언, 전도서 이렇게 세 권으로 이루어진 구약의 지혜문학에서도 잠언은 역시 그 중심에 위치한다. 얼마나 귀하고 중요한 말씀인지 더는 설명하지 않아도 알리라 믿는다.

지혜문학의 중심에 있는 잠언의 말씀 가운데 16장은 잠언 전체 31장 가운데 가장 중심에 있는 본문이다. 1장부터 9장까지 먼저 젊은이에게 주는 교훈의 말씀이 들어 있고, 10장부터 29장까지는 하나님의 백성들을 위한 삶의 지혜를 전하는데, 바로 이 단락에 16장이 위치한다. 흥미로운 것은 잠언이 이러한 공동체적 관계 안에서의 교훈으로만 끝나지 않고, 마지막 30장과 31장에는 아굴과 르무엘 왕의 어머니가 각각 자신의 개인적인 관계 안에서 전하는 훈계 또한 담고 있다는 것이다.

이러한 잠언의 말씀을 읽어보면 구약의 다른 책들과는 느낌이 조금 다르다. 전체가 하나의 이야기로 계속해서 이어지는 것이 아니라 구절마다 독립된 성격의 단편적인 말씀들이다. 그렇기에 특별한 내용상의 통일성이나 연속성이 뚜렷하지 않다.

16장 1절에서 9절까지도 바로 이런 특징을 느낄 수 있다. 어떤 하나의 주제나 구성으로 이루어진 것이 아니라 구절마다 나름의 독립된 교훈을 전하고 있는 것처럼 보인다. 물론 잠언의 모든 구절이 다 귀하고 중요한 교훈을 담고 있다. 그러나 16장 1절에서 9절을 조금 더 깊이 들여다보면 그중에서도 하나의 교훈이 계속 반복되고 강조됨을 알게 된다.

> 마음의 경영은 사람에게 있어도 말의 응답은 여호와께로부터 나오느니라
> (잠 16:1)

'마음의 경영'과 '말의 응답'을 상반되는 뜻의 대구(對句)로 표현하고 있

다. '마음을 경영한다'나 '말에 응답이 있다'라는 표현은 우리가 잘 사용하지 않는 표현이다 보니 그 의미가 확실하게 다가오지 않을 수 있다. 여기서 '경영'으로 번역된 히브리어 원어 '마아르케'라는 말의 의미에는 배열, 배치, 준비, 계획이라는 뜻이 있다. 여기서 이 원어는 형태가 복수형으로 되어 있는데, 사람의 마음에는 많은 '계획들'이 있다고 말하는 것이다. 사람은 누구나 인생을 살아가면서 여러 계획을 세우기 마련이다. 10대, 20대, 30대 나이에 따라서 새로운 꿈을 꾸기도 하고, 때로는 나 자신을 위해서 혹은 가족이나 공동체를 위해서 나름 치밀하게 계획을 세우고 그것을 이루기 위해 자신의 삶을 잘 정돈하고 배치해서 준비해 간다. 이 모든 것들을 바로 '경영'이라고 말하고 있다.

이러한 마음의 경영, 즉 마음의 계획들은 사람이 할 수 있다. 그러나 솔로몬은 바로 이어서 '말의 응답은 여호와께로부터 난다'라고 선언한다. 여기서 '말의 응답'이라고 번역된 히브리어 '마아네 라숀'이라는 말의 문자적인 의미는 '혀의 대답'이라는 뜻이다. 이 표현은 사람이 마음속으로 품고 있던 그 계획을 이제 실행하기로 결단하고 겉으로 공표하는 그 최종 결정을 의미한다. 그런데 그 계획이 실행되기 위해 가장 중요한 마지막 결정이 누구에게 있다고 하는가? 사람이 아니라 여호와에게 있다는 것이다. 우리 인생의 모든 계획이 아무리 완전한 계획이라 하더라도 그 응답은, 다시 말해 그 계획의 결정은 여호와 하나님께 있다는 것이다. 표준새번역 성경은 1절 말씀을 이렇게 번역한다.

"계획은 사람이 세우지만, 결정은 주께서 하신다."

이 믿음이 바로 잠언이 말하고자 하는 인생을 살아가는 데 있어서 가장 중요한 참된 지혜인 것이다.

혹자는 '내 인생인데 왜 하나님이 결정하십니까?'라고 반문할 수 있다. 아직 인생을 모르기에 나오는 의문이다. 사람에게 생기를 불어넣으시고 오늘도 호흡하게 하는 분은 하나님이다. 생명의 주인 되시는 하나님을 진정 깨닫고 고백한다면, 모든 결정을 기쁨으로 하나님께 맡기는 믿음의 인생이 될 수 있다. 날마다 주님 안에서 기도하며 최선을 다해 준비하고 계획하는 인생이 될 때, 하나님께서 가장 선하고 복된 길로 가도록 결정하심을 스스로 깨닫게 될 것이다.

신앙생활은 바로 이것을 깨달아 가는 삶이다. 이것을 깨닫고 사는 자가 진정 슬기로운 사람이다. 이처럼 인생의 너무나 귀하고 중요한 교훈이기에 솔로몬은 말씀 안에서 이 지혜를 반복해서 언급한다.

> 너의 행사를 여호와께 맡기라
> 그리하면 네가 경영하는 것이 이루어지리라 (잠 16:3)

회사나 사업장에 가장 많이 걸려 있는 성구 중 하나이다. 행사, 경영이라는 말 때문이다. 여기서 '행사'라고 번역된 히브리어 원어는 사람이 시도하는 모든 활동이나 행동을 의미한다. 역시 복수형으로 되어 있으니 '너의 모든 활동들을, 너의 모든 일을 여호와께 맡기라'는 뜻이다. '맡긴다'라는 것은 여호와께 '의탁한다', 내 일을 여호와께로 '옮긴다'라는 뜻이다. 그렇다고 어떤 문제에 직면하자마자 내가 해야 할 일을 하나님께 다 미루고 나는 속 편하게 거기에서 손을 뗀다는 의미가 아니다. 지금 내 삶에서 최선을 다하되 나 홀로 다 결정하고 해결하려는 것이 아니라, 그 일을 이루시는 분은 하나님이심을 인정하며 하나님의 뜻에 따르기로 결심하고 하나님의 도우심을 간구한다는 의미이다.

이렇게 살아가는 것이 바로 슬기로운 신앙생활의 비결이다. 나의 모든 일을 하나님께 온전히 의탁하고 하나님께 믿음으로 맡기면, 내가 경영하는 것 즉 내가 계획한 것들을 모두 이루어 주신다는 것이다.

우리 하나님은 전지전능한 분이다. 모든 것을 아시고, 모든 것을 하실 수 있다. 우리가 상상할 수 있는 가장 놀랍고 위대한 그 어떠한 지혜라도 하나님의 어리석음과는 비교조차 할 수 없다. 이것을 깨달은 사도 바울이 고린도전서를 시작하면서 고백한 말씀이 있다.

> 하나님의 어리석음이 사람보다 지혜롭고
> 하나님의 약하심이 사람보다 강하니라 (고전 1:25)

하나님께서 우리를 구원하기 위해 이 땅에 보내신 독생자 예수 그리스도가 바로 전능하신 하나님의 능력을 보여주시는 것이고, 무엇과도 비교할 수 없는 하나님의 지혜를 깨닫게 하는 가장 확실한 징표가 된다고 바울은 설명한 것이다.

하나님은 예수 그리스도를 통해서 온 세상에 전지전능하심을 선포하셨고, 오늘도 하나님을 경외하는 자들의 그 계획을 이루어 가신다. 우리의 계획 그대로가 아닌 우리의 상상을 초월하는 하나님의 탁월한 방법으로 이루어 가신다. 하나님이 우리가 예상하고 준비했던 그 계획대로만 이루어 가신다면, 과연 사람들이 하나님을 인정하겠는가? 아마 내가 열심히 수고해서 나의 노력으로 되었다고 말할 것이다.

하나님에 대한 진정한 경외는 오히려 우리의 계획이 틀어지고, 때로 완전히 수포가 된 것 같은 상황에서 오직 하나님만이 하실 수 있음을 고백할 때 가능하다. 이것을 깨달아 가는 것이 신앙생활이요, 인생의 모든 계획을 온전히 하나님께 맡기는 자가 가장 지혜로운 자이다. 그래서 솔로몬은 이 지혜의 깨달음을 다시 한번 반복한다.

> 사람이 마음으로 자기의 길을 계획할지라도
> 그의 걸음을 인도하시는 이는 여호와시니라 (잠 16:9)

우리의 계획은 때로 틀어질 수도 있고, 바뀔 수도 있고, 아예 취소될 수도 있다. 그렇다고 그 자체가 완전히 실패를 의미하는 것은 결코 아니다. 우리는 그것을 통해 하나님의 선하신 인도하심을 깨달아야 한다. 하나님께 모든 계획을 온전히 맡기고 날마다 믿음의 삶에 최선을 다하길 바란다. 하나님께서 오늘까지 이렇게 나를 인도하셨음을 인정하고 감사하길 바란다. 그럴 때 우리의 상상을 초월해서 모든 계획을 친히 이루어 가시는 하나님의 역사가 우리의 삶 가운데 나타나게 될 줄로 믿는다.

급변하는 이 시대를 살아가는 우리에게 잠언의 말씀은 우리가 무엇을 해야 하는지를 분명히 깨닫게 한다. 방법은 다른 데 있지 않다. 오직 전지전능하신 하나님을 경외하며 우리의 모든 계획을 하나님께 맡기는 것뿐이다. 이 믿음의 결단이 우리가 계획한 모든 것이 단지 계획으로만 그치지 않게 할 것이다. 우리의 계획이 하나님이 반드시 이루시는 하나님의 행사가 되게 하실 줄로 믿는다. 이 놀라운 하나님의 행하심을 기대하자. 우리의 일상이 슬기로운 신앙생활이 되어 기쁨과 감사로 풍성할 것이다.

인생의 모든 계획을

온전히 하나님께 맡기는 자가

가장 지혜로운 자이다

27

전1~아8

말씀 동행

1일차

2일차

3일차

4일차

5일차

6일차

7일차

슬기로운 신앙생활 (2)기회

전도서 3:1~11

1 범사에 기한이 있고 천하 만사가 다 때가 있나니
2 날 때가 있고 죽을 때가 있으며 심을 때가 있고 심은 것을 뽑을 때가 있으며
3 죽일 때가 있고 치료할 때가 있으며 헐 때가 있고 세울 때가 있으며
4 울 때가 있고 웃을 때가 있으며 슬퍼할 때가 있고 춤출 때가 있으며
5 돌을 던져 버릴 때가 있고 돌을 거둘 때가 있으며 안을 때가 있고 안는 일을 멀
리 할 때가 있으며
6 찾을 때가 있고 잃을 때가 있으며 지킬 때가 있고 버릴 때가 있으며
7 찢을 때가 있고 꿰맬 때가 있으며 잠잠할 때가 있고 말할 때가 있으며
8 사랑할 때가 있고 미워할 때가 있으며 전쟁할 때가 있고 평화할 때가 있느니라
9 일하는 자가 그의 수고로 말미암아 무슨 이익이 있으랴
10 하나님이 인생들에게 노고를 주사 애쓰게 하신 것을 내가 보았노라
11 하나님이 모든 것을 지으시되 때를 따라 아름답게 하셨고 또 사람들에게는 영
원을 사모하는 마음을 주셨느니라 그러나 하나님이 하시는 일의 시종을 사람
으로 측량할 수 없게 하셨도다

전도서는 욥기, 잠언과 더불어 구약성경의 '지혜문학'에 속하는 책이다. 지혜문학은 오직 하나님을 경외하는 것이 참된 지혜임을 선언하는데, 이것을 설명해 가는 방식과 강조점이 책마다 조금씩 다르다.

먼저 욥기는 누구나 인생을 살다가 겪는 이해할 수 없는 고난을 전제로 한다. 우리의 이성과 경험으로는 도저히 이해할 수 없는 상황을 겪을 때 그 고난의 자리에서도 창조주 하나님을 경외하고 하나님을 예배하는 인생을 '가장 위대한 인생'이라고 말한다. 그 이상적인 모델이 바로 욥이다.

지혜문학의 두 번째 책인 잠언은 우리 인생에서 세워지는 여러 계획을 전제로 한다. 우리가 마음으로 경영하는 많은 계획이 있는데, 그 모든 계획을 내가 다 결정하고 내 힘으로 다 해결하려는 것이 아니라 하나님께 온전히 맡기고 믿음으로 최선을 다하는 인생이 바로 '지혜로운 인생'임을 강조한다.

전도서도 이러한 지혜문학의 큰 흐름 가운데 있다. 더구나 잠언과 마찬가지로 솔로몬이 지은 책이다. 그런데 흥미로운 것은 같은 솔로몬의 저작임에도 불구하고 지혜를 설명하는 방식과 그 분위기가 완전히 다르다는 것이다. 전도서를 시작하는 첫 구절에서부터 그 차이가 나타난다.

> 다윗의 아들 이스라엘 왕 솔로몬의 잠언이라 (잠 1:1)
>
> 다윗의 아들 예루살렘 왕 전도자의 말씀이라 (전 1:1)

전도서 다음에 나오는 또 하나의 솔로몬의 저작인 '아가'의 첫 구절과도 비교하면 그 차이가 더 분명해진다.

> 솔로몬의 아가라 (아 1:1)

잠언과 아가를 시작하면서는 '솔로몬'이라는 자신의 이름을 밝히고 있다. 잠언에서는 첫 구절 말고도 중간에 두 번이나 더 이것은 '솔로몬의 잠언'이라고 밝힐 정도이다. 그런데 전도서는 그렇지 않다. 누가 봐도 '다윗의 아들, 예루살렘 왕'이라고 하면 그가 '솔로몬'인 걸 알 수 있는데도 그 이름을 감춘다. 처음 시작에서만이 아니라 전도서 전체에서 끝까지 솔로몬이라는 이름이 단 한 번도 언급되지 않았다. 과연 우연일까?

물론 그렇지 않다. 솔로몬이 나이 들어서 가장 늦게 쓴 책이 전도서라는 것을 고려한다면 그 이유와 의도를 짐작하게 된다. 솔로몬은 이스라엘 왕 중에서 가장 큰 부귀영화를 누렸다. 그렇게 되기까지 복 받기만 한 것이 아니라 많은 과오도 있었다. 하나님을 경외한다고 했지만, 왕으로서 정치적인 안정을 꾀하기 위해 이방 여인들과 정략적인 결혼도 했다. 그렇다 보니 이방 신들이 많이 들어왔고 그들이 섬기는 우상까지 묵인하게 된 것이다.

뒤늦게 되돌아보니 그러한 자신의 삶이 얼마나 악했는지, 솔로몬은 깨달았다. 하나님의 뜻대로 살지 못했음을 깨닫고 통렬한 참회의 심정으로 모든 후손에게 자신의 이름을 드러내지 못하고 기록한 것이다.

'솔로몬'이라는 이름 대신 등장하는 명칭이 바로 '전도자'이다. '전도자가 이르되…' '나 선노사는 …' 이런 식으로 계속 등장한다. 전도자라고 번역된 히브리어 원어는 '코헬레트'라는 말인데, 특이한 것은 이 단어는 성경 전체에서 오직 전도서에만 등장한다는 사실이다. 이 단어는 보편적으로 사용했던 단어라기보다는 매우 특별한 단어라고 할 수 있는데 몇 가지 의미가 있다. ①격언이나 속담을 모으는 자, ②회중을 소집하는 자, ③회중에게 설교하는 자이다. 공동번역 성경에서는 전도자 대신에 '설교자'

라고 해석했고, 영어 성경에서는 전도자를 주로 'teacher(교사)'라고 한다. 설교자나 교사의 역할은 진리와 지식을 가르치고 깨닫게 하는 것이다. 즉 올바른 길로 인도하고 안내하는 것이 전도자의 역할이어야 한다.

그런데 그런 역할을 감당해야 할 전도자의 첫 말씀은 너무나 뜻밖이다.

> 전도자가 이르되 헛되고 헛되며 / 헛되고 헛되니 / 모든 것이 헛되도다 (전1:2)

대부분 전도서 하면 떠올리는 대표적인 구절이다. 한두 번도 아니고 무려 다섯 번에 걸쳐서 반복한 까닭에 기억에 남는다. 사실 원어로 보면 단순한 반복만이 아니다. '헛되고 헛되며 / 헛되고 헛되니 / 헛된 것들 중의 헛된 것이다.'라는 뜻이다. 무엇과 비교해서가 아니라 그 자체로 가장 헛된 것, 인생이 바로 그런 절대적인 허무임을 최상급으로 표현하고 있다.

지혜문학의 마지막 책, 전도서를 시작하는 이 구절에는 중요한 전제가 내포돼 있다. 인생은 헛된 것이며, 인간 스스로는 어떠한 방법으로도 인생의 허무를 극복할 수 없다는 것이다. 이 의견에 동의하는가?

착각하지 말아야 할 것이 있다. 여기서 전도자가 말하는 '헛된 인생'의 의미를 오해해서는 절대 안 된다. 이 구절만 읽고 '그래, 인생은 헛된 거야!' 하는 허무주의에 빠져서는 안 된다는 얘기다. 그다음에 나오는 전도자가 전하고자 하는 메시지에 귀를 기울여야 한다.

> 해 아래에서 수고하는 모든 수고가 사람에게 무엇이 유익한가 (전 1:3)

인생을 허무하다고 생각하는 이들에게 전도자는 그 허무한 인생의 범위를 설명한다. '해 아래에서' 우리 인생이 다 허무하다고 느껴질 수 있는데, 그러나 잊지 말아야 할 것은 그것은 어디까지나 '해 아래에' 있을 때라는 것이다. '해 아래에서'라는 이 말은 전도서에 모두 30회 가까이 등장하는데, 그만큼 전도자가 강조하는 중요한 표현이다. 이것은 당시 히브리인들의 사고방식에서 나온 말이다. 하나님은 하늘에 거하시고, 사람은 태양 아래 살아간다고 생각했던 탓이다.

초월자이신 하나님과의 관계가 단절된 채로 해 아래만을 생각하며 살아가는 인생은 그가 아무리 수고한다고 해도 결국 마지막 죽음 앞에서 허무할 수밖에 없다. 인간 스스로는 인생의 허무를 극복할 수 없기 때문이다. 그래서 전도서를 읽을 때 '해 아래에서' 이 표현을 잊지 말아야 한다. 하나님이 함께하시지 않는다면, 하나님이 함께하심을 인정하지 않는다면, 우리가 하는 모든 일은 결국 마지막에는 그 의미가 사라져서 헛되고, 공허하며, 소망이 없어진다. 그렇다고 만일 해 아래에서 만족을 누리는 것을 인생의 목표로 삼는다면, 우리는 계속해서 좌절하고 낙망할 수밖에 없다. 모든 일에 다 만족할 수 없고, 모든 일에는 다 때가 있기 때문이다.

바로 이것을 깨닫도록 하는 전도자의 첫 번째 말씀이 이것이다.

범사에 기한이 있고 천하 만사가 다 때가 있나니 (전 3:1)

너무나 당연한 사실이지만, 이것을 잊어버리고 사는 사람이 너무나 많다. 그래서일까? 마치 '어떻게 이것을 잊고 사느냐?' 하며 질책하듯이 전도자는 우리 인생의 중요한 모든 때를 구체적으로 열거하기까지 한다.

① 날 때-죽을 때 / ② 심을 때-뽑을 때

③ 죽일 때-치료할 때 / ④ 헐 때-세울 때

⑤ 울 때-웃을 때 / ⑥ 슬퍼할 때-춤출 때

⑦ 돌을 던져버릴 때-돌을 거둘 때 / ⑧ 안을 때-멀리할 때

⑨ 찾을 때-잃을 때 / ⑩ 지킬 때-버릴 때

⑪ 찢을 때-꿰맬 때 / ⑫ 잠잠할 때-말할 때

⑬ 사랑할 때-미워할 때 / ⑭ 전쟁할 때-평화할 때

(전 3:2~8)

모두 일곱 구절에 걸쳐 구절마다 두 쌍씩, 총 열네 쌍의 중요한 '때'를 언급한다. 이런 구성에는 중요한 의도가 들어있다. 히브리인들이 완전수라고 여겼던 7을 배수로 해서 모두 열네 쌍을 언급함으로 인생의 모든 일에 대한 하나님의 완전한 행하심을 더욱 강조하는 것이다.

살다 보면 당연하게 여길 수 있는 우리의 모든 일이 결코 당연한 게 아니라는 것을 알게 된다. 그저 우연이나 당연한 것이 아닌 하나님의 주관하심 가운데 하나님의 목적에 따라 이루어지는 것이다. 따라서 인생의 모든 때에는 다 의미가 있고, 그때 맞게 우리가 해야 할 일이 있다는 것을 반드시 깨달아야 한다. 이것을 깨닫고 사는 믿음의 사람이 바로 어떠한 때에도 슬기로운 신앙생활을 할 수 있는 것이다.

범사에 기한이 있고 천하만사가 다 때가 있다는 것을 인정한다면, 이제 우리의 관심은 그 '때'가 언제인지 시간적인 물음을 넘어서야 한다. 그 '때'는 오직 하나님만이 아시기 때문이다. 우리가 그때가 언제인지는 알 수 없도록 하셨다. 그런데도 굳이 그때를 몰라서 불안해하고 염려한다면 어리석은 사람일 뿐이다. 알 수 없도록 하신 그때를 알려고 거기에 관심을 쏟고 애를 쓰다 보면, 정작 지금 이때의 의미를 깨닫지 못하고 오늘 우리가 해야 할 일에 최선을 다하지 못하기 때문이다.

성경에도 '주여, 어느 때까지이니까!' 하며 탄식하는 목소리들이 있었다. 너무나 답답하고 힘든 고난의 자리에서 나오는 물음이다. 하지만 믿음의 사람이 해야 할 일은 '주여, 어느 때까지이니까?'라고 그때를 물으며 탄식만 하는 것이 아니라 오늘 이때의 의미를 깨닫고 하나님의 선하신 목적을 이루어 가는 것이다. 그렇게 산다면 우리 인생의 모든 때는 날 때든지 죽을 때든지, 울 때든지 웃을 때든지, 사랑할 때든지 미워할 때든지 모든 때가 다 하나님의 목적을 이루어 가는 소중한 기회가 된다.

전도서에서 가장 많이 등장하는 단어가 바로 '때'라는 말이다. '때'라고 번역된 히브리어 원어는 '에트'라는 단어인데, 이 말에 바로 '기회'라는 의미가 들어있다. '위기는 기회다.'라는 말이 있는데, 전도서의 말씀으로 바꿔본다면 '모든 때는 기회다.'라고 할 수 있다. 날 때도 죽을 때도 하나님의 주관하심을 믿는다면 소중한 기회가 된다. 찾을 때만이 아니라 잃을 때도 하나님이 허락하신 소중한 기회임을 잊지 말아야 한다.

혹시 지금이 신앙적 위기 상황이라고 생각하는가? 그렇다면 더욱 마음과 뜻과 정성을 다해서 하나님께 예배드리고 성결한 삶으로 스스로 먼저 돌아보는 성찰의 기회가 돼야 한다. 지금이 사회적 위기 상황이라고 생각된다면, 하나님 사랑과 더불어 이웃 사랑을 실천하는 사랑의 기회가 돼야 한다.

하나님이 하시는 일의 시종(始終)을 우리는 알 수 없다. 그러나 분명한 것은 지금 이때도 하나님의 목적이 있고, 우리가 감당해야 할 믿음의 사명이 있다는 사실이다. 우리에게 영원을 사모하는 마음을 주신 하나님께서 날마다 우리 인생의 목적을 깨닫게 하시고 그것을 이루어 갈 지혜와 능력을 주실 줄로 믿는다. 오늘도 우리를 위해 만사를 성취하시는 하나님의 놀라운 행하심이 하나님을 경외함으로 슬기로운 신앙생활을 해 나가는 우리의 삶 가운데 풍성하고 아름답게 열매 맺게 되기를 간절히 소망한다.

믿음의 사람이 해야 할 일은

'주여, 어느 때까지이니까?' 라고

그때를 물으며 탄식만 하는 것이 아니라

오늘 이때의 의미를 깨닫고

하나님의 선하신 목적을 이루어 가는 것이다

28

사1~22

말씀 동행

1일차

2일차

3일차

4일차

5일차

6일차

7일차

믿음의 예언 (1)임마누엘

이사야 7:10~17

10 여호와께서 또 아하스에게 말씀하여 이르시되

11 너는 네 하나님 여호와께 한 징조를 구하되 깊은 데에서든지 높은 데에서든지
구하라 하시니

12 아하스가 이르되 나는 구하지 아니하겠나이다 나는 여호와를 시험하지 아니
하겠나이다 한지라

13 이사야가 이르되 다윗의 집이여 원하건대 들을지어다 너희가 사람을 괴롭히
고서 그것을 작은 일로 여겨 또 나의 하나님을 괴롭히려 하느냐

14 그러므로 주께서 친히 징조를 너희에게 주실 것이라 보라 처녀가 잉태하여 아
들을 낳을 것이요 그의 이름을 임마누엘이라 하리라

15 그가 악을 버리며 선을 택할 줄 알 때가 되면 엉긴 젖과 꿀을 먹을 것이라

16 대저 이 아이가 악을 버리며 선을 택할 줄 알기 전에 네가 미워하는 두 왕의 땅
이 황폐하게 되리라

17 여호와께서 에브라임이 유다를 떠날 때부터 당하여 보지 못한 날을 너와 네
백성과 네 아버지 집에 임하게 하시리니 곧 앗수르 왕이 오는 날이니라

구약은 그 내용과 형식에 따라 크게 네 그룹으로 구분된다. 첫 번째는 오경, 두 번째는 역사서, 세 번째는 시가서, 네 번째는 예언서이다. 전도서 다음에 있는 '노래들 중의 노래'라는 뜻의 짧은 책, '아가'를 마지막으로 세 번째 그룹이 끝난다. 그 후 시작되는 네 번째 그룹이 예언서인데, 모두 열일곱 권의 책이 들어 있다. 구약 전체 서른아홉 권 중 거의 절반에 가까운 분량이다. 그만큼 예언서는 중요하다. 그래서 구약을 한마디로 정의하면 '오실 메시아에 대한 예언'이라고까지 한다.

예언서를 바르게 이해하기 위해서는 먼저 성경이 말하는 '예언'이라는 말의 의미를 제대로 알아야 한다. 우리말 사전을 찾아보면, 예언이라는 말에 크게 두 가지가 나온다. 첫 번째 나오는 '예(豫)'는 '미리 예'이다. 장차 일어날 일을 예상하여 말한다는 뜻이다. 두 번째 예언의 '예(預)'는 '맡길 예'이다. 우리가 은행에 돈을 맡기는 것을 예금이라고 하는데, 그때 이 예를 사용한다. 즉 '예언'은 맡겨진 말을 들은 대로 그대로 말한다는 뜻이다.

그렇다면, 성경에서 말하는 예언은 어느 뜻일까? 첫 번째라고 생각하기 쉽지만, 두 번째이다. 맡겨진 말씀. 하나님이 택하신 자에게 선포하라고 맡겨 주신 말씀, 이것이 바로 성경에서 말하는 '예언'의 의미이다. 물론 때로 하나님이 맡기시는 말씀이 장래의 일에 관한 것일 수도 있다. 그러나 어디까지나 그것은 여러 예언 가운데 하나임을 잊지 말아야 한다. 성경의 예언은 더 근원적으로 하나님이 맡기시는 모든 말씀을 의미한다. 단지 장래의 일만이 아니다. 오늘 지금 우리를 향해 선포하도록 주시는 말씀이 바로 '예언'이다.

하나님의 말씀을 맡은 사람, 그 말씀을 전해야 하는 사람이 바로 '예언자'이다. 따라서 성경의 예언자는 마치 점쟁이처럼 미래에 일어날 일들을 예측하고 알아맞히는 사람이 아니다. 자신에게 맡기신 말씀을 하나님을 대신해서 전하는 '대언자'일 뿐이다. 예언자를 영어로 'Prophet'이라고 하는데 '누구를 대신해서'라는 의미의 pro와 '말하는 사람'이라는 의미의 phetes가 합해진 말이다. 즉 자신에게 맡기신 하나님의 말씀을 대언하는 사람, 그가 바로 성경이 말하는 예언자다.

그렇다면 성경에서 가장 먼저 '예언자'라고 지칭된 사람은 누구일까?

> 이제 그 사람의 아내를 돌려보내라 그는 선지자라 …
> Now return the man's wife, for he is a prophet… (창 20:7, NIV)

바로 아브라함이다. 그가 그랄 땅에서 자기 아내 사라를 누이라고 해서 위기를 맞았을 때, 하나님이 아비멜렉의 꿈에 나타나셔서 직접 이르셨던 말씀이다. 우리말로는 선지자로 번역됐지만, 영어 원문을 보면 예언자와 선지자가 같은 의미로 사용됨을 알 수 있다. 실제 다른 한글 성경은 이 구절에서 아브라함을 예언자라고도 칭한다.

그렇다면 예언자와 선지자, 이 둘의 차이는 무엇일까? 의미상의 차이보다 그들을 칭하는 방식과 전통을 이해해야 한다. 이사야부터 말라기까지 즉 자신의 이름으로 기록된 책이 있는 사람들을 주로 '예언자'라고 칭하고, 하나님께 말씀은 받았지만 그것을 책으로 기록하기 이전에 활동했던 이들을 주로 '선지자'라고 칭한다. 아브라함, 모세, 아론, 미리암, 사무엘, 나단, 엘리야와 엘리사 등등 너무나 많은 이가 여기에 속한다. 우리가 하나님의 사람이라고 알고 있는 대부분이 모두 하나님으로부터 말씀을 듣고 받은 사람들이다.

따라서 성경의 예언은 예언서에서부터 시작되는 것은 아니다. 하나님이 그의 백성을 택하시고 하나님의 사람을 세우신 그때부터 이미 시작되었고, 이후 신약시대를 거쳐 또한 오늘 이 시대에도 하나님의 예언은 계속되고 있다.

그런데 신약에서는 예언자라는 용어가 잘 보이지 않는다. 예언자를 신약에서는 다른 용어, '사도'라고 지칭하기 때문이다. '보내심을 받은 자'라는 뜻으로 그 의미는 예언자와 마찬가지다. 자기의 말을 하는 사람이 아니라 자기를 보내신 이, 즉 하나님께서 맡기신 말을 전하는 자가 바로 '사도'이다. 이처럼 하나님은 시대마다 특별히 위급하고 필요한 때에 하나님의 말씀을 선포하고 대언 할 이들을 세우셨다. 그들이 바로 '선지자'였고, '예언자'였고, '사도'였다.

그런데도 사람들은 깨닫지 못했다. "하나님이 어디 있냐?" "있기는 하냐? 있으면 나와 보라 그래!" 그분의 말씀을 의심하고, 반문하고, 조롱하기까지 했다. 바로 그런 이들에게 이사야를 통해 선포하게 하신, 첫 번째 믿음의 예언이 있다. '임마누엘'이다.

> … 보라 처녀가 잉태하여 아들을 낳을 것이요
> 그의 이름을 임마누엘이라 하리라 (사 7:14)

> … 보라 처녀가 잉태하여 아들을 낳을 것이요
> 그의 이름은 임마누엘이라 하리라 (마 1:23)

그리스도인이라면 누구나 들었던 이 말씀, 특히 성탄 절기에 주로 들은 말씀이다. 대개 '임마누엘'을 예수 그리스도의 탄생에만 연관 지어 생각한다. 그러나 이사야 말씀을 통해 우리가 잊지 말아야 할 것은 하나님께서 우리와 함께하시겠다는 이 임마누엘의 징조가 성탄을 통해 갑자기 이루어진 것이 아니라는 사실이다. 시간상으로 계산한다면, 이미 이사야를 통해서 예수 그리스도의 탄생 약 700년 전에 이스라엘에 처음 주어졌던 믿음의 예언이 바로 임마누엘이다.

이 말씀이 바로 임마누엘의 기원이 된다. 이 말씀이 신약의 첫 번째 책인 마태복음을 시작하는 첫 장에 기록돼 있다는 사실을 알게 되면 말씀의 신비와 능력을 깨닫게 된다. 예수 그리스도가 바로 이 놀라운 신비를 가장 분명하게 보여주신 표적이다. 이사야에게 맡기신 그 말씀이 마침내 성취되었음을 선포하신 것이다.

'임마누엘'이라는 이 말은 구약의 책들 가운데 오직 이사야에만 나온다. 7장 14절과 8장 8절에 한 번 더 나오고, 8장 10절 마지막에 "하나님이 우리와 함께 계심이니라" 하는 그 뜻도 나온다. 이어지는 9장에는 이 땅에 오실 '평강의 왕'에 대해서 말한다.

> 이는 한 아기가 우리에게 났고 한 아들을 우리에게 주신 바 되었는데
> 그의 어깨에는 정사를 메었고 그의 이름은 기묘자라, 모사라,
> 전능하신 하나님이라, 영존하시는 아버지라, 평강의 왕이라 할 것임이라
> (사 9:6)

마치 예수 그리스도의 나심을 전하는 신약의 복음서처럼 느껴지지 않는가? 그래서 이사야서를 '구약의 복음서'라고도 부른다. 복음은 '기쁜 소식'이라는 뜻이다. 그런데 복음이라고 해서 그 자체로 모든 이에게 기쁜 소식이 되는 것은 아니다. 바로 믿는 이들에게, 전능하신 하나님과 영존하시는 아버지를 믿고 그 말씀이 이루어질 것을 믿는 이들에게 기쁨의 소식이 된다. 하나님께서 처음 이스라엘에 주셨던 '임마누엘의 징조'도 그랬다.

여호와께서 또 아하스에게 말씀하여 이르시되 (사 7:10)

여기서 두 가지를 알 수 있다. 하나는 이 사건이 아하스 왕 때 있었다는 사실이다. 아하스는 남 유다의 12대 왕이었다. 시기적으로는 주전 8세기 이스라엘이 남과 북으로 분열돼 있으면서 서로 치열한 경쟁 가운데, 주변국들과의 정치적인 이해관계가 매우 복잡하게 이뤄지던 시기였다. 자국의 이익에 따라 어제의 동지가 하루아침에 오늘의 적이 되기도 하는 예측할 수 없는 아주 불안정한 상황이었다.

또 하나 알 수 있는 것은 이런 상황에서 하나님은 '또' 아하스에게 말씀하셨다는 사실이다. 즉 이 말씀 이전에 다른 일이 앞서 있었다는 말이다. 어떤 일이 있었는가?

어떤 사람이 다윗의 집에 알려 이르되 아람이 에브라임과 동맹하였다 하였으므로 왕의 마음과 그의 백성의 마음이 숲이 바람에 흔들림 같이 흔들렸더라 (사 7:2)

당시 아람은 주변국들 가운데 가장 강력한 나라였다. 여기서 '에브라임'은 북이스라엘의 또 다른 이름인데, 아람과 북이스라엘이 동맹을 맺었다는 것이다. 앞서 이 두 나라는 남 유다에도 함께 동맹을 맺자고 제안했다. 무섭게 성장하는 신흥 앗수르에 대항하기 위해서였다. 하지만 남 유다가 이 제의를 거절했고, 그것이 빌미가 돼서 오히려 유다가 동맹을 맺은 두 나라의 공격을 먼저 받게 된 것이다. 이런 상황에서 유다는 어떻게 해야 할까? 누구와 동맹을 할 것인지 더 깊이 고민하고 결정해야 할까? 이런 때에 하나님은 이사야를 통해서 말씀하셨다.

> … 너는 삼가며 조용하라 … 이들은 연기 나는 두 부지깽이
> 그루터기에 불과하니 두려워하지 말며 낙심하지 말라
> … 만일 너희가 굳게 믿지 아니하면
> 너희는 굳게 서지 못하리라 하시니라 (사 7:4, 9)

하나님의 말씀에도 불구하고, 아하스 왕은 믿지 못했다. 결국 앗수르에게 도움을 청하고 만다. 이로 인해 명분을 얻고 침략해 들어온 앗수르에게 북이스라엘이 먼저 망하는 사태가 벌어진다. 이처럼 하나님을 불신했던 아하스에게 하나님은 또다시 말씀하셨다. 계속되는 믿음의 징표, 이것이 바로 '임마누엘'이다. 이번에는 아예 분명한 표적을 구해보라고까지 일러주신다.

> 너는 네 하나님 여호와께 한 징조를 구하되
> 깊은 데에서든지 높은 데에서든지 구하라 하시니 (사 7:11)

눈에 보이는 확실한 증거를 보여주시겠다는 뜻이다. '깊은 데, 높은 데'에서 구하라는 말은 징조를 구하되 누가 봐도 이것은 하나님이 아니면 도저히 불가능하다고 인정될 만한 특별한 것을 징조로 구하라는 말씀이다. 그러한 것까지 보여주시겠다는 의중이었다.

그런데 안타깝게도 아하스는 하나님의 이 제안도, 이 말씀마저도 거절했다. 그럴싸한 이유를 둘러대며 말이다.

> 아하스가 이르되 나는 구하지 아니하겠나이다
> 나는 여호와를 시험하지 아니하겠나이다 한지라 (사 7:12)

징조를 구하는 것이 여호와를 시험하는 것이라고 말한다. 아하스의 이 말을 어떻게 생각하는가? 아마 신명기의 말씀을 근거로 했을 수도 있다.

신명기 6장 16절에 '하나님 여호와를 시험하지 말라' 하는 말씀이 있다. 그런데 이 말씀의 배경을 잘 이해해야 한다. 신명기의 이 말씀은 하나님의 능력을 의심하거나 전능하신 하나님을 불신하면서 하나님을 시험하지 말라는 명령이다. 반면에 이사야를 통해 아하스에게 제안하신 것은 하나님을 믿는 믿음으로 인간에게는 불가능한 것을 시험해 보라는 말씀이었다. 그 바탕과 시작이 전혀 다른 제안이라는 얘기다.

결국 아하스는 이 두 번째 믿음의 기회마저도 붙잡지 못했다. 이사야는 그런 아하스 왕을 뒤로하고, 이제 다윗의 집을 향해 하나님이 주실 놀라운 징조를 선포한 것이다.

> 그러므로 주께서 친히 징조를 너희에게 주실 것이라
> 보라 처녀가 잉태하여 아들을 낳을 것이요
> 그의 이름을 임마누엘이라 하리라 (사 7:14)

이 임마누엘의 징조가 장차 예수 그리스도를 통해 온전히 성취되기 전에, 하나님은 이사야 당대에 그 예표를 먼저 보여주셨다. 성경에 그 내용이 기록돼 있다.

> 대저 이 아이가 악을 버리며 선을 택할 줄 알기 전에
> 네가 미워하는 두 왕의 땅이 황폐하게 되리라 (사 7:16)

여기서 '이 아이'는 곧 태어날 이사야의 아들을 말한다. 8장 3절에 보면, 이 아이의 이름을 '마헬살랄하스바스'라고 정해주시는데, 이는 '빠른 약탈', '급한 노략'이라는 뜻이다. 즉 이 아이가 태어나서 '아빠, 엄마' 부를 줄을 알기 전에 아하스가 두려워하는 그 두 나라가 약탈을 당할 것이고, 이 아이가 악을 버리고 선을 택할 줄 알기 전에 그 두 왕의 땅이 황폐하게

될 것임을 예언하도록 하신다. 임마누엘의 징조가 먼 장래의 예언만이 아니라 이사야의 아들을 통해서 곧 이루어지는 것을 그들의 눈으로 직접 보게 하시겠다는 뜻이었다.

하나님은 오늘도 우리에게 하나님이 함께하심을 진정 믿는다면, 아무리 강한 연합군이 침공해 온다고 하더라도 절대 두려워하지 말라고 하신다. 임마누엘의 예언을 통해 위로하시며 힘을 주신다. 그렇다. 하나님을 믿고 의지할 때 우리는 모든 것을 이겨낼 수 있다. 임마누엘 하나님께서 우리를 위해서 친히 싸워주시기 때문이다. 그러니 힘들고 어려운 상황이라고 여겨질수록, 승률이 없는 전쟁이라고 생각할수록 오직 하나님만을 바라고, 하나님만을 의지하는 삶을 살아야 한다. 임마누엘 하나님이 주시는 이 소중한 기회가 믿음의 인생에 새로운 전환점이 될 것이기 때문이다. 언제나 우리와 함께하시는 하나님을 체험함으로 세상을 향해 그분의 행하심을 담대히 증거 하는 믿음의 예언자로 우뚝 서길, 그 외침으로 이 땅에 많은 영혼이 주님께로 돌아오길 기도한다.

29

사23~44

말씀 동행

1일차

2일차

3일차

4일차

5일차

6일차

7일차

믿음의 예언 (2)일곱 날의 빛

이사야 30:18~26

18 그러나 여호와께서 기다리시나니 이는 너희에게 은혜를 베풀려 하심이요 일
어나시리니 이는 너희를 긍휼히 여기려 하심이라 대저 여호와는 정의의 하나
님이심이라 그를 기다리는 자마다 복이 있도다

19 시온에 거주하며 예루살렘에 거주하는 백성아 너는 다시 통곡하지 아니할 것
이라 그가 네 부르짖는 소리로 말미암아 네게 은혜를 베푸시되 그가 들으실
때에 네게 응답하시리라

20 주께서 너희에게 환난의 떡과 고생의 물을 주시나 네 스승은 다시 숨기지 아
니하시리니 네 눈이 네 스승을 볼 것이며

21 너희가 오른쪽으로 치우치든지 왼쪽으로 치우치든지 네 뒤에서 말소리가 네
귀에 들려 이르기를 이것이 바른 길이니 너희는 이리로 가라 할 것이며

22 또 너희가 너희 조각한 우상에 입힌 은과 부어 만든 우상에 올린 금을 더럽게
하여 불결한 물건을 던짐 같이 던지며 이르기를 나가라 하리라

23 네가 땅에 뿌린 종자에 주께서 비를 주사 땅이 먹을 것을 내며 곡식이 풍성하
고 기름지게 하실 것이며 그 날에 네 가축이 광활한 목장에서 먹을 것이요

24 밭 가는 소와 어린 나귀도 키와 쇠스랑으로 까부르고 맛있게 한 먹이를 먹을
것이며

25 크게 살륙하는 날 망대가 무너질 때에 고산마다 준령마다 그 위에 개울과 시
냇물이 흐를 것이며

26 여호와께서 자기 백성의 상처를 싸매시며 그들의 맞은 자리를 고치시는 날에
는 달빛은 햇빛 같겠고 햇빛은 일곱 배가 되어 일곱 날의 빛과 같으리라

이사야서는 구약의 예언서를 시작하는 책일 뿐만 아니라 예언서들 가운데 가장 분량이 많은 66장으로 구성돼 있다. 왜 이렇게 양이 많을까? 이사야서를 시작하는 첫 구절에서 하나의 이유를 설명한다.

> 유다 왕 웃시야와 요담과 아하스와 히스기야 시대에
> 아모스의 아들 이사야가 유다와 예루살렘에 관하여 본 계시라 (사 1:1)

이사야는 예언자들 가운데 가장 오랜 기간 활동한 사람이다. 유다의 10대 왕 웃시야에서부터 13대 히스기야 왕 시대까지 무려 네 명의 왕이 통치한 긴 시대에 활동했다. 그래서 다른 예언서들보다 그 양이 많을 수밖에 없다. 가장 먼저, 웃시야 왕이 죽던 해에 이사야는 하나님께 부르심을 받았다. 6장에 그 장면이 기록돼 있다. 하나님께서 높이 들린 보좌에 앉으셨는데, 그의 영광이 충만한 모습을 이사야가 본 것이다. 그때 하나님을 모시는 스랍 중의 하나가 부젓가락으로 숯을 집어서 이사야의 입술에 닿게 했는데, 그의 부정한 입술에서 악을 제하여 거룩하게 한 것이다. 그리고서 하나님의 목소리가 들려왔다.

"내가 누구를 보내며 누가 우리를 위하여 갈꼬" (사 6:8)

그 부르심에 이사야가 응답했다.

"내가 여기 있나이다 나를 보내소서" (사 6:8)

이는 하나님의 부르심과 사명자의 응답을 보여주는 구약의 대표적인 말씀으로, 부르심에 대한 확신이 필요한 이들이 많이 사모하는 말씀이기도 하다.

하나님은 이 놀라운 환상을 통해 이사야를 부르셨다. 그런데 이 부르심을 통해서 진정 우리가 깨달아야 할 것은 그다음이다. 부르심만 보고 이사야를 부러워할 것이 아니라 그 부르심 다음에 어떤 일이 있었는지에 보다 관심해야 한다.

하나님은 이사야를 부르시고는 그에게 바로 무슨 큰일을 감당하게 하지 않으셨다. 웃시야 왕이 죽고 나서 그의 아들 요담이 왕위에 올랐을 때 '이제 무슨 말씀을 주시겠지.' 이사야는 당연히 기대했을 터다. 그런데 뜻밖에 요담이 통치했던 16년간, 아무런 말씀이 없으셨다. 6장에서 이사야를 부르신 그 사건을 기록하고는 바로 7장의 임마누엘의 징조로 넘어간 것이다. 유다의 11대 왕 요담에 대해 기록하는 역사서의 본문들인 열왕기하 15장이나 역대하 27장에도 요담의 통치 기간에 별다른 사건이 없었다. '요담은 아버지 웃시야에 이어서 25세에 왕위에 올라 16년간 다스렸고 죽어서 다윗 성에 조상들과 함께 장사 되었다' 이 정도로 짧게 기록됐을 뿐이다.

이것은 무엇을 의미하는가? 이미 하나님의 부르심을 받은 이사야의 입장은 과연 어땠을까?

"하나님! 저를 부르셨는데, 이렇게 부르시고는 왜 아무 말씀이 없으십니까?" "보내시겠다고 해서 지금까지 다른 일도 못 하고 있는데, 이게 뭡니까?" 한 해 두 해 점점 시간이 갈수록 답답해서 항변할 수도 있었을 터다. '나를 잘못 부르셨나? 부르시고는 깜박 잊어버리신 거 아닌가?' 이렇게 불안해하거나 아예 체념할 수도 있었다.

유다의 10대 왕 웃시야가 죽던 해에 부르시고는 11대 왕 요담의 통치 기간은 그냥 다 지나갔다. 임마누엘의 징조를 통해 본격적으로 활동하기까지 무려 20년 가까운 세월이 걸린 것이다. 이 정도 기간이라면 아무리 하나님이 부르셨다고 해도 단념하거나 무시해 버릴 수도 있는 충분한 시간 아닌가? 2년도 아니고, 무려 20년이다. 그동안 그는 세상 속에서 아무런 존재감도 없이 살아야만 했다. 만일 이사야가 그 부르심을 믿고 끝까지 순종하지 않았다면, 그는 결코 하나님이 맡기시는 이 믿음의 예언을 대언할 수 없었을 것이다. 애초에 포기하고 하나님을 떠나 다른 일을 찾아갔을지도 모른다.

여기서 우리는 귀한 깨달음을 하나 얻게 된다.

"기다리는 것도 사명이다."

우리는 하나님이 부르시면, 바로 뭔가 대단한 일을 해내고 사람들이 알아주는 새로운 업적을 이루는 게 사명이라고 생각하기 쉽다. 그러나 그렇지 않다. 하나님이 명하시면 끝까지 인내하며 지금의 자리를 지키는 인내, 사람들이 알아주지 않는다고 하더라도 하나님의 말씀을 묵묵히 따르는 순종, 그것이 오히려 감당하기 더 어려운 믿음의 사명이다. 이는 전지전능하신 하나님에 대한 신뢰가 없으면 불가능하기 때문이다. 주전 8세기, 이스라엘 주변의 많은 나라가 흥망성쇠(興亡盛衰)의 역사를 반복할 때 하나님은 먼저 이사야에게 하나님에 대한 깊은 신뢰를 갖게 하시고 그 후에 하나님의 뜻과 섭리를 전하게 하신 것이다.

그 이사야가 전한 그 첫 번째 믿음의 예언이 '임마누엘'이었다. '하나님이 우리와 함께 계심이니라' 그러나 아람과 에브라임이 동맹을 맺고 위협해 왔을 때, 유다는 앗수르에게 도움을 청하고 만다. 전능하신 하나님의 능력보다 눈에 보이는 군사력을 더 의지한 까닭이다. 물론 당장은 위기를 모면했다. 그러나 그로 인한 평안은 잠시뿐이었다. 오히려 더 큰 위기가 닥쳐왔다. 자신을 도왔던 앗수르가 쳐들어와 예루살렘을 포위한 것이다.

이쯤 되면 정신을 차리는 게 맞다. '믿을 사람이 없구나. 역시 여호와 하나님만 의지해야 하는구나!' 하며 이제라도 하나님께 돌아와야 했다. 그런데 유다는 또다시 눈을 돌린다. 그때 유다의 눈에 들어온 나라가 바로 '애굽'이었다. 이집트, 고대 문명에 있어 가장 뛰어났던 나라이다. 지금도 여전히 불가사의로 남은 피라미드를 건축했을 만큼 당시 그들이 보기에 대단했을 것이고, 충분히 믿을만했을 것이다.

그럼 이제 하나님은 어떻게 하셔야 할까? 임마누엘의 징조도 무시한 그들을, 이쯤에서 심판하셔도 되지 않을까? 이미 충분히 기회를 주신 게 아닌가? 이사야를 통해 그렇게 말씀하셨는데도 그들은 듣지 않았다. 그런데도 하나님은 그들을 포기하거나 내버려 두시기는커녕 오히려 더 놀라운 일을 행하신다.

예언자들은 대개 하나님으로부터 받은 말씀을 입으로 선포한다. 하나님께서 전하라고 명하신 내로 그들의 입을 통해서 말씀을 대언 한다. 그러나 때로 하나님은 '말'로만이 아니라 예언자들의 '행위'로 하나님의 메시지를 전하게도 하셨다. 말만 해서는 듣지 않으니, 예언자들에게 특별한 행동으로, 그들의 삶으로 보여주도록 하셨다. 예언서에 등장하는 이러한 모습을 '상징행위' 또는 '표적 행위'라고 하는데, 이사야 다음에 나오는 예레미야나 에스겔에 더 많이 등장한다.

이사야서에는 첫 번째 믿음의 예언 가운데 임마누엘의 징조를 이사야 당대에 미리 보여주신 사건이 있다. 이제 곧 태어날 이사야의 아들인 '마헬살랄하스바스', 그 이름을 통해서 유다가 지금 두려워하는 두 나라가 곧 노략질당할 것이고, 그들의 온 땅이 황폐하게 될 것임을 보여주셨다 (사 8:1~4). 이 사건이 바로 예언자 이사야의 삶을 통해 보여주시는 첫 번째 '상징행위'였다.

그다음 이사야의 두 번째 '상징행위'가 히스기야 왕 때 있었다. 이사야 30장이 바로 이 사건 이후로 선포된 말씀이다. 앗수르에게 도움을 청했던 유다는 급한 위기에서는 벗어났지만 결국 앗수르에 종속되고 만다. 아버지 아하스의 뒤를 이어 왕위에 오른 히스기야는 그런 앗수르의 지배를 거부하고 정치적, 종교적 개혁을 단행하는데, 이것이 빌미가 돼 결국 앗수르의 공격을 당하게 되고 예루살렘마저 포위당하게 된다. 바로 그때 하나님은 이사야에게 특단의 조치를 명하신다.

> 그 때에 여호와께서 아모스의 아들 이사야에게 말씀하여 이르시되
> 갈지어다 네 허리에서 베를 끄르고 네 발에서 신을 벗을지니라 하시매
> 그가 그대로 하여 벗은 몸과 벗은 발로 다니니라 (사 20:2)

이사야는 3년 동안이나 벌거벗은 채로 지내야 했다. 사람들 앞에서 홀로 벌거벗은 채로 살아간다는 게 얼마나 수치스러운 일인가? 하지만 하나님은 이사야의 벌거벗은 모습을 통해서라도 지금 유다가 하나님 대신에 의지하고자 하는 애굽이 벌거벗은 채로 수치를 당할 것임을 그들에게 분명히 보여주시고자 했다.

이처럼 하나님의 사랑은 끝이 없다. 우리의 상상을 초월한다. 그렇게 말씀하셨으면, 그만하실 만도 했다. 하지만 절대 포기하지 않으신다. 또다시 구원의 기회를 주신다. 어리석고 고집 센 백성을 어떻게든 깨우쳐 생명의 길로 인도하시려고 모든 방법을 사용하신다. 이는 유다만의 이야기가 아니다. 오늘 우리를 향하신 하나님의 사랑도 이와 같다. 미처 다 깨닫지 못해도, 나무라지 않고 또다시 말씀하신다. 고집스럽게 버티고 순종하지 않을 때도, 포기하지 않으시고 오히려 하나님의 행하심을 더욱 분명히 보여주신다. 하나님의 위대하신 이 사랑을 깨닫고 고백하면서 그분의 인도

하심에 따라 살아가는 믿음의 삶, 이것이 바로 그리스도인의 행복이어야 한다.

이처럼 이사야 30장은 바로 끝없는 사랑을 주시는 정의의 하나님을 믿고 그분을 기다리는 자에게 약속하신 복에 대한 말씀이다. 총 여섯 가지 축복을 약속하셨다.

첫째, "다시 통곡하지 아니할 것이라"(사 30:19)하나님께 도움을 청하면, 그 기도를 들으시고 반드시 응답하신다는 말씀이다.

둘째, "네 눈이 네 스승을 볼 것이며 … 바른 길이니 너희는 이리로 가라" (사 30: 20~21) 지금은 비록 환난의 떡과 고생의 물을 주시지만, 결코 홀로 두지 않으시고 항상 바른길로 인도해 주신다는 것이다.

셋째, "우상에 입힌 은과 … 금을 … 나가라 하리라"(사 30:22)하나님 이외의 모든 우상을 버리게 하시고, 믿음의 삶에 다시는 발도 붙이지 못하도록 아예 흔적을 없애 버리신다는 약속이다.

넷째, "곡식이 풍성하고 … 가축이 … 먹을 것이며"(사 30:23~24)땅에서 수고한 대로 풍성하고 기름진 소출을 얻게 하시고, 가축들도 광활한 목장에서 마음껏 먹을 수 있게 하신다는 것이다.

다섯째, "살륙하는 날 … 개울과 시냇물이 흐를 것이며"(사 30:25)하나님의 백성을 압제하고 공격하는 대적들을 멸하시고, 언제나 은혜의 강물이 흐르도록 하신다는 말씀이다.

여섯째, "상처를 싸매시며 … 일곱 날의 빛과 같으리라"(사 30:26)하나님의 백성이 당한 상처를 싸매시고 치유하시며, 달빛과 햇빛을 더 밝게 비추신다는 말씀이다.

상상만 해도 얼마나 기쁘고 기대되는 일인가! 하나님은 이렇게 많은 복을 예비하시고, 하나님의 백성이 다시 돌아오기를 기다리셨다. 임마누엘 하나님의 은혜 가운데 살아가면 우리에게 더는 어둠이 있을 수 없다. 어둠이 없을 뿐만 아니라 햇빛이 일곱 배가 되게 하신다고 약속하셨다. '일곱 날의 빛'은 문자적으로 하루의 빛이 일곱 번 더해지는 밝기를 말한다. 우리가 상상할 수 없는, 완전한 빛을 상징하는 것이다. 하나님의 백성 이스라엘 다시 회복될 때, 진리의 빛이 이토록 찬란할 것임을 예언하는 말씀이다. 여호와 하나님께서 친히 그들을 비추시는 완전한 빛이 되시기 때문이다. 그날이 되면 어둠을 비추는 등불도 햇빛도, 더는 필요 없다. 이 세상 모든 어둠의 세력이 완전히 소멸하고, 오직 생명의 빛과 진리의 말씀만이 온 세상을 통치할 것이다. 이것이 바로 우리를 위해 예비하신 '새 하늘과 새 땅'의 모습이다. 우리가 그 새로운 세상을 믿고 소망 가운데 기다리도록 하나님은 성경이 다 끝나기 전에 사도 요한을 통해서 요한계시록의 마지막 장에서 다시 예언하게 하셨다.

> 다시 밤이 없겠고 등불과 햇빛이 쓸 데 없으니
> 이는 주 하나님이 그들에게 비치심이라
> 그들이 세세토록 왕 노릇 하리로다 (계 22:5)

하나님의 이 마음을 깨닫고 믿음으로 순종하면, 반드시 하나님의 은혜와 긍휼을 넘치도록 누리게 하실 것이다. 때로 억울하게 조롱당하고, 세상으로부터 얻어맞으면서도 참아야 했던 우리의 상처를 하나님은 다 싸매어 주시고 치유해 주신다고 약속하셨다. 일곱 날의 빛으로 우리를 비추셔서 모든 어두움이 물러가게 하실 그날, 하나님의 축복이 가득한 그날은 반드시 온다.

임마누엘 하나님의

은혜 가운데 살아가면

우리에게 더는 어둠이 있을 수 없다

30

사45~66

말씀 동행

1일차

2일차

3일차

4일차

5일차

6일차

7일차

믿음의 예언 (3)물 댄 동산

이사야 58:1~12

1 크게 외치라 목소리를 아끼지 말라 네 목소리를 나팔 같이 높여 내 백성에게
그들의 허물을, 야곱의 집에 그들의 죄를 알리라

2 그들이 날마다 나를 찾아 나의 길 알기를 즐거워함이 마치 공의를 행하여 그
의 하나님의 규례를 저버리지 아니하는 나라 같아서 의로운 판단을 내게 구하
며 하나님과 가까이 하기를 즐거워하는도다

3 우리가 금식하되 어찌하여 주께서 보지 아니하시오며 우리가 마음을 괴롭게
하되 어찌하여 주께서 알아 주지 아니하시나이까 보라 너희가 금식하는 날에
오락을 구하며 온갖 일을 시키는도다

4 보라 너희가 금식하면서 논쟁하며 다투며 악한 주먹으로 치는도다 너희가 오
늘 금식하는 것은 너희의 목소리를 상달하게 하려는 것이 아니니라

5 이것이 어찌 내가 기뻐하는 금식이 되겠으며 이것이 어찌 사람이 자기의 마음
을 괴롭게 하는 날이 되겠느냐 그의 머리를 갈대 같이 숙이고 굵은 베와 재를
펴는 것을 어찌 금식이라 하겠으며 여호와께 열납될 날이라 하겠느냐

6 내가 기뻐하는 금식은 흉악의 결박을 풀어 주며 멍에의 줄을 끌러 주며 압제
당하는 자를 자유하게 하며 모든 멍에를 꺾는 것이 아니겠느냐

7 또 주린 자에게 네 양식을 나누어 주며 유리하는 빈민을 집에 들이며 헐벗은 자
를 보면 입히며 또 네 골육을 피하여 스스로 숨지 아니하는 것이 아니겠느냐

8 그리하면 네 빛이 새벽 같이 비칠 것이며 네 치유가 급속할 것이며 네 공의가
네 앞에 행하고 여호와의 영광이 네 뒤에 호위하리니

9 네가 부를 때에는 나 여호와가 응답하겠고 네가 부르짖을 때에는 내가 여기
있다 하리라 만일 네가 너희 중에서 멍에와 손가락질과 허망한 말을 제하여
버리고

10 주린 자에게 네 심정이 동하며 괴로워하는 자의 심정을 만족하게 하면 네 빛
이 흑암 중에서 떠올라 네 어둠이 낮과 같이 될 것이며

11 여호와가 너를 항상 인도하여 메마른 곳에서도 네 영혼을 만족하게 하며 네
뼈를 견고하게 하리니 너는 물 댄 동산 같겠고 물이 끊어지지 아니하는 샘 같
을 것이라

12 네게서 날 자들이 오래 황폐된 곳들을 다시 세울 것이며 너는 역대의 파괴된
기초를 쌓으리니 너를 일컬어 무너진 데를 보수하는 자라 할 것이며 길을 수
축하여 거할 곳이 되게 하는 자라 하리라

기독교 신앙은 창조주 하나님은 언제나 선하시고 모든 것이 하나님의 뜻 가운데 이루어진다는 믿음을 토대로 한다. 이런 믿음을 가진 자에게는 삶의 모든 순간의 고난과 질병 그리고 죽음마저도 하나님의 은혜요 하나님의 사랑을 더욱 깊이 깨닫게 하는 축복의 기회가 된다. 그러나 하나님을 제대로 알지 못한 채 여전히 내 중심으로 내가 기준이 되어 하나님을 평가하는 사람에게는 삶의 모든 것이 하나님을 테스트하고 시험하는 수단이 되고 만다.

"내가 작정 기도까지 했는데, 하나님 어떻게 응답하지 않으십니까?" "어려운 가운데도 열심히 헌금했는데, 하나님 어떻게 나아지는 게 없습니까?" "주일마다 빠지지 않고 예배드렸는데, 어떻게 우리 집에 이런 일이 있습니까?" 열심히 신앙 생활한다고 애쓴 만큼 오히려 더 실망하고 낙심하는 경우를 종종 보게 된다.

대체 이런 문제는 어떻게 해결해야 할까? 이사야 말씀에서 먼저 그 근본적인 해결책을 깨달아야 한다. 당시 유다 백성들이 주장하는 소리를 들어보자.

> 우리가 금식하되 어찌하여 주께서 보지 아니하시오며
> 우리가 마음을 괴롭게 하되 어찌하여 주께서 알아 주지 아니하시나이까 …
> (사 58:3)

여기서 반복되는 '어찌하여'라는 말에는 그들의 금식을 알아주지 않는 하나님에 대한 불만과 항의가 내포돼 있다. 금식은 인간의 생존에 가장 필수적인 욕구를 제한하는 행위다. 당연히 먹어야 할 것을 먹지 않으니 육체적으로 지칠 뿐만 아니라 정신적으로도 욕구를 억제하는 데서 오는 고통과 스트레스가 있기 마련이다. 그런데도 우리가 금식한다는 것은 중요한 이유가 있기 때문이다. 감리교회의 창시자이신 존 웨슬리 목사님은 산상 설교를 통해 이렇게 설명하셨다.

“금식의 이유와 목적은 지은 죄를 슬퍼하고 반성하여 진심으로 회개하는 것이며, … 하나님의 심판을 두려워하여 음식을 거부하는 것이며, … 육체의 정욕을 죽이고 어리석고 악한 욕망을 끊어내는 것이다. 또한 금식은 음식을 먹지 않음으로 스스로 벌을 받는 것이며, … 마귀를 굴복시키는 믿음을 얻는 수단이 된다.”

금식을 하나님의 은혜를 깨닫고 믿음을 얻는 중요한 수단으로 여겼기에 웨슬리 목사님은 매주 화요일과 목요일에 금식하던 유대인들의 전통에 착안해서 초기 감리 교인들에게 매주 수요일과 금요일에 금식하도록 했다. 이것이 금식에 대한 감리교회의 전통이었다.

이사야 당시 이스라엘 율법에 따르면, 온 회중의 금식은 1년에 한 번 있었다. 유대력으로 일곱째 달 열흘날, 모든 백성은 여호와께 화제를 드리고 아무 일도 하지 말아야 했다. 음식을 준비하는 것도 포함해 모두가 금식했다. 레위기 23장을 보면, 이날을 ‘속죄일’이라고 부른다. 거룩하신 하나님 앞에 자신의 모든 죄를 고백하고 금식함으로 오직 하나님께만 집중하고 자비와 용서를 구하는 날이었다. 먹는 것을 포함한 그 어떠한 일도 할 수 없었기에 이날은 그들에게 ‘스스로 괴롭게 하는 날’이었다. 육체적으로는 괴로운 날이었지만, 금식을 통해서 죽을 수밖에 없는 그들을 구원해 주신 하나님을 다시금 깨닫고 고백하는 감사와 은혜의 날이 되도록 한 것이다.

성경에는 이런 속죄일에 관한 규정 외에도 필요에 따라 날을 정해서 금식하곤 했다. 개인적인 문제 때문에 금식한 때도 있고, 민족의 위기 앞에서 온 회중에게 금식을 선포한 때도 있다. 하나님은 그때마다 그들을 긍휼히 여기시고 구원을 베풀어 주셨다. 그런데 이사야 58장을 보면 유다 백성들의 금식에는 하나님이 응답하지 않으셨다. 금식하면서까지 스스로 괴롭게 했는데도 하나님은 알아주지 않으셨다. 그 이유가 무엇일까?

> … 보라 너희가 금식하는 날에 오락을 구하며 온갖 일을 시키는도다
> 보라 너희가 금식하면서 논쟁하며 다투며 악한 주먹으로 치는도다 …
> (사 58:3~4)

금식의 의미가 사라져 버렸다. 금식은 단순히 먹지 않는 것이 목적이 아니다. 목숨만큼 소중히 여기고 지켜야 할 신앙의 가치와 그 삶에 관심해야 하는데, 유다 백성은 금식과 삶을 별개로 여긴 것이다. 금식하면서도 여전히 하나님보다 자기중심적으로 살았고, 금식한다고 자랑하면서 은근히 사람들의 칭송을 기대했다. 심지어 금식을 하나님 앞에 자신의 공로로 내세우기까지 했다.

금식은 분명 믿음을 얻게 하는 중요한 은혜의 수단이다. 금식을 통해 하나님의 음성을 들었다든지, 이전과는 다른 완전히 새로운 사람이 된 체험은 참으로 많다. 그러나 그렇다고 해서 금식이라는 행위 자체로만 되는 것은 아니다. 자신의 죄를 고백하고, 새로운 믿음의 삶으로 결단하는 회개가 있어야 한다. 그렇지 않은 금식은 육체에 괴로움만 주고, 영혼에는 아무런 유익이 되지 못한다. 하나님의 마음, 하나님이 기뻐하시는 것을 제대로 알아야 한다. 그래야 낙심하지 않을 수 있다. 하나님이 원하시는 것은 모르고 내 마음대로 생각하고 사람보고 판단하면, 유다 백성처럼 실망하고 원망할 수밖에 없다. "어찌하여 주께서 보지 않으십니까? 어찌하여 주

께서 알아주지 않으십니까?"라고 말이다. 하지만 하나님은 다 보고 계신다. 이미 다 알고 계시는 그 하나님을 우리가 오해하게 되고 만다.

유다 백성은 금식한다고 하면서도 하나님을 찾는다고 말하면서도, 여전히 그들이 바라는 것과 원하는 것에만 관심을 쏟았다. 물론 처음이면 그럴 수 있다. 그러나 그들은 이미 하나님의 기이한 역사를 경험했다. 앞서 이사야의 예언대로 그들을 위협했던 두 번의 큰 전쟁 모두, 하나님의 놀라운 행하심으로 구원을 받았다. 역사적으로 모든 면에서 남 유다는 북이스라엘보다 훨씬 약한 나라였다. 그런 유다가 이미 북이스라엘을 무너뜨린 거대한 제국 앗수르의 공격을 받고도 살아남았다는 사실은 중요한 의미가 있었다. 그런 기적을 경험했으면 이제는 좀 달라져야 하지 않는가? 기도할 때도 내 소원을 앞세우기보다 먼저 하나님의 마음을 알고자 기도하고, 금식할 때도 더 겸손하게 하나님과 가까이하고자 금식해야 맞다. 그러나 그들은 그렇지 않았다. 이런 유다 백성을 보면서 역시 아는 것과 행한다는 것은 또 다른 차원이라는 것을 느끼게 된다. 많이 알수록 말씀대로 살아야 하는데, 오히려 더 어려운 것 같다.

그런데 구약시대만이 아니라 예수님 당시도 그랬다. 누구보다 율법을 중시하고 잘 아는 바리새인들이 대표적이다. 그들은 하찮게 여길 수 있는 식물의 십일조까지도 엄격히 드렸다. 그러면서도 오히려 율법이 중요하게 여기는 정의와 긍휼의 정신은 외면했다. 가난한 과부에게서 높은 이자를 받고 결국 그의 재산을 다 빼앗으면서도 율법 규정에 없어 어긋나지 않는다고 아무런 죄책감도 느끼지 않았다. 신약에 기록된 바리새인들의 이러한 위선적인 삶의 모습은 유다 백성의 모습과 너무나 유사하다. 하지만 그들만이 아니다. 오늘날 우리의 모습은 과연 하나님 보시기에 어떨까 생각하면 두렵고 떨리지 않을 수가 없다.

하지만 참으로 놀랍고 감사한 것은 여전히 하나님을 제대로 알지 못하는 이들을 향해 하나님은 끝까지 구원의 사랑을 베푸신다는 사실이다. 이사야에게 이렇게 명하시며 말이다.

> 크게 외치라 목소리를 아끼지 말라 네 목소리를 나팔 같이 높여
> 내 백성에게 그들의 허물을, 야곱의 집에 그들의 죄를 알리라 (사 58:1)

그들이 한시라도 빨리 깨달을 수 있도록 글이나 다른 수단을 쓰지 말고 나팔같이 큰 목소리로 간곡하게 외치라는 말씀이다. 그래서 다른 일에 여념이 없는 이들까지도 주목하도록 크고 분명하게 알리라는 것이다. 그들을 너무 사랑하시고 다시 돌아오기만을 기다리는 아버지 하나님의 마음이 절절하게 느껴지는 말씀이다. '야곱의 집'이라는 표현에 그런 하나님의 마음이 잘 나타나 있다. 또다시 구원의 기회를 주시면서 남 유다와 북이스라엘을 가리지 않고 하나님께 나아오는 모든 백성에게 이 말씀을 주셨다. 모든 이가 하나님의 마음을 잘 알고, 하나님이 원하는 금식을 통해 선하신 하나님의 뜻을 이루는 믿음의 공동체가 되게 하셨다. 그 방법을 친히 알려 주시면서 말이다.

> 내가 기뻐하는 금식은 흉악의 결박을 풀어 주며 멍에의 줄을 끌러 주며
> 압제 당하는 자를 자유하게 하며 모든 멍에를 꺾는 것이 아니겠느냐
> 또 주린 자에게 네 양식을 나누어 주며 유리하는 빈민을 집에 들이며
> 헐벗은 자를 보면 입히며 또 네 골육을 피하여
> 스스로 숨지 아니하는 것이 아니겠느냐 (사 58:6~7)

우리는 하나님의 뜻과 마음을 깨닫기 위해서 날마다 금식하는 마음으

로 기도해야 한다. 하루하루 우리가 살아가는 그 자리에서 우리의 이기적인 마음과 치열하게 싸우면서 거룩한 삶을 살아내야 한다. 그래서 우리가 하나님이 기뻐하시는 믿음의 사람이 되고, 이 땅의 모든 교회가 진정 하나님이 원하시는 믿음의 공동체로 세워진다면, 우리에게 닥친 고난도 놀라운 구원으로 인도하시는 하나님의 축복이었음을 고백하게 될 것이다. 그 축복의 약속을 상징하는 것이 바로 '물 댄 동산'이다.

> 여호와가 너를 항상 인도하여 메마른 곳에서도 네 영혼을 만족하게 하며
> 네 뼈를 견고하게 하리니 너는 물 댄 동산 같겠고
> 물이 끊어지지 아니하는 샘 같을 것이라 (사 58:11)

생명을 위해서 가장 필수적인 요소는 물이다. 척박한 땅에 물이 귀했던 고대 근동지역에서는 더더욱 중요했다. 아무리 튼튼한 성을 짓는다고 하더라도 그곳에 물이 공급되지 않으면, 요새의 역할을 할 수가 없다. 아름다운 꽃이 피고 탐스러운 과실이 열리는 동산이 되려면, 반드시 물이 있어야 한다. 그래서 이스라엘은 예루살렘 성을 건축하면서 그 성안으로 강물이 흐르도록 정교하게 경사진 긴 수로를 만들었고, 그 덕분에 풍요한 삶을 누렸을 뿐만 아니라 적들이 성을 포위했을 때도 오랜 기간 버틸 수 있었다.

그러나 이러한 사람의 수고와 노력에는 어디까지나 한계가 있다는 것을 잊지 말아야 한다. 하나님이 비를 내리지 않으시고 가물게 하시면, 방법이 없다. 때를 따라 적당한 비를 내려주셔서 풍성한 열매를 얻게 하시는 '물 댄 동산'의 축복이 없으면, 우리 인생은 황량한 사막과 같을 뿐이다.

때때로 우리에게 닥치는 고난으로 하나님은 우리 인생의 목적을 다시 돌아보게 하신다. 하나님이 기뻐하시는 거룩한 삶이 우리 인생의 목적이 될 때, 여호와의 영광이 우리를 호위할 것이고 우리가 부르짖을 때마다 하

나님이 응답하실 것이다. 칠흑같이 어두운 이 세상도 낮과 같이 밝게 하실 것이다.

예언자 이사야는 그의 사역 처음부터 마지막까지 오직 한 가지, 바로 하나님을 향한 '믿음'을 외쳤다. 하나님의 백성 이스라엘에 복 주시기 원하는 하나님의 마음을 전한 것이다. 이사야서를 통해 오늘도 변함없이 우리를 찾으시는 선하신 하나님, 우리의 구원이신 하나님을 더욱 깊이 만나고 고백하게 되길 바란다. 우리를 '물 댄 동산' 같게 하시고, '물이 끊어지지 아니하는 샘' 같게 하시는 하나님의 크신 은혜와 참된 행복을 전하는 믿음의 인생이 되길 기원한다.

'물 댄 동산'의 축복이 없으면

우리 인생은 황량한 사막과 같을 뿐이다

31

렘1~33

말씀 동행

1일차

2일차

3일차

4일차

5일차

6일차

7일차

눈물의 예언 (1)벌 받을 성, 예루살렘

예레미야 6:1~8

1 베냐민 자손들아 예루살렘 가운데로부터 피난하라 드고아에서 나팔을 불
고 벧학게렘에서 깃발을 들라 재앙과 큰 파멸이 북방에서 엿보아 옴이니라
2 아름답고 우아한 시온의 딸을 내가 멸절하리니
3 목자들이 그 양 떼를 몰고 와서 주위에 자기 장막을 치고 각기 그 처소에서 먹
이리로다
4 너희는 그를 칠 준비를 하라 일어나라 우리가 정오에 올라가자 아하 아깝다
날이 기울어 저녁 그늘이 길었구나
5 일어나라 우리가 밤에 올라가서 그 요새들을 헐자 하도다
6 만군의 여호와께서 이와 같이 말하노라 너희는 나무를 베어서 예루살렘을 향
하여 목책을 만들라 이는 벌 받을 성이라 그 중에는 오직 포학한 것뿐이니라
7 샘이 그 물을 솟구쳐냄 같이 그가 그 악을 드러내니 폭력과 탈취가 거기에서
들리며 질병과 살상이 내 앞에 계속하느니라
8 예루살렘아 너는 훈계를 받으라 그리하지 아니하면 내 마음이 너를 싫어하고
너를 황폐하게 하여 주민이 없는 땅으로 만들리라

주전 7세기, 예레미야에게 임했던 말씀은 믿음의 조상인 아브라함 시대에 있었던 한 사건을 떠올리게 한다. 바로 창세기 19장에 기록된 소돔과 고모라의 멸망이다. 노아의 홍수 이래로 다시는 물로 심판하지 않겠다고 하셨던 하나님은 소돔과 고모라에 대해서 더는 참을 수가 없으셨다. 그래서 다시 한번 직접적인 심판으로 개입하셨다. 그래도 이전과는 달리 전 세계를 다 파괴하지는 않으시고 악의 소굴인 두 도시만 유황과 불로 쓸어 버리셨다.

그러나 아브라함의 간구로 간신히 살아남은 롯은 여전히 깨닫지 못했다. 그는 만취한 상태에서 딸들과 근친상간을 저지르고, 그 결과 두 민족의 시조가 태어난다. 결국 이 민족들은 자자손손 아브라함의 후손인 유대 민족과 대적하게 된다. 이 사건을 보며 '왜 이러한 민족들을 생기게 하셨을까?' 하는 의문이 생길 수 있다. 하나님이 택하신 유대 민족만 돌보시면 되는데, 굳이 왜 그 민족과 대적할 또 다른 민족을 만드셨을까 하는 것이다. 그러나 하나님은 이 땅의 모든 민족을 돌보시고 주관하시는 분이다. 세월이 흘러 하나님은 필요한 때에 이 민족들을 부르시고 사용하신다. 하나님의 백성에게 경고하고 그들을 징계하는 심판의 도구로 사용하신 것이다. 이처럼 하나님께는 쓸모없는 존재가 하나도 없다. 우리가 볼 때는 아무런 존재감도 없고 때로 제대로 살지 못하는 듯 보이지만, 하나님은 그마저도 필요하셔서 오늘도 생명을 주시고 기회를 주신다.

예레미야는 이사야 이후, 남 유다에서 약 40여 년간 활동한 예언자다. 앞서 이사야가 예언한 대로 북이스라엘은 이미 앗수르에 멸망했고, 홀로 남은 남 유다마저 급격히 몰락해 가던 그 시기에 유다 역사의 마지막 40여 년 동안 하나님이 주시는 말씀을 대언했다. 그런데 예레미야에게 주셨던 말씀, 즉 그가 선포해야 했던 예언은 하나님의 축복이나 위로가 아니었다. 심판과 멸망이었다. 그는 처음부터 끝까지 사랑하는 조국인 다윗 왕조의 멸망을 전해야 했다. 그런 예레미야의 심정이 어땠을까? 그는 듣기에 좋은 달콤하고 부드러운 말씀이 아니라 귀에 거슬리고 듣기 싫어하는 심판과 멸망의 말씀을 전했다. 그러니 가는 곳마다 배척당하고, 사람들에게 업신여김을 당했을 터다. 성경에 그의 탄식이 잘 나타나 있다.

> 슬프고 아프다 내 마음속이 아프고 내 마음이 답답하여 잠잠할 수 없으니
> 이는 나의 심령이 나팔 소리와 전쟁의 경보를 들음이로다 (렘 4:19)

하나님은 예레미야에게 예루살렘의 멸망을 선포하라고 하셨지만, 그들은 태평을 누리며 심판이 코앞에 있다는 말을 듣지 않았다. 아니, 당연히 들리지 않았다. 왜일까? '평강하다. 평강하다.' 하는 거짓 예언들이 넘쳐났기 때문이다. 그래서 예레미야가 아무리 회개를 촉구해도 소용이 없었다. 이런 남 유다를 향해 마침내 하나님께서 그들에게 물으셨다.

> 이 땅에 무섭고 놀라운 일이 있도다
> 선지자들은 거짓을 예언하며 제사장들은 자기 권력으로 다스리며
> 내 백성은 그것을 좋게 여기니 마지막에는 너희가 어찌하려느냐 (렘 5:30~31)

이어지는 예레미야 6장 말씀은 하나님의 이 물음에 대한 답이기도 하다. '마지막에는 너희가 어찌하려느냐' 사실상 하나님은 그들에게 마지막 기회를 주고 계셨다. 그 마음을 알기에 예레미야는 그들에게 간절함으로 호소한다.

베냐민 자손들아 예루살렘 가운데로부터 피난하라
드고아에서 나팔을 불고 벧학게렘에서 깃발을 들라
재앙과 큰 파멸이 북방에서 엿보아 옴이니라 (렘 6:1)

'피난하라'는 것이다. 지금 당장 안전한 곳으로 도망하라는 명령이었다. 위험하니까 안전한 곳으로 피하는 것이 당연한 것 아닌가? 그러나 당시 유다 백성의 생각으로는 이해되지 않는 말씀이었다. 그들은 예루살렘이 가장 안전한 곳이라고 여겨왔다. 하나님이 거하시는 '거룩한 성, 예루살렘'이었기 때문이다. 하나님과 언약을 맺은 다윗이 그토록 소원했고, 그의 아들 솔로몬이 마침내 그 성과 성전을 건축했으며 하나님의 영광이 가득한 그곳을 '시온 성'이라고 불러왔으니 그렇다.

그런데 지금 예레미야라는 사람이 나타나서 그들 보고 예루살렘으로부터 급히 도망하라고 말하고 있다. 상식적으로 납득이 되겠는가? 유다 백성은 자신들이 어떻게 살든지 간에 하나님의 전이 있는 이 예루살렘만큼은 하나님께서 반드시 지키실 거라고 여겼다. 게다가 예루살렘은 지리적, 군사적으로도 적들이 함락시키기 어려운 천혜의 난공불락의 성이기도 했다. 따라서 모든 면에서 그들에게 이 예루살렘은 이 땅의 그 어떤 곳보다도 가장 안전한 장소로 생각되었다. 그러니 그런 안전한 곳을 벗어나 다른 곳으로 도피하라는 권면이 들릴 리 만무했다.

그러나 그 말씀을 듣고 따라 행하는 것이 '회개'요, 하나님께로 돌이키는 것이다. 상식적으로 이해가 되고, 이론적으로 맞아서 하는 것이 아니다. 상식과 이론 보다 경험과 지식 보다 하나님의 전능하심을 믿고 선하심을 깨달을 때 가능한 것이다.

사실 유다에 대한 심판과 멸망에 대한 경고는 앞서 이사야에게서도 있었다. 하나님께로 돌이키지 않는 남 유다 백성들을 향해 이사야가 이미 선포했었다.

> 슬프다 아리엘이여 아리엘이여 다윗이 진 친 성읍이여
> 해마다 절기가 돌아오려니와
> 내가 아리엘을 괴롭게 하리니 그가 슬퍼하고 애곡하며
> 내게 아리엘과 같이 되리라
> 내가 너를 사면으로 둘러 진을 치며 너를 에워 대를 쌓아 너를 치리니
> 네가 낮아져서 땅에서 말하며 네 말소리가 나직이 티끌에서 날 것이라 …
> (사 29:1~4)

이처럼 이사야도 '다윗이 진 친 성읍, 예루살렘'에 대한 하나님의 징계와 심판에 대해 예고했다. 그러나 그들은 듣지 않았다. 그런데 여기에는 예루살렘을 가리키는 다른 이름이 등장한다. '아리엘(Ariel)'이라는 말이 네 번이나 반복되는데, 하나님을 의미하는 단어 '엘(el)'과 사자를 의미하는 단어 '아리(ari)'의 합성어이다. 즉 '하나님의 사자(Lion of God)'라는 의미로 예루살렘을 상징하는 이 말은 과거 하나님께서 택하신 그들의 역사와 찬란한 문화에서 유래된 말이다. 창세기 49장에는 야곱이 장차 이스라엘의 열두 지파를 이루게 될 아들들을 한 명씩 축복하면서 유언하는 내용이 나오는데, 그때 바로 넷째 아들인 유다를 '사자'로 소개했다.

> 유다는 사자 새끼로다 내 아들아 너는 움킨 것을 찢고 올라갔도다
> 그가 엎드리고 웅크림이 수사자 같고 암사자 같으니 누가 그를 범할 수 있으랴
> (창 49:9)

유다는 '하나님의 사자'로 누구도 범할 수 없는 축복을 받았다. 그래서 역사적인 자부심과 선민으로서의 자랑이 그들에게 있었다. 그러나 안타깝

게도, 이것이 오히려 그들에게 교만의 근거가 되고 말았다. 그들은 하나님의 도우심을 감사하며 거룩한 삶으로 하나님을 기쁘시게 했어야만 했다. 하지만 오히려 자신들이 어떻게 살든지 예루살렘은 무너지지 않을 것이라고 착각한 것이다.

앞서 이사야는 그 찬란했던 역사와 위엄을 상실해 가는 예루살렘을 향해 탄식했다.

"슬프다 아리엘이여 아리엘이여…"(사 29:1) 또한 이 '아리엘'이라는 말에는 당시 유다의 신앙적인 상황이 반영돼 있다. "… 내게 아리엘과 같이 되리라"(사 29:2) 여기서 '아리엘'은 유다 백성이 여호와께 제사 드리던 예루살렘 '번제단의 바닥'을 지칭하는 표현이다. 성전에 있던 이 번제단의 바닥에는 항상 불길이 타올랐다. 이것을 나타내는 아리엘은 여호와 하나님만 섬기는 예루살렘을 상징하던 말이었다. 그러나 예레미야 시대에 이르러 그 번제단은 이제 껍데기만 남아버렸다. 외면적으로는 번제의 불길이 여전히 타오르고 있었지만, 그 제사를 드리는 유대인들의 신앙과 삶은 더는 돌이킬 수 없을 만큼 하나님의 뜻에서 멀어진 것이다. 그런 그들에게 예레미야를 통해 회개의 말씀이 선포되었지만, 그들은 자신들을 향한 욕으로 여기고 들으려 하지 않았다. 가증한 일을 행하면서도 부끄러워하지 않았고, 얼굴도 붉어지지 않았다. 그 번제단의 불처럼 이제 곧 심판의 불에 타버릴 예루살렘을 향해서 예레미야는 이사야의 탄식을 넘어 눈물로 호소했다.

하나님을 떠나서는 그 어떤 곳도 안전할 수 없다. 하나님이 떠나시면 그 어디에도 평안은 없다. 하나님의 사자였고 하나님께 드리던 그 번제의 불이 있던 예루살렘이라 할지라도 더는 하나님의 임재가 없으면 무너질 수밖에 없는 것이다. 그곳이 아무리 유서 깊은 곳이라 할지라도, 그곳이 아무리 특별한 사람들이 거했던 곳이라 할지라도 회개치 않으면 반드시 심판을 당한다는 사실을 우리는 잊지 말아야 한다.

거룩한 성인 예루살렘도 넘쳐나는 죄악을 깨닫지 못하고 돌이키지 않았을 때, 하나님은 결국 심판을 선언하시고 파멸의 길을 가게 하셨다. 이후 신약의 교회들을 향해서도 주님은 동일한 말씀을 주셨다. 하나님 외의 다른 것을 숭배하는 교회, 복음이 아니라 거짓 사상을 가르치는 교회, 세상의 소금과 빛이 되지 못하는 교회를 책망하시며 심판의 말씀을 하셨다.

예레미야가 선포하는 파멸의 모습은 너무나 참담하다. 아름답고 우아한 시온의 딸, 예루살렘이 멸절을 당한다고 말한다. 이방의 목자들이 그들의 양 떼를 몰고 와서 이스라엘이 일구어온 그 귀한 터전을 차지하고 황폐하게 만든다는 것이다. 그런데 우리를 더욱 놀라게 하는 것이 있다. 이스라엘을 택하시고 돌보셨던 하나님께서 그 대적들에 예루살렘을 무너뜨리도록 그 방법을 알려주신다는 사실이다.

> … 너희는 나무를 베어서 예루살렘을 향하여 목책을 만들라
> 이는 벌 받을 성이라 그 중에는 오직 포학한 것뿐이니라 (렘 6:6)

먼저 '나무를 베라' 명하셨는데, 예루살렘 성 주변에 있는 모든 나무들 제거하라는 전략적인 지시다. 당시 공격 무기로 사용하던 활이나 창이 장애물에 걸리지 않도록 하고, 반대로 성으로부터 나오는 공격을 잘 보고 대피할 수 있도록 하는 공수 양면에서 아주 효과적인 전술이다. 또한 이 과정에서 나오는 많은 목재는 공격 무기로 사용할 뿐만 아니라 두 번째 명령인 '목책'을 만드는 데 유용한 도구로 활용된다. 목책은 흙으로 만들어

진 언덕을 말하는데, 예루살렘 성 높이만큼 나무로 높게 틀을 만든 후 그 안에 흙을 쌓아 그 위에서 공격해 성안으로 쳐들어가는 전략이다.

앞서 이사야가 예언했던 말을 기억하는가? "너를 에워 대를 쌓아 너를 치리니" 바로 이것이다. 실제로 나무를 베고 대를 쌓아서 성 높이만큼 목책을 만드는 일은 상당한 시간과 많은 노동을 해야 하는 작업이다. 그런데도 하나님께서 이처럼 상세히 명령하신 이유는 무엇일까? 모든 수단과 방법을 동원해서 아무리 시간이 오래 걸리더라도 반드시 포학한 예루살렘을 벌하시겠다는 단호한 의지를 나타내시는 표현이다.

아무리 예루살렘이 벌 받을 성이었다지만, 그래도 하나님이 적들의 편에서 이렇게까지 하시는 것은 좀 너무하다고 생각할 수 있다. 그러나 마지막 기회였다. 악에 대한 하나님의 인내에는 한계가 있음을 분명히 경고하고 계신다. 사랑과 자비의 하나님께서 경고하고 기회를 주실 때, 반드시 돌이켜야 한다. 돌이키지 않고 마지막 기회마저 놓치고 나면 무서운 징계와 심판이 임한다는 사실을 명심해야 한다. 하나님의 심판은 철저하다. 징계하실 때 적당히 하지 않으신다. 완전히 새롭게 세우시기 위해 모든 것을 허무시는 분이다. 결국 그토록 아름답고 거룩한 성, 예루살렘은 바벨론에 함락되고 만다.

우리는 하나님께서 예루살렘을 함락시키신 이유를 기억해야 한다. 군사력이 약해서가 아니었다. 외교적인 관계 때문도 아니었다. 그들 안에서 일어나는 악한 행위들 때문이었다. 하나님 앞에 죄를 범했기 때문이고, 기회가 주어졌을 때 회개하지 않고 끝내 하나님께로 돌이키지 않았기 때문이다. 그런데 오늘 우리의 모습은 어떤가? 세상에 주님의 사랑을 전하고 선한 영향력을 끼쳐야 할 우리가 오히려 세상으로부터 지탄받고 있다. 복음을 전하다 낙심하는 것이 아니라 믿는 자가 믿는 자를 낙심하게 만드는 형국이다. 이런 때에 우리는 무엇을 해야 하는가? 남을 비난하고, 서로를 정죄하고, 내 입장만 변명하는 것을 멈춰야 한다. 공의와 심판의 하나님이심을 믿고, 오늘의 탄식을 넘어 눈물로 기도해야 한다. 지금 우리에게 필요한 것은 그뿐이다.

예레미야는 평생 예루살렘의 멸망을 예고하고 지켜보면서 그 고통 속에 눈물을 흘리며 살다 갔다. 그래서 그는 '눈물의 예언자'라고 불린다. 그러나 하나님은 그의 눈물을 헛되게 하지 않으셨다. 깨닫고 보면 이미 예레미야를 부르실 때부터 그의 이름을 통해 하나님이 정하신 구원의 계획을 나타내셨다. '예레미야'라는 이름은 '여호와께서 세우신다'라는 뜻이다. 그렇다. 하나님은 심판으로 멸망시키고자 하심이 목적이 아니었다. 뼈아픈 심판을 통해 그들을 다시 새롭게 세우시고자 하셨다. 예레미야는 하나님의 그 마음을 깨달았기에 벌 받을 성, 예루살렘을 향해 끝까지 눈물로 말씀을 전했던 것이다.

오늘 우리도 구원의 하나님을 믿고 눈물로 하나님께 간구할 때, 하나님께서 이 나라와 교회를 다시 새롭게 세우실 줄로 믿는다. 우리의 힘으로 이루고자 했던 교만함을 회개하고 공의의 하나님 앞에 겸손히 엎드릴 때, 하나님께서 우리를 이 시대의 참된 부흥의 도구로 다시 일으키실 것을 확신한다. 이 믿음과 소망을 품고 나아가자. 우리가 오늘의 탄식을 넘어 눈물로 기도하며 하나님의 역사를 나타내실 그 세상을 향해 담대히 나아갈 때, 하나님의 나라는 풍성히 이뤄진다.

32

렘 34 ~ 애 5

말씀 동행

1일차

2일차

3일차

4일차

5일차

6일차

7일차

눈물의 예언 (2)흩어진 양, 이스라엘

예레미야 50:17~20

17 이스라엘은 흩어진 양이라 사자들이 그를 따르도다 처음에는 앗수르 왕이 먹
었고 다음에는 바벨론의 느부갓네살 왕이 그의 뼈를 꺾도다

18 그러므로 만군의 여호와 이스라엘의 하나님이 이와 같이 말하노라 보라 내
가 앗수르의 왕을 벌한 것 같이 바벨론의 왕과 그 땅을 벌하고

19 이스라엘을 다시 그의 목장으로 돌아가게 하리니 그가 갈멜과 바산에서 양을
기를 것이며 그의 마음이 에브라임과 길르앗 산에서 만족하리라

20 여호와의 말씀이니라 그 날 그 때에는 이스라엘의 죄악을 찾을지라도 없겠
고 유다의 죄를 찾을지라도 찾아내지 못하리니 이는 내가 남긴 자를 용서할
것임이라

'야구'는 우리나라에서 가장 사랑받는 스포츠 중 하나다. 야구라는 스포츠가 주는 매력도 있지만, 야구장에 모여 함께 응원하고 즐기는 문화 역시 인기가 많은 이유이다. 야구의 가장 큰 매력은 역전에 있다. 경기가 다 끝날 때까지 언제든 승부가 역전될 가능성이 있다는 얘기다. 그래서 생겨난 말이 있지 않은가? 야구는 '9회말 2아웃부터!' 지금은 비록 지고 있어도 마지막까지 뒤집을 기회가 있다는 뜻이다. 1972년 황금사자기 결승전에서 보여 준 기적적인 역전승으로 군산상고는 '역전의 명수'라는 명성을 얻었고, 미국 메이저리그에서 전설의 선수로 알려진 '요기베라'는 역전에 관해 유명한 말을 남기기도 했다. "끝날 때까지 끝난 것이 아니다." 그래서일까? 인생을 종종 야구에 비유하기도 한다. 쉬운 것 같으면서도 어렵고, 끝까지 그 결과를 알 수 없기 때문이다. 우리 인생이 언제 어떻게 역전을 이룰지 아무도 알 수 없으니 더더욱 그렇다.

예레미야 50장의 말씀은 우리 하나님이야말로 진정한 역전의 명수이심을 증언한다. 스포츠에서의 역전도 물론 감동적이지만, 하나님이 행하시는 역전은 그 차원이 다르다는 것을 분명하게 보여준다. 먼저 예레미야는 하나님의 백성 이스라엘을 한 동물에 비유하면서 지금 그들이 처해 있는 삶의 현실을 상세히 묘사한다.

> 이스라엘은 흩어진 양이라 사자들이 그를 따르도다
> 처음에는 앗수르 왕이 먹었고
> 다음에는 바벨론의 느부갓네살 왕이 그의 뼈를 꺾도다 (렘 50:17)

하나님의 심판이 임하는 이스라엘의 역사를 설명하는 참 적절한 비유다. 본래 유다는 '하나님의 사자'로 큰 복을 받았다. 그래서 다윗이 진을 친 성읍, 예루살렘을 '아리엘'이라고 불렀다. 그러나 교만함으로 죄악에 빠진 이스라엘은 하나님의 말씀을 듣지 않고 끝내 이방 나라들을 의지하고 말았다. 거룩한 성 예루살렘은 '하나님의 사자'로의 정체성을 잃어버리고, 오히려 하나님이 심판의 도구로 삼은 이방 나라들에 잡아먹히는 '벌받을 성'이 되고 말았다.

이제 이스라엘은 '흩어진 양'과 같이 되었다. 목자를 떠난 양은 이미 죽은 목숨과도 같다. 어디로 가야 할지 길을 잃고 방황하다가 맹수에게 잡아먹혀 죽기 마련이다. 결국 그들이 도움을 청했던 이방 민족이 오히려 하나님의 사자가 되어 그들의 살을 먹었고 그들의 뼈를 꺾었다. 아직 생명이 붙어있다고 한들, 도저히 회복할 수 없는 상태였다. 말 그대로 만신창이가 되어 스스로는 아무것도 할 수 없는 '흩어진 양'이 된 것이다.

하나님의 백성은 어떠한 상황에서도 하나님만을 의지하는 것이 참된 믿음이다. 그 믿음으로 말미암아 죄인인 우리가 하나님께 의롭다고 인정받을 수 있다. 그것이 바로 하나님의 회복과 구원의 은혜를 누리는 길이다. 그러나 이스라엘은 끝까지 하나님의 뜻을 따르지 않았다. 예루살렘마저 허물어져서 많은 이가 바벨론 포로로 끌려가는 그 비극의 현장에서 예레미야는 눈물을 흘리며 하나님이 내리신 심판의 역사를 지켜봐야 했다.

그런데 예레미야의 두 번째 예언은 그 눈물의 의미가 다르다. 예레미야 6장에서 흘린 첫 번째 눈물이 슬픔과 아픔의 눈물이었다면, 50장에서의 두 번째 눈물은 감동과 감격의 눈물이다. 포로된 이스라엘에 주시는 하나님의 놀라운 약속이 선포된다.

> … 보라 내가 앗수르의 왕을 벌한 것 같이 바벨론의 왕과 그 땅을 벌하고 이스라엘을 다시 그의 목장으로 돌아가게 하리니 그가 갈멜과 바산에서 양을 기를 것이며 그의 마음이 에브라임과 길르앗 산에서 만족하리라
> (렘 50:18~19)

하나님께서 지금은 이스라엘을 심판하시고 바벨론에 끌려가게 하시지만, 장차 그 바벨론을 친히 벌하시고 '흩어진 양, 이스라엘'을 인도하셔서 다시 그의 목장으로 돌아가게 하시겠다는 말씀이다. 이 말씀이 지금 포로된 이스라엘에 어떻게 들렸을까? 이미 그들의 살은 먹혔고 뼈가 꺾인 상황이었다. 바벨론에 끌려가서 언제 돌아올 수 있을지 전혀 알 수가 없었다. 그런데 하나님은 그 심판의 역사 속에서도 이처럼 놀라운 회복의 약속을 주신 것이다.

우리의 생각에는 불가능한 일, 도저히 회복될 수 없다고 여겨지는 그 문제를 해결하고 이루는 분이 바로 우리의 하나님이다. 더는 회생할 수 없을 정도로 망가지고 무너졌다 할지라도 구원의 하나님께서 함께하심을 믿는다면, 우리는 언제 어디서든 미래의 소망을 가질 수 있다. 하나님은 믿는 자의 소망을 반드시 이루어 주신다. 단지 소망을 가지는 것으로 끝나지 않게 하신다. 그 믿음의 소망을 반드시 이루어 주시겠다는 하나님의 단호한 의지를 이 약속에서 나타내고 계신다.

19절 말씀에 보면, 네 곳의 지명이 언급된다. '갈멜, 바산, 에브라임, 길르앗 산' 이곳은 모두 가나안 지역에서 목초지로 유명한 곳이었다. 이는 '다시 목장으로 돌아가게 해서 그들을 만족하게 하겠다.'라는 정도의 약속이 아니다. 너무나 구체적으로 확실한 장소까지 지명하시면서 '흩어진 양, 이스라엘'을 다시 목초지로 돌아가게 하셔서 그들의 식욕을 만족하게 하실 것임을 선언하신 것이다.

여기서 우리를 향하신 하나님의 돌보심에 대해서도 보다 구체적으로 알게 된다. 영이신 하나님은 우리의 영적인 상태만 관심하시는 것이 아니다. 우리가 이 땅에서 먹고 마시며 즐거움을 누리게 하신 육신의 삶도 하나님은 역시 중요하게 여기시고 돌보신다는 뜻이다. 그렇기에 하나님은 날마다 우리의 물질적인 필요에도 관심하시고, 때를 따라 예비하신 가장 좋은 것으로 채워주신다. 말씀이 이것을 증거한다.

> 여호와는 나의 목자시니 내게 부족함이 없으리로다
> 그가 나를 푸른 풀밭에 누이시며 쉴 만한 물 가로 인도하시는도다 …
> 내 평생에 선하심과 인자하심이 반드시 나를 따르리니
> 내가 여호와의 집에 영원히 살리로다 (시 23:1~6)

우리 하나님은 선하심과 인자하심이 영원하시다. 그 하나님께서 이 시대의 흩어진 양 같은 우리에게도 참된 목자가 되신 줄로 믿는다. 그 믿음으로 살아갈 때, 우리가 사망의 음침한 골짜기로 다녀야 할지라도 두려움이 사라지고 참된 평안을 누리게 된다. 그분이 함께하시기 때문이다. 그 보호하심의 은혜를 누리기 위해서는 내 마음과 내 계획이 앞서지 않아야 한다. 먼저 하나님께 묻고, 하나님의 인도하심을 따라가야 한다. 물론 때로 나의 소원을 허락지 않으실 때도 있다. 하지만 그 또한 나를 위한 하나님의 돌보심임을 믿고 진정으로 감사할 수 있어야 한다.

이스라엘은 그동안 당연했던 일상의 평안이 얼마나 감사하고 하나님의 큰 은혜였는지를 바벨론 포로가 되어서야 깨달았다. 더 일찍 깨달았다면 얼마나 좋았을까 뒤늦게 후회했을 터다. 그러나 끝까지 깨닫지 못하는 사람보다는 늦게나마 깨닫는 것도 참 귀하고 복된 일이다. 미래의 소망을 주시는 하나님의 이 약속은 깨닫고 믿는 모든 이에게 반드시 이루어지기 때문이다. 우리 생각에 늦었다고 해서 절대 포기하지 말아야 한다. 우리는 할 수 없지만, 역전의 명수이신 하나님은 모든 것을 하실 수 있다. 바로 그 하나님의 전능하심을 가장 극적으로 선포하는 회복과 구원의 말씀이 기록돼 있다.

> … 그 날 그 때에는 이스라엘의 죄악을 찾을지라도 없겠고
> 유다의 죄를 찾을지라도 찾아내지 못하리니
> 이는 내가 남긴 자를 용서할 것임이라 (렘 50:20)

하나님만이 하실 수 있는 완전한 용서, 바로 하나님의 '죄 사함'이다. 우리가 누군가의 큰 실수나 잘못을 용서한다고 했을 때, 어땠는가? 말로는 "용서했어." 하면서도 마음 깊은 곳에서는 그렇지 못할 때가 많았을 터다. 때로 그 상처가 너무 커서 수십 년이 지나도 잊히지 않아 힘든 때도 있다. 그러나 하나님의 용서는 그 차원이 다르다.

이스라엘은 하나님과의 언약을 저버렸다. 그 언약에 따라서 그들은 심판받아 마땅했다. 그런데도 하나님은 그들을 진정 사랑하셨기에 멸하고자 함이 아닌 용서를 택하셨다. 고통과 아픔을 주심으로 악을 떠나 하나님을 경외하고 다시 선을 이루는 거룩한 백성으로 만드시겠다고 약속하셨다. 다시 살려주시는 것만도 감사한데 하나님은 그 정도에서 그치지 않으신다. 그들이 지은 죄를 앞으로는 더는 찾을 수 없고 다시는 언급되지 않도록 아예 영원히 소멸시키시겠다는 말씀이다.

이 말씀에는 참으로 중요한 영적인 의미가 들어있다. 하나님의 백성을 새롭게 하시는 하나님의 방법, 그 계획을 엿보게 된다. 하나님이 장차 회복의 역사를 이루실 때가 되면, 이스라엘은 바벨론에서 다시 돌아오도록 예정돼 있었다. 그런데 그 회복은 단순히 삶의 터전을 바벨론에서 예루살렘으로 옮겨오는 물리적, 공간적인 장소의 이동이 되어서는 안 된다는 것이다. 하나님께 죄를 짓고 유배당해서 죽을 수밖에 없었던 죄인들이 모든 죄를 다 용서받아 의인의 신분으로 바뀌게 되는 신앙적이고 영적인 변화 즉 완전한 새로움의 변화여야 함을 선언하는 말씀이었다.

하나님이 이루시는 회복의 역사는 바로 이런 것이다. 단순히 우리가 교회에 다시 모이는 것이 예배의 회복이 아니다. 하나님이 기뻐하시는 참된 예배자, 하나님을 진정 하나님으로 인정하는 거룩한 예배자로 모여야 한다. 그럴 때 우리의 죄를 찾을지라도 다시는 찾아내지 못하는 완전히 새로운 하나님의 백성으로 친히 인도하시고 만들어 가실 것이다.

이처럼 예레미야는 항상 불길한 심판의 예언만 하지 않았다. 특별히 30장부터 33장에는 구원의 말씀이 집중적으로 들어 있는데, 이 부분을 가리켜서 '위로의 책'이라고 부르기도 한다. 그 가운데 20절 말씀에 담긴 '하나님의 새로운 약속'이 이미 등장한 구절들이 있다.

> 여호와의 말씀이니라 보라 날이 이르리니
> 내가 이스라엘 집과 유다 집에 새 언약을 맺으리라
> 이 언약은 내가 그들의 조상들의 손을 잡고 애굽 땅에서 인도하여 내던 날에
> 맺은 것과 같지 아니할 것은 내가 그들의 남편이 되었어도
> 그들이 내 언약을 깨뜨렸음이라 여호와의 말씀이니라
> 그러나 그 날 후에 내가 이스라엘 집과 맺을 언약은 이러하니
> 곧 내가 나의 법을 그들의 속에 두며 그들의 마음에 기록하여
> 나는 그들의 하나님이 되고 그들은 내 백성이 될 것이라 여호와의 말씀이니라
> (렘 31:31~33)

포로 된 이스라엘을 위로하면서 그들을 향해 선포하는 약속의 말씀이다. 이 가운데 눈에 띄는 말이 있다. 바로 '새 언약'이다. 출애굽한 선조들과 맺었던 언약은 그들의 죄악으로 인해 이미 깨어졌다. 그래서 장차 바벨론에서 돌아올 그들과 하나님은 새로운 언약을 맺길 원하셨다. 돌판 위에 새겨 주셨던 옛 언약이 있었지만, 이스라엘은 시간이 갈수록 그 법을 지키기보다는 그것을 가지고 있다는 것에 만족했다. 그래서 새롭게 맺을 언약은 그들

의 속에 두고 그들의 마음에 기록하라 하나님은 명하셨다. 새 언약을 맺으시는 목적이 무엇인가? 일상의 삶에서 마음을 다해 하나님의 말씀대로 행하라는 뜻이다. 예레미야를 통해서 선포되었던 이 '새 언약' 바로 이 말에서 구약 다음에 있는 '신약'이라는 이름이 나오게 된 것이다.

성경을 이야기할 때, 시간을 기준으로 해서 예수님 이전의 말씀을 구약이라 하고, 예수님 이후의 말씀을 신약이라고 설명하기도 한다. 하지만 더욱 중요한 근본적인 차이는 말씀에 대한 행함의 정신에 있다. 옛 언약이나 새 언약 모두 하나님과의 기본적인 관계에는 차이가 없다. 오히려 돌판 위에 새겨주신 옛 언약이 더 분명하고 엄격할 수 있다. 그러나 그 문자나 글귀 하나에 얽매여서 행함과 실천의 정신을 잃어버리면, 더는 언약의 은혜를 누릴 수 없게 된다. 그래서 예수님은 구약의 말씀들을 다시 인용하시며 '새 언약'의 진정한 의미를 친히 가르쳐 주시고, 자기 삶으로 우리에게 행함의 본을 몸소 보여 주셨다.

오늘날 우리의 모습이 마치 '흩어진 양'과 같다고 느낄 수 있다. 목자이신 주님께서 우리를 이처럼 흩으셨다고 깨달아진다면, 멸하시기 위해서가 아니라 우리를 진정 살리기 위해서이고 우리에게 행함의 정신을 깨닫는 기회를 주시는 줄로 믿어야 한다. 우리가 아무리 험하고 어두운 세상에 흩어져 있다 할지라도 목자이신 하나님은 반드시 우리를 다 찾으셔서 모든 죄를 용서하시고 다시 목장으로 돌아오게 하실 것이다. 그 믿음으로 지금 흩어져 있는 그곳에서 날마다 거룩한 삶으로 하나님을 기쁘시게 하며, 다시 주의 전에서 '새 언약'을 마음에 기록한 새로운 백성으로 만날 수 있길 간절히 바란다.

우리가 아무리 험하고 어두운 세상에

흩어져 있다 할지라도

목자이신 하나님은

반드시 우리를 다 찾으셔서

모든 죄를 용서하시고

다시 목장으로 돌아오게 하실 것이다

33

겔 1 ~ 32

말씀 동행

1일차

2일차

3일차

4일차

5일차

6일차

7일차

포도나무의 진가(眞價)

에스겔 15:1~8

1 여호와의 말씀이 내게 임하여 이르시되

2 인자야 포도나무가 모든 나무보다 나은 것이 무엇이랴 숲속의 여러 나무 가운데에 있는 그 포도나무 가지가 나은 것이 무엇이랴

3 그 나무를 가지고 무엇을 제조할 수 있겠느냐 그것으로 무슨 그릇을 걸 못을 만들 수 있겠느냐

4 불에 던질 땔감이 될 뿐이라 불이 그 두 끝을 사르고 그 가운데도 태웠으면 제조에 무슨 소용이 있겠느냐

5 그것이 온전할 때에도 아무 제조에 합당하지 아니하였거든 하물며 불에 살라지고 탄 후에 어찌 제조에 합당하겠느냐

6 그러므로 주 여호와께서 이같이 말씀하셨느니라 내가 수풀 가운데에 있는 포도나무를 불에 던질 땔감이 되게 한 것 같이 내가 예루살렘 주민도 그같이 할지라

7 내가 그들을 대적한즉 그들이 그 불에서 나와도 불이 그들을 사르리니 내가 그들을 대적할 때에 내가 여호와인 줄 너희가 알리라

8 내가 그 땅을 황폐하게 하리니 이는 그들이 범법함이니라 나 주 여호와의 말이니라 하시니라

세계에서 가장 값비싼 땅 중 하나가 미국 맨해튼(Manhattan)이다. 그 땅의 원래 주인은 인디언들이었는데, 그 땅을 네덜란드에서 온 한 상인에게 단돈 24달러에 팔았다고 한다. 물론 당시 가격이니 지금의 가치하고는 아주 달랐겠지만, 어쨌든 그들은 그 땅이 별로 쓸모가 없다고 여긴 탓에 그 가격에 팔았다. 그렇게 땅을 처음 구입한 네덜란드인들은 그곳을 자신들의 새로운 땅이라고 해서 '뉴 암스테르담(Amsterdam)'이라고 불렀다. 그 이후 그 땅을 영국인들이 사들여서 마찬가지로 '새로운 요크(york)'라는 의미로 '뉴욕(New York)'이라고 이름하고 그 땅을 발판 삼아 정착하게 된다. 뒤늦게 손해를 봤다고 깨달은 인디언들은 억울한 마음에 자꾸 이 땅에 들어와서 문제를 일으켰다. 그러자 이 땅에 정착한 이들이 주변 경계마다 높은 벽(Wall)을 쌓았고, 그렇게 오랜 시간이 지나 맨해튼에 사람이 많아지고 개발이 되면서 그 벽을 헐고 길을 만들게 된다. 그 길이 바로 오늘날 세계 금융의 중심지가 된 '월 스트리트(Wall Street)'이다. '월가'라고도 하는데, 우리말로는 '벽길'이라는 뜻이다.

이처럼 아무리 귀한 것도 그 가치를 깨닫지 못하면, 쓸모없는 것에 불과하다. 그러나 반대로 별로 쓸모없다고 여겨지는 것도 누구의 것이 되느냐에 따라 완전히 새로워질 수 있다. 특별히 우리 그리스도인은 언제나 말씀을 통해서 우리가 살아가야 할 진정 가치 있는 인생의 길은 무엇인지, 앞으로 주어질 새로운 길을 어떻게 살아가야 하는지를 깨달아야 한다. 그것이 믿는 우리에게 주어진 귀한 은혜이다.

에스겔서는 구약성서의 3대 예언서 중 하나로 유대왕국 말기부터 바벨론 포로기 전반에 활동한 예언자 에스겔의 예언을 모은 책이다. 그중 에스겔 15장은 두 가지 특징을 가진다. 첫째, 에스겔서 전체에서 가장 짧은 장으로 한 장이 모두 여덟 절밖에 되지 않는다. 그런데도 독립적인 한 장을 이루고 있다는 것은 그만큼 이 안에 담긴 내용이 중요하다는 사실을 반증한다. 마치 "작은 고추가 맵다"라는 말처럼 길이는 짧지만, 우리에게 전하는 메시지는 아주 강력하다.

둘째, 그 메시지의 특징이다. 이스라엘을 한 나무에 비유하면서 그들에게 계속해서 질문을 한다. 일방적으로 선포하는 것이 아니라 그 질문에 스스로 답하도록 하면서 하나님께서 택하신 백성, 이스라엘의 정체성과 진정한 가치를 그들 스스로 다시금 깨닫도록 하신 것이다.

에스겔서 15장 2절부터 5절까지 모두 6개의 질문이 등장한다.

① 포도나무가 모든 나무보다 나은 것이 무엇이랴

② 숲속의 여러 나무 가운데 있는 그 포도나무 가지가 나은 것이 무엇이랴

③ 그 나무를 가지고 무엇을 제조할 수 있겠느냐

④ 그것으로 무슨 그릇을 걸 못을 만들 수 있겠느냐

⑤ 불이 그 두 끝을 사르고 그 가운데도 태웠으면 제조에 무슨 소용이 있겠느냐

⑥ 불에 살라지고 탄 후에 어찌 제조에 합당하겠느냐

어떤가? 답하기에 그리 어려운 질문은 아니지 않은가? 포도나무가 다른 나무보다 나은 것은 당연히 포도 열매 때문이다. 다른 나무가 맺을 수 없는 포도 열매가 있기에 포도나무인 것이다. 그런데 이제 더는 포도나무에 그 열매를 기대할 수가 없다고 말씀하신다.

이 말씀의 역사적 배경은 주전 6세기, 바벨론 포로기이다. 남 유다가 멸망하기 전에 선포했던 이사야와 예레미야의 예언은 끝났다. 이에 바벨론에 끌려간 이들 가운데 하나님의 말씀을 대언할 새로운 예언자가 세워졌는데, 그가 바로 '에스겔'이었다.

에스겔은 원래 예루살렘에서 활동하던 제사장이었다. 하지만 성전이 무너지고 제단이 허물어진 마당에 에스겔에게 바벨론에서의 삶은 아무런 의미도 없었다. 누구보다 절망할 수밖에 없고 실패한 사람이 바로 에스겔이었다. 앞으로 어떻게 살아가야 할지 막막하고 답답할 뿐 아니라, 지금 당장 자신의 존재 자체도 의미를 찾을 수 없던 상황이었다. 하나님은 바로 그러한 에스겔을 포로된 그 땅에서 부르셨다. 사람들이 볼 때 그는 실패한 사람이었다. 그러나 그의 진가를 아시는 하나님은 실패를 통해서 하나님의 뜻을 깨닫게 하시고, 말씀을 대언하는 새로운 사명을 그에게 주신 것이다.

그런데 여기서 한 가지, 우리가 깨달아야 할 것이 있다. 우리에게 새로운 사명을 주시는 것이 물론 하나님의 은혜요 감사한 일이지만, 그 사명을 온전히 감당한다는 것은 결코 쉬운 것이 아니라는 사실이다. 에스겔은 새로운 사명 앞에 그동안 제사장으로 살아왔다는 자부심과 성전에서 누렸던 모든 특권을 다 내려놓아야 했다. 이제는 예언자로서 낯선 땅 바벨론에서 새로운 방식으로 살아야 했다는 말이다. 제사장이었던 에스겔이 바벨론에 와서 갑자기 예언자로 활동한다고 했을 때, 누가 그를 인정했겠는가? 어떤 사람이 그의 말을 듣고자 했겠는가? 모두 그를 이상한 사람 취급하고, 조롱하기도 했을 터다. 그래서일까. 에스겔서에 보면, 에스겔은 그 어떤 예언자들보다도 자신이 하나님으로부터 직접 부르심을 받았다는 소명 이야기를 가장 적극적으로, 가장 길게 소개하고 있다. 또한 새로운 사명을 받은 에스겔은 그 누구보다 자신에게 임하는 하나님의 말씀에 집중해서 귀를 기울였음을 강조한다. 포로 된 이스라엘을 향하신 하나님의 구원과 회복의 은혜를 사모하면서 한 말씀도 놓치지 않고자 하는 그의 삶이 에스겔서에 계속해서 나타난다.

15장 말씀 역시 바로 그러한 에스겔의 전형적인 표현으로 시작한다.

여호와의 말씀이 내게 임하여 이르시되 (겔 15:1)

짧은 구절이지만, 여기에는 매우 중요한 말씀의 차원이 들어있다. 인간을 통해 전해지는 말이지만, 하나님께서 택하신 믿음의 사람에게는 그것이 하나님의 말씀으로 들리게 하시고 깨닫게 하신다는 뜻이다. 이것이 바로 성령 하나님의 능력으로 이루어지는 말씀의 신비이다. 에스겔은 그 소망으로 자신에게 임한 하나님의 말씀을 전한 것이다.

그런데 많은 나무 가운데 왜 하필 포도나무일까? 이스라엘이 살아가던 팔레스타인 지역은 포도 재배에 적합한 기후와 토양을 가지고 있었다. 그래서 비옥한 언덕마다 포도원들이 자리했고, 그들에게 포도나무의 풍성한 열매는 곧 하나님의 번영과 축복이었다. 그런 이유로 그들의 삶에서 가장 잘 알고 이해할 수 있는 포도나무로 그들을 향하신 하나님의 뜻을 깨닫도록 한 것이다.

이처럼 구약에서 이스라엘이 포도나무에 비유되는 경우가 자주 있다. 그 중 대표적인 곳이 예언서를 시작하는 첫 번째 책, 바로 이사야 5장에 나오는 '포도원 노래'이다.

나는 내가 사랑하는 자를 위하여 노래하되
내가 사랑하는 자의 포도원을 노래하리라 …
땅을 파서 돌을 제하고 극상품 포도나무를 심었도다
그 중에 망대를 세웠고 또 그 안에 술틀을 팠도다
좋은 포도 맺기를 바랐더니 들포도를 맺었도다
무릇 만군의 여호와의 포도원은 이스라엘 족속이요
그가 기뻐하시는 나무는 유다 사람이라
그들에게 정의를 바라셨더니 도리어 포학이요
그들에게 공의를 바라셨더니 도리어 부르짖음이었도다 (사 5:1~2, 7)

하나님께서 택하신 이스라엘을 얼마나 사랑하셨는지, 그들을 얼마나 정성으로 돌보셨는지가 너무도 잘 나타나 있다. 포도원을 만들기 위해서 땅을 파고 돌을 제하셨고, 온갖 정성으로 돌보시며 좋은 포도 맺기를 기대하셨다. 그런데 어떻게 되었는가? 비옥한 땅에 심어진 극상품 포도나무가 들포도를 맺고 말았다. 들포도는 거칠고 상품 가치가 없는 야생에서 자란 포도를 말한다. 아름답고 풍성한 열매로 하나님을 기쁘시게 해야 하는데, 유다는 자신을 택하신 하나님의 뜻에 순종하지 않고 오히려 범죄하고 타락해서 하찮은 존재로 전락하고 말았다. 우리의 존재가 귀한 이유는 하나님이 우리를 택하셨고 우리를 사랑하시기 때문이다. 그 사랑을 알지 못하고 하나님을 떠나면, 우리의 진가를 깨달을 수가 없게 된다.

… 숲속의 여러 나무 가운데에 있는 그 포도나무 가지가 나은 것이 무엇이랴 (겔 15:2)

이 질문에 지금 이스라엘이 처한 상황이 잘 나타나 있다. 하나님께서 심으신 극상품 포도나무가 어디에 있어야 하는가? 그렇다. 당연히 포도원에 있어야 한다. 그런데 지금 이스라엘은 하나님의 돌보심으로부터 떠나 있다. 포도원을 떠나서 숲속의 여러 나무 가운데 있다는 말씀이다. 하나님의 돌보심 가운데 살아가야 할 존재임을 잊은 채, 다른 나무들을 부러워하며 자기 마음대로 살아보고자 떠난 것이다.

하나님은 왜 이스라엘을 택하셨을까? 많은 민족 가운데 왜 그들을 '기뻐하시는 포도나무'라고 하셨을까? 민족의 역사가 훌륭해서? 아니면, 그들의 땅이 넓고 군사력이나 정치력, 문화와 전통이 탁월해서? 절대 아니다. 어떠한 기준에서 볼 때도 이스라엘은 주변의 애굽이나 바벨론 등 다른 민족들보다 나을 것이 하나도 없었다. 그런데도 이스라엘이 치열한 전쟁과 역사의 소용돌이 속에서 그동안 살아남을 수 있었던 것은 오직 단 한 가지, 여호와 하나님과의 언약이 있었기 때문이었다. 애굽에서 종살이하던 그들을 택하셔서 하나님의 백성으로 삼으시고, 장차 그들을 통해서 온 열방을 향하신 구원의 역사를 이루시기로 하나님께서 약속하셨기 때문이다. 신명기 7장에 그 거룩한 언약과 함께 그들과 언약을 맺은 이유가 기록돼 있다.

> 여호와께서 너희를 기뻐하시고 너희를 택하심은
> 너희가 다른 민족보다 수효가 많기 때문이 아니니라
> 너희는 오히려 모든 민족 중에 가장 적으니라 (신 7:7)

그들이 잘나서가 아니었다. 오직 하나님의 전적인 사랑하심이었다. 그들의 능력이 뛰어나서가 아니라, 하나님께서 그 언약을 지키시고자 그들을 인도하시고 보호하셨기 때문이었다. 그런 사랑과 은혜를 입었다면, 당연히 여호와 하나님만을 섬겼어야 했다. 신실하신 하나님을 찬양하면서 그 말씀에 순종했어야 마땅하다. 하지만 이스라엘은 하나님의 도우심을 잊었고, 그 언약을 저버렸다. 평안한 삶을 살다 보니 하나님의 능력을 자신의 힘으로 착각한 것이다.

그런데 흥미롭게도 예수님께서 요한복음을 통해 이 비유를 다시 인용하신다.

> 나는 포도나무요 너희는 가지라 그가 내 안에, 내가 그 안에 거하면
> 사람이 열매를 많이 맺나니 나를 떠나서는 너희가 아무 것도 할 수 없음이라
> (요 15:5)

하나님의 사람이 그 은혜를 인정하지 않고 자기 마음대로 하고자 하면

그저 '쓸모없는 포도나무'에 불과하다. 하지만 주님께서 '참된 포도나무' 이심을 깨닫고 주님 안에 살아가면, 언제나 풍성한 열매의 은혜를 누리게 하신다. 이것이 바로 믿음의 사람에게 약속해 주신 축복이요, 생명의 길이다. 그러니 어떠한 상황에서도 신실하신 하나님을 믿어야 한다. 어떠한 위기에서도 주님 안에 거해야 한다. 우리의 진가를 깨닫지 못하고 그저 쓸모없는 나무로 여기면서 우리를 향하신 하나님의 기대를 끝까지 실현해 내지 못하면, 결국 불에 태워지는 존재가 되고 만다.

포도나무는 그 열매를 빼고 본다면, 다른 나무보다 나은 것이 하나도 없는 존재이다. 구부러져 있고 재질이 연약해서 재목으로서 전혀 가치가 없는 하등품이다. 건물을 짓는 목재나 다른 도구를 만드는 재료로도 사용할 수가 없다. 게다가 꽃이 아름답지도 않고 향기롭지도 않아서 관상용으로도 적당하지 않다.

그렇다면 땔감으로 쓰면 되지 않냐고 반문할 수 있다. 말씀에도 "불에 던질 땔감이 될 뿐이라"(겔 15:4)라고 말한다. 그런데 이 말을 오해해서는 안 된다. 원어의 의미는 포도나무가 땔감의 용도로 쓰일 수 있다는 뜻이 아니라, 아무 데도 쓸모가 없어서 그저 불에 삼켜지고 마는 나무라는 의미이다. 땔감으로 쓰이려면 불에 타서 그 불이 어느 정도 유지가 되어야 한다. 하지만 포도나무는 전혀 그렇지 못한다. 불이 한번 붙으면 너무 빨리 타기 때문에 땔감으로도 가치가 없다.

이렇듯 '쓸모없는 포도나무'는 오늘의 영적 이스라엘, 즉 하나님의 백성이 된 우리를 또한 예표한 것이라고 할 수 있다. 하나님은 '쓸모없는 포도나무'와 같은 우리를 택하셔서 하나님의 자녀로서의 진정한 가치를 알게 하셨다. 그리고 오늘도 우리에게 새로운 사명을 주셔서 이 세상에 그

가치를 나타내고 하나님의 뜻을 이루어 가게 하신다.

"겨울이 다 되어야 솔이 푸른 줄 안다."라는 속담이 있다. 푸른 것이 다 없어진 한겨울에야 비로소 솔이 푸른 줄 안다는 뜻으로, 어려운 고비를 당해 보아야 그 사람의 진가를 안다는 말이다. 그렇다. 우리는 참으로 힘들고 어려운 시대를 살아가고 있다. 연일 감당하기 힘든 사건 사고가 우리의 마음을 불안하게 하고, 어지럽게 한다. 경제적으로나 사회적으로 모든 면에서 가장 큰 위기라고 말한다. 그러나 위기의 때에 비로소 그 진가가 나타나는 법이다. 지금이야말로 위기 때마다 우리를 구원해 주신 하나님의 은혜를 기억하면서 우리에게 기대하시는 포도나무의 진가를 나타내야 할 때이다. 오직 신실하신 하나님만을 의지하고, 하나님의 돌보심 가운데 거해야 한다. 하나님께서 반드시 우리의 모든 계획을 인도하시고 열매 맺게 하실 것이다.

34

겔 33~단 12

말씀
동행

1일차

2일차

3일차

4일차

5일차

6일차

7일차

믿음의 선한 영향력

다니엘 6:25~28

25 이에 다리오 왕이 온 땅에 있는 모든 백성과 나라들과 언어가 다른 모든 사람
들에게 조서를 내려 이르되 원하건대 너희에게 큰 평강이 있을지어다
26 내가 이제 조서를 내리노라 내 나라 관할 아래에 있는 사람들은 다 다니엘의
하나님 앞에서 떨며 두려워할지니 그는 살아 계시는 하나님이시요 영원히 변
하지 않으실 이시며 그의 나라는 멸망하지 아니할 것이요 그의 권세는 무궁할
것이며
27 그는 구원도 하시며 건져내기도 하시며 하늘에서든지 땅에서든지 이적과 기
사를 행하시는 이로서 다니엘을 구원하여 사자의 입에서 벗어나게 하셨음이
라 하였더라
28 이 다니엘이 다리오 왕의 시대와 바사 사람 고레스 왕의 시대에 형통하였더라

사람이나 동물이나 본능적으로 물에 빠지면 수영을 한다. 물론 이것은 체계적으로 배운 수영법은 아니다. 살아남기 위한 수영이라는 의미로 이것을 '생존수영'이라고 부른다. 예전에는 '수영'하면 자유형, 배영, 접영 이런 것을 배웠는데, 이제는 생명과 직결되는 '생존수영'을 먼저 배운다고 한다. 우리나라는 2015년경부터 초등학생을 대상으로 생존수영 교육을 실시하고 있다.

생존수영의 목적은 빠르게 헤엄치는 것이 아니다. 깊은 물이나 바다에서 예기치 못한 위기의 상황에서도 당황하지 않고, 구조받을 때까지 물에 떠서 견디는 시간을 늘리는 것이 목적이다. 그래서 생존수영의 특징은 수영을 잘한다고 당연히 할 수 있는 게 아니라는 것이다. 오히려 수영을 못하는 사람이 생존수영을 더 빨리 익히기도 한다. 가장 기본적인 자세는 몸에서 힘을 완전히 빼고 숨을 크게 들이쉬고 침대에 눕는 것처럼 하면 된다. 그러면 우리 몸에 있는 부력으로 인해서 물 위에 뜬 잎처럼 우리 몸이 자연스럽게 떠 있게 된다. 말로만 들으면 참 간단하다. 그런데 대부분 물에 빠져서 당황하면 힘부터 들어가기 마련이다. 수영 좀 한다고 거기서 헤엄쳐 나오려다가 힘이 빠져서 더 위험하게 된다. 그래서 생존수영은 물에 대한 두려움을 없애고 몸에서 힘을 빼는 것부터 배운다.

많은 이가 힘겨운 시대를 살아가면서 생존하기 위해 하루하루 힘겨운 시간을 버티고 있다. 당장 생계가 걱정되고, 학업과 취업도 전혀 나아질 기미가 보이지 않아서 불안해한다. 어떤가? 지금 이때를 어떻게 살아가고 있는가?

성경은 위기의 때에도 생존을 넘어 형통을 누리는 믿음의 주인공을 통해 지금 우리의 삶을 돌아보라고 말한다. 다니엘이 그중 한사람이다.

다니엘 6장은 다니엘서 전체에서 가장 유명하고, 가장 널리 알려진 내용이다. 왕의 총애를 받던 다니엘이 모함과 계략에 의해서 사자 굴에 던져지는 사건이 발생한다. 한 나라의 총리였던 이가 하루아침에 사자 밥이 된다는 말이다. 아무리 하루 앞을 알 수 없는 것이 인생이라고 하지만, 이 소식은 그 땅의 많은 이에게 큰 관심을 넘어 엄청난 충격이었을 것이다.

"아니, 왜 그랬대?" "그렇게 충성하고 아무런 허물도 없는 다니엘을 정말 사자 굴에 던진다고?" 이유는 단 하나, 다름 아닌 다니엘의 신앙 때문이었다. 그가 여호와 하나님을 섬기기 때문이었다. 그러나 이것은 다니엘을 해하고자 하는 명분에 불과했다.

당시 다니엘이 살아가던 포로기 이후, 메대와 바사와 같은 이방 제국들은 여러 신들을 섬기던 다신 종교를 가진 사회였다. 따라서 다니엘이 자신의 집에서 이스라엘의 신이라 하는 여호와를 섬기는 것이 종교적으로 아무런 문제가 되지 않았다. 그런데도 굳이 30일 동안이라는 제한적인 기간을 정하면서까지 어떠한 신에게도 구하지 못하게 한 것은 매우 이례적인 일이었다. 그 조서에는 분명 특정인을 향한 악의적인 의도가 있었음을 알았을 것이라는 얘기다. 다리오 왕도 그저 자신의 권위를 더 높이 세우는 것이라고만 여기고 그 조서에 도장을 찍었을 터다. 그러나 어쩌겠는가? 악법도 법인 것을. 왕은 하는 수 없이 다니엘을 사자 굴에 던져 넣으면서 이렇게 말했다.

> … 네가 항상 섬기는 너의 하나님이 너를 구원하시리라 … (단 6:16)

그리고 이튿날 새벽에 다시 사자 굴에 가서도 이렇게 말했다.

… 네가 항상 섬기는 네 하나님이 사자들에게서 능히 너를 구원하셨느냐…
(단 6:20)

다리오 왕이 여호와 하나님에 대한 믿음이 있어서 한 말은 아니다. 이제는 왕인 나도, 너를 위해서 어떻게 할 수가 없다는 뜻이다. 그런데 우리는 평소 다니엘의 모습을 보고 다리오 왕이 한 이 말에서 위기의 때에 생존을 넘어 형통을 누리는 첫 번째 비결을 깨닫게 된다. 그것은 바로 '항상 하나님을 섬기는 것'이다.

믿지 않는 사람이 볼 때, "저 사람은 항상 하나님만 찾아. 하나님밖에 없어." 이런 말이 나와야 한다. "어려워지니까 다 똑같네." "교회 다닌다고 뭐 다를 거 없네." 이런 말을 들으면 안 된다는 얘기다. 형편이 안 된다고 여력이 없다고 핑계하고 바뀌는 것이 아니라, 어떠한 상황에서도 한결같이 하나님만을 섬기는 믿음의 삶이 되어야 한다는 말이다.

다니엘은 그동안 이뤄 온 모든 것을 잃을 수도 있는 상황을 맞았다. 부와 명예는 물론이요, 생명마저 위태로운 그 위기의 때에도 다니엘은 변함없는 여호와 신앙을 보여준다. 성경은 그의 모습을 이렇게 기록한다.

다니엘이 이 조서에 왕의 도장이 찍힌 것을 알고도
자기 집에 돌아가서는 윗방에 올라가 예루살렘으로 향한 창문을 열고
전에 하던 대로 하루 세 번씩 무릎을 꿇고 기도하며
그의 하나님께 감사하였더라 (단 6:10)

걱정하고 염려할 수밖에 없을 그 상황에서 어떻게 감사할 수 있었을까? 자신을 해하고자 하는 그 악의적인 조서를 알면서도 어떻게 이리도 태연할까? 그것은 다니엘이 항상 하나님을 섬겨왔기 때문이다. 하나님만

이 진정한 구원자이심을 알고 믿었기에 가능한 일이다. 지금은 비록 모함을 받고 억울함을 당하고 있지만, 역사의 주관자가 되시는 하나님께서 반드시 해결해 주실 것임을 확신했기에 다니엘은 그 위기에서도 하나님께 감사하며 기도할 수 있었다.

그렇다. 우리가 곤경에 처할 때 하나님을 섬길 수 있는 최선의 방법이 바로 '기도'다. 하나님을 섬긴다는 말은 하나님을 내 삶의 주인으로 인정한다는 뜻이다. "나는 하나님의 종입니다. 주인 되시는 하나님께서 나를 인도하시는 대로 그 인도하심에 순종하겠습니다." 이 고백이 바로 하나님을 섬기는 최고의 방법, 기도이다. 놀라운 것은 우리가 진정으로 하나님을 섬기고자 이처럼 기도할 때, 우리의 힘으로는 감당할 수 없는 그 상황을 하나님은 기도를 통해서 믿음의 능력을 주셔서 극복하게 해 주신다. 믿음은 평안할 때보다도 위기의 때에, 전심으로 기도하며 일상의 기적을 통해서 자란다.

다니엘의 삶이 바로 이것을 보여준다. 그가 어떻게 조서에 왕의 도장이 찍힌 것을 알고도 전혀 두려움 없이, 전에 하던 대로 하나님을 섬길 수 있었는가? 바로 믿음의 체험이 있었기 때문이다. 앞서 다니엘은 바벨론 왕 느부갓네살 때에 처음 위기를 맞았다. 하루는 왕이 꿈을 꿨는데 마음이 번민해서 잠을 이루지 못하는 일이 일어난다. 너무 고통스러운 탓에 자신이 꿈을 알아맞히고 해석할 자를 데려오라고 명했지만, 그럴 수 있는 자가 아무도 없었다. 화가 난 왕은 그 땅의 모든 지혜자를 다 죽이라고 명령한다. 당시 왕궁에서 교육을 받고 있던 다니엘과 그의 친구들도 꼼짝없이 죽게 생긴 터였다. 갑작스러운 그 위기의 때에 비로소 다니엘은 하나님께 기도하게 된다.

> 하늘에 계신 하나님이 이 은밀한 일에 대하여 불쌍히 여기사
> 다니엘과 친구들이 바벨론의 다른 지혜자들과 함께 죽임을 당하지 않게 하시기를
> 그들로 하여금 구하게 하니라 (단 2:18)

다니엘이 먼저 스스로 구했다기보다 사실 하나님이 기도하게 하셨다는 말씀이다. 기도를 통해서 하나님이 행하시는 구원의 능력을 체험하도록 말이다. 그래서 어떻게 되는가? 왕의 그 꿈을 정확히 알아맞히고, 그 의미까지 다 해석해 준다. 하지만 이 일은 어쩌다 한 번 우연이 일어난 것이 아니다. 그 이후에도 느부갓네살 왕 때 한 번 더 있었고, 그리고 그의 아들 벨사살 왕 때도 한번, 모두 세 번이나 하나님이 주신 놀라운 능력을 세상에 나타내게 하셨다. 여기에서 위기의 때에 오히려 형통을 누리는 또 하나의 비결을 깨닫게 된다. 그것은 바로 하나님의 능력과 하나님이 허락하신 환경에 집중하는 것이다.

생존수영에서 가장 기본이 되는 것, 바로 힘을 빼는 것이다. 그렇다. 위기의 때일수록 내 힘으로 하고자 해서는 안 된다. 내 힘을 모두 빼고 하나님께 온전히 맡겨야 한다. 억울하다고 내 힘으로 그 환경을 바꾸려고 하면 할수록 깊은 물에서 허우적거리다 힘이 빠져서 더 위험해지는 것과 마찬가지이다. 이런 환경을 허락하신 하나님의 뜻이 무엇일지, 하나님께서 앞으로 우리를 통해서 어떠한 일들을 행하실지, 오늘도 기대하며 기도하는 우리가 되어야 할 줄로 믿는다. 그럴 때 하나님은 우리에게 세상에서 얻을 수 없는 하늘의 지혜와 능력을 주셔서 우리의 앞길을 여시고 사람들로부터 존귀함을 얻게 하실 것이다.

그런데 거기에 만족해서는 안 된다. 하나님께서 형통함을 누리게 하실 때, 우리는 그 목적을 잊지 말아야 한다. 그 형통함은 나를 드러내고, 나의

능력을 자랑하기 위해서가 아니다. 많은 이로 하여금 하나님의 도우심과 행하심을 알도록 하시는 목적이다.

사자 굴에 던져졌지만, 조금도 상하지 않은 다니엘은 이렇게 선포한다.

> 나의 하나님이 이미 그의 천사를 보내어 사자들의 입을 봉하셨으므로
> 사자들이 나를 상해하지 못하였사오니 이는 나의 무죄함이 그 앞에 명백함이오며
> 또 왕이여 나는 왕에게도 해를 끼치지 아니하였나이다 하니라 (단 6:22)

다니엘이 내가 바로 사자 굴에서도 죽지 않고 살아난 자라고 하면, 얼마나 영웅이 되겠는가? 하지만 그는 자칫 자신에게 쏠릴 수 있는 세간의 관심을 오직 하나님께로 돌렸다.

"죽음의 위기에서 하나님이 나를 지키셨습니다!"

"내 능력이 아닙니다. 하나님께서 하셨습니다!"

그리고는 하나님께서 그 환경을 얼마나 완벽하게 바꾸셨는지를 설명한다. 다니엘의 무죄함을 온 세상에 밝혀주셔서 그의 억울함을 풀어주셨고, 자칫 충성된 신하를 잃을 뻔했던 왕에게도 해가 되지 않도록 하신 하나님의 완벽한 행하심을 사람들이 알도록 했다.

이것이 바로 '믿음의 선한 영향력'이다. 믿음의 사람을 통해 전하게 하시고 세상에 나타내게 하시는 하나님의 선하신 역사! 다니엘은 자신에게 맡겨진 그 사명을 온전히 완수했다. 그 열매가 바로 성경에 기록돼 있다.

> … 그는 살아 계시는 하나님이시요 영원히 변하지 않으실 이시며
> 그의 나라는 멸망하지 아니할 것이요 그의 권세는 무궁할 것이며
> 그는 구원도 하시며 건져내기도 하시며 하늘에서든지 땅에서든지
> 이적과 기사를 행하시는 이로서 다니엘을 구원하여 사자의 입에서
> 벗어나게 하셨음이라 … (단 6:26~27)

이 말씀은 다니엘의 말이 아니라, 이방 나라를 다스리는 왕의 말이다. 얼마나 놀라운 일인가! 다니엘이 요청한 것도 아닌데, 다니엘의 하나님을 찬양하는 왕의 조서가 당시 그가 다스리고 있던 모든 지역에 다 보내지게 된다. 실로 엄청난 일이다. 이처럼 믿음의 영향력을 과소평가해서는 안 된다. '나 혼자 되겠어?' 하며 포기해서도 안 된다. 나는 연약하지만, 나를 통해 역사하시는 하나님은 전능하시기 때문이다.

미국 남북전쟁이 끝나갈 무렵, 노예였던 흑인 부모 밑에서 다섯 남매 중 막내로 한 사내아이가 태어났다. 아버지와 형제들은 노예제도를 반대하던 폭도들에 의해서 목숨을 잃었고, 이 아이는 어머니와 함께 납치당했다가 어머니는 어디론가 팔려 가고 이 아이만 홀로 백인 부부에 의해서 구출된다. 그러다 신앙이 독실한 선생님의 도움으로 공부하게 되었고, 마침내 농학 박사 학위까지 취득한다. 뛰어난 연구로 명성을 얻어가던 중에, 그가 항상 마음속에 품었던 물음에 답을 찾게 된다.

'불쌍한 흑인 동족을 위해서 나는 무엇을 할 것인가?' 그러고는 돈이나 지위, 명예가 보장된 편안한 길을 마다하고, 실험 도구 하나 제대로 없는 열악한 환경의 시골 학교로 간다. 그곳이 바로 자신이 있어야 할 곳임을 깨달은 그는 그곳에서 모두를 위한 새로운 연구와 발명에 매진한다.

당시 미국의 남부지방은 목화재배로 유명했는데, 해충 때문에 수많은 농민이 해마다 파산하는 어려움을 겪었다. 이때 그는 농민들에게 목화 대신에 땅콩을 심으라고 권했다. 목화를 계속 심으면 땅에 양분이 없어지면서 점점 황폐해지는데, 아주 적은 양의 양분으로도 자랄 수 있는 땅콩을 심으면 그 땅도 회복되고 높은 소득도 올릴 수 있었기 때문이다. 역시 척박한 땅에서도 땅콩은 잘 자라주었다. 그런데 감사하기는커녕 얼마 못 가서 원망의 소리가 들려왔다. 농장마다 땅콩을 심었더니 너무 풍작이 되어서 제대로 값도 못 받고, 수확한 것을 처치하기도 곤란해진 것이다.

예기치 못한 이 문제 앞에 그는 다시 농민들을 위해서 그 땅콩으로 할 수 있는 것이 무엇일까 기도하기 시작했다. 밤낮으로 기도하며 땅콩을 연구한 끝에, 무려 300여 가지에 이르는 땅콩으로 만들 수 있는 각종 식품과 가공품을 만들어 냈다. 땅콩버터, 기름, 사탕, 잉크, 접착제, 물감 등등.

결국 그로 인해 땅콩 농사가 목화재배를 멈추게 했고, 이것이 미국 역사에서 노예해방을 이루게 하는 중요한 기틀이 되었다. 이렇게 선한 영향을 끼친 인물이 '조지 워싱턴 카버'이다. 그는 이름보다도 '땅콩 박사'라는 별명이 더 유명하다. 카버 박사는 많은 발견과 발명을 했지만, 단 한 가지도 특허를 내거나 자신의 이익을 위한 사업을 벌이지 않았다. 필요로 하는 사람이 있다면 누구나 다 자유롭게 이용하도록 했다. 그렇게 하는 것이 하나님께서 자신에게 주신 그 재능과 지혜를 진정으로 나누는 길이라고 여겼기 때문이다. 항상 하나님을 섬기면서 형통케 하시는 하나님의 은혜를 이웃과 나누는 것, 이것이 바로 믿음의 선한 영향력을 끼치는 길이다.

하나님은 포로 된 다니엘을 통해서 오히려 이방 나라의 모든 이들이 구원의 하나님을 알게 하셨다. 노예 가정 출신의 고아와 같은 한 아이를 통해서 하나님의 은혜를 깨닫고 나누고자 할 때 모든 역경을 이겨낼 수 있음을 많은 이들에게 보여주셨다.

오늘이 우리에게 위기의 때요, 역경의 시기라고 여겨지는가? 그렇다면 오히려 이때야말로 항상 하나님을 섬기는 우리를 통해서 새로운 구원의 역사를 나타내게 하실 기회이다. 우리가 믿음으로 이뤄낸 형통의 삶으로 이 세상에 선한 영향력을 끼칠 수 있는 절호의 찬스다.

35

호1~암9

말씀 동행

1일차

2일차

3일차

4일차

5일차

6일차

7일차

여호와께로 돌아가자

호세아 6:1~3

1 오라 우리가 여호와께로 돌아가자 여호와께서 우리를 찢으셨으나 도로 낫게
하실 것이요 우리를 치셨으나 싸매어 주실 것임이라

2 여호와께서 이틀 후에 우리를 살리시며 셋째 날에 우리를 일으키시리니 우리
가 그의 앞에서 살리라

3 그러므로 우리가 여호와를 알자 힘써 여호와를 알자 그의 나타나심은 새벽 빛
같이 어김없나니 비와 같이, 땅을 적시는 늦은 비와 같이 우리에게 임하시리
라 하니라

국가적으로 뜻깊은 일이나 그 나라의 자연, 문화, 예술 등을 국내외에 널리 알리기 위해서 발행하는 것이 있다. 바로 우표이다. 러시아는 세계 3대 미술관 중 하나로 불리는 에르미타주 미술관에 소장된 한 작품을 알리기 위해서 1970년에 우표 하나를 발행한다. 그 작품이 그만큼 유명하고 소중한 가치가 있다는 얘기다. 그 작품은 바로 17세기 네덜란드의 화가 렘브란트가 성서 이야기를 주제로 그린 '돌아온 탕자(The Return of the Prodigal Son)'이다.

한 아들이 아버지한테서 자기 몫의 유산을 미리 받아 먼 객지로 떠났다. 그런데 성실하게 살지 못하고, 방탕한 생활로 재물을 다 날리고 만다. 하는 수 없이 돼지치기를 하면서 남의 집 더부살이로 연명하지만, 누구도 그를 도와주는 사람이 없었다. 그때야 비로소 깨닫고 그는 아버지에게로 돌아가기로 결심한다. 그렇게 해서 다시 만나게 된 아버지와 아들, 그 가정의 상봉 장면이 바로 렘브란트가 그린 '돌아온 탕자'다.

누가복음 15장에 기록된, 예수님의 이 비유의 말씀은 누구든지 자신의 죄를 회개하면 하나님의 끝없는 용서와 사랑의 은총으로 구원받는다는 내용이다. 신약에 이 '돌아온 탕자'에 대한 말씀이 있다면, 구약에는 호세아가 선포하는 회개와 구원의 말씀이 있다.

"여호와께로 돌아가자"

하나님을 떠나 방탕하게 살아가던 이스라엘에 주셨던 이 말씀이 오늘 우리를 향한 간절한 호소로 들려온다.

호세아서는 구약 열두 권의 짧은 예언서들 가운데 가장 먼저 등장하는 책이다. 지난 다니엘서의 역사적 배경이 바벨론 포로기와 그 이후 시대였는데, 호세아서는 다시 시대를 거슬러 올라간다. 주인공 호세아는 이스라엘이 분열되어 경쟁이 치열하던 주전 8세기, 북 왕국에서 활동했다. 동시대에 같은 북 왕국에서 활동한 예언자가 한 명 더 있는데, 그가 바로 아모스다. 이 두 예언자의 차이는 출신 지역에 있다. 아모스는 북 왕국 이스라엘에서 활동했지만, 남 왕국 유다 출신이다. 아모스만이 아니라 그 이후 모든 문서 예언자, 즉 자신의 이름으로 된 예언서를 기록한 예언자들 모두 남 왕국 출신이다.

왜 그럴까? 이스라엘 역사에서 하나님께서 주신 다윗 왕조의 언약을 계승한 왕국을 남 유다로 보았기 때문이다. 이렇듯 남 유다 출신의 예언자들 속에서 호세아는 유일하게 북 왕국 출신이었다. 이것은 단지 그 희소성에서만 중요한 것이 아니라, 그에게 주신 하나님의 말씀과 매우 밀접한 연관성이 있다. 호세아에게 주신 하나님의 첫 번째 말씀은 바로 이것이다.

> 여호와께서 처음 호세아에게 말씀하실 때
> 여호와께서 호세아에게 이르시되
> 너는 가서 음란한 여자를 맞이하여 음란한 자식들을 낳으라 … (호 1:2)

거룩하신 하나님께서 말씀하시기를 음란한 여자와 결혼해서 음란한 자식들을 낳으라는 것이다. 얼마나 황당했을까? 물론 호세아에게 왜 이렇게 명하시는지 하나님의 뜻을 알려주셨다. 하나님을 떠난 이스라엘이 얼마나 음란한지를 보여주시고자 하신 이유였다.

결국 어떻게 되는가? 호세아는 '고멜'이라는 여인을 아내로 삼고 세 자녀를 낳게 된다. 그러자 하나님은 그 자녀들의 이름을 직접 다 지어주시면서 하나님의 의도를 사람들에게 나타내게 하신다.

첫째 '이스르엘'은 '하나님께서 흩으신다.' 둘째 '로루하마'는 '다시는 긍휼히 여김을 받지 못한다.' 셋째 '로암미'는 '내 백성이 아니다.' 세 자녀의 이름 모두 부정적인 뜻이다. 게다가 그의 아내는 다른 남자와 사랑을 찾아 가정을 떠나고 만다.

호세아를 통해 보여주신 이 불행한 결혼생활은 당시 하나님과 이스라엘의 불행한 관계를 의미하는 예언자의 '상징 행동'이다. 하나님을 버리고 우상숭배에 빠져있는 북 왕국 이스라엘에 하나님의 뜻을 깨닫게 하려면, 그들과 같은 북 왕국 출신의 예언자가 필요했던 까닭이다. 그가 어느 가문에서 태어나 자랐는지, 그의 출신부터 성장까지 그들이 잘 알 수 있는 예언자여야 그 가정의 불행한 결혼생활이 단지 그의 문제가 아니라 그들 모두에게 보여주시는 죄악된 삶의 현실임을 깨달을 수 있기 때문이다.

그러나 호세아가 감당해야 했던 그의 사명은 이것으로 끝나지 않았다. 더 황당한 말씀이 그에게 주어진다.

> … 너는 또 가서 타인의 사랑을 받아 음녀가 된 그 여자를 사랑하라 … (호 3:1)

아무리 예언자라지만, 너무 하시는 거 아닌가 하는 생각이 들 수도 있다. 자신의 잘못을 뉘우치며 다시는 그러지 않겠노라 빌어도 될까 말까 한 상황인데, 다른 남자에게 떠난 그 여자에게 먼저 가서 다시 그 여자를 사랑하라니…. 인간의 상식으로는 말도 안 되는 일이다. 과연 그럴 수 있는 사람이 이 세상에 있을까?

이것이 바로 우리를 향하신 하나님의 사랑이다. 사랑받을 자격이 하나도 없는데, 많은 사랑을 받고도 다 잊어버리는데, 감사하고 보답하기는커녕 내 생각대로 내 마음대로 살고자 하는데, 그런데도 하나님은 우리를 절대 버리지 않으시고 다시 찾아와 사랑해 주신다. 이것이 인간은 상상도 할 수 없는 하나님의 사랑이다.

호세아는 하나님의 말씀에 따라 가정을 버리고 음녀가 된 그 여인을 다시 데려오기 위해 많은 대가를 지불한다. 그리고 그런 그녀를 정죄하고 저주하는 것이 아니라 다시 주님의 은총 안에서 살아갈 수 있도록 인도한다. 당시 하나님의 뜻에 관심이 없던 북 왕국 사람들에게 불행할 수밖에 없던 호세아 가정의 극적인 회복의 사건은 마침내 예언자로서 호세아가 전하는 말에 귀를 기울이게 했을 것이다. 호세아는 먼저 그들이 하나님을 떠나 우상숭배에 빠진 이유를 설명한다.

> … 이 땅에는 진실도 없고 인애도 없고 하나님을 아는 지식도 없고
> 오직 저주와 속임과 살인과 도둑질과 간음뿐이요
> 포악하여 피가 피를 뒤이음이라 (호 4:1~2)

우상숭배는 눈에 보이는 뭔가를 세워놓고 절하는 것만이 아니다. 하나님을 섬기는 자에게 마땅히 있어야 할 것이 없을 때, 하나님을 대신하는 그 무엇인가에 빠지게 되는 것이다. 그렇다면 우상에 빠지지 않으려면 어떻게 해야 할까? 호세아가 전한 말씀에서 세 가지 중요한 요소를 깨닫게 된다. 첫째 진실, 둘째 인애, 셋째 하나님을 아는 지식이 있어야 한다. 이스라엘은 이 세 가지 요소가 없었기에 하나님을 떠나고 말았다.

첫째, 진실은 하나님을 향한 변치 않는 신실함으로 어떠한 상황에서도 하나님을 섬기는 것을 말한다. 그러면 생존을 넘어 형통케 하시는 하나님의 은혜 가운데 있기에 다른 우상에 빠지지 않게 된다. 둘째, 인애는 하나님을 향한 겸손한 사랑을 말한다. 하나님을 향한 우리의 사랑이 아무리 크다고 하더라도 우리를 향하신 하나님의 사랑에 비할 수가 없음을 잊지 말아야 한다. 우리의 사랑은 하나님께서 나를 택하셔서 먼저 사랑하셨고, 또한 영원히 사랑하신다는 그 진리에서 비롯된 사랑이어야 한다. 셋째, 하나

님을 아는 지식이 있어야 한다. 이것은 하나님에 대한 단순한 지적인 인식을 말하는 것이 아니다. 유일하신 참 하나님을 고백하는 그 믿음에서 비롯되는 절대적인 순종과 충성을 말한다. 그런데 과연, 이 세 가지 중에 호세아가 가장 강조하는 것은 무엇일까?

"오라 우리가 여호와께로 돌아가자"

하나님의 백성인 이스라엘은 늘 하나님과 더불어 동행하고 말씀에 순종하며, 하나님과 연합한 삶을 살아야 했다. 그러나 눈에 보이지 않는 하나님보다 이웃 나라의 군사력을 더 의지했고, 정치적 안정을 누리고자 이방의 신들을 들여왔다.

하나님은 자기 백성이 범죄 할 때, 반드시 징계하신다. 어느 정도 인내하며 지켜보시지만, 일단 징계하실 때는 가차 없으시다. 그 삶을 완전히 곤고하게 하시고, 절망의 밑바닥에까지 내던지신다. 우리도 세상 속에 살다 보면 우리 안에 내재한 죄성과 육신의 연약함으로 인해서 때로 하나님과 멀어질 수 있다. 그때 중요한 것은 하나님의 자녀로서 우리가 마땅히 있어야 할 곳, 여호와께로 속히 돌아오는 것이다. 아직은 괜찮다고 미루거나 지금은 별다른 문제가 없다고 그대로 지내면, 결국 돌이킬 수 없는 엉뚱한 곳에서 귀한 인생을 허비하고 만다. 돌아가야겠다는 마음은 있지만, 너무 멀리 갔다고 스스로 포기하거나 이것저것 걸리는 것 때문에 주저하는 경우도 있다. 그러나 호세아의 가정사를 통해 보여주신 것처럼 하나님께로 돌아오지 못하도록 막을 수 있는 것은 아무것도 없다. 여호와께로 돌아가는 것! 그것은 오로지 우리 자신의 결단에 달려있다.

호세아는 이스라엘이 왜 하나님께로 돌아가야 하는지 그 이유를 구체적으로 제시한다.

> … 여호와께서 우리를 찢으셨으나 도로 낫게 하실 것이요
> 우리를 치셨으나 싸매어 주실 것임이라 (호 6:1)

우리의 죄를 깨닫게 하시려고 우리를 찢으시고 치신 분이 하나님이기에 우리를 도로 낫게 하시고 싸매어 주실 분도 오직 하나님이라는 말씀이다. 하나님이 찢으신 것을 치료할 존재는 아무도 없다. 그러니 다른 곳에서 방황하면 안 된다. 하나님께서 치신 상처는 오직 하나님만이 낫게 하실 수 있기 때문이다. 하나님께서 우리를 징계하신다고 깨닫는다면, 무엇보다 우리는 치유자이신 하나님을 고백하고 하나님께로 돌아가야 한다. 그것만이 우리가 다시 살 수 있는 유일한 생명의 길이다.

호세아는 하나님께로 돌아가는 자에게는 하나님의 급속한 치유가 임할 것임을 선포한다.

> 여호와께서 <u>이틀</u> 후에 우리를 살리시며
> <u>셋째</u> 날에 우리를 일으키시리니 우리가 그의 앞에서 살리라 (호 6:2)

성경에서 '둘' 혹은 '셋'이라는 숫자는 수나 양이 그리 많지 않은 상태를 나타내는 표현으로 많이 쓰인다. 이런 측면에서 보면 '이틀 후에' 우리를 살리시며 '셋째 날에' 우리를 일으키실 것이라는 말은 하나님께로 돌아오는 자를 조속한 시일 내에 확실히 회복시키신다는 뜻이다.

그런데 이 말씀에서 연상되는 것이 있다. 금요일 오후에 무덤에 묻혀서 토요일 하루를 지내고, 주일 새벽에 부활하신 예수 그리스도의 십자가 사건! 날짜로 보면 사흘이요, 시간으로 보면 이틀이다. 따라서 이 말씀은 하나님께로 돌아오는 이스라엘에 베푸실 역사적인 회복에 대한 예언일 뿐만 아니라, 장차 십자가와 부활을 통해서 영원한 하나님 나라로 돌아오는 예

수 그리스도를 통해 베푸실 하나님의 구원을 예표하는 중요한 말씀이다.

이처럼 하나님은 시대마다 여러 선지자와 예언자를 통해서 하나님의 백성을 죄악 된 길에서 돌이키게 하셨고, 하나님의 놀라운 구원의 계획을 알려주셨다. 호세아는 자신의 음란한 결혼생활을 통해서까지 그들에게 직접 보여주었고, "여호와께로 돌아가자" 하며 간절히 호소한 것이다.

그런데 어떻게 하면 이스라엘이 진정 여호와께로 돌아갈 수 있는가?

> 그러므로 우리가 여호와를 알자 힘써 여호와를 알자 … (호 6:3)

여기서 '안다'라는 말은 어떤 대상이나 사물을 피상적으로 이해하거나 겉으로 보이는 외적인 모습을 파악하고 있는 정도가 아니다. 교리적으로 하나님이 창조주이고 구원자임을 배우는 것만으로는 부족하다. 하나님께서 어떠한 것을 좋아하시고 싫어하시는지, 하나님과의 직접적이고 인격적인 관계를 통해서 그분의 마음과 본성까지도 속속들이 다 아는 것을 의미한다. 역사의 주관자이신 하나님께서 오늘 우리에게 원하시는 것이 무엇일지, 장차 우리 인생을 통해 계획하시는 바가 무엇일지에 관심하며 기도할 때, 하나님을 아는 지식을 더해 주시고 그것을 우리 삶의 가장 소중한 가치로 삼게 하실 것이다. 그러니 날마다 하나님을 힘써 알고자 하는 인생이 되시기를 바란다.

하나님은 말씀을 통해 하나님을 바로 알고자 힘쓰는 자, 하나님께로 돌아오는 자에게 놀라운 축복이 임할 것을 약속하신다. 호세아는 하나님의 이 축복을 두 가지 이미지로 설명한다.

> … 그의 나타나심은 새벽 빛 같이 어김없나니
> 비와 같이, 땅을 적시는 늦은 비와 같이 우리에게 임하시리라 … (호 6:3)

하루 중에 가장 어두운 시간은 해가 뜨기 바로 직전의 새벽 시간이다. 그 칠흑 같은 어두움을 뚫고 이 세상에 밝음을 가져다주는 것이 바로 '새벽빛'이다. 하나님께로 돌아오는 자의 삶에는 그 새벽빛과 같은 하나님의 광명이 그의 인생에서 모든 어두움을 영원히 물러가게 하신다는 것이다. 또한 '늦은 비'와 같은 축복이 그에게 임한다고 말씀하신다. '땅을 적시는 늦은 비'는 추수를 앞둔 곡식이 잘 여물도록 꼭 필요한 적절한 수분을 공급해 주는 비를 말한다. 회개하고 하나님께 돌아오는 자에게는 이처럼 영원한 빛으로 인도하시고, 때를 따라 풍요로운 열매로 축복해 주신다는 약속이다.

이처럼 호세아를 통해서 이스라엘에 놀라운 축복의 약속을 주셨는데도 그들은 결국 이 세상에 마음을 빼앗기고 말았다. 우리도 마찬가지다. 하나님을 아는 것에 힘쓰지 않으면, 우리 마음에 세상 근심과 염려가 가득해져서 하나님을 향해야 할 우리의 마음을 그만 세상에 빼앗기게 된다. 그러니 그동안의 경험으로 하나님을 다 안다고 자만해서는 안 된다. 이 시대에 새롭게 행하실 하나님의 은혜와 구원의 역사를 기대하면서 쓸모없는 포도나무와 같은 우리를 사용하시고자 기다리시는 하나님께로 돌아가야 할 때이다. 하나님께서 우리를 찢으셨으나, 반드시 우리를 낫게 하실 것이다. 하나님께서 우리를 치셨으나, 반드시 우리를 싸매어 주실 것이다. 그 믿음으로 불순종의 길을 돌이켜 여호와께로 돌아가자. 그것만이 우리 인생의 유일한 해답이다.

36

옵1~학2

말씀 동행

1일차

2일차

3일차

4일차

5일차

6일차

7일차

여호와께서 원하시는 것

미가 6:6~8

6 내가 무엇을 가지고 여호와 앞에 나아가며 높으신 하나님께 경배할까 내가 번
제물로 일 년 된 송아지를 가지고 그 앞에 나아갈까
7 여호와께서 천천의 숫양이나 만만의 강물 같은 기름을 기뻐하실까 내 허물을
위하여 내 맏아들을, 내 영혼의 죄로 말미암아 내 몸의 열매를 드릴까
8 사람아 주께서 선한 것이 무엇임을 네게 보이셨나니 여호와께서 네게 구하시
는 것은 오직 정의를 행하며 인자를 사랑하며 겸손하게 네 하나님과 함께 행
하는 것이 아니냐

누구나 한 번쯤은 선물을 해야 할 때가 있다. 그런데 가깝고 소중한 사람일수록 선물을 고르는 일이 쉽지만은 않다. 선물은 주는 사람의 마음에 들기보다는 받는 사람의 마음에 들어야 하기 때문이다. 그래서 누구나 선물을 하기 전에 상대방이 뭘 원할지, 어떤 것을 필요로 할지 깊이 고민하게 된다. 때론 직접적으로 물어보기까지 하면서 말이다.

"당신이 진짜 원하는 게 뭔가요?"

이왕이면 상대방이 진심으로 좋아하고 필요로 하는 것을 선물하고픈 마음에서이다. 결국 선물의 핵심은 상대방에 관한 관심과 기대를 충족시키려는 노력이다. 문제는 그 노력이 때론 버겁게 느껴지기도 한다. 상대방이 원하는 것을 탐구하기가 그리 쉬운 일은 아니니 말이다.

그렇다면 우리 하나님이 원하시는 것은 무엇일까? 하나님이 우리에게 받고 싶은 선물은 어떤 것일까? 아니, 하나님이 우리에게 원하시는 것이 무엇인지 깊이 고민해 본 적이 있는가? 그런데 참 감사한 일이 있다. 하나님은 우리에게 하나님이 원하시는 것이 무엇인지를 분명히 알려주셨다는 사실이다. 우리가 성경을 읽고 묵상하고 연구하는 목적이 바로 여기에 있어야 한다. 내 지식을 자랑하기 위해서가 아니라 하나님을 더욱 알기 위해서이다. 나를 자녀 삼으시고 구원해 주신 하나님께서 진정 내게 무엇을 원하시는지, 그것을 제대로 알지 못하면 하나님을 오해할 뿐 아니라 신앙생활의 목적과 의미도 변질하기 마련이다.

이런 면에서 미가서는 아주 중요한 성경 말씀이다. 물론 성경 전체를 통해서 우리가 하나님의 뜻을 잘 깨닫고 알아야 하지만, 특별히 미가서 본문은 우리에게 더욱 직접적으로 하나님께서 원하시는 것을 전하기 때문이다.

미가는 호세아와 마찬가지로 주전 8세기에 활동한 예언자다. 호세아가 아모스와 함께 주전 8세기 북 왕국 이스라엘에서 활동하는 동안 미가는 동시대에 이사야와 함께 남 왕국 유다에서 활동했다. 호세아와 아모스의 차이점을 기억하는가? 호세아는 유일한 북 왕국 출신으로 북이스라엘 백성에게 그들의 죄악을 깨닫도록 그들이 아는 호세아의 불행한 결혼생활을 통해 하나님이 뜻을 보여주셨다. 동시대 남 왕국에서 활동했던 미가에게도 특징이 있다. 이사야가 남 왕국의 수도인 예루살렘에서 활동한 귀족적인 예언자였다면, 미가는 지방에서 활동한 서민적인 예언자였다. 미가서 첫 구절에 그의 활동 시대와 더불어 출신지가 언급된다.

> 유다의 왕들 요담과 아하스와 히스기야 시대에
> 모레셋 사람 미가에게 임한 여호와의 말씀
> 곧 사마리아와 예루살렘에 관한 묵시라 (미 1:1)

모레셋 출신의 미가라고 말하는데, 모레셋은 예루살렘에서 남쪽으로 약 40km 이상 떨어진 작은 촌락이었다. 조금 더 내려가면 블레셋이 다스리던 땅이 나오는 국경지대에 있었다. 예나 지금이나 국경지대는 발전과 번영의 유익을 누리기보다는 정체돼 있고 정치적 환경의 변화에 따라 어려움을 많이 겪는다. 모레셋이 바로 그런 곳이었고, 미가는 그 변방 지역 농촌에 살면서 누구보다 그 설움과 한을 잘 알고 있었다. 하나님은 아무도 주목하지 않는 작은 촌락의 미가를 부르셔서 수도 예루살렘에 하나님의 심판이 임박했음을 전하게 하신다.

> … 시온은 갈아엎은 밭이 되고 예루살렘은 무더기가 되고
> 성전의 산은 수풀의 높은 곳이 되리라 (미 3:12)

미처 상상하지도 못했던 너무나 충격적인 말씀이기에 예루살렘 사람들은 끝까지 들으려 하지 않았다. 예언자 이사야마저도 예루살렘은 하나님이 함께하시는 도시이니 절대로 무너지지 않을 것이라고 봤을 정도였다. 그러나 미가는 자신에게 임한 하나님의 말씀대로 아무리 예루살렘이라 할지라도, 심지어 하나님께 제사를 드리는 성전이라도 하나님의 심판에서 결코 예외가 될 수 없음을 선언했다. 바로 이것이 미가를 통해 주신 예언의 첫 번째 특징이다.

그렇다면 미가를 통해 깨닫게 하신 예루살렘의 죄는 무엇일까?

> 그들이 침상에서 죄를 꾀하며 악을 꾸미고
> 날이 밝으면 그 손에 힘이 있으므로 그것을 행하는 자는 화 있을진저
> 밭들을 탐하여 빼앗고 집들을 탐하여 차지하니
> 그들이 남자와 그의 집과 사람과 그의 산업을 강탈하도다 (미 2:1~2)

조금만 권한이 있으면 어떻게든 그것을 이용해서 나의 이권을 챙기려 했고, 법에 어긋나지 않다고 하면서 많은 땅과 집들을 탐하고 차지한 죄였다. 그런데 이것이 과거 예루살렘 주민들만의 모습일까? 지금 우리가 살아가는 이 시대는 '비정규직'과 '흙수저'로 대변되는 불평등이 사회 전반에 만연해 있다. 아무리 노력하고 성실하게 살아도 더는 소용이 없다는 허무의식이 요즘 젊은이들에게 팽배한다. 금리제로 시대에 오르는 것은 집값뿐인데, 그 오르는 정도가 심한 지역의 집을 소유하면 아무런 일을 하지 않고도 매년 억대 이상의 연봉을 올리는 꼴이 되고 있다. 어떤가? 혹시 그런 사람들을 부러워하면서 어떻게든 빨리 그 대열에 합류할 방법을 궁리하고 있진 않은가? 과연 그렇게 사는 것이 이 시대의 현명한 삶의 방식일까?

성경의 가르침은 그렇지 않다. 모든 사람은 땀 흘려 일함으로 먹을거리를 구해야 하고, 일할 수 없는 이들을 위해서 그것을 나누라고 하셨다. 성경은 모든 땅은 하나님의 것이라고 분명히 말한다. 그런데 그 땅을 통해 얻은 수익이 내 것이라고 여기는 것, 바로 거기에서 모두를 불행하게 하는 불평등의 죄악이 비롯되는 것이다. 소수의 사람에 의해서 땅이 독점되고 집마저 이익을 위한 수단이 될수록 우리의 삶은 하나님 보시기에 아름다운 세상을 만들어 갈 수 없게 된다. 이럴 때일수록 하나님의 자녀인 우리는 신앙의 가치관을 지키며 살아가야 한다. 우리가 진정 하나님의 귀한 피조물임을 다시금 고백하고, 오직 말씀에 순종하는 삶을 살기로 결단해야 할 때다.

마침내 미가의 질책을 들은 예루살렘 백성들은 다시 여호와께로 돌아가고자 했다. 미가서 6장 말씀은 다시 여호와께로 나아가 예배드리고자 하는 이스라엘 백성의 물음으로 시작한다.

> 내가 무엇을 가지고 여호와 앞에 나아가며 높으신 하나님께 경배할까
> 내가 번제물로 일 년 된 송아지를 가지고 그 앞에 나아갈까 (미 6:6)

그들은 하나님이 높으신 분임을 알고 있고, 그 하나님을 경배해야 한다는 사실도 알고 있다. 또한 언약이 중요하기에 하나님 앞에 나갈 때 빈손으로 나가서는 안 된다는 것도 인지하고 있다. 그런데 '무엇을 가지고 여호와 앞에 나아가 경배할 것인가?' 스스로 던지는 이 질문에 그들이 가졌던 몇 가지 생각을 보게 된다.

먼저, 그들은 일 년 된 송아지를 번제물로 드려야 한다고 여겼다. 하나님께 나아가는 데 있어서 가장 중요한 요소를 '제물'이라고 여겼던 당시

이스라엘 백성들의 생각이 여기에 잘 나타나 있다. 하나님께 나아가 번제를 드리기 위해서는 당연히 번제물이 필요했다. 레위기에 보면 번제를 위한 예물로 드릴 수 있는 짐승이 규정돼 있는데 소와 양, 염소, 그리고 새이다. 많은 짐승 중에서 이러한 것들로 정해진 이유는 당시 거룩한 동물이라고 여겨졌기 때문이다. 거룩하신 하나님께 드릴 예물이기에 거룩한 동물이어야 했다.

당시 번제물은 드리는 사람의 경제적인 형편에 따라서 선택할 수 있었다. 어려워서 하나님께 번제를 드리지 못하는 가정이 없도록 산비둘기나 집비둘기 새끼로도 드릴 수 있도록 한 것이다. 이 가운데 부유한 사람은 뭐로 드렸을까? 소가 가장 큰 이유로 소를 드렸다. 하나님께서 이런 다양한 제물로 드릴 수 있게 하신 그 뜻이 중요한데, 사람들은 점점 제사를 통해 하나님이 원하시는 것보다 그 제물 자체를 중요시한 것이다. 번제물로 소를 드릴 수 있다면, 그 은혜에 하나님께 더욱 감사해야 했다. 하지만 오히려 제물을 보고 판단하는 사람들의 시선을 더 의식하게 된 것이다. 자신을 과시하고자 제물에 무리하게 되고, 그러다 보니 정작 그 예물에 담겨야 할 진정한 감사는 다 사라지게 되었다.

다시 말해 '일 년 된 송아지'는 번제물로 규정된 것이 아니었다. 사람들의 시선을 의식해서 그래도 소는 드려야겠는데, 고기의 각을 뜨고 불에 다 태우려면 편의상 가장 선호되었던 번제물이 바로 '일 년 된 송아지'였던 것이다. 하나님께서 진정 원하시는 것에 관심하며 진심으로 돌아가고자 했다면, '일 년 된 송아지'가 아니라 '흠 없는 송아지'여야 했다. 하나님께 드리는 그 예물에 흠이 있는지 없는지 잘 살피는 그 과정에서 예배자로서 거룩하지 못한 자신의 모습은 없는지 그들에게 스스로 먼저 돌아보게 하셨기 때문이다.

다음으로 그들은 더 많고 보기에 좋은 제물을 드리고자 생각했다.

> 여호와께서 천천의 숫양이나 만만의 강물과 같은 기름을 기뻐하실까 …
> (미 6:7)

남보다 풍성하고 많은 제물을 드리면, 하나님이 인정하시고 기억해 주실 것이라는 참으로 인간적인 생각이었다. 그러나 하나님은 우리의 생각을 다 아시고, 마음의 중심을 보시는 분이다. 단지 그 제물의 양으로 우리를 비교하시는 분이 아니라는 얘기다. 그런데도 그들의 생각은 급기야 자기 생명보다 소중한 자녀에게까지 미친다.

> … 내 허물을 위하여 내 맏아들을,
> 내 영혼의 죄로 말미암아 내 몸의 열매를 드릴까 (미 6:7)

'내 맏아들, 내 몸의 열매를 제물로 드리면 하나님이 기뻐하시지 않을까?' 이미 어긋난 그들의 생각에 자녀는 하나님께 드릴 수 있는 최상의 가치였을 것이다. 그런데 과연 그것이 옳은 판단일까?

우리도 하나님께 예물을 봉헌할 때, 나에게 있는 모든 것을 아낌없이 드린다는 봉헌 찬양을 부를 때가 있다. 그런데 그 찬송을 부를 때마다 과연 내가 그런 정성으로 예물을 준비하고 있는지, 정말 아낌없는 마음으로 하나님께 드리고 있는지를 돌아봐야 한다. 나에게 있는 모든 것을 아낌없이 드릴 수 있는 믿음, 하나님께 예배드리는 자에게 있어야 할 참된 봉헌의 자세이기 때문이다.

그러나 미가 말씀을 통해 우리가 깨달아야 할 것은 아무리 귀한 것이라고 할지라도 그 예물만으로는 결코 하나님을 기쁘시게 할 수 없다는 사실이다. 이것이 바로 미가를 통해 주신 예언의 두 번째 메시지다. 그들은 처음에 가장 좋은 번제물이라고 여겼던 '일 년 된 송아지'를 가지고 하나님께 나아가고자 했다. 하지만 하나님께서 진정 원하시는 것이 무엇인지도 모른 채, 그들의 삶에서 하나님과의 인격적인 관계도 없이 드리는 그 제물로는 스스로에게도 기쁨이나 만족이 없었다.

내가 드리는 예물이 진정한 감사의 예물인지 아닌지는 스스로 알 수 있다. 하나님께 감사함으로 예물을 드리게 되면, 세상에서 얻을 수 없는 놀라운 기쁨과 만족이 내 안에 넘치게 된다. 그러나 불행하게도 많은 예물을 드리고도 그렇지 못한 경우가 있다. 하나님보다 사람을 의식하고, 아까운 마음으로 드리기 때문이다.

이스라엘 역시 더 많은 번제물과 헤아릴 수 없는 많은 양의 기름도 동원해 봤지만, 절대 채워지지 않는 영적인 공허함만 더 커질 뿐이었다. 그래서 마침내 이방 우상을 섬기는 자들처럼 마지막 최후의 수단으로 자기 아들인 장자를 바치고자 하는 '어리석은 생각'에까지 이른 것이다. 이것을 어리석은 생각이라고 단언할 수 있는 이유는 과거 조상들에게 하신 하나님의 말씀을 오해해서 맏아들을 실제 제물로 바치려는 일을 자행할까 봐 이미 율법을 통해 이것을 단호하게 금하고 있었기 때문이다. 그뿐만 아니라 이것이 어리석은 생각인 이유는 성경 말씀에 잘 나타나 있다. 그들은 그 귀한 자녀를 무엇을 위해 드린다고 말하는가? 다름 아닌 '내 허물을 위하여', '내 영혼의 죄로 말미암아' 드리겠다고 말한다.

하나님께 나아감에 있어서는 어떠한 죄와 허물도 문제가 되지 않는다. 우리에게 죄와 허물이 있기에 그것을 안은 채로 하나님께 나아가서 하나님과의 만남인 예배의 은혜를 통해서 용서받아야 한다. 그런데 이들의 생각은 어땠는가? 하나님과의 인격적인 만남을 통해 죄 사함을 받으려는 것이 아니라 오직 자신이 드리는 그 제물로 스스로 해결하고자 했다. 이것이 그들의 문제였다. '이만큼 드리면 용서하시겠지.' '이렇게 귀한 건데, 이 정도는 들어주시겠지.' 이런 생각으로 예물을 드린다면, 그것은 하나님과 딜을 하려는 교만한 생각이다. 조건부로 드리는 예물, 진정한 회개가 없는 예배는 그것이 많으면 많을수록 도리어 하나님께서 가증스럽게 보실 뿐이다.

미가는 예루살렘 백성들의 이런 어리석은 물음을 다 듣고 나서 하나님께서 원하시는 것을 그들에게 역시 물음으로 깨닫게 한다.

> … 여호와께서 네게 구하시는 것은
> 오직 정의를 행하며 인자를 사랑하며
> 겸손하게 네 하나님과 함께 행하는 것이 아니냐 (미 6:8)

첫째는 정의를 행하는 것, 둘째는 인자를 사랑하는 것, 셋째는 겸손하게 하나님과 함께 행하는 것이라고 말한다. 호세아가 강조했던 세 가지 요소인 진실, 인애, 하나님을 아는 지식과 내용상 큰 차이는 없다. 다만 미가를 통해서는 그 행함의 중요성이 더욱 강조된다.

첫째, 법적으로 문제가 없다고 괜찮은 것이 아니라 사회적 약자들을 품으시는 하나님의 정의를 우리의 삶에서 행하라는 말씀이다. 이것을 가장 강조했던 예언자가 바로 '아모스'다. 둘째, 인자를 사랑하라는 것은 하나님의 사랑을 깨달은 자라면 그 사랑에 감사하며 보은하려는 마음으로 이웃을 사랑해야 한다는 것이다. 인자를 사랑하는 것, 이것을 몸소 보여주었던 예언자가 바로 '호세아'였다. 마지막으로 겸손히 하나님과 함께 행한다는 것은 어떠한 경우라도 신실하신 하나님에 대한 믿음을 잃지 않는 것이다. 이것은 예언자 이사야의 핵심 메시지였다. 따라서 미가서 6장 8절의 말씀은 여호와께서 원하시는 것을 가장 직접적으로 알려주는 구절인 동시에 주전 8세기에 하나님의 마음을 전하기 위해서 활동했던 여러 예언자의 메시지와 삶이 함께 녹아있는 중요한 구절이다.

예언자 미가는 그들의 마음까지도 잘 품고 하나님의 뜻을 전했다. 오늘 우리도 마찬가지다. 각자 어디에서 어떻게 살아가든지, 어느 곳에서 하나님을 예배하고 있든지 하나님을 향한 서로의 마음을 잘 품고, 서로의 삶을 응원하며 이 세상을 향하신 하나님의 사랑을 잘 행해야 할 줄로 믿는다. 어떠한 상황에서도 우리를 통해 행하실 놀라운 구원의 역사를 소망하면서 하나님께서 원하시는 거룩한 사명을 감당하는 우리가 되어야 할 것이다.

여호와께서 네게 구하시는 것은

오직 정의를 행하며 인자를 사랑하며

겸손하게 네 하나님과 함께 행하는 것이 아니냐

-미 6:8-

37

슥1~말4

말씀 동행

1일차

2일차

3일차

4일차

5일차

6일차

7일차

휘파람, 생명의 소리

스가랴 10:8~12

8 내가 그들을 향하여 휘파람을 불어 그들을 모을 것은 내가 그들을 구속하였음
이라 그들이 전에 번성하던 것 같이 번성하리라

9 내가 그들을 여러 백성들 가운데 흩ㅇ려니와 그들이 먼 곳에서 나를 기억하고
그들이 살아서 그들의 자녀들과 함께 돌아올지라

10 내가 그들을 애굽 땅에서 돌아오게 하며 그들을 앗수르에서부터 모으며 길르
앗 땅과 레바논으로 그들을 이끌어 가리니 그들이 거할 곳이 부족하리라

11 내가 그들이 고난의 바다를 지나갈 때에 바다 물결을 치리니 나일의 깊은 곳
이 다 마르겠고 앗수르의 교만이 낮아지겠고 애굽의 규가 없어지리라

12 내가 그들로 나 여호와를 의지하여 견고하게 하리니 그들이 내 이름으로 행하
리라 나 여호와의 말이니라

찬송가 570장은 시편 23편을 기초로 만들어진 곡이다. 이 찬송은 부부가 함께 만든 찬송인데, 남편 장수철 박사가 미국 유학 시절에 작곡한 곡조에 부인 최봉춘 여사가 시편 23편을 기초로 가사를 붙여 만들어졌다. 이 찬송에는 이들 부부가 함께 걸어간 믿음의 삶이 들어 있다. 6·25가 발발하고 한강을 넘기 위해 강변에서 발을 동동 구르고 있을 때, 부부 앞에 갑자기 작은 조각배가 나타났는데 그때 입에서 나온 고백이 바로 "여호와는 나의 목자시니 내게 부족함이 없으리로다" 였다고 한다. 이 곡이 작곡되기 1년 전인 1955년, 남편 장수철 박사가 홀로 미국에서 유학할 때 한국에 남아있던 큰딸이 12세의 나이로 사망했는데, 아내 최 여사가 남편에게 큰딸의 죽음을 알리는 편지 마지막에 이렇게 적었다고 한다.

"내 평생에 선하심과 인자하심이 반드시 나를 따르리니 내가 여호와의 집에 영원히 살리로다."

부부는 찬송만 남긴 것이 아니다. 유학을 마치고 귀국한 장수철 박사는 당시 이화여대 총장이던 김활란 박사로부터 음대 교수로 와달라는 청을 받았다. 그러나 그는 명예와 부가 보장된 그 자리를 거절하고 고아들과 함께 지금의 월드비전 전신인 '선명회 어린이합창단'을 조직했다. 그래서 많은 이에게 폐허와 절망 속에도 주님의 사랑은 살아있음을 전하는 일에 그의 배움과 열정, 모든 것을 나누고 헌신했다.

그 부부는 어떻게 그런 헌신의 삶을 살았던 걸까? 다른 무엇보다 오직 예수 그리스도만이 생명의 길임을 깨닫고 인정했기 때문이다. 물론 우리도 늘 머릿속으로는 그 진리를 인지하고 살아간다. 하지만 삶에 지치고 치이면 어느덧 나를 위한 결정과 방향을 선택하기 마련이다. 만약 그런 자신의 모습에 낙심된다면, 스가랴서의 말씀에 귀를 기울여 보길 바란다.

스가랴는 학개와 더불어 이스라엘이 고난의 포로기를 지낸 이후에 다시 예루살렘으로 돌아왔던 주전 6세기, 가장 먼저 활동을 개시한 예언자이다. 다시 돌아왔지만, 그들을 맞이하는 것은 부서진 예루살렘과 허물어진 성전뿐이었다. 성전을 재건하려 했지만, 돌아온 자들과 남아있던 자들 사이의 갈등과 경제적인 빈곤으로 인해 점점 지연될 뿐이었다.

그러는 사이 백성들은 '성전재건'이라는 거룩한 사명보다는 자신들이 살아갈 집을 짓는 데 더 관심을 기울였다. 포로 생활이라는 긴 고난과 연단의 과정을 겪었는데도 그들은 여전히 하나님의 뜻보다는 자신의 유익을 우선시했다. '무엇을 먹을까, 무엇을 마실까, 무엇을 입을까?' 그들은 이것을 먼저 염려하고, 이것을 인생의 목표로 삼으려 했다. 물론 지금 당장 눈앞의 현실만 보면 모든 것이 쉽지 않았을 터다. 그래도 오직 말씀에 따라 하나님이 원하시는 바를 따르겠다는 믿음의 결단이 필요했다. 그 결단 없이 신앙은 성장할 수 없고, 그 삶도 절대 변화되지 않기 때문이다. 믿음으로 결단하지 못하는 이들을 향해 예수님께서 이 땅에서 가르치신 것도 바로 삶의 우선순위이다.

> 그런즉 너희는 먼저 그의 나라와 그의 의를 구하라
> 그리하면 이 모든 것을 너희에게 더하시리라 (마 6:33)

스가랴는 예루살렘으로 다시 돌아왔지만, 여전히 믿음으로 결단하지 못하고 있는 이스라엘을 향해 '휘파람을 부시는 하나님'을 소개한다.

> 내가 그들을 향하여 휘파람을 불어 그들을 모을 것은
> 내가 그들을 구속하였음이라 그들이 전에 번성하던 것 같이 번성하리라
> (슥 10:8)

대개 휘파람을 언제 부는가? 기분이 좋을 때? 아니면 나쁠 때? 누구나 그렇듯 좋은 일이 생기거나 기분이 좋으면 자신도 모르게 나오는 게 휘파람이다. 성경 전체에서 '휘파람'이라는 말은 오직 스가랴서 이 구절에만 등장한다. 그만큼 지금 하나님께서 행하시는 일이 기쁨으로 가득 차 있다는 얘기다. 그런데 과연 어떤 상황이기에 하나님께서 휘파람을 부시는 걸까?

오랫동안 하나님께서 기다리시고 기다리시던 그때가 온 것이다. 이방 민족에게 멸망 당하고 뿔뿔이 흩어져야만 했던 하나님의 백성들을 이제 다시 불러 모으실 때였다. 하나님은 기쁨으로 그들을 향해 휘파람을 불어 그들을 모으신 것이다. 그렇다. 하나님은 하나님의 자녀들을 불러 모으시기를 기뻐하는 분이다. 날마다 하나님과 교제하기를 원하시고, 주일마다 우리가 함께 모여서 하나님께 드리는 예배를 기뻐하신다. 그렇지만 죄악으로 물든 자녀들을 더는 내버려 둘 수가 없어서 하나님을 떠난 그들을 심판하셨고, 그들을 흩으실 수밖에 없으셨다. 너무나 안타까운 마음에 그들을 치시면서도 싸매어 주실 것을 약속하셨고, 그들을 흩으시면서도 다시 부르실 것을 말씀하셨다.

그러나 삶의 모든 것을 다 잃게 되었던 그 상황 가운데 끝까지 구원의 하나님을 신뢰하기란 절대 쉽지 않았을 것이다. 바벨론 포로로 끌려간 후 70년이라는 긴 세월이 흐르면서 그들 삶의 모든 환경이 변했다. 믿음의 세대가 다 바뀌면서 여호와의 이름조차 잊었는지도 모른다. 더는 하나님의 돌보심이 있다고 믿기 어려웠을 터다.

그러나 하나님은 그들을 기억하시고 스가랴를 통해서 그들을 향하신 구원의 약속을 다시 선포하셨다. 멸망 당한 그들을 다시 하나님의 거룩한 백성으로 회복시키시고자 흩어진 양 같은 그들을 향해서 '휘파람'을 불어 주시는 목자가 되어주셨다. 휘파람은 목자와 양 사이의 약속된 사인(sign)이다. 목자가 부는 휘파람 소리를 듣고 자신의 목자임을 아는 양이라야 그 소리에 반응하고 따라갈 수 있다. 휘파람 소리를 듣고도 알지 못해서 목자를 따라가지 않는 양은 결국 들짐승의 밥이 되고 만다.

우리가 힘들고 어려울수록 오히려 하나님의 말씀에 더욱 귀를 기울여야 하고, 하나님께 전심으로 예배해야 하는 이유가 바로 여기에 있다. 삶이 힘들고 바쁘다고 예배하지 않고 말씀에 귀를 기울이지 않으면, 우리를 부르시는 하나님의 그 음성을 듣지 못하기 때문이다. 생명의 길로 인도하는 그 휘파람 소리를 자신이 듣지 못하면서 '하나님이 어디 계시냐?' 원망하다 결국 하나님을 떠나게 되는 것이다.

하나님은 오늘도 우리를 향해서 휘파람을 불고 계신다. 지금이야말로 모든 것을 다 내려놓고 그 생명의 소리에 집중해야 할 때다. 그럴 때 긍휼하신 하나님은 우리의 슬픔이 변하여 기쁨이 되게 하시고, 육신의 질병으로부터 치유함을 얻게 하시고, 모든 문제로부터 해결함을 얻게 하실 것이다. 하나님의 휘파람 소리를 듣고 돌아오는 자에게 바로 이런 번성함의 축복을 약속하신다.

> 내가 그들을 애굽 땅에서 돌아오게 하며 그들을 앗수르에서부터 모으며
> 길르앗 땅과 레바논으로 그들을 이끌어 가리니
> 그들이 거할 곳이 부족하리라 (슥 10:10)

여호와께서 흩으셨던 땅, 애굽과 앗수르에서부터 돌아오는 하나님의 백성을 이제 길르앗 땅과 레바논으로 인도하신다는 말씀이다. 여기서 '길르앗 땅'은 당시 요단강의 동쪽 지역에 해당하는데, 과거 갓 지파와 르우벤 지파, 므낫세 반 지파가 먼저 차지했던 매우 비옥한 땅을 말한다. '레

바논'은 그 반대편인 요단강의 서쪽 지역과 이스라엘 전체에 있어서 가장 북쪽 지역이다. 즉, 이방 대적들의 땅에서 돌아온 이들을 가장 비옥한 땅으로 인도하시고, 그들이 이상적으로 생각했던 이스라엘의 가장 북쪽의 경계에까지 가득 찰 만큼 번성함의 복을 누리게 하시겠다는 약속이다. 이것만도 대단한 축복인데, 하나님의 약속은 이것이 다가 아니다. 장차 그들의 삶을 위협하는 모든 고난의 요소들을 하나님께서 친히 제거해 주시겠다고까지 말씀하신다.

> 내가 그들이 고난의 바다를 지나갈 때에 바다 물결을 치리니
> 나일의 깊은 곳이 다 마르겠고 앗수르의 교만이 낮아지겠고
> 애굽의 규가 없어지리라 (슥 10:11)

장차 그들이 고난의 바다를 건너게 될 때, 그때는 그들을 홀로 두지 않으시고 친히 함께하시면서 그 바다의 높은 파도들을 다 치시겠다는 것이다. 여기에 제시된 세 가지 표현인 '나일의 깊은 곳', '앗수르의 교만' 그리고 '애굽의 규'는 하나님의 백성을 고통스럽게 했고 그들을 압제했던 모든 적대적인 것들을 대표하는 상징적인 표현이다. 다시 말해 하나님께로 다시 돌아오는 이들에게는 이런 모든 위험은 다 사라지고 번성함을 누리며 참된 평안과 승리의 기쁨을 누리게 하시겠다는 말씀이다.

우리의 삶은 어찌 보면 늘 고난의 바다이다. 그 바다 한가운데서 우리는 지금 무엇을 해야 할까? 하나님은 지금 우리에게 무엇을 기대하실까? 혹시 여전히 '무엇을 먹을까, 무엇을 마실까, 무엇을 입을까?' 하며 염려하고 있는가? 아니면 무엇을 해야 할지 몰라 이리저리 방황하고 있는가?

이제 더는 그래서는 안 된다. 오늘도 우리를 향해 휘파람을 부시는 하나님을 인정하고, 진정 그 하나님만을 의지하기로 결단해야 한다. 그리고

이 세상을 향해 그 '생명의 소리'를 전해야 한다. 여전히 주님의 음성을 듣지 못하는 이들에게, 듣고도 생명의 소리임을 깨닫지 못하는 이들에게 신실하신 하나님의 사랑을 우리의 삶으로 보여주어야 한다. 우리의 삶으로 구원의 복음을 증거하고자 결단할 때, 그 귀한 사명을 감당하도록 하나님께서 우리의 삶을 주관하셔서 더욱 번성케 하는 축복을 부어주실 것이다.

우리의 행복은 바로 여기에서 비롯되어야 한다. 언제나 주님 안에 거할 때 참된 평안을 누리게 하실 것이며, 하나님의 뜻을 먼저 구할 때 풍성한 열매를 얻게 하실 것이다. 그 생명의 소리를 듣고 세상을 향해 전하고자 결단하는 자들에게 임마누엘 하나님의 사랑과 축복이 넘치도록 흐를 것이다.

38

마 1~28

말씀 동행

1일차

2일차

3일차

4일차

5일차

6일차

7일차

나를 따라오라

마태복음 4:18~22

18 갈릴리 해변에 다니시다가 두 형제 곧 베드로라 하는 시몬과 그의 형제 안드
레가 바다에 그물 던지는 것을 보시니 그들은 어부라
19 말씀하시되 나를 따라오라 내가 너희를 사람을 낚는 어부가 되게 하리라 하
시니
20 그들이 곧 그물을 버려 두고 예수를 따르니라
21 거기서 더 가시다가 다른 두 형제 곧 세베대의 아들 야고보와 그의 형제 요한
이 그의 아버지 세베대와 함께 배에서 그물 깁는 것을 보시고 부르시니
22 그들이 곧 배와 아버지를 버려 두고 예수를 따르니라

"나를 따르라!"

이 구호를 들으면, 누가 먼저 생각나는가? 이 말은 프랑스의 장군이었다가 황제가 된 나폴레옹이 한 말로 전해지기도 하고, 미국 독립전쟁 당시에는 조지 워싱턴도 이 구호를 썼다고 한다. 언제부터인지 정확지는 않지만 우리나라 군에서도 이 구호를 사용한다. 원래는 "돌격, 앞으로!"였는데, 정작 이 구호를 외친 지휘관이 앞으로 나가지 않는다고 해서 이렇게 변경되었다는 이야기가 있다. '나를 따르라!' 이 말에는 명령을 내린 그 리더가 앞장선다는 뜻이 들어있다. 가장 위험한 선봉에 그 지휘관이 모범을 보이면서 이끌게 되면, 병사들은 심리적인 안정감과 자신감을 갖고 전투에 임하게 된다.

신약의 첫 번째 책인 마태복음은 바로 예수 그리스도께서 우리를 구원하기 위해서 오신 '메시야'시고, 또한 우리가 따라가야 할 참된 리더가 되심을 계속해서 증언해 간다. 그 본격적인 시작이 되는 첫 이야기가 바로 마태복음 4장의 말씀이다.

예수님은 "회개하라. 천국이 가까이 왔느니라."를 선포하시면서 공생애를 시작하셨다. 그리고 가장 먼저 자신을 따를 제자들을 부르신다. 성경은 예수님과 첫 제자들과의 만남을 이렇게 전한다.

> 갈릴리 해변에 다니시다가 두 형제 곧 베드로라 하는 시몬과
> 그의 형제 안드레가 바다에 그물 던지는 것을 보시니 그들은 어부라 (마 4:18)

"갈릴리 해변에 다니시다가"라는 이 표현은 예수님께서 여유롭게 해변가를 거니시다가 우연히 그들을 만나셨다는 뜻이 아니다. 그들을 찾고자 갈릴리 해변으로 가셔서 만나셨음을 의미한다. 주님은 먼저 베드로와 안

드레 형제가 그물 던지는 것을 발견하신다. 어부인 이 형제와의 첫 만남에서'그물'이라는 말이 두 번 등장한다. 18절에서 예수님께서 처음 그들을 보실 때 그 형제가 던지던 그물과 20절에서 예수님의 부르심을 받은 후에 그들이 버려두고 가는 그물이다.

그런데 헬라어 원어로 보면, 이 두 그물은 동일한 것이 아니다. 예수님을 만나기 전에 그들이 던지던 그물은 물고기를 잡을 때 쓰는 추가 달린 투망을 말한다. 테두리에는 잡아당기는 줄이 달려 있고 직경은 약 6~7m 정도 되는데 호수나 바다에 잘 던지면 그물이 물 위에서 펴진 상태가 된다. 그 상태에서 추의 무게에 의해 천천히 아래로 가라앉으면서 그 안에 물고기를 담게 되는 것이다. 반면에 예수님을 따라가기로 결단하고 그들이 버려두고 간 그물은 바다에서 사용하는 그물만이 아니라 뭍에 사는 짐승까지도 잡을 수 있는 가장 보편적인 의미의 그물을 뜻한다.

마태는 서로 다른 의미의 그물을 뜻하는 이 용어들을 통해서 예수님을 따른다는 것이 무엇을 의미하는지를 강조하고 있다. 또한 예수님의 제자가 되려면 그 부르심에 어떻게 반응해야 하는지를 구체적으로 가르친다. 예수님의 첫 제자들은 바다에서 사용하던 그 그물만 버린 것이 아니다. 뭍에서 필요할 수 있는 그물까지도 모두 다 미련 없이 버려두고 예수님의 부르심에 응납했다. 그렇다. 주님의 일은 내가 할 수 있을 때 하는 것도 아니고, 하고 싶다고 할 때 맡겨주시는 것도 아니다. 주님께서 나를 부르실 때, 내 모든 것을 버려두고 즉각적으로 긍정적으로 응답해야 한다. 이것이 바로 처음 부르신 두 형제인 베드로와 안드레 뿐만 아니라, 거기서 더 가시다가 만난 두 형제인 야고보와 요한을 통해서도 보게 되는 제자도에 대한 중요한 메시지이다.

"나를 따라오라" 예수님이 부르셨을 때, 네 명의 어부들은 곧바로 예수님을 따랐다. 야고보와 요한의 결단은 더 대단하다. 물론 베드로와 안드레가 생업인 그물을 버리고 간 것도 대단하지만, 야고보와 요한은 배와 아버지마저 버려두고 예수님을 따랐다. 당시 갈릴리의 고기잡이배가 대부분 길이가 약 8~10m, 폭이 약 2.5m 정도의 10여 명이 탈 수 있는 정도의 크기였다고 하는데, 아마도 그 가정의 가장 중요한 자산이었을 터다. 그러니 그 배를 어떻게 정리하고 가는 게 좋을지 염려할 만도 했다. 그러나 그들은 고민하지 않았다.

그런데 여기서 몇 가지 의문이 생길 수 있다. 첫째는 '나를 따라오라' 예수님께서 요구하셨을 때, 그들은 어떻게 모두 그 즉시, 망설임 없이 예수님을 따라갈 수 있었던 걸까? 그 이유에 대해 오늘의 사건을 전하는 마태는 침묵한다. 즉 마태복음을 통해서는 그 구체적인 이유를 알 수가 없다는 얘기다. 왜냐하면 마태에게 중요했던 것은 그들이 예수님을 따르게 된 이유가 아니었다. '나를 따라오라'는 예수님의 그 요구에 그들이 모든 것을 버리고 즉각적으로 따랐다는 사실이 중요했다.

그런데 이 말씀에서 마지막 결과만을 보고 '역시 제자들은 믿음이 참 대단한데, 나는 왜 이것밖에 안 되나?' 하고 비교하게 되면, 자칫 내 믿음은 한없이 약하고 예수님의 제자가 될 수 없는 초라한 존재로 여겨질 수 있다. 하지만 우리가 알아야 할 것은 예수님께서 처음부터 믿음이 좋은 특별한 이들을 부르신 것이 아니라는 사실이다. 만약 베드로 한 명 정도 그랬다면, 그의 믿음이 특별한 경우라고 할 수도 있을지 모른다. 그러나 부르심을 받은 네 명 모두가 그랬다면, 이는 결코 특별한 일이 아니다. 예수님은 지극히 평범한 이들, 오히려 배우지 못한 이들을 부르셔서 그들을 믿음의 사람이 되도록 가르치시고 제자로 만들어 가신다. 그 부르심에 응답하는 자라면, 누구나 주님의 제자가 될 수 있는 말이다. 그러니 그 부르심을 듣고 순종하기만 하면, 우리도 이 시대 주님의 제자가 되는 것이다.

그런데 어떻게 그들이 그 부르심에 순종해 즉각적으로 따라갈 수 있었는가? 그 이유에 대해 누구보다 관심했던 사람이 바로 '누가'였다. 누가복음 5장에 예수님께서 처음 제자들을 부르신 이 동일한 사건이 기록돼 있는데, 마태복음에는 없는 그 상황과 배경을 알려주는 몇 구절들이 있다.

> 무리가 몰려와서 하나님의 말씀을 들을새 예수는 게네사렛 호숫가에 서서 말씀을 마치시고 시몬에게 이르시되 …
> … 말씀에 의지하여 내가 그물을 내리리이다 하고 (눅 5:1, 4~5)

뭐가 있었는가? 바로 '말씀'이다. '나를 따라오라' 명하시기 전에 그들에게 하나님의 말씀을 듣게 하신 것이다. 밤새도록 한 마리도 잡지 못했는데 말씀에 의지해서 그물을 던졌더니 그물이 찢어질 정도로 잡는 일이 벌어졌다. 말씀의 능력을 체험한 것이다. 그러니 어찌 그 부르심에 따라가지 않을 수 있겠는가? 말씀을 듣고도 말씀의 능력을 체험하고도 여전히 주님을 따르지 않고 내 마음대로 살고자 하는 이가 있다면, 오히려 그 사람이 특별한 사람이다. 스스로는 자신이 믿음의 사람이라고 여길지 모르지만, 아직 진정한 말씀의 사람이 되지 못한 것이다. 주님의 제자가 되지 못했다는 얘기다. 하나님의 말씀을 듣고, 그 말씀을 깨닫고, 그 능력을 체험한 사람이라면, 열이면 열 모두 주님께 붙들릴 수밖에 없다.

그래서 말씀이 중요하다. 하나님의 말씀은 영원히 살아있고 활력이 있다. 좌우에 날 선 어떤 검과도 비교할 수 없을 만큼 예리해서 우리의 혼과 영과 관절과 골수를 찔러 쪼개기까지 하신다. 날마다 우리의 생각과 뜻을 판단하시고 새롭게 하시는 그 말씀이 없으면, 내 생각만 주장하게 된다. 내 경험대로만 신앙생활을 하게 된다는 말이다. 특별히 이 시대에 무엇보다 하나님의 말씀인 성경이 우리 삶의 기준이 되어야 함을 더욱 잊지 말아야 할 것이다.

그런데 마태복음 4장 말씀에서 또 하나의 의문이 제기될 수 있다.

'주님의 제자가 되려면, 모든 것을 버리고 따라가야 하는가?'

어부인 그들이 그물과 배를 버려두고 예수님을 따라갔다. 심지어 아버지마저 버려두고 따라갔다고 기록한다. 그렇다면 주님의 제자가 된다는 것은 이러한 가족관계의 단절이나 파괴도 각오하고 모든 것을 용납해야 하는 걸까? 더구나 마태복음 12장에 보면, 예수님께서 자신을 찾아온 가족에 대해서 "누가 내 어머니이며 내 동생들이냐?" 하며 냉소적으로 말씀하기도 했으니 말이다. 우리는 이 말씀에 담긴 그 뜻을 잘 이해해야 한다. 그렇지 않으면 오히려 이 말씀을 근거로 해서 가정파괴를 당연시하고, 오히려 그것이 마치 더 믿음이 좋은 것인 양 미혹하는 이단에 빠지게 된다.

먼저 예수님께서 어머니와 형제들에 대해서 하셨던 그 말씀은 영적인 가족관계의 확장에 대해서 말씀하신 것이지, 결코 가족관계의 파괴나 단절을 강조하신 것이 아니다. 우리는 하나님의 자녀로서 택하심을 받고, 하나님을 예배하는 공동체 안에서 형제자매가 된다. 여기에는 매우 중요한 영적인 의미가 들어있다. 우리의 관심과 사랑이 육신적인 가정의 범위를 넘어서야 한다는 것이다. '가정과 나라와 민족을 위해서 기도합시다!'라고 할 때, 오로지 내 가정만을 위해서 기도한다면 아직 말씀을 깨닫지 못한 것이다. 주님께서 명하신 대로 우리가 함께 웃고 함께 울 수 있으려면, 주님 안에서 형제자매가 되고 믿음 안에서 모두가 한 가정이 되어야 한다.

처음 제자들을 부르시는 이 장면에서 예수님은 그 형제들을 모두 쌍으로 부르셨다. 제자가 된 이후에도 그들 모두 서로 형제로서 지내게 하셨다. 야고보와 요한이 아버지 세베대를 '버려두고 갔다'라는 이 표현은 부자간의 단절을 의미하는 것이 아니다. 이전과는 다른 완전히 새로운 삶으로의 변화를 강조하는 것이다. 이후 마태복음 10장, 20장, 26장 등에 보면, 여전히 '세베대'라는 이름이 그들의 아버지로 등장한다(마 10:2, 20:20, 26:37). 만일 이전에 아버지와의 관계를 완전히 단절하고 더는 만나지도 않을 듯이 버려두고 떠난 것이라면, 그 이후에 이렇게 성경에 그 이름이 언급되지 않았을 것이다. 더군다나 27장에 보면 그들의 어머니, 즉 세배대의 아내는 예수님께서 십자가 처형을 당하실 때 그 자리에까지 따라갔던 주님의 제자로 등장한다.

그렇다. 주님의 제자가 되기 위해서라면, 가정의 일원으로서 그 책임을 다하지 않아도 된다는 뜻이 결코 아니다. 오히려 이전보다 더 큰 책임감이 주어진다. 이전에는 한 지붕 아래서 살아가는 내 가족만 생각하면 됐고, 내 가족의 행복을 위해서 그들은 열심히 그물을 던졌다. 그러나 이제는 달라졌다. 주님 안에서 서로가 형제자매가 되고, 믿음의 한 가정을 이루게 된 모든 이들을 돌봐야 한다. 이것이 바로 부르심의 목적이다.

…나를 따라오라 내가 너희를 사람을 낚는 어부가 되게 하리라… (마 4:19)

부르심의 목적을 잘 깨달아야 한다. '주님께서 왜 나를 부르시는가?' 이 물음에 대한 답을 얻을 때, 우리 인생에 목표로 삼을 사명을 깨닫게 된다. 예수님은 어부였던 처음 제자들을 부르시면서 그들에게 사명을 선포하셨다. 물고기를 낚는 어부에서 이제는 '사람을 낚는 어부'가 되라는 것이다.

그런데 이 번역에는 다소 아쉬움이 있다. 헬라어 원문을 직역하면, 이 말은 '사람들의 어부'이다. '사람을 낚는 어부'와 '사람들의 어부', 이 둘의 차이가 느껴지는가? 원문에는 '낚는'이라는 말이 없을뿐더러 '사람'도 복수형에 소유격이다. '사람들의 어부', 즉 사람들을 위한 어부가 되게 하시겠다는 뜻이다. 이전에는 나 자신을 위해서, 내 가족의 생계를 위해서 고기를 낚아 올렸지만, 이제는 사람들을 위한 어부로서 세상 사람들을 섬기는 삶이 되라는 말씀이다. 주님의 부르심에 진정 응답한 사람은 자기 일이 어떠한 일이든지 나를 위해서, 내 가족만을 위해서 살아가는 사람이 아니다. 믿음의 식구들을 위해서, 나아가 이 세상 사람들을 섬기는 사람이 진정 주님의 제자이다. 이것이 바로 예수님의 처음 제자들뿐만 아니라 오늘 우리에게도 주시는 섬김의 사명, 십자가의 사명이다. 사람들의 어부로 살아가는 것, 이것이 바로 우리의 십자가를 지고 주님을 따르는 길이다.

> … 아무든지 나를 따라오려거든 자기를 부인하고
> 날마다 제 십자가를 지고 나를 따를 것이니라 (눅 9:23)

한 가지 더 기억해야 할 것이 있다. "나를 따르라!" 이 말씀은 예수님께서 처음 제자들을 부르실 때만 하신 말씀이 아니다. 마지막 네 번째 복음서인 요한복음에 보면, 이 말씀은 부활하신 예수님께서 이 땅에서 마지막으로 하신 말씀이기도 하다.

십자가 사건 이후에 예수님을 따르던 제자들은 다 낙망하고 다시 이전의 삶으로 돌아갔다. 어부였던 제자들은 모두 갈릴리 해변으로 돌아갔다. "나는 물고기 잡으러 가노라" 하는 베드로의 말에 모두가 함께 배에 올랐다. 그러나 그들은 그날 밤에 아무것도 잡지 못했다. 그때 부활하신 예수님이 나타나셔서 "그물을 배 오른편에 던지라" 말씀하셨고, 이에 던졌더니 그물을 들 수 없을 정도로 잡았다. 모두 백쉰세 마리라고 기록한다. 이에 제자들은 뒤늦게 이분이 바로 예수님이신 것을 알게 되고, 얼떨결에 예수님께서 주시는 떡과 생선으로 조반을 먹는다. 그리고 난 후 예수님께서 그들에게 묻고 명하신 말씀이 뭐였는가?

"네가 나를 사랑하느냐?" "내 양을 먹이라"

무려 세 번씩이나 반복해서 명하시고 당부하셨다. 주님을 진정 사랑하고 따르고자 하는 제자라면, 길 잃은 양을 찾아가서 먹이고 돌봐야 한다. 부활하신 주님께서 마지막까지 제자들에게 원하셨던 것이 바로 다시 '사람들의 어부'로 살아가는 것이었다.

사도 요한은 부활하신 예수님의 행적을 전하면서 이 땅에서의 마지막 말씀을 이렇게 기록한다.

> 예수께서 이르시되 내가 올 때까지 그를 머물게 하고자 할지라도
> 네게 무슨 상관이냐 너는 나를 따르라 하시더라 (요 21:22)

예수 그리스도를 증언하는 네 권의 복음서들은 "나를 따르라"로 시작해서 "나를 따르라"로 끝이 난다. 그런데도 우리가 주님을 따르지 않고 내 마음대로 살아가고자 한다면, 어찌 그리스도인이요 주님의 제자라고 할 수 있겠는가? 주님은 오늘도 우리에게 "나를 따르라" 하며 명하신다. 그 주님의 음성을 듣고 다시 '사람들의 어부'로 살아가고자 결단하는 귀한 걸음이 우리 안에 충만하길 기도한다.

39

막 1 ~ 16

말씀 동행

1일차

2일차

3일차

4일차

5일차

6일차

7일차

섬기는 자가 되라

마가복음 10:41~45

41 열 제자가 듣고 야고보와 요한에 대하여 화를 내거늘

42 예수께서 불러다가 이르시되 이방인의 집권자들이 그들을 임의로 주관하고
그 고관들이 그들에게 권세를 부리는 줄을 너희가 알거니와

43 너희 중에는 그렇지 않을지니 너희 중에 누구든지 크고자 하는 자는 너희를
섬기는 자가 되고

44 너희 중에 누구든지 으뜸이 되고자 하는 자는 모든 사람의 종이 되어야 하리라

45 인자가 온 것은 섬김을 받으려 함이 아니라 도리어 섬기려 하고 자기 목숨을
많은 사람의 대속물로 주려 함이니라

인생을 살다 보면 자신이 바라던 일이 뜻대로 되지 않아서 실망하고 마음이 상하는 경우가 있다. 코로나 팬데믹이 한창일 때 '코로나 블루'라는 신조어가 생겨날 정도로 많은 이가 우울감이나 무기력증을 호소하지 않았던가. 희망을 잃어버린 상태, 이것이 '실망(失望)'이다. 실망을 영어로는 'disappointment'라고 하는데, 이 말에는 우리가 왜 실망하게 되는지 그 원인이 담겨있다. 'dis(반대를 의미하는 접두어) + appointment(약속, 임명)' 즉, 실망은 약속을 지키지 않을 때 생기는 것임을 나타낸다. 생각해 보면 자신과의 약속을 포함한, 모든 관계에 있어서 지켜야 할 약속이 제대로 지켜지지 않을 때 우리는 실망하곤 한다. 또한 'appointment'라는 말에는 임명이라는 뜻도 있다. 자신에게 맡겨진 자리나 그 임명된 자리에 충실하지 않을 때, 본인을 포함한 그 공동체의 모든 구성원이 실망하게 된다.

마가복음 10장에 나타나는 예수님과 처음 제자들의 모습이 바로 그렇다.

> 열 제자가 듣고 야고보와 요한에 대하여 화를 내거늘 (막 10:41)

열 제자가 야고보와 요한에게 화를 낸 이유는 무엇일까? 실망했기 때문이다. 예수님을 따르는 제자로서 모두 함께하기로 약속하고서는 그 약속을 지키지 않았기 때문이다. 어떻게 지키지 않았는가? 마가는 이 사건을 시작하면서 그 구체적인 내용을 자세히 기록했다.

> 여짜오되 주의 영광중에서 우리를 하나는 주의 우편에,
> 하나는 좌편에 앉게 하여 주옵소서 (막 10:37)

세베대의 아들 야고보와 요한이 자신들만 높은 자리를 달라고 예수님께 몰래 청탁한 것이다. 어떤가? 우리가 보기에도 실망스럽지 않은가? 세

베대의 아들인 야고보와 요한은 예수님께서 '나를 따르라' 명하셨을 때, 그 귀한 배와 아버지마저도 버려두고 떠났던 이들이다. 그 이후로 예수님과 늘 동행하면서 진리의 말씀을 들었고, 많은 기적의 사건들을 누구보다 가까이에서 경험했던 이들이다. 그런 그들의 입에서 이러한 말이 나오다니, 우리의 실망도 큰데 예수님의 마음은 어떠셨겠는가? '너희는 이렇게 기도하라' 하며 분명 가르쳐 주셨는데도 불구하고, 이들은 엉뚱하게 간구한 것이다.

> … 선생님이여 무엇이든지 우리가 구하는 바를
> 우리에게 하여 주시기를 원하옵나이다 (막 10:35)

우리가 주님께 간구한다고 해서 다 기도가 아니다. '나는 기도하는데, 왜 하나님은 응답하지 않으십니까?' 만약 그렇다면, 그 간구의 내용을 먼저 돌아봐야 한다. 누구를 위한 기도인지, 무엇을 위해 기도하고 있는지를 살펴야 한다. 내가 원하는 것을 간구하는 것, 그것은 주님이 가르쳐주신 기도가 아니라 그저 나의 '갈망'일 뿐이다. 나를 통해서 주님이 원하시는 것을 간구하는 것, 그것이 진정한 '기도'이다.

그렇다고 우리의 원하는 바를 하나님께 구하지 말라는 뜻은 아니다. 하나님의 자녀로서 하나님의 뜻 안에서 나의 원하는 것을 구해야 한다는 것이다. 이것이 성경이 전하는 기도의 중요한 원리이다. 우리의 모든 기도는 결국 하나님의 영광과 하나님의 뜻이 이루어지기를 간구하는 것이다.

예수님은 제자들에게 이러한 기도를 가르쳐주셨을 뿐만 아니라, 친히 이에 대한 본을 보여주셨다. 제자들과의 마지막 만찬을 마치고 겟세마네로 가셔서 기도하실 때, 뭐라고 간구하셨는가?

"이 잔을 내게서 옮기시옵소서. 그러나 나의 원대로 마시옵고 아버지의 원대로 하옵소서."(막 14:36)

여기서 놀라운 것은 그 기도의 자리에 예수님이 베드로와 더불어 더 가까이 데리고 가셨던 제자들이 바로 야고보와 요한이라는 사실이다. 앞서 자신을 실망케 한 그 제자들을 예수님은 오히려 더 챙기신 것이다. 예수님은 실망했다고 그들을 버리지 않으셨다. '더는 너희들에게 희망이 없구나!' 절망하지도 않으셨다. 끝까지 주님의 뜻을 이루는 제자가 되도록 그들을 더 가까이 두시고 친히 본을 보이신 것이다.

이 놀라운 은혜와 사랑이 오늘 우리에게도 있다. 주님은 우리가 늘 실망케 해도 결코 우리를 버리지 않으신다. 우리에게 절망하지 않으시고, 오늘도 우리를 향해 다시 희망을 품으시는 분이 우리 주님이시다. 그 증거가 바로 우리를 예배의 자리로 부르신다는 사실이다.

영어로 '예배'를 의미하는 말 가운데 'Service'라는 말이 있다. '섬김', '봉사'라는 뜻인데, 우리는 주일예배를 'Sunday Service'라고 부른다. 이 말에서 누가 누구를 위한 서비스인지를 잘 깨달아야 한다. 예배라는 이 'Service'에는 우리를 위한 하나님의 섬김이 먼저이다. 우리를 구원하시기 위해 하늘의 그 높은 보좌를 버리시고 친히 이 낮은 땅에 오신 하나님의 봉사, 그것이 바로 십자가의 상징이다. 이처럼 예배는 우리가 하나님께 뭔가를 드리기만 하는 것이 결코 아니다. 사랑받을 자격이 없는 나를 부르셔서 만나주시고 다시금 은혜를 베푸시는 것, 이것이 예배이다. 그래서 전능하신 하나님이 벌레만도 못한 나를 위해 이처럼 섬겨주시는 것을 깨닫게 되면, 예배의 감동이 밀려오게 된다.

당시 제자들도 이런 주님의 마음을 알았더라면 얼마나 좋았을까? 하지만 제자들은 예수님께서 많은 사람의 지지를 얻어 곧 유대인의 왕이 되실 것으로 기대했다. 그렇게 되면 자신들이 수고한 만큼 좋은 자리를 얻겠거니 생각한 것이다. 비단 야고보와 요한만 그랬을까? 예수님 앞에서 직접 말을 못 해서 그렇지, 다른 제자들의 마음에도 지위와 명예에 대한 기대와 바람이 있었을 터다. 제자들이 야고보와 요한에게 화를 낸 이유도 바로 이 때문이다.

"왜 너희 둘만 먼저 말씀드리냐? 우리가 같이 의논하고 정리해서 말씀드려야지…!"

만약 다른 제자들이 그것을 듣고 야고보와 요한에게 화를 내기 전에 먼저 타이르고 권면했더라면, 굳이 예수님께서 제자들 전체를 불러서 말씀하지는 않으셨을 것이다. 더욱 실망스러운 것은 그들이 지금 예수님과 함께 예루살렘으로 올라가면서도 예수님의 마지막 그 길이 무엇을 의미하는지를 깨닫지 못했다는 사실이다.

이미 앞서 두 번씩이나 예수님은 자기 죽음과 부활에 대해서 예고하셨다. 그리고 제자들의 이러한 청탁과 다툼이 있기 바로 직전에도 다시 한번 이제 곧 일어날 고난과 죽음, 부활에 대해서 말씀하신 상황이었다. 그런데도 제자들은 깨닫지 못하고 자신의 이익에만 관심을 기울였다. 겉으로 드러났느냐? 속으로만 갖고 있느냐의 차이였지, 제자들 모두가 이기적인 욕심과 높아지고자 하는 마음을 갖고 있었다는 말이다.

'아니, 어떻게 제자들이 그럴 수 있습니까?' 하는 마음이 드는 이가 있을 터다. 그들은 예수님이 친히 부르시고 가르치신 제자들이었으니 말이다. 그래서인지 이 사건을 전하는 마태의 기록은 마가와는 조금 다르다.

> 그 때에 세베대의 아들의 어머니가 그 아들들을 데리고
> 예수께 와서 절하며 무엇을 구하니
> 예수께서 이르시되 무엇을 원하느냐 이르되
> 나의 이 두 아들을 주의 나라에서 하나는 주의 우편에,
> 하나는 주의 좌편에 앉게 명하소서 (마 20:20~21)

마태복음에 따르면, 예수님께 요구한 사람은 '세베대의 아들의 어머니'라고 전한다. 그 아들들의 이름인 야고보와 요한은 살짝 가린 채 말이다. 어떤가? 예수님을 모시고 따르던 제자들이 직접 요구한 것보다는 그래도 좀 나은가? 하지만 우리는 누구나 명예롭기를 원하고 높아지기를 바란다. 직장에서 남들보다 빨리 진급하고 싶어 하고, 명함에 새길 수 있는 그럴듯한 타이틀을 얻고자 한다. 사실 이것은 특별한 사람들에게만 있는 것은 아니다. 정도의 차이는 있지만, 인간이라면 가지는 보편적인 욕구이다. 그런 맥락에서 보면 제자들 가운데 일어난 이러한 분쟁도 살다 보면 일어날 수 있는 하나의 해프닝으로 여길 수도 있다. 그러나 예수님은 이 기회를 놓치지 않으셨다. 제자들을 다 불러 모으시고 마지막 당부를 하신 것이다.

> … 너희 중에 누구든지 크고자 하는 자는 너희를 섬기는 자가 되고
> 너희 중에 누구든지 으뜸이 되고자 하는 자는 모든 사람의 종이 되어야 하리라
> (막 10:43~44)

섬기는 자가 되라고 하셨다. 서로 존중하되, 자신을 낮춰서 다른 사람을 나보다 더 높여 대하라는 말씀이다. 당시 그들이 살던 로마 제국 시대의 막강한 집권자들의 모습을 보면서 제자들은 예수님께서 이제 곧 유대인의 왕이 되면 당연히 자신들도 그러한 권력을 가질 것이라고 기대했다. 그런 그들에게 이 말씀은 너무도 큰 충격이었을 터다.

그런데 우리가 이 말씀의 의미를 잘 깨달을 필요가 있다. '누구든지 크고자 하는 자는 너희를 섬기는 자가 되라' 하시며, 우리에게 하나님을 섬기는 자가 되라고 하시지 않으셨다. 이 말은 하나님을 섬기는 것보다 이웃을 섬기는 것이 더 중요하다는 말이 아니니다.

간혹 그런 일이 있다. 섬기며 봉사한다고 예배를 등한시하는 경우다. 물론 잘못된 것이다. 우리의 섬김은 하나님께서 우리를 섬기시는 예배의 은혜로부터 나와야 한다. 그렇지 않고 섬김 자체가 목적이 되면, 나를 드러내고 싶은 마음이 생길 수 있다. 또한 은혜가 계속 채워지지 않으면, 결국은 교만하게 되거나 혹은 내 힘으로 하다가 결국 지쳐서 그만두게 된다. 그러니 '너희를 섬기는 자가 돼라'는 이 말씀은 하나님께서 행하시는 섬김의 은혜를 깨닫고 누리는 자로서 그 섬김을 기쁨으로 세상에 실천하라는 뜻이나. 우리가 진정 하니님을 경외하는 예배자라면, 예배의 감동과 섬김의 은혜로 '모든 사람의 종'이 될 수 있어야 한다는 말씀이다.

세계 유수의 아름다운 폭포들은 위에서 아래로 떨어지는 그 낙차가 아주 크다. 꼭대기에서부터 바닥까지 물이 떨어지는 그 거리가 길면 길수록 폭포는 멋진 장관을 이루고, 보는 이들에게 큰 감동을 준다. 섬김도 마찬가지다. 섬기는 자의 낙차가 크면 클수록 멋진 섬김이 된다. 종이 섬길 때는 당연한 것으로 여기지만, 주인이 섬기면 마음을 움직이는 감동이 되는 것처럼 말이다. 예수님이 보여주셨던 그 섬김 역시 마찬가지였다.

예수님은 십자가를 지려고 가는 그 마지막 길에서까지 제자들로부터 실망하셨다. 하지만 절망하지 않으시고 끝까지 그들에게 참된 제자의 길을 가르치셨고, 주님의 사명을 깨닫게 하셨다. 우리가 지금 붙들어야 할 마음이 바로 이것이다. 죽음 앞에서도 섬김의 본을 보이신 주님처럼 오직 섬김으로 새로워지고 견고해져야 한다. 하나님께서 우리를 위해 행하신 그 섬김으로 이 세상을 섬기고 모든 사람의 종이 될 때, 하나님은 반드시 우리를 새롭게 하실 것이다. 외면받은 믿음의 공동체가 다시 세상으로부터 칭송받게 하시고, 복음의 능력을 깨닫고 구원받는 자를 날로 더해 주실 줄로 믿는다. 세상을 향해 섬김의 감동을 전하는 예배자가 되기로 결단한 모든 이에게 하나님께서 감당할 능력을 더하시고 풍성한 열매로 축복하실 것이다.

죽음 앞에서도

섬김의 본을 보이신 주님처럼

오직 섬김으로

새로워지고 견고해져야 한다

40

눅 1~24

말씀 동행

1일차

2일차

3일차

4일차

5일차

6일차

7일차

복음의 정수(精髓)

누가복음 7:36~50

36 한 바리새인이 예수께 자기와 함께 잡수시기를 청하니 이에 바리새인의 집에
들어가 앉으셨을 때에
37 그 동네에 죄를 지은 한 여자가 있어 예수께서 바리새인의 집에 앉아 계심을
알고 향유 담은 옥합을 가지고 와서
38 예수의 뒤로 그 발 곁에 서서 울며 눈물로 그 발을 적시고 자기 머리털로 닦고
그 발에 입맞추고 향유를 부으니
39 예수를 청한 바리새인이 그것을 보고 마음에 이르되 이 사람이 만일 선지자라
면 자기를 만지는 이 여자가 누구며 어떠한 자 곧 죄인인 줄을 알았으리라 하
거늘
40 예수께서 대답하여 이르시되 시몬아 내가 네게 이를 말이 있다 하시니 그가
이르되 선생님 말씀하소서
41 이르시되 빚 주는 사람에게 빚진 자가 둘이 있어 하나는 오백 데나리온을 졌
고 하나는 오십 데나리온을 졌는데
42 갚을 것이 없으므로 둘 다 탕감하여 주었으니 둘 중에 누가 그를 더 사랑하겠
느냐
43 시몬이 대답하여 이르되 내 생각에는 많이 탕감함을 받은 자니이다 이르시되
네 판단이 옳다 하시고
44 그 여자를 돌아보시며 시몬에게 이르시되 이 여자를 보느냐 내가 네 집에 들
어올 때 너는 내게 발 씻을 물도 주지 아니하였으되 이 여자는 눈물로 내 발을
적시고 그 머리털로 닦았으며
45 너는 내게 입맞추지 아니하였으되 그는 내가 들어올 때로부터 내 발에 입맞추
기를 그치지 아니하였으며
46 너는 내 머리에 감람유도 붓지 아니하였으되 그는 향유를 내 발에 부었느니라
47 이러므로 내가 네게 말하노니 그의 많은 죄가 사하여졌도다 이는 그의 사랑함
이 많음이라 사함을 받은 일이 적은 자는 적게 사랑하느니라
48 이에 여자에게 이르시되 네 죄 사함을 받았느니라 하시니
49 함께 앉아 있는 자들이 속으로 말하되 이가 누구이기에 죄도 사하는가 하더라
50 예수께서 여자에게 이르시되 네 믿음이 너를 구원하였으니 평안히 가라 하시
니라

'복음', 과연 복음이 뭘까? 우리가 복음서를 읽어가면서 꼭 물어야 할 중요한 질문이다. 복음은 많이 아는 바와 같이 '복된 소식', '반가운 소식'이라는 뜻이다. 그런데 우리가 복음서를 읽어가면서 놓치지 말아야 할 것은 성경이 말하는 진정한 '복음'의 의미이다. 우리는 이 땅에서 죄로 인해 죽을 수밖에 없는 존재다. 우리 스스로는 결코 이 죽음의 문제를 해결할 길이 없다. 그런데 이 문제를 해결해 주시고 우리에게 영생을 얻게 하신다는 소식, 이것이 바로 성경의 핵심 메시지인 '복음'이다. 성경의 여러 책 가운데 이 소식을 가장 직접적으로 전하는 네 권의 책들을 그래서 우리가 '복음서'라고 칭하는 것이다.

복음서에는 우리의 구원자가 되시는 예수 그리스도의 가르침과 행하심이 많이 기록돼 있다. 그 말씀들, 그 이적들을 통해서 복음의 능력과 참된 진리를 깨닫게 된다. 그런데 그중에서도 누가가 기록한 7장의 사건에는 단일 사건으로는 이례적으로 복음에 대한 중요한 메시지들이 담겨 있다. 한마디로 '복음의 정수'인 것이다. 복음의 핵심이 되는 골자, 요점을 깨달을 수 있기 때문이다. 그러니 "기독교가 말하는 복음이 뭡니까?" 하고 누군가 묻는다면, 누가복음 7장에 기록된 이 사건을 소개해도 무방할 듯하다.

'복음의 정수'라고 부를 만큼 특별한 이 사건은 한 바리새인의 집에서 일어났다. 바리새인이 예수님께 자기와 함께 잡수시기를 청한 것이다. 그런데 대개 식사는 어떤 사람과 같이하는가? 가까운 사람, 마음이 편한 사람, 혹은 더 가까워지고 싶은 사람과 하기 마련이다. 함께 하는 식사 시간만큼 자연스럽게 서로 가까워지는 기회도 드물기 때문이다.

그런데 예수님께서 초청을 받아 가신 그 식사의 자리는 그렇지 못했다. 당시 바리새인과 율법 교사들은 예수님을 탐탁지 않게 생각했다. 특히 예수님께서 세리와 죄인 등 그들이 부정하다고 여기면서 멀리하는 사람들과 오히려 함께 교제하고 식탁을 나누는 것을 못마땅하게 여겼다. 해당 사건이 기록된 말씀의 앞 구절에도 그런 성향이 잘 나타나 있다.

> 인자는 와서 먹고 마시매 너희 말이 보라 먹기를 탐하고
> 포도주를 즐기는 사람이요 세리와 죄인의 친구로다 하니 (눅 7:34)

예수님이 그들의 생각을 말씀하신 것이다. 이처럼 예수님은 바리새인과 율법 교사들이 자신을 어떻게 생각하고 있는지 잘 알고 계셨다. 진리의 말씀을 듣기 위해서, 식사하면서 보다 깊은 교제를 나누고 싶어서 초청한 것이 아니었다. '바리새인이라고 어떻게 다 그렇게만 생각할 수 있습니까?' '그래도 예수님을 자신의 집으로 초청한 이 사람은 좀 다를 수 있지 않습니까?' 물론 일말의 기대를 품어볼 수도 있지만, 후반부에 나오는 예수님의 말씀을 통해 이 바리새인의 행동이 밝혀진다.

그들은 손님을 위해서 마땅히 준비했어야 할 '발 씻을 물'을 드리지 않았다. 당시 존경과 환영의 의미로 행하던 입맞춤도 하지 않았다. 손님에 대한 기본적인 예의조차 지키지 않았다는 것은 분명 그가 다른 의도를 가지고 예수님을 초청했다는 것을 나타낸다. 삭개오가 예수님을 초청했을 때와는 천지 차이고, 마르다와 마리아의 집에 가셨을 때와 비교하면 완전히 다른 분위기다. 아마 명목상 초청은 받았지만, 차라리 그 초청에 응하고 싶지 않으셨을 수도 있다. 그런데도 예수님은 자신을 초청한 그 바리새인의 집에 들어가 앉으셨다.

예수님은 당장이라도 일어나 가버리고 싶은 그 자리를 마다하지 않으셨다. 이유는 단 하나, 복음을 전하기 위해서였다. 사실 그 자리를 마련한

바리새인들이 듣고자 하지 않을 것도 아셨을 터다. 그런데도 복음의 사명을 감당하기 위해 그 자리에 가셨을 때, 예상치 못했던 놀라운 사건이 일어난 것이다.

갑자기 한 여인이 그 자리에 끼어들었다. 예수님이 그 바리새인의 집에 계신다는 소식을 듣고 찾아온 여인이었다. 37절에 보면, 누가는 이 여인을 '죄를 지은 한 여자'라고 소개한다. 이 여인이 무슨 죄를 지었는지 구체적으로 밝히지는 않았다. 다만 성서학자들에 따르면, 여인에 대한 이러한 소개는 당시 유대 사회에서 창녀를 지칭하는 전형적인 표현이었다고 설명하기도 한다. 어쨌든 죄를 지은 여인으로서 자신을 부정하게 여기며 차별하고 증오하는 여러 바리새인이 모인 자리에까지 찾아왔다는 것은 정말 대단한 일이다. 사람들의 시선을 의식했거나 여전히 자신의 과거에 얽매여 있었다면, 이 여인은 결코 그 자리로 나올 수 없었을 터다. 이것이 바로 복음이 주는 '담대함'이다.

복음을 듣고 진리를 깨닫게 되면, 무엇을 위해 살아야 할지 분명해진다. 인생의 참된 가치에 집중해서 거기에 최선을 다하게 되고, 그렇지 않은 것에 대해서는 연연하지 않는 자유를 누리게 된다. 예수님을 찾아온 이 여인은 향유를 담은 옥합을 가지고 왔다. 이 향유는 일상에서 사용되던 기름이 아니라 매우 값비싼 귀한 것이었다. 당시 부유한 이들만 사용하던 특별한 기름으로 구하기도 어려운 것이었다. 옥합에 담겨 있는 이 향유는 한 번 개봉하면 그 자리에서 다 소모해야 하기에 특별한 일이 아니면 아예 개봉하지도 않았다. 예수님을 초청했던 바리새인은 예수님께 발 씻을 물도 드리지 않았는데, 뜻밖의 이 여인은 그 귀한 향유를 예수님의 발에 부었다. 이 얼마나 귀한 헌신인가! 물론 향유 자체도 정말 귀하다. 하지만 이 여인이 그 향유를 예수님의 발에 부었다는 데에도 중요한 의미가 있다. 성경에 보면 대개 왕이나 제사장으로 기름 부음을 받을 때, 머리에 기름을 붓는다. 그러니 일상에서 구할 수 있는 감람유도 아니고, 그렇게 귀하고 특별한 기름이라면 충분히 예수님의 머리에 부을 만하지 않은가? 그러나 이 여인은 예수님의 머리가 아니라 발에 부었다. 그 귀한 향유를 가지고도 자신에게는 그런 자격이 없음을 고백한 것이다. 너무나 겸손한 헌신이다.

이것은 세상의 가치 기준으로는 도저히 이해할 수 없는 일이다. 복음의 은혜를 체험한 사람만이 할 수 있는 헌신이다. 하나님께 드리는 헌신은 나에게 물질이나 시간이 많아서 쓰고도 여유가 있을 때 드리는 것이 아니다. 복음의 은혜가 너무나 감사해서 가장 귀한 것을 기쁨으로 드리는 것이다. 자신의 부족함을 깨닫고 고백하는 자만이 겸손히 헌신할 수 있다. 진정한 헌신은 나는 사라지고 오직 주님만이 드러나야 한다.

사실 이 말씀에서 대개는 이 여인이 예수님께 부은 향유에 대해서 많이 강조한다. 물론 그 향유가 참 값진 것이고, 겸손한 헌신임에는 분명하다. 그런데 여기서 우리가 또 한 가지 중요하게 여길 것이 있다. 바로 이 여인이 흘린 눈물이다. 이 여인의 행동을 기록하는 말씀을 좀 더 살펴보자.

> 예수의 뒤로 그 발 곁에 서서 울며 눈물로 그 발을 적시고
> 자기 머리털로 닦고 그 발에 입맞추고 향유를 부으니 (눅 7:38)

향유를 가지고 온 이 여인은 예수님의 뒤로 갔다. 그 귀한 향유를 가지고 왔으면, 예수님 앞으로 가야 하지 않은가? 그래야 사람들의 눈에도 잘 보일 것이니 그렇다. 그러나 이 여인은 오히려 예수님의 뒤로 가서 그 발 곁에 서서 그저 울기만 했다. 얼마나 많은 눈물을 흘렸으면 눈물로 예수

님의 발을 적셨을까? 당시 유대인들은 눈물을 참 중요하게 여겼다. 그래서 평소 자신의 눈물을 모아서 병에 넣어두거나 장사를 지낼 때 그 사람의 눈물 병을 함께 넣어주는 풍습이 있었을 정도였다. 그만큼 눈물에는 삶의 모든 기쁨과 슬픔이 다 들어있다고 여긴 것이다. 이 여인은 귀한 향유를 붓기만 한 것이 아니라 그전에 더러워진 예수님의 발을 자신의 눈물로 깨끗이 닦았다. 아무런 말도 없이 눈물로 자신의 발을 닦는 이 여인을 바라보시는 예수님도 아무런 말씀이 없으셨다.

복음을 듣고 자신이 죄인임을 자각하고 주님께 나온 이 여인을 예수님은 더는 정죄하지 않으셨다. 복음은 우리의 죄를 깨닫게 한다. 어둠 속에 감추어졌던 죄가 진리의 빛 가운데 드러나기 때문이다. 그때 중요한 것은 이 여인처럼 주님께로 나아오는 것이다. 드러났다고 오히려 더 감추려고 한다거나 다른 사람과 비교하면서 자신을 합리화해서는 안 된다. 사람에게는 감출 수 있어도 하나님은 모든 것을 아신다.

누가복음 7장의 사건에서도 예수님을 초청한 바리새인이 이 여인과 예수님의 행동을 보고 혼자 마음속으로 비난한다. '이 사람이 만일 선지자라면 자기를 만지는 이 여자가 누구인지, 어떠한 죄인인 줄을 알았으리라' 이 여자가 죄인인 줄 알면, 이렇게 놔두지는 못할 것이라는 얘기다. 누군가에게 이야기한 것이 아니라 마음속으로 가졌던 생각이다. 그런데 예수님은 그 생각까지도 아시고 답하시면서 비로소 바리새인과의 대화가 시작되었다.

> 예수께서 대답하여 이르시되 <u>시몬아</u> 내가 네게 이를 말이 있다 하시니
> 그가 이르되 <u>선생님</u> 말씀하소서 (눅 7:40)

여기에는 두 가지 호칭이 등장한다. '시몬아'와 '선생님'이다. 예수님께서 이 바리새인의 이름을 '시몬아' 하고 부르시는데, 헬라어 원문으로 보면 예수님께서 '시몬아' 하고 부르시는 이 뉘앙스는 그를 질책하거나 책망하려는 것이 아니라 매우 부드러운 어조다. 그의 이름을 부드럽게 부르심으로 바리새인의 마음속에 있는 담을 허물고자 하시는 것이다.

성경에 보면 예수님께서 이렇게 상대의 이름을 부른 경우는 자주 없다. 더군다나 바리새인에 대해서 이렇게 부드러운 어조로 부르신 경우는 이곳이 유일하다. 마태복음에 예수님께서 바리새인과 율법 교사들을 훈계하실 때, 뭐라고 부르셨는가? "뱀들아! 독사의 새끼들아!" 그에 비하면 '시몬아' 이 부르심에는 예수님의 부드러운 마음, 복음에로의 따뜻한 초청이 들어있는 것이다. 그러나 바리새인은 마음의 문을 열지 않았다. '선생님 말씀하소서' 여기서 '선생님'이라는 호칭은 유대 용어로 '랍비'에 해당한다. 당시 유대 사회에서 최고의 칭호라고 할 수 있다. 겉으로 보기에는 마치 예수님을 존중하는 것 같지만, 사실 속으로 예수님을 비난했던 자기 생각을 감추기 위한 것이었다. 말로만이 아니라 정말 예수님을 랍비로 생각했다면 예수님이 오셨을 때 그렇게 맞이하지는 않았을 터다. 자신의 감정에 충실했던 죄인인 여자와 비교한다면, 바리새인의 이러한 태도는 끝까지 자기 생각을 감추고자 하는 겉과 속이 다른 위선적인 모습이다. 이미 이 두 사람의 태도에서 누가 구원의 은혜를 누리게 될지는 자명한 일이다. 복음의 결과는 두 가지 뿐이다. 구원 아니면 심판.

바리새인 시몬에게 예수님은 빚진 자들에 대한 비유의 말씀을 주신다. 빚진 자가 둘이 있는데, 한 사람은 오백 데나리온을 졌고 다른 사람은 오십 데나리온을 졌다. 그런데 둘 다 갚을 능력이 없어서 탕감을 받았다. 이 두 사람 중에 누가 빚 준 사람을 더 사랑해야겠는가? 상식적으로 당연히 많이 탕감받은 사람이다. 바리새인도 그렇게 대답했다. 답은 맞았지만, 그러나 그 사람이 바로 자신인 줄은 깨닫지 못한 것이다.

바리새인 시몬은 예수님의 이 말씀으로 그 자리에서 이미 심판을 받았다. 아마도 그는 이 여인보다는 그래도 자신의 죄가 덜하다고 생각했을 것이다. 율법을 지키고 예배를 드리는 자신이 그래도 낫다고 여겼을 터다. 바로 영적 자만이다. 우리가 항상 경계해야 할 것이 바로 이것이다. '나는 예배드렸으니까 그렇지 않은 사람보다는 낫겠지.' 이렇게 생각한다면, 복음의 은혜를 오해하고 있다. 오히려 자신이 주님의 용서하심으로부터 점점 멀어질 뿐이다. 우리가 죄 사함을 받을 수 있는 것은 전적인 하나님의 은혜이다. 우리의 봉사와 섬김이 구원의 은혜를 받을 수 있는 척도가 결코 아니라는 얘기다. 우리가 해야 할 것은 갚을 수 없는 하나님의 은혜에 늘 감사하면서 이 은혜의 자리에 함께하지 못하는 이들을 위해서 기도하는 것이다.

예수님은 이 여인에게 죄가 없다고 말씀하지 않으셨다. "네 죄 사함을 받았느니라" 하고 선언하셨다. 나의 죄를 깨닫고 통회하며 가슴 아파할 때, 그 문제를 가지고 다른 곳으로 가지 않고 예수님께로 나아갈 때 죄 사함의 은혜를 받고 구원을 얻은 것이다. 마지막으로 예수님은 이 여인에게 평안을 선포하신다.

> … 네 믿음이 너를 구원하였으니 평안히 가라 … (눅 7:50)

이것이 바로 복음의 능력이다. 예수님께서 이 여인에게 주시고자 하신 평안, 이것을 구약의 용어로 한다면 '샬롬'이고, 신약의 용어로는 '에이레

네'라고 한다. 이 평안은 단지 심리적인 안정을 의미하는 것이 아니다. 삶의 어떠한 상황과 여건 속에서도 포기하지 않고 이뤄야 하는 평화이다.

구약의 이스라엘은 이 평안을 얻기까지 기나긴 고난과 역경을 거쳐야 했다. 그러나 이제 우리는 예수 그리스도를 나를 구원하시기 위해 십자가를 지신 구세주로 믿으면, 죄인의 삶에서 평안을 누리는 삶으로 변화할 수 있다. 죄책감 때문에, 질병 때문에 도피하던 소극적인 삶에서 누군가의 아픔을 공감하며 위로할 수 있는 복된 삶이 된다. 이 시대에 진정 필요한 것이 바로 복음으로 인해 누리는 이 '평안'인 줄로 믿는다. 이 평안은 예수 그리스도 외에는 다른 길이 없다. 내가 곧 길이요 진리요 생명이라고 선포하신 예수 그리스도를 믿고, 이 놀라운 복음의 능력을 온 세상에 기쁨으로 증거 하는 복음의 전도자로 세워져야 할 것이다.

41

요1~21

말씀 동행

1일차

2일차

3일차

4일차

5일차

6일차

7일차

이 성전을 헐라

요한복음 2:13~22

13 유대인의 유월절이 가까운지라 예수께서 예루살렘으로 올라가셨더니

14 성전 안에서 소와 양과 비둘기 파는 사람들과 돈 바꾸는 사람들이 앉아 있는 것을 보시고

15 노끈으로 채찍을 만드사 양이나 소를 다 성전에서 내쫓으시고 돈 바꾸는 사람들의 돈을 쏟으시며 상을 엎으시고

16 비둘기 파는 사람들에게 이르시되 이것을 여기서 가져가라 내 아버지의 집으로 장사하는 집을 만들지 말라 하시니

17 제자들이 성경 말씀에 주의 전을 사모하는 열심이 나를 삼키리라 한 것을 기억하더라

18 이에 유대인들이 대답하여 예수께 말하기를 네가 이런 일을 행하니 무슨 표적을 우리에게 보이겠느냐

19 예수께서 대답하여 이르시되 너희가 이 성전을 헐라 내가 사흘 동안에 일으키리라

20 유대인들이 이르되 이 성전은 사십육 년 동안에 지었거늘 네가 삼 일 동안에 일으키겠느냐 하더라

21 그러나 예수는 성전된 자기 육체를 가리켜 말씀하신 것이라

22 죽은 자 가운데서 살아나신 후에야 제자들이 이 말씀하신 것을 기억하고 성경과 예수께서 하신 말씀을 믿었더라

요한복음은 다른 복음서들인 마태, 마가, 누가와는 그 성격이 좀 다르다. 다른 복음서들은 예수 그리스도가 어떠한 분인지를 제시하는데 주력하고 예수님의 생애와 교훈을 통해서 복음이 무엇인지 그 의미를 전한다.

물론 복음서마다 특징이 있다. 마태복음은 이미 구약을 알고 있던 유대인들을 대상으로 기록한 책이다. 그래서 예수님을 그들이 기다리던 '메시야', '유대인의 왕'으로 소개한다. 복음서 가운데 구약의 인용이 제일 많고, 구약 다음에 신약의 첫 번째로 위치하게 된 이유이기도 하다. 마가복음은 이와 정반대다. 왕이 아니라 섬김의 종으로 오신 하나님의 아들, 예수 그리스도를 소개한다. 그분이 이 땅에 오신 목적, 그리스도의 봉사와 희생을 강조한다. 누가복음은 인간으로 오신 예수 그리스도를 소개한다. 하나님의 아들로서 신적인 능력이 있기에 십자가를 지신 게 아니라 예수님은 우리와 같은 인성을 가지셨고, 우리의 고통과 한계를 공감하시기에 우리를 위해 십자가에 달리신 구세주임을 고백한다. 이렇듯 강조하는 부분이 다르고 각각의 특징이 있지만, 예수 그리스도를 소개하는 내용과 사건의 순서에 있어서 큰 차이가 없고 동일한 관점을 가졌다는 점에서 이 세 복음서를 '공관복음'이라고 부른다.

이에 비해 요한복음은 차이가 있다. 예수 그리스도와 복음을 단순히 제시하는 차원이 아니라 사건마다 의미와 복음의 가치를 해석하고 설명한다. 그래서 요한복음을 '제4 복음서'라고 부른다. 내용과 구성에서도 큰 차이가 있다. 요한복음에 들어있는 내용 가운데 공관복음에도 들어있는 것은 10%도 채 안 된다. 90% 이상이 오직 요한복음에만 들어 있을 정도다. 그 가운데 예수님께서 성전을 깨끗하게 하신 2장은 어디에 해당될까? 성경책을 보면 해당 본문을 시작하기 전에 이 사건이 다른 세 복음서에도 기록돼 있다고 친절하게 그 구절들이 적혀 있는 것을 발견하게 된다.

그런데 여기서 우리가 관심해야 할 것이 있다. 이 사건이 요한복음을 시작하는 앞부분, 2장에 기록되어 있는데, 다른 세 복음서에서는 어떨까? 마태복음 21장, 마가복음 11장, 누가복음 19장, 모두 다 뒷부분에 있다. 예수님께서 성전을 정화하신 내용은 같지만, 예수님의 공생애 사역의 시기에 있어서 요한복음만은 다르다는 사실이다. 즉 같은 사건이 아니라는 얘기다. 시도 요한이 전하는 이 사건은 예수님의 공생애 초기에 있었던 일이다.

갈릴리 가나의 혼인 잔치에서 첫 표적을 나타내신 예수님은 유월절이 가까워지자 유대 전통에 따라 예루살렘으로 올라가셨다. '파스카'라고 하는 이 유월절은 유대인들에게 아주 중요한 절기였다. '지나가다' '뛰어넘다'라는 뜻으로 하나님께서 애굽 땅에 열 가지 재앙을 내리실 때 마지막 열 번째 재앙으로 모든 장자를 치셨는데, 그때 어린 양의 피를 문 인방과 좌우 설주에 바른 이스라엘 자손들의 집에는 그 재앙이 넘어간 것에서 유래된 절기이다. 하나님의 구원하심을 기억하고 감사하는 유대인 최대의 명절이었다. 그래서 유대인 성인 남자라면 누구나 1년에 한 번은 성전에 가서 성전세를 내고 제물도 드려야할 의무가 있었다. 따라서 이 시기의 예루살렘은 전국에서 모여온 사람들은 물론이고, 이방 땅에서 방문한 순례객들까지 더해져서 북새통을 이루곤 했다.

시기적으로 이때는 예수님께서 사역을 시작하신 첫해라고 할 수 있는데, 성전에 가신 예수님이 번제물로 파는 짐승들과 돈 바꾸는 사람들을 보게 된다.

> 성전 안에서 소와 양과 비둘기 파는 사람들과
> 돈 바꾸는 사람들이 앉아 있는 것을 보시고 (요 2:14)

여기서 '보시고'라는 의미는 예수님이 무언가를 찾기 위해서 주의 깊게 살펴보았다는 의미가 아니다. 특별히 관심하지 않아도 쉽게 목격되는 일반적인 현상이었다는 뜻이다. 그만큼 성전 안에서 많은 이들이 거리낌 없이 행하고 있던 일이었다는 말이다. 그렇다면 이런 모습이 왜 문제가 되는가?

하나님께 드리는 제물에는 아무런 흠도 없어야 했다. 그런데 멀리서 성전을 방문하는 이들은 제물로 드릴 짐승을 가져오다 보면, 아무리 조심하더라도 의도치 않게 흠이 생기곤 했다. 그래서 성전에서 제물을 드리기 전에 제사장들이 행하는 적격 여부 심사를 통과하지 못하게 된 것이다. 그 때문에 쓸모없게 된 그 짐승은 헐값에 팔아야 하고, 대신 성전에서 급히 다른 짐승을 비싼 가격에 사야만 했다. 문제는 이것만이 아니다.

정성껏 가져온 흠 없는 짐승도 성전의 제사장들이 까다롭게 트집을 잡아서 불합격 판정을 내리는 일이 빈번했다. 다시 가져갈 수도 없는 짐승을 제사장들이 헐값에 사들여서 그것을 다른 이들에게 비싸게 되팔았다. 결국 사람들은 힘들게 위험을 감수하면서 제물을 가져오기보다는 불합격될 우려가 없는 성전에서 파는 제물을 점점 더 선호하게 되었고, 제사장들은 이를 이용해서 막대한 물질적 이득을 올리던 터였다.

돈 바꾸는 것은 성전세를 내는 것과 연관돼 있다. 당시 성전세는 각 지방에서 통용되던 다양한 주화로 낼 수가 없었다. 이방 군주나 우상의 형상이 들어 있지 않아야 하고, 순도가 높은 은으로 된 세겔 주화로만 바칠 수 있었다. 따라서 많은 이들이 자신의 지역에서 사용하는 주화를 가지고 와서 성전에서 세겔로 바꾸어야 했는데, 그 환전수수료가 12.5% 정도였다고 한다. 제사장들이 그들의 직권을 이용해 역시 이 일에도 관여하면서 큰 물질적 이득을 취한 것이다. 경제적인 관점에서 본다면, 이보다 더 좋은 장사가 있을까? 살 때도 이익을 남기고, 팔 때도 이익을 얻는다. 여기에는 제사장들만이 아니라 그 이익을 통해서 살아가는 많은 이들이 연관돼 있었다.

하지만 성전에서 이렇게 하면 안 된다는 것을 모두가 잘 알고 있었을 터다. 선지자 이사야를 통해서 이미 선포하셨으니 말이다.

> … 내 집은 만민이 기도하는 집이라 일컬음이 될 것임이라 (사 56:7)

여기서 '만민이 기도하는 집'이라는 말은 만민을 위하여 기도하는 집이라는 뜻이다. 물론 성전의 일차적인 기능은 하나님께 제사를 드리는 것이었다. 그러나 눈에 보이는 그것이 전부가 아니었다. 그 제사를 드리면서 하나님의 용서와 사랑을 깨닫고 만민을 위해 '기도하는 집'이 되라고 세워진 것이다.

이것을 잘 보여주는 이가 바로 이스라엘의 첫 번째 성전을 건축했던 솔로몬이다. 아버지 다윗이 그토록 소원했던 성전 건축을 마침내 아들인 솔로몬이 이루게 된다. 얼마나 기쁘고 감격스러웠겠는가?

역대하 6장 22절에서 39절을 보면, 성전을 완공한 솔로몬이 가장 먼저 한 것이 나온다. 솔로몬은 성전 건축을 위해 수고한 이스라엘의 온 회중을 축복하고서 하나님께 기도를 드린다. 그의 기도는 무려 일곱 가지의 간구로 이루어져 있다. 성전의 필수적인 기능이라고 생각할 수 있는 제사보다도 기도가 더 강조되고 우선되었던 것을 알 수 있다. 그뿐만 아니라 솔로몬이 성전에서 가장 먼저 드렸던 그 기도의 내용을 보면, 전부 다 자신을 위한 기도가 아니라 백성과 공동체를 위한 기도였다. 심지어는 그 성전을 향해 기도하는 이방인의 기도에도 하나님께서 응답해 주실 것을 간구하는 기도도 들어 있다.

이처럼 만민을 위해서 '기도하는 집'으로 세워진 성전이 부당하게 자신의 이익을 취하는 '장사하는 집'으로 전락한 것이다. 문제를 알면서도 그 안에서 누구 하나 나서지 못했다. 그 삶의 관계가 깨어질 것이 두렵고, 자신의 생계와 심지어 목숨도 포기할 각오를 해야 하기 때문이다. 예수님은 목숨을 걸 만큼 그런 위험한 상황 속에서 홀로 성전을 정화하셨다. 노끈으로 채찍을 만드셔서 성전 안의 짐승들을 다 내쫓으셨고, 돈 바꾸는 사람들의 돈을 다 쏟으시고 상을 엎으셨다. 얼마나 큰 난리가 났겠는가? 주인들의 항의가 빗발치고, 거룩해야 할 성전은 아수라장이 되었을 터다. 예상치 못한 상황에 놀란 유대인들은 예수님께 와서 표적을 요구한다.

'네가 이런 일을 행하니 무슨 표적을 우리에게 보이겠느냐'

이것은 예수님의 권위에 대한 도전이자 그들의 사악함을 드러내는 것이다. 당시 유대인들의 특징은 눈에 보이는 기적이나 확실한 징표를 보지 않고는 도무지 믿으려 하지 않았다. 지금까지 아무도 행한 적이 없는 이런 일을 예수님이 무슨 권위로 했는지 그 명백한 증거를 보이라는 것이다. 예수님의 권위가 궁금했다거나 그 권위를 보고 인정하려는 것이 아니었다. 당연히 자신들이 그러한 권위를 준 적이 없으니 증거를 제시하지 못할 줄 알고 예수님을 궁지에 빠뜨리고자 한 것이다. 그들의 생각에는 완벽한 도전이라고 여겼을 것이다. 달리 방법이 없어 보였기 때문이다. 그러나 예수님은 그들의 도전을 받고 놀라운 신적인 권위를 선포하신다.

> … 너희가 이 성전을 헐라 내가 사흘 동안에 일으키리라 (요 2:19)

성전은 하나님께서 임재하는 곳이다. 하나님으로부터 받은 권위가 없다면, 감히 이렇게 말할 수가 없다는 얘기다. 그런데 예수님의 이 말씀에서 우리가 주목해야 할 것이 있다. '성전'이라는 단어다. 이것은 앞서 14절에서 나왔던 성전(히에론), 즉 짐승을 파는 사람들과 돈 바꾸는 사람들이 있는 그 성전과는 다른 뜻이다. 눈에 보이는 건물로서의 성전이 아니다. 19절에서 예수님이 말씀하시는 성전(나온)은 자신의 몸과 예수님을 믿는 성도들의 몸, 즉 주님의 몸 된 교회를 뜻한다.

21절 말씀에는 앞서 설명한 요한복음의 특징이 나타난다. 19절에서 언급한 성전에 대한 사도 요한의 해석이 들어 있다.

> … 예수는 성전된 자기 육체를 가리켜 말씀하신 것이라 (요 2:21)

지금 우리야 성경을 통해서 예수님의 죽으심과 부활의 사건을 알고 믿지만, 공생애를 막 시작하신 초기에 하셨던 이 말씀을 누가 이해할 수 있었을까? 혹시라도 자신들이 누리고 있는 성전의 이권이 사라질까 봐 염려된 유대인들은 오랜 기간 돌로 지어진 튼튼해 보이는 그 건물에 집착했다.

> … 이 성전은 사십육 년 동안에 지었거늘 네가 삼 일 동안에 일으키겠느냐 …
> (요 2:20)

당시 이 성전은 소위 '헤롯 성전'이라고 불리는데, 역사 기록에 보면 주전 20년경에 착공되어 완공하기까지 공사 기간이 무려 60년이 훨씬 넘는다. 따라서 예수님께서 이 말씀을 하신 때는 아직 완공되기 이전이었다. 여전히 완성되지 못한 상태인 지금 이 모양을 갖추는 데만도 자그마치 46년이 걸렸다는 건물로서의 역사를 내세우는 상황이다. 그런데 어떻게 이 성전을 사흘 동안에 일으킨다는 건지 그들은 이해할 수가 없었다. 그런데 그들만이 아니다. 예수님의 제자들조차 마찬가지였다. 예수님께서 죽은 자 가운데서 살아나실 때까지도 깨닫지 못했다. 이것이 바로 '영적 무지'다.

"너희가 이 성전을 헐라"

예수님은 공생애 처음부터 이미 자신의 십자가 죽음을 아셨다. 그리고 눈에 보이는 그 안타까운 성전 안에서 그들이 진정 깨달아야 할 성전의 참된 의미와 본질을 선포하셨다. 그렇게 예수님은 목숨을 거는 심정으로 두 번씩이나 성전을 정화하셨다. 다른 세 복음서에 보면 예수님께서 3년 전에 정화하셨던 그 성전을 다시 정화하시는 사건이 나온다. 예수님께서 십자가에 못 박히시기 불과 닷새 전, 즉 3년에 걸친 공생애의 가장 마지막 시기에 있었던 일이다. 예수님께서 깨끗하게 하신 그 성전이 그동안 아무런 변화 없이 다시 강도의 소굴로 되돌아가 있었기 때문이다. 이런 관점에서 예수님의 공생애는 성전 정화로 시작해서 성전 정화로 끝난다고 해도 과언이 아니다.

우리는 이 성전의 의미를 더욱 깊이 깨달아야 한다. 눈에 보이는 예배당만이 성전이 아니다. 주의 전에 나와 예배드렸다고 다 된 것이 아니라는 얘기다. 거룩한 삶으로 하나님께 예배하는 우리가 모두 성전이다. 이제 교회의 울타리를 넘어 세상 속에 이 성전을 세워야 한다. 사람들이 우리를 보고 거룩하신 하나님을 알 수 있도록 살아가야 한다. 이것은 하루하루 치열한 영적 싸움이 될 것이다. 복음을 위해서 때로 물질적 이익도 포기해야 할 것이고, 주님을 위해 조롱과 비난도 감수해야 할 것이다. 그러나 그것이 진정 우리가 가야 할 길이기에 기쁘고 감사한 마음으로 걸어야 한다. 그것이 우리의 사명이자 본분이다.

거룩한 삶으로

하나님께 예배하는 우리가

모두 성전이다

42

행1~28

말씀
동행

1일차

2일차

3일차

4일차

5일차

6일차

7일차

기독교의 참모습

사도행전 4:29~31

29 주여 이제도 그들의 위협함을 굽어보시옵고 또 종들로 하여금 담대히 하나님
의 말씀을 전하게 하여 주시오며
30 손을 내밀어 병을 낫게 하시옵고 표적과 기사가 거룩한 종 예수의 이름으로
이루어지게 하옵소서 하더라
31 빌기를 다하매 모인 곳이 진동하더니 무리가 다 성령이 충만하여 담대히 하나
님의 말씀을 전하니라

러시아 태생의 화가이자 판화가로서 프랑스로 이주해 활동하면서 20세기 미술사에 큰 족적을 남긴 위대한 인물이 있다. 바로 '샤갈'이다. 마르크 샤갈(Marc Chagall, 1887~1985)은 다채로운 색감과 몽환적인 화풍을 특징으로 독창적인 미술 세계를 발전시킨 인물로 알려져 왔다. 그런데 놀랍게도 그의 가장 중요한 예술 창조의 원천이 바로 성경이었다는 사실이다. 그는 마흔다섯 살에 이스라엘을 방문하고 영감을 얻어 25년에 걸쳐서 성서의 백다섯 가지 장면을 판화의 기법인 에칭으로 완성했다.

그가 선별한 성경에서의 이 장면들은 모두 구약의 내용이다. 물론 그가 유대인이기에 당연하다고 이해할 수 있다. 그런데 더욱 놀라운 것은 그가 자신만의 성서적 해석을 담아 그린 그 이후의 작품들이다. 제2차 세계대전 속에서 자행된 유대인 학살로 말미암아 그의 그림들은 화려한 색채로 표현했던 이전과는 달리 급격히 어두워졌다. 그런데 샤갈은 그 작품들 속에서 어둠과 죽음을 물리칠 수 있는 빛과 생명의 소망을 바로 예수 그리스도와 십자가로 표현했다. 그는 제2차 세계대전이 시작될 때 '백색의 십자가'(1938)라는 작품을 그렸고, 그 전쟁이 끝났을 때 '장기슭에서의 부활'(1947)이라는 작품을 남겼다.

유대인이던 샤갈이 어떻게 이런 깨달음을 얻고 예수 그리스도와 십자가를 미래의 소망으로 그려낼 수 있었을까? 그는 성경에서 기독교의 참모습을 보았다. 그 모습이 너무나 아름답고 거룩해서 감히 거부할 수 없었던 것이다. 만약 기독교의 참모습을 한 장의 종이에다 그려보라고 한다면, 어떻게 표현하겠는가? 어디에서 그 모습을 찾겠는가? 아마도 우리는 성경에서 그 모습을 찾고자 할 것이다. 그렇다면 성경이 말하는 참된 기독교란 무엇인가? 어떠한 모습인가?

이것이 바로 기독교 역사에서 교회가 무너지고 신앙이 흔들릴 때마다 시대와 상관없이 끊임없이 물어왔던 가장 본질적인 질문이었다. 개신교 역사만 하더라도 이 물음 속에서 루터를 통해 종교개혁이 시작되었고, 18세기 영국 국교회로서 점차 기독교의 참모습을 잃어가던 성공회 안에서 웨슬리를 통해 새로운 감리교 운동이 시작되었다. 사도행전 4장 31절 말씀은 감리교회의 창시자 존 웨슬리가 당시 옥스퍼드에서 이런 물음을 던지고 설교하고자 택했던 본문이다.

> 빌기를 다하매 모인 곳이 진동하더니
> 무리가 다 성령이 충만하여 담대히 하나님의 말씀을 전하니라 (행 4:31)

박해와 고난 가운데 있던 사도들을 위해 모든 성도가 함께 모여 한마음으로 하나님께 소리 높여 기도했는데, 그 기도의 내용이 바로 29절과 30절 말씀이다. 기도를 마치자 그들이 모인 곳이 진동했고, 무리가 다 성령이 충만해져 담대히 하나님의 말씀을 전했다고 말한다.

그런데 이와 같은 상황이 앞서 사도행전 2장에도 기록돼 있다. 오순절날에 성령이 그들에게 처음 임하는 사건이다. 거기에는 이렇게 쓰여 있다.

> 그들이 다 성령의 충만함을 받고 성령이 말하게 하심을 따라
> 다른 언어들로 말하기를 시작하니라 (행 2:4)

성령이 임한 결과 중 하나로 그들이 방언으로 말하기 시작했다는 것이다. 그런데 이에 비해 사도행전 4장에는 이런 성령의 특별한 은사가 그들에게 주어졌다고 기록돼 있지 않다. 여러 가지 방언을 말하는 능력이나 그 방언을 통역하는 능력, 혹은 신유와 기적을 행하는 능력 등 성령의 어떤

특별한 은사가 이때 모인 그 사람들에게는 주어지지 않은 것이다.

우리는 대개 성령의 임재를 특별한 은사와 결부시키는 경향이 있다. 예를 들어 방언을 못 하면 마치 성령 충만하지 못한 사람으로 여기는 것처럼 말이다. 그래서 오로지 방언을 목표로 기도하면서 인위적인 행위들을 하기도 한다. 그러나 처음 성도들에게서 알 수 있는 모습은 하나님께서 초대교회 때에도 그러한 은사를 모두에게 주신 것은 아니라는 사실이다. 따라서 '무리가 다 성령이 충만'하게 되었다는 것은 어떤 특별한 은사를 받는 것보다 더 중요한 목적이 있었다는 뜻이다. 그것이 무엇인가? 바로 담대히 하나님의 말씀을 전하는 것이었다. 앞서 2장에서 그들에게 방언의 은사를 주신 이유도 사실 마찬가지였다. 그때 각국에서 와서 예루살렘에 머물러 있던 많은 이들에게 각각 그들의 말로 하나님의 큰일을 전할 수 있도록 하신 것이다.

그래서 '담대히 하나님의 말씀을 전했다'는 것은 그들이 단지 말로만 했다는 것이 아니다. 이 사명을 감당하기 위해 초대교회 성도들은 그들의 삶을 사랑과 희락과 화평과 오래 참음과 자비와 양선과 충성과 온유와 절제로 가득 채웠다. 그랬기에 모두가 한마음과 한뜻이 되어서 모든 물건을 서로 통용하고, 자기 재물을 조금이라도 자기 것이라 하는 이가 하나도 없었던 거다. 이러한 성령의 열매들은 하나님께서 믿음의 자녀들 가운데 행하시는 거룩한 역사를 통해 이루어진다. 우리는 이것을 바로 '기독교'라는 한마디로 표현할 수 있다.

물론 여기서 말하는 '기독교'란 종교적 교리 체계나 조직이 아니라 그리스도인의 마음과 생활을 뜻하는 차원이다. 일반적으로 영어의 'Christianity'라는 말을 '기독교'라고 해석해 왔다. 그러나 우리는 성경을 통해 이 말을 더 잘 이해할 필요가 있다. Christianity라는 말은 'Christian' 이란 단어에 정체성과 참된 모습을 뜻하는 '-ity'를 뒤에 붙여 놓은 것이다. 즉 성경 속에 나타나는 그리스도인의 참모습, 성경적인 참된 그리스도인의 정체성, 이것이 바로 '기독교'를 뜻한다는 얘기다. 따라서 '기독교'는 잘 갖춰진 종교적 체계나 교리 혹은 제도가 아니다. 그리스도를 영접하고 성령의 삶을 살아가고 있는 우리의 모습, 그리스도인의 정체성이 바로 '기독교'이다.

그렇다면 참된 기독교의 시작은 어디에서부터 이뤄질까? 성경은 바로 우리 심령의 변화로부터 시작된다고 단호하게 말한다. 내 의지가 아니라 성령으로 인해 우리가 예수 그리스도를 믿게 되는 것이고, 우리가 하나님의 자녀가 됨을 성령이 증거해 주는 것이다. 그러한 사람은 그리스도인의 삶을 깨닫게 된다.

> 그런즉 이제는 내가 사는 것이 아니요
> 오직 내 안에 그리스도께서 사시는 것이라
> 이제 내가 육체 가운데 사는 것은 나를 사랑하사 나를 위하여
> 자기 자신을 버리신 하나님의 아들을 믿는 믿음 안에서 사는 것이라 (갈 2:20)

이것이 바로 성경이 말하는 믿음의 본질이요, 심령의 변화로부터 시작되는 기독교의 참모습이다. 참된 그리스도인이라면 세상 염려 때문에 낙심할 필요가 없고, 흑암의 권세나 죽음마저도 두려워할 까닭이 없게 된다. 언제나 전능하신 여호와를 의뢰하고 세상 풍파에 흔들리지 않기 때문이다. 하나님께서 자신의 머리카락까지도 다 헤아리심을 알기 때문이다. 죽음을 통해서 영원한 생명을 누리게 하신다는 것을 믿기 때문이다.

이처럼 거룩하신 하나님을 알고 그 사랑을 깨달은 자는 그의 형제와 모

든 이들도 사랑할 수밖에 없다. 말로만의 사랑이 아니라 행함과 진실함으로 모두를 사랑하게 된다. 이 사랑을 마음에 가지고 있는 자는 항상 말을 조심해 그 입 앞에 파수꾼을 세우고 그 입술의 문을 지킨다. 아무도 비방하지 않고 거짓말과 사기, 허풍 모두를 버린다. 나아가 악을 금하는 것에 머물지 않고, 선을 행하는 일에 힘쓴다. 기회가 있을 때마다 굶주린 사람들에게 먹을 것을 주고, 헐벗은 사람들을 입히고, 외롭고 병든 사람들을 찾아가 돕는다. 이 일을 위해서 자기가 가진 모든 것을 아낌없이 내어놓고, 남을 위한 일이라면 어떠한 희생도 기꺼이 감수한다. 물론 그것은 자신을 드러내고자 함이 결코 아니다. '내 형제 중에 지극히 작은 자 하나에게 한 것이 곧 내게 한 것이다' 하신 주님의 말씀에 순종하는 것뿐이다.

이것이 바로 처음 기독교의 모습이었다. 이런 사람이 바로 초대교회의 그리스도인이었다. 그래서 그들은 제사장들이나 장로들의 위협을 받았을 때도 한결같이 함께 모여 한마음으로 하나님께 부르짖어 기도했다. 그들이 믿은 하나님의 사랑이 서로를 진정 사랑하게 한 것이다.

오늘 우리의 모습은 어떠한가? 우리의 삶 가운데도 이러한 모습이 나타나야 한다. 참된 기독교가 내 안에 이뤄진 사람은 빛을 품은 사람과 같다. 이 빛은 말 아래 숨길 수가 없어 모든 이들에게 드러난다. "너희 빛을 사람 앞에 비치게 하라" 말씀하신 주님의 뜻이 바로 이것이다. 참된 기독교를 소유한 사람은 이웃을 내 몸과 같이 사랑할 수밖에 없다. 이 사랑은 필연적으로 인간의 아픔과 고통을 그저 간과할 수 없게 하고, 세상에서 방황하는 이들을 주님께로 인도하게 한다. 때를 얻든지 그렇지 못하든지 담대히 복음을 전하는 자가 된다는 얘기다.

그런데 여기서 우리가 잊지 말아야 할 것은 이런 과정에서 고난과 핍박을 피할 수 없다는 사실이다. 복음 전도는 항상 반대를 수반할 수밖에 없기에 그렇다. 기독교의 참모습으로 살아가는 그리스도인은 세상이 추구하는 삶의 방식과는 전혀 다른 삶을 추구하기 때문이다. 그래서 성경을 보면 복음 전도자가 가는 곳마다 반대가 있었다. 조롱과 비난을 받기도 하고, 결박을 당하고 감옥에 갇히기도 했다. 그러나 그들은 모든 일에 있어서 '하나님과 함께 일하는 자'요, '하나님의 일꾼'이라는 것을 그들의 삶으로 생생히 보여 주었다. 극심한 고난과 어려움 속에서도 변함없이 끝까지 인내했고, 주리고 목말랐고 추위에 떨었지만, 그들의 삶으로 하나님을 나타냈다. 참된 기독교의 모습을 품고 그의 삶으로 나타냈던 그리스도인을 통해 주님의 복음이 오늘 우리에게까지 전해진 것이다.

오늘 우리는 자신에게 진지하게 물어봐야 한다.

'나는 과연 참된 기독교 신앙을 소유하고 있는가?'

'나는 성령의 충만함을 입고 나의 삶에 성령의 열매를 맺고 있는가?'

진정한 교회의 회복, 성경적 기독교의 회복을 소망한다면 우리의 삶에서 그리스도인의 참모습을 분명히 보여줘야 한다. 마르크 샤갈은 89세로 세상을 떠났는데, 그가 죽기 전날 마지막 유작으로 남긴 작품의 제목이 '또 다른 빛을 향해'(1985)이다. 오늘날 이 시대의 많은 이들이 세상 속에서 빛을 잃고 어둠 가운데서 또 다른 빛을 향해 방황하고 있다. 그들에게 오늘 우리가 참된 빛이 되시는 하나님의 생생한 모습을 보여 주는 하나님의 초상화가 되어야 한다. 언제나 우리와 함께하셔서 능력 주시는 성령의 충만함으로 그 거룩한 사명을 온전히 감당하기를 간절히 바라고 기도한다.

43

롬 1 ~ 고전 16

말씀 동행

1일차

2일차

3일차

4일차

5일차

6일차

7일차

하나님께 소망을 두라

로마서 15:12~13

12 또 이사야가 이르되 이새의 뿌리 곧 열방을 다스리기 위하여 일어나시는 이가
있으리니 열방이 그에게 소망을 두리라 하였느니라
13 소망의 하나님이 모든 기쁨과 평강을 믿음 안에서 너희에게 충만하게 하사 성
령의 능력으로 소망이 넘치게 하시기를 원하노라

우리는 성품이 좋은 사람에게 '바다와 같은 사람'이라는 표현을 쓰곤 한다. 왜일까? 아마도 바다가 가진 특성 때문일 것이다. 바다는 모든 강물을 다 가리지 않고 다 받아들여 정화 시켜낸다. 출신이나 나라를 가리지 않고 모든 것을 받아들인다. 편을 나누지 않고 울타리를 치지도 않는다. 그래서 바다는 절대 강물과 다투지 않는다. 그렇게 바다는 크든 작든, 깨끗하든 더럽든 분별없이 모든 것을 포용하며, 넓고 푸른 고고한 자태로 보는 이의 마음을 위로한다. 사람들이 마음이 답답하고 속이 터질 것 같을 때 바다를 찾게 되는 이유가 바로 이것일 터다.

로마서를 기록한 사도 바울이 바로 이런 바다와 같은 마음을 가진 주의 종이었다. 그는 주님께 사도로 부르심을 받았지만, 사람들은 그를 신뢰하지 않았고 그를 사도로 인정하려고 하지 않았다. 그리스도인들을 찾아내서 고발하고 박해하는데 앞장섰던 바울이었기에 사람들의 그런 반응이 처음에는 당연하다 여길 수 있었을 것이다. 그러나 시간이 지나도 마찬가지였다. 바울이 아무리 주님의 부르심을 고백하고 그의 사역을 통해서 복음의 능력을 나타낸다고 하더라도 그가 가는 곳마다 늘 그의 전력이 발목을 잡고 공동체 가운데 그를 시기하며 분란을 일으키는 일들이 생겼다.

바울의 마음이 얼마나 상했을까? 명문 집안에서 자랐고, 훌륭한 스승 밑에서 좋은 교육을 받은 그였다. 남보다 성공하고 출세하기에 전혀 부족함이 없는 사람이었다는 얘기다. 그러나 자신이 누릴 수 있는 모든 것을 다 포기하고, 바울은 주님의 부르심에 순종했다. 그런데도 그런 자신을 경계하고 자신의 마음을 알아주지 않는 이들이 바울은 얼마나 미웠을까?

'주님, 왜 저를 보내셔서 이러한 대접을 받게 하십니까?'

충분히 원망할 만도 했다. 그러나 바울은 한 번도 그런 마음을 드러낸

적이 없다. 어떻게 그럴 수 있었을까? 아무리 마음이 넓다 하더라도 자존심 상하고 인내에도 한계가 있었을 텐데 말이다. 바울은 예수님의 처음 제자도 아니었다. 그런데도 그는 신약성경의 가장 많은 책을 기록하고, 초대 교회의 가장 위대한 사도로 인정받게 된다. 그런 일이 어떻게 가능했던 걸까? 로마서 말씀을 통해 그 비결을 깨달을 수 있다.

로마서는 바울이 3차 전도 여행 중에 기록한 책이다. 바울은 주후 53년경에 에베소로 가서 그곳에서 3년간 머물면서 복음을 전했고, 그다음 고린도로 이동해서는 약 3개월을 지내며 겨울을 보내게 된다. 바로 그 시기에 앞으로 방문하고자 하는 로마의 성도들에게 보냈던 서신이 바로 로마서다.

로마서는 바울의 여러 서신 가운데 가장 논리적이고 신학적인 책이다. 인간의 죄가 무엇인지, 믿음으로 얻는 구원이란 무엇인지, 성도가 감당해야 할 의무와 이 땅에서 이루어야 할 성화가 무엇인지 기독교의 중요한 교리들을 설명하고 논증해 가는 것이 주된 내용이다. 따라서 중요한 책이긴 하지만, 로마서를 읽어갈 때 다소 지루하고 재미없게 느껴질 수 있다. 그런데 놀라운 것은 바울이 마치 이것을 미리 염두에 둔 것처럼 로마서의 가장 핵심이 되는 본론의 마지막 부분인 14장부터 15장 13절까지의 말씀은 이론적이고 신학적인 내용이 아니라, 삶의 실천적인 권면으로 마치고 있다.

> 소망의 하나님이 모든 기쁨과 평강을 믿음 안에서 너희에게 충만하게 하사
> 성령의 능력으로 소망이 넘치게 하시기를 원하노라 (롬 15:13)

이 말씀은 로마서 전체에 있어 가장 중요한 본론의 마지막 종결 부분이

다. 여기서 바울은 마지막으로 로마의 성도들이 진정 기쁨과 평강을 누리게 되기를 간절히 축복하고 소원한다. "사도로서 당연한 것 아닙니까?" 하고 반문하는 이가 있을 터다. 물론 사도라면 당연히 그래야 한다. 그러나 바울의 상황에서 절대 쉽지 않은 일이었다. 자신을 신뢰하지 못하고 사도로서 인정하지 않는 상황이었다. 그런데도 바울은 그들에게 끝까지 복음의 진리를 전하고자 최선을 다했고, 마음을 다해서 그들을 위해 하나님의 복을 빌었다. 나를 알아주지 않는다고, 하나님을 원망하거나 사람을 미워하지 않았다. 오히려 그들을 위해서 염려하며 사랑으로 그들을 축복했다. 이것이 바로 사도 바울의 위대한 신앙이다.

바울이 그들을 위해서 간구했던 '기쁨'과 '평강' 이 두 가지는 그리스도인의 삶에 있어서 가장 두드러져야 할 특징이다. 여기서 바울이 말하는 '기쁨'은 헬라어 원어로 '카라'라고 하는데, 이것은 세상이 줄 수도 없고 알 수도 없는, 매우 특별한 것을 말한다. '나는 포도나무요 너희는 가지라' 말씀하시는 요한복음 15장을 보면, 바울이 말하는 이 기쁨이 원래 누구의 것인지 우리가 그것을 어떻게 얻을 수 있는지 깨닫게 된다.

> 내가 이것을 너희에게 이름은 내 기쁨이 너희 안에 있어
> 너희 기쁨을 충만하게 하려 함이라 (요 15:11)

'카라'라고 하는 이 기쁨은 그리스도의 것이다. 그리스도께서 믿음의 사람들에게만 주시는 선물이다. 그래서 믿지 않는 이들은 이 기쁨을 알 수도 없고 누릴 수도 없는 것이다.

'평강'도 마찬가지다. 구약에서 '샬롬'이라고 하는 이 말은, 신약에서는 '에이레네'이다. 역시 요한복음에 보면, 이 '에이레네'에 대한 말씀이 들어 있다.

> 평안을 너희에게 끼치노니 곧 나의 평안을 너희에게 주노라
> 내가 너희에게 주는 것은 세상이 주는 것과 같지 아니하니라 … (요 14:27)

환경과 여건에 흔들리지 않는 참된 평안은 우리의 노력과 결단으로 얻는 것이 아니다. 하늘로부터 오는 성령의 열매이자 예수 그리스도께서 자기를 믿는 이들에게 주시는 은혜의 선물이다. 지금 우리가 처한 삶의 형편과 사정을 생각하면, 절대 기뻐할 수 없다. 평안할 수 없고 근심할 수밖에 없다. 그러함에도 우리가 하나님께 감사하며 소망의 삶을 기대할 수 있는 것은 이 기쁨과 평강이 주님의 것이고 주님께서 우리에게 주시는 특권이기 때문이다.

사도 바울의 위대함은 여기에 그치지 않는다. 바울은 예수 그리스도를 믿는 자들에게 주시는 기쁨과 평강만이 아니라 이방의 모든 이들에게도 이런 축복이 충만하기를 간구했다.

> 또 이사야가 이르되
> 이새의 뿌리 곧 열방을 다스리기 위하여 일어나시는 이가 있으리니
> 열방이 그에게 소망을 두리라 하였느니라 (롬 15:12)

이것은 이사야 11장 10절의 말씀을 인용한 것인데, 바울은 여기에서 두 가지를 강조한다. 첫째는 예수 그리스도가 열방을 다스리기 위해서 오셨다는 사실이다. 유대인들만이 아니라 이 땅의 모든 이들을 위해 오셨음을 선포한다. 유대인들이 그토록 바라고 기다리던 메시야는 그들만을 위한 구세주가 아니라 이 세상에 흩어진 연약하고 고난 가운데 있는 모든 이들을 위해 오셨음을 강조한다. 따라서 하늘로부터 오는 그리스도께서 주시는 이 특별한 기쁨과 평안이 우리만의 것으로 머물러서는 안 된다. 열방을

다스리시는 그리스도의 은혜와 사랑이 우리를 통해서 여전히 불안과 절망 가운데 있는 이들에게 끊임없이 흘러가야 한다.

두 번째로 강조한 것은 '열방이 그에게 소망을 두리라' 하는 표현이다. 바울이 인용한 이사야의 구절과 비교해 보면, 이 둘 사이에는 차이가 있다. 이사야에서는 '열방이 그에게로 돌아오리니'라고 되어 있는데, 바울은 이것을 '열방이 그에게 소망을 두리라'로 바꾼 것이다. 여기에는 중요한 의도와 의미가 들어있다. 다시 돌아온다는 것은 처음 나오는 것보다 오히려 훨씬 더 어렵기 마련이다. 자기 생각과 자존심, 모든 것을 내려놓아야 하기 때문이다. 때로 자신을 향한 비난과 조롱도 기꺼이 감수해야 하는 탓이다. 그런 상황에서도 돌아오려면, 이 모든 것을 다 뒤로 하고 오직 하나님께 소망을 두어야 함을 깨달을 때 가능하다. 바울은 자신의 사명을 감당하는데 바로 이것을 깨달았다. 그는 사람에게 소망을 두었다가 실망하는 것이 아니라 오직 하나님께 소망을 두는 거룩한 믿음의 사명자였다. 그래서 바울은 열방이 하나님께로 돌아온다는 것을 하나님께 소망을 두는 것으로 한 걸음 더 나아가 강조했다.

바울이 로마서를 쓰던 당시나 그가 인용한 이사야 11장이 쓰였던 당시는 모두 암울했다. 사도행전 18장에 보면, 주후 50년경에 로마의 황제 글라우디오가 모든 유대인을 로마에서부터 추방했던 이야기가 나온다. 그들은 여러 나라로 뿔뿔이 흩어져야만 했다. 땅과 소유를 모두 빼앗기고, 신앙에 대한 박해는 점점 더 심해져 갔다. 그런 상황 속에서 사도 바울은 바로 이 이사야의 구절을 인용하면서 그들에게 참된 위로와 소망의 메시지를 전했다.

"소망의 하나님이 모든 기쁨과 평강을 믿음 안에서 너희에게 충만하게 하사 성령의 능력으로 소망이 넘치게 하시기를 원하노라."

하나님의 사람인 이사야와 바울은 심한 박해를 받고 모든 것을 빼앗겼다. 그렇게 암울하고 절망적인 상황 속에서도 그들은 오직 하나님께 소망을 두었다. 소망의 하나님을 고백하며 끝까지 믿음 안에 거한 것이다. 그럴 때 하나님이 예비하신 작은 한 싹을 통해 하나님의 원대한 구원의 역사를 선포하게 하셨다. 소망의 하나님에 대한 믿음! 그것이 바울에게 그의 사역을 끝까지 완수하도록 이끌었던 힘이었다.

그 소망의 하나님이 오늘 우리에게도 유일한 희망이 된다. 이 얼마나 감격스러운 진리인가! 하나님은 소망 그 자체이시다. 그렇기에 하나님의 사람인 우리 또한 소망의 사람이다. 그러니 어떠한 환경이나 조건 속에서도 주님이 주시는 기쁨과 평안을 잃지 말아야 한다. 나아가 여전히 세상에서 소망을 찾는 이들에게 소망이신 하나님을 알게 하고 깨닫게 하는 복된 삶을 살아야 한다.

우리는 세상을 향한 하나님의 소망이다. 세상을 향해 하나님의 뻗으신 축복의 팔이다. 그분에게 받은 사랑과 은혜가 우리를 통해 세상으로 흘러가길 원하신다. 그 소망을 주신 하나님께 먼저 감사하고, 믿음 안에서 그 소망을 이루게 되길 간절히 바란다. 그 소망이 이루어짐으로 세상 모든 이가 하나님의 이름을 높이는 그날을 기대하며. 할렐루야!

44

고후 1 ~ 빌 4

말씀 동행

1일차

2일차

3일차

4일차

5일차

6일차

7일차

믿음으로 말미암는 구원

에베소서 2:8

8　너희는 그 은혜에 의하여 믿음으로 말미암아 구원을 받았으니 이것은 너희에
게서 난 것이 아니요 하나님의 선물이라

감리교회의 창시자인 존 웨슬리 목사는 영국에서 큰 부흥을 일으키고 의기양양하게 미국 선교를 위해 떠났다. 하지만 몇 년도 지나지 않아 미국 선교에서 사실상 실패하고, 도망치듯 다시 영국으로 돌아와 실망과 낙심 가운데 있었다. 그가 누구인가? 옥스퍼드대학교 교수를 지냈을 만큼 지적인 수준도 높았고, 훌륭한 목회적 성과도 냈을 만큼 영적인 지도자로 촉망받았던 터다. 그런 그가 모든 것을 다 잃었다고 생각하니 얼마나 상심이 됐겠는가? 그런 상황에서 그가 발걸음 한 곳이 모라비안 교도들의 모임이었다. 대서양을 건너는 배 속에서 큰 풍랑 가운데도 전혀 불안해하지 않고, 하나님께 감사의 찬양을 하던 그들의 믿음에 큰 감명을 받았기 때문이다.

'그들의 믿음은 나의 믿음과 무엇이 다르기에 이토록 차이가 나는가?'

그는 스스로 믿음 없음을 깨달으면서 구원에 대해 다시금 돌아보는 계기가 되었다. 그렇게 찾아갔던 1738년 5월 24일, 모라비안 모임에서 웨슬리 목사는 역사적인 회심의 사건 을 경험한다. 그 회심 이후, 웨슬리 목사의 설교사역은 어떻게 변했을까?

웨슬리는 자기에게 큰일을 행하시고 자신을 변화시키신 하나님에 대해 설교하기 시작했다. 그러나 자신에게 설교 자리를 허락하지 않은 영국교회 탓에 1739년 4월 2일부터 거리로 나가 대중에게 설교하기 시작했다. '세계는 나의 교구'를 외치며 시작된 거리 설교를 하루에 4~5차례씩 평생 4만 2천 회나 했다. 1747년에는 아일랜드, 1751년에는 스코틀랜드를 방문하여 설교했고, 1760년에는 북미에 선교사를 파송했다. 그는 이를 위해 매년 12,800km, 평생 40만km의 거리를 여행했다고 전해진다.

우리는 대개 웨슬리의 회심 사건에 대해서는 많이 들어왔지만, 그 이후 웨슬리 목사가 선포한 설교에 대해서는 접할 기회가 많지 않았다. 물론 지금과 시대적인 간극이 크다는 것도 이유가 되고, 영문을 번역해서 우리말로 전해야 하는 설교로서의 어려움이나 한계도 있다. 하지만 특별히 회심 이후에 선포한 그의 설교들을 통해 그리스도인의 신앙 교리와 전통을 더욱 온전히 이해할 수 있다. 그런 이유로 웨슬리 목사가 회심 이후에 첫 번째로 선포했던 역사적인 설교를 나누고자 한다.

웨슬리 목사는 회심 사건 이후에 첫 번째 공식적인 설교의 자리에서 에베소서 2장 8절을 본문으로 자신이 새롭게 체험한 '믿음으로 말미암는 구원'에 대해서 이렇게 선포했다.

하나님의 은혜는 우리가 받을 수 있는 자격이 없음에도 불구하고, 우리에게 값없이 거저 주시는 사랑이다. 우리가 모두 그 은혜를 받을 자격이 없는데도 거저 주시는 것이기에 우리가 아무리 작은 것을 받았다 할지라도 불평할 수 없다. 하나님께서 행하시는 일이 아무리 작아 보인다고 하더라도 우리 스스로는 결코 그 작은 것도 행할 수 없는 연약한 존재들이다. 우리가 하는 모든 일은 우리의 능력으로 하는 것이 아니라 우리 안에 계시는 주님께서 하시는 것이다. 따라서 우리 삶의 모든 열매는 우리에게 거저 주신 하나님의 은혜를 증거하는 것이다. 우리에게 발견되는 어떤 의의 모습이 있다면, 이 또한 하나님의 선물로 우리에게 주어진 것임을 알아야 한다.

그렇다면 죄인인 우리가 무엇을 가지고 우리가 지은 죄를, 그것이 아무리 작은 죄라고 할지라도 그 죄를 대속할 수 있을까? 인간의 업적이나 공로가 아무리 크다 할지라도 그것으로는 불가능하다. 인간에게 공로가 많거나 거룩함이 있다 할지라도 그것은 인간에게 속한 것이 아니고 하나님께 속한 것이기 때문이다. 참으로 인간은 세상 유혹에 빠져서 죄에 물들기가 쉽고, 그 마음이 가증해서 하나님의 영광에 이르지 못한다. 태초에 하나님께서 자기의 형상을 따라 사람에게 주셨던 영광스러운 의가 지금 우리에게는 결여됐기 때문이다. 그러므로 우리에게는 하나님 앞에 내놓을 아무런 공로도 없고 의도 없다. 하나님 앞에서 입을 굳게 닫을 수밖에 없는 존재이다.

그런데 어떻게 우리가 하나님의 거룩한 보좌 앞으로 나갈 수 있는가? 그 답은 하나다. 오직 믿음이다.

> 너희는 그 은혜에 의하여 믿음으로 말미암아 구원을 받았으니
> 이것은 너희에게서 난 것이 아니요 하나님의 선물이라 (엡 2:8)

이 구원의 비밀을 조금 더 풀어서 말한다면, 이렇게 설명할 수 있다.

"은혜는 구원의 원천이요, 믿음은 구원의 조건이다."

하나님의 은혜는 너무나 원대해서 우리 모두를 구원하고도 남는다. 사랑의 하나님은 우리를 구원하시기를 참으로 기뻐하신다. 우리는 이러한 하나님의 마음을 깨닫고 그 은혜를 입기만 하면 된다. 이 놀라운 일이 어떻게 가능하다는 것인가? 그렇다. 오직 믿음으로만 가능하다.

그렇다면 어떤 믿음이 우리를 구원으로 인도하는 참된 믿음일까? 이 믿음을 정확하게 이해하기 위해서는 먼저 구원을 가져오지 못하는 믿음에 대해서 이해할 필요가 있다.

첫째, 구원을 가져오지 못하는 믿음은 하나님께서 계신다는 것과 그분을 찾는 이들에게 상 주시는 분임을 아는 데만 그치는 믿음이다. 이것은 믿음의 일종이기는 하지만, 이런 믿음은 하나님에 대한 막연한 이해에 기초한 믿음이기 때문이다. 예를 들면, 오랜 세월 우리 민족에게 뿌리 내려

온 옥황상제에 대한 믿음과 같은 것이다. 세상을 주관하는 어떤 신적인 존재가 있어서 선한 자에게는 상을 주고 악한 자에게는 벌을 내린다는 막연한 차원에서의 믿음에 불과하다는 얘기다. 이런 믿음은 구원을 받는 참된 믿음으로 나아가는 실마리는 될 수 있어도 구원으로 인도하는 참된 믿음과는 거리가 멀다는 사실이다.

둘째, 전능하신 하나님을 알고, 예수께서 그리스도이신 것도 알고, 모든 성경이 하나님의 영감으로 된 것도 아는 믿음이다. 앞의 믿음보다는 훨씬 더 진전된 형태의 믿음이다. 하지만 이 믿음도 구원을 가져다주지는 못한다. 왜 그럴까? 그저 아는 데만 그치는 믿음에 불과하기 때문이다. 즉 아직 구원에 이르는 온전한 믿음이 아니라는 말이다. 성경을 보면 마귀도 이런 차원의 믿음은 가지고 있었다. 마귀가 예수님을 만났을 때 이렇게 말하지 않았는가? "… 나는 당신이 누구인 줄 아노니 하나님의 거룩한 자니이다"(눅 4:34) 아는 것에 만족하고 거기에 머무르는 것은 구원에 이르는 믿음이 아니다. 구원에 이르는 참된 믿음은 아는 것을 삶에서 행하는 데까지 나아가야 한다. 입술의 고백만이 아니라 그 고백이 삶의 변화로 나타나는 믿음이어야 한다.

셋째, 주님을 따르기 위해서 모든 것을 버릴 수 있을 정도의 믿음이라도 구원에 이르는 믿음이 아닐 수 있다는 사실이다. 예수님의 처음 제자들은 기적을 행하고 질병을 치유하고 귀신을 내쫓으면서 주님의 복음을 전했던 믿음의 사람들이었다. 지금 우리 주변에서 그런 믿음의 소유자들을 본다면, 아마 기꺼이 대단한 믿음의 사람들이라고 칭찬할 것이다. 그러나 놀랍게도 이렇게 대단해 보이는 믿음 역시 아직 구원에 이를 참된 믿음은 아니라는 사실이다. 예수님의 제자들을 생각해 보자. 그들은 훌륭한 믿음을 소유한 이들처럼 보였지만, 예수님은 그들을 향해서 '믿음이 없는 세대'라고 책망하셨고, '겨자씨 하나만도 못한 믿음의 소유자'라고 말씀하셨다.

그렇다면 우리를 구원에 이르게 하는 믿음은 과연 어떠한 믿음일까? 그것은 바로 '그리스도를 믿는 믿음'이다. 이 믿음은 믿음의 대상인 하나님에 대한 막연한 믿음이 아니다. 머리로만 알고 이해하는 데 머무는, 생명이 없는 사변적인 믿음도 아니다. 이 믿음은 한 마디로 '온 마음으로 그리스도를 믿는 믿음'이라고 할 수 있다. 이 믿음에 대한 성경의 증언은 이렇다.

> 네가 만일 네 입으로 예수를 주로 시인하며 또 하나님께서
> 그를 죽은 자 가운데서 살리신 것을 네 마음에 믿으면 구원을 받으리라
> 사람이 마음으로 믿어 의에 이르고 입으로 시인하여 구원에 이르느니라
> (롬 10:9~10)

이 구절은 우리가 구원에 이르는 길에 대해 구체적으로 설명한다. 그것은 바로 하나님께서 독생자 예수 그리스도를 죽은 자 가운데서 살리신 것을 온 마음으로 믿는 것이다. 이런 믿음을 가진 사람은 하나님으로부터 의롭다 여김을 받게 되고, 의인의 삶을 살게 된다. 그 사람의 입술에서는 예수님이 자신의 주님이시라는 고백과 찬양이 늘 떠나지 않는다. 이것이 바로 '믿음으로 말미암는 구원'이다.

대개 사람들은 '구원'이라고 하면 그것을 먼 미래의 일로 우리가 죽은 후에 이루어질 일이라고 생각한다. 물론 이같은 구원의 사건이 우리 몸이 부활할 때 일어날 것임은 틀림없다. 그러나 믿음으로 말미암는 구원은 미래의 사건일 뿐만 아니라 우리가 '지금 여기'에서 경험할 수 있는 현재적 사건이기도 하다. 즉 이것은 믿음의 사람들이 이 땅에서도 얻을 수 있고,

이 땅에서도 구원을 경험하며 살아갈 수 있다는 말이다.

그렇다면 이런 '구원'이 실제로 의미하는 바는 무엇인가? 크게 두 가지의 의미가 있다. 그 첫 번째 의미는 죄로부터의 구원이다. '구원'이라고 말할 때, 그것은 먼저 과거의 모든 죄로부터의 구원을 의미한다. 죄로부터의 구원을 보다 구체적으로 표현해 본다면, 세 가지 형태로 설명할 수 있다. 먼저는 죄책으로부터의 구원이다. '죄책'이라는 말은 법정에서 주로 사용하는 용어인데, 이전에 범한 죄에 대해 책임지도록 유죄 판결을 내리는 것을 의미한다. 이 죄책을 인간 스스로 완전히 해결할 방법은 없습니다. 왜냐하면 이미 모든 인간은 죄에 물들었고 이렇게 죄에 물든 사람이 자신의 죄를 감당할 수가 없기 때문이다. 오직 아무런 죄가 없는 사람이 그 죄를 대신 속량함으로써만 죄책의 문제가 해결될 수 있다. 바로 이 죄책의 문제를 하나님께서 우리를 위해 독생자 예수 그리스도를 십자가에 내어주심으로 해결하신 것이다. 따라서 우리는 이제 이렇게 담대히 외칠 수 있어야 한다.

> 그러므로 이제 그리스도 예수 안에 있는 자에게는 결코 정죄함이 없나니
> (롬 8:1)

다음으로 죄로부터의 구원은 '두려움으로부터의 구원'을 의미한다. 여기서 말하는 '두려움'이란 자신의 죄로 인해 앞으로 받게 될 하나님의 진노와 징벌에 대한 두려움을 의미한다. 예수 그리스도를 믿어 구원을 받은 자라면, 이제 더는 이런 두려움에 사로잡히지 말아야 한다. 예수 믿기 전에는 주인의 심판을 두려워해야 하는 종의 신분이었지만, 이제는 하나님을 '아바 아버지'라 부르는 아들의 신분으로 변화되었기 때문이다. 따라서

우리는 하나님의 자녀로서 아버지와 더불어 이 땅에서 화평을 누리고, 언제나 하나님의 영광을 바라며 항상 기뻐하는 삶을 살아가야 한다. 그래서 사도 바울은 이렇게 선언했다.

> 내가 확신하노니 사망이나 생명이나 천사들이나 권세자들이나
> 현재 일이나 장래 일이나 능력이나 높음이나 깊음이나
> 다른 어떤 피조물이라도 우리를 우리 주 그리스도 예수 안에 있는
> 하나님의 사랑에서 끊을 수 없으리라 (롬 8:38~39)

믿음의 사람에게 더는 정죄의 두려움이 없다. 심판의 두려움도 없다. 그저 영원한 하나님의 사랑에서 끊어지지 않는 은혜의 삶을 누리기만 하면 된다.

마지막으로 '죄로부터의 구원'이 담고 있는 세 번째 의미는 죄의 권세로부터의 구원이다. 이것은 과거에 지은 죄로부터의 구원, 또 현재의 두려움으로부터의 구원뿐만 아니라 앞으로 있을 죄의 영향력으로부터의 구원도 이미 포함된 것이다. 이는 앞으로 더는 죄를 짓지 않는다는 것을 뜻한다. 성경은 '하나님께 난 자마다 죄를 지을 수 없다'고 분명히 선포하고 있다. 이 말은 자신이 하나님의 자녀임을 깨닫고 믿음으로 자기를 지키는 한 결코 죄를 짓지 않게 된다는 뜻이다.

죄를 짓고 나서 회개하는 것도 물론 필요하지만, 처음부터 죄를 짓지 않는 것이 더 중요하다. '회개하면 되지' 하고 마음대로 살면서 죄를 짓는 사람이라면, 그 회개는 진정한 회개가 아니니다. 다시 말해 하나님의 용서와 사랑을 악용해서는 안 된다는 얘기다. '어떻게 해서든지 죄를 짓지 말아야지' 몸부림치며 최선을 다해야 한다. 죄의 권세로부터 이미 구원해 주신 하나님의 은혜를 기억하면서 날마다 믿음으로 스스로 지켜가야 한다.

이처럼 구원의 두 가지 의미 가운데 첫 번째가 '죄로부터의 구원'이라면, 다음 두 번째 구원의 의미는 '칭의에서 온전함에 이르는 전 과정'을 뜻한다. 성경을 잘못 이해하면 '죄로부터의 구원'을 마치 구원의 전부로, 구원의 완성으로 여기게 된다. 그러나 '죄로부터의 구원'은 죄로 인해 죽을 수밖에 없는 자가 하나님의 자녀가 되었다는 의미에서는 구원의 완성이라고 할 수 있다. 하지만 동시에 이제부터 새롭게 하나님의 거듭난 자녀로서 계속해서 성장하고 자라나야 한다는 점에서는 구원의 본격적인 시작인 셈이다. 따라서 구원은 하나님께서 우리를 하나님의 나라에 이르게 하시기까지 온전한 의로움으로 이끄시는 전 과정인 셈이다. 에베소서 말씀에서 그 의미를 깨달을 수 있다.

> 우리가 다 하나님의 아들을 믿는 것과 아는 일에 하나가 되어
> 온전한 사람을 이루어 그리스도의 장성한 분량이 충만한 데까지 이르리니
> (엡 4:13)

구원은 바로 이 과정 전체를 포함한다. 그런데 여기서 일차적으로 중요한 것은 우리가 하나님께 의롭다 여김을 받는 일이다. 이것을 '칭의'라고 하는데, 칭의의 사건이 이 모든 구원의 과정을 여는 첫 관문이다.

그렇다면 이 칭의의 사건은 어떻게 일어나는가? 그것은 바로 믿음으로 말미암는다고 성경은 말한다. 따라서 우리가 얻은 구원은 '믿음으로 말미암는 구원'이다. 믿음으로 말미암아 하나님께 의롭다 하심을 얻고 온전한 사람이 되어가는 구원의 은혜가 우리에게 있다. '믿음으로 말미암는 구원'은 이 세상 모든 이들에게 열려 있는 복음이다. 이것은 돈 없이, 값없이 살 수 있는 진정한 은혜이다. 어떠한 죄인이든지 용서받을 수 있는 진정한 사랑이다.

> 오호라 너희 모든 목마른 자들아 물로 나아오라
> 돈 없는 자도 오라 너희는 와서 사 먹되
> 돈 없이, 값 없이 와서 포도주와 젖을 사라 (사 55:1)

선지자 이사야가 당시 세상을 향해 이렇게 외쳤듯이, 이 시대에도 이 생명의 복음이 모든 이들에게 선포되어야 한다. 오직 돈의 논리로 돌아가는 이 세상을 향해 오직 믿음으로, 오직 은혜로 주시는 참된 구원을 전해야 한다. 우리는 연약한 존재이다. 하지만 우리가 이 복음의 진리를 믿고 담대히 선포할 때, 어떠한 강한 자라도 우리를 당하지 못할 것을 확신한다. 구원의 대장 되시는 그리스도께서 앞서가셔서 우리의 길을 예비하시고, 우리를 영원한 승리의 길로 인도하실 것을 믿기 때문이다.

믿음으로 말미암는 구원은

이 세상 모든 이들에게 열려 있는 복음이다

45

골1~몬1

말씀 동행

1일차

2일차

3일차

4일차

5일차

6일차

7일차

도리어 사랑으로써

빌레몬서 1:8~21

8 이러므로 내가 그리스도 안에서 아주 담대하게 네게 마땅한 일로 명할 수도 있으나

9 도리어 사랑으로써 간구하노라 나이가 많은 나 바울은 지금 또 예수 그리스도를 위하여 갇힌 자 되어

10 갇힌 중에서 낳은 아들 오네시모를 위하여 네게 간구하노라

11 그가 전에는 네게 무익하였으나 이제는 나와 네게 유익하므로

12 네게 그를 돌려 보내노니 그는 내 심복이라

13 그를 내게 머물러 있게 하여 내 복음을 위하여 갇힌 중에서 네 대신 나를 섬기게 하고자 하나

14 다만 네 승낙이 없이는 내가 아무 것도 하기를 원하지 아니하노니 이는 너의 선한 일이 억지 같이 되지 아니하고 자의로 되게 하려 함이라

15 아마 그가 잠시 떠나게 된 것은 너로 하여금 그를 영원히 두게 함이리니

16 이 후로는 종과 같이 대하지 아니하고 종 이상으로 곧 사랑 받는 형제로 둘 자라 내게 특별히 그러하거든 하물며 육신과 주 안에서 상관된 네게랴

17 그러므로 네가 나를 동역자로 알진대 그를 영접하기를 내게 하듯 하고

18 그가 만일 네게 불의를 하였거나 네게 빚진 것이 있으면 그것을 내 앞으로 계산하라

19 나 바울이 친필로 쓰노니 내가 갚으려니와 네가 이 외에 네 자신이 내게 빚진 것은 내가 말하지 아니하노라

20 오 형제여 나로 주 안에서 너로 말미암아 기쁨을 얻게 하고 내 마음이 그리스도 안에서 평안하게 하라

21 나는 네가 순종할 것을 확신하므로 네게 썼노니 네가 내가 말한 것보다 더 행할 줄을 아노라

'인상주의' 하면 떠오르는 가장 대표적인 화가, 바로 프랑스 출신의 '클로드 모네(Claude Monet, 1840~1926)'이다. 세계적으로 너무나 유명한 화가인 그는 동일한 사물이 빛에 따라서 어떻게 변화되는지를 관심했다. 1872년 그가 그린 〈인상:일출〉이라는 작품에서 바로 '인상주의'와 '인상파'라는 말이 생겨났다. 그런데 당시 인상주의 초기만 하더라도 지금 우리가 생각하는 것처럼 모네는 그렇게 주도적인 위치에 있지 않았다. 인상주의가 태동하던 그 시기에 모네는 다른 화가들에 비하면 그렇게 특출나게 주목받지 않았다는 사실이다.

한 사람이 성공적인 인생을 사는데 재능이 중요할까? 아니면 노력이 중요할까? 재능과 노력 가운데, 어떤 것이 더 결정적인 영향을 미친다고 생각하는가? 타고난다고 말하는 재능, 중요하다. 그것을 받은 사람은 하나님께 참 감사해야 한다. 그러나 재능이 결코 성공을 보장해 주지는 않는다. 오히려 재능만 믿고 최선을 다하지 않으면 절대 성공할 수 없다.

모네는 지독한 연습 벌레였다. 재능만 있었던 것이 아니라 자신만의 그림을 그리고자 하는 열정을 가지고 끊임없이 노력하고 또 노력했다. 태양이 뜨면서부터 질 때까지 온종일 직접 햇빛을 보면서 작업하느라고 그는 말년에 백내장으로 거의 시력을 잃었다. 하지만 끝까지 멈추지 않았다. 한 동료에게 보낸 편지에서 모네는 이렇게 고백했다.

"내가 원하는 것을 얻으려면 더 많은 노력을 기울여야 합니다. 하지만 나는 내가 발전하고 있다는 사실에 가슴이 뜁니다."

그렇다. 기적은 기적처럼 오지 않는다. 그 기적을 향한 끊임없는 노력, 간절한 몸부림이 있었기에 기적이 온 것이다. 홀연히 이뤄진 것 같아 보여도 그것을 이뤄내기 위한 엄청난 노력의 시간이 존재했다는 사실이다. 하지만 우리는 때로 그 과정보다는 결과만 보는 경우가 참 많다. '그 사람은 원래 타고난 거야' 자신은 노력하지 않으면서 그저 재능이 없어서 안 된다고 쉽게 말한다. 말 그대로 핑계일 뿐이다. 하나님께서는 우리 각자에게 필요한 재능을 다 주셨다. 그 은혜를 깨닫고, 감사함으로 날마다 최선을 다할 때 아름다운 열매를 맺고 하나님께 영광을 돌리게 하실 것이다.

빌레몬서는 사도 바울이 바로 그런 삶을 살았음을 증언한다. '빌레몬서'라는 책 이름으로 본다면 '빌레몬'이 주인공 같지만, 아니다. 사실상 주인공인 그의 이름은 이렇다.

> 갇힌 중에서 낳은 아들 오네시모를 위하여 네게 간구하노라 (몬 1:10)

오네시모를 위해 사도 바울이 옥중에서 이것을 썼다는 얘기다. 그렇다면 오네시모가 어떤 사람이었기에 바울이 이러한 부탁을 했을까?

> 그가 전에는 네게 무익하였으나 이제는 나와 네게 유익하므로
> 네게 그를 돌려 보내노니 그는 내 심복이라 (몬 1:11~12)

바울은 지금 빌레몬에게 편지를 쓰면서 먼저 '오네시모'라는 그 이름의 뜻을 상기시킨다. 오네시모는 '유익' '이익'이라는 뜻이다. 이전에는 그 이름과 달리 무익한 자였지만, 이제는 그 이름처럼 모두에게 유익을 끼치는 자가 되었다는 말이다. '그는 내 심복이라' 이제는 그에게 마음 놓고 중요한 일을 맡길 수 있는 자가 되었다고 사도 바울은 말한다. 그런데 왜 그를 지금 빌레몬에게 돌려보내려고 하는가?

> 이 후로는 종과 같이 대하지 아니하고
> 종 이상으로 곧 사랑 받는 형제로 둘 자라 … (몬 1:16)

오네시모는 본래 빌레몬의 종이었다. 그런데 주인인 빌레몬으로부터 도망쳐 나온 것이다. 그가 왜 도망쳐 나왔는지, 그 이유를 정확히는 알 수가 없다. 다만 18절 말씀을 근거로 아마도 그가 주인에게 무언가 절대로 해서는 안 되는 어떤 불의한 일을 저질렀거나, 혹은 물질적으로 큰 손해를 입혔을 것으로 추측은 가능하다. 오네시모는 그렇게 주인의 집에서 도망쳐 나와서 지내는 가운데 마침내 바울을 찾아오게 되었고, 완전히 새로운 사람이 되었다. 그런데 과연 무엇이 오네시모가 바울을 찾아가게 했던 걸까?

당시 노예제도가 강력했던 로마 사회에서 주인을 떠나 도망친 노예는 사실상 살길이 없었다. 주인의 허락 없이는 아무것도 할 수 없었기 때문이다. 그런 탓에 그는 마땅히 갈 곳이 없었을 것이다. 강도떼에 가담해서 강도가 되든지, 아니면 사회의 가장 밑바닥으로 숨어 들어가서 모든 것을 포기한 채 그저 그렇게 살아갈 수밖에 없던 터였다. 1세기 로마 사회의 노예, 즉 주인에게서 도망친 오네시모와 같은 노예가 일단 붙잡혔다 하면 그 생명을 유지하기는 사실상 불가능했다. 그런 노예를 선뜻 받아주거나 도와줄 사람도 없었다.

그런데 놀랍게도 오네시모는 그와 같은 상황에서 바울을 찾아갔다. 1절과 2절 말씀을 보면 빌레몬은 바울의 사역을 돕는 자였고, 그의 집에서 그리스도인들이 함께 예배하고 교제했음을 알 수 있다. 믿음의 공동체가 세워질 때 가장 처음의 형태가 가정교회였으니 오네시모는 빌레몬의 집에서 노예로 지내면서 몇 차례 바울을 본 적이 있었을 것이다. 바울이 며칠씩 그 집에서 머물면서 복음을 전할 때 사람들 곁에서 바울이 전하는 그 복음을 듣기도 했을 터였다.

> 너희는 유대인이나 헬라인이나 종이나 자유인이나
> 남자나 여자나 다 그리스도 예수 안에서 하나이니라 (갈 3:28)

바울이 전했던 그 복음이 생사의 기로에 있던 오네시모의 마음을 움직였고 성령께서 그의 걸음을 인도하신 것이다. 바울에게 가면 살 길이 있을지도 모른다는 소망을 갖게 하신 것이다. 지금 당장 복음 전도의 대단한 열매가 없다고 낙심할 이유가 없는 까닭이 바로 이것이다. 사도 바울처럼 우리도 기회 주시는 대로 십자가의 도를 전하면 된다. 그다음은 성령께서 일하신다.

> 십자가의 도가 멸망하는 자들에게는 미련한 것이요
> 구원을 받는 우리에게는 하나님의 능력이라 (고전 1:18)

성령께서 위기에 처한 자에게 그 복음이 생각나게 하실 줄로 믿는다. 그렇게 성령의 역사하심으로 오네시모는 그 복음을 전한 바울을 찾아갔다.

그런데 한번 상상해 보자. 지금 바울은 예수 그리스도의 복음을 전하다가 옥에 갇혀 있다. 더는 자신이 할 수 있는 게 하나도 없었다. 그런데 어느 날 불쑥 오네시모라는 한 노예가 자신을 찾아온 거다. 바울은 그를 어떠한 심정으로 바라봤을까? 그는 지금 주인의 심부름으로 온 것이 아니다. 도망친 노예로, 두려움과 염려 속에서 바울을 찾아왔다. 그렇게 감옥에서 이루어진 바울과 오네시모의 만남! 두 사람의 이 만남을 상상하면 왠지 마음 한 곳이 애잔해진다. 바울은 이제는 나이가 많아서 자기 몸도 제대로 간수할 수 없는 처지였다. 그런 그가 자신이 전한 복음을 기억하고 목숨 걸고 찾아온 오네시모를 맞이하는 그 심정은 어땠을까? 아마도 만감이 교차했을 것이다.

하지만 바울은 자신의 처지를 핑계로 그를 내치지 않았다. 오히려 갇힌 중에도 그 도망친 노예를 자기 아들로 품었다. '예수 그리스도를 위해서 기꺼이 갇힌 자가 되었노라' 고백한 바울은 그곳에서도 끝까지 앞서 자신이 전했던 그 말씀대로 행했다. 육신은 갇혀 있지만 그곳에서 참된 자유를 누리는 바울, 고난의 역경 속에서도 끝까지 주님의 말씀대로 행하는 바울, 그의 모습이 오네시모가 복음의 능력을 확신토록 한 것이다.

그렇다고 바울만 대단한 게 아니다. 오네시모도 참 대단하다. 그렇게 도망쳐 나왔는데, 어떻게 다시 그 주인에게로 돌아가려고 한 걸까? 한번 도망친 노예는 중죄인이니 자칫 어떠한 변명도 하지 못하고 죽을 수도 있었다. 아무리 빌레몬이 복음을 받아들인 믿음의 사람이라고 해도 당시 사회에서 도망친 노예가 다시 그 주인에게 돌아간다는 것은 절대 쉬운 일이 아니었다. 아무리 바울이 써준 서신이 있었다 해도 사실 아무런 보장이 없다는 말이다. 바울의 이 부탁을 빌레몬이 들어주지 않아도 그만이니 그렇다. 이 모든 악조건 속에서도 오네시모는 다시 주인에게로 돌아갈 수 있었다. 이유가 무엇일까? 모든 것을 감당하게 하시는 복음의 능력이 그에게 생겼기 때문이다. "내게 능력 주시는 자 안에서 내가 모든 것을 할 수 있느니라"

상황이 이렇게 되니 빌레몬이 가장 손해인 것처럼 보인다. 아무리 그리스도 안에서 형제라고 여기려고 해도 자신에게 큰 손해를 끼치고 도망쳤던 그 종을 향한 어쩔 수 없는 분노와 미움이 생겨나지 않았을까? 그것을 완전히 씻어내려면 꽤나 마음고생을 해야 했을 터다. 사도 바울은 이것이 얼마나 어려운 일인지를 잘 알고 있었다. 그래서 만약 빌레몬이 바울의 동역자가 아니었다면, 그가 그리스도인이 아니었다면 감히 부탁할 생각도 못 했을 일이다. 이런 이유로 바울이 빌레몬서를 시작하면서부터 계속해서 그런 마음을 가지고 의도적으로 언급하는 한 단어가 있다. 그것은 바로 '사랑'이다.

그는 1절에서 빌레몬을 처음 소개하면서 그가 여러 그리스도인으로부터 많은 사랑을 받는 자라고 말한다. 5절에서 빌레몬이 사랑과 믿음이 있는 사람임을 다시 언급하고, 7절에서 빌레몬의 사랑으로 바울이 큰 기쁨과 위로를 받았다고 강조한다. 바울이 이 서신을 보내는 그 목적을 직접적으로 밝히기까지 최대한 조심스럽게 그에게 다가간 것이다. 빌레몬이 받을 수 있는 마음의 상처나 부담을 이해하면서 최대한 진심으로 그에게 이 편지를 써 가는 것을 느끼게 된다. 그중 하이라이트는 바로 이 구절이다.

> 이러므로 내가 그리스도 안에서 아주 담대하게
> 네게 마땅한 일로 명할 수도 있으나
> 도리어 사랑으로써 간구하노라 … (몬 1:8~9)

'마땅히 행해야 할 일이니까 그렇게 하라' 명할 수도 있었다. 그러나 바울은 '도리어 사랑으로써' 빌레몬에게 간청했다. 명령하고 지시하면 당장은 편하고 빠를 수 있다. 그러나 그것은 진정한 변화를 끌어내기가 어렵다. 그저 겉으로 보이는 외면의 변화에 그칠 때가 많다. 나이가 많아진 바울은 그의 복음 사역을 통해서 이 사실을 깨달았다. 진정한 변화는 오직 복음의 능력으로, 주님의 사랑으로부터 비롯된다는 것을 말이다. 바울에게 주님의 그 사랑이 있었기에 갇힌 중에서 오네시모를 낳았다. 또한 주님의 그 사랑으로 빌레몬을 감동시켰다. 명령과 지시가 아니라 도리어 사랑으로써 행할 때, 사람을 변화시키는 복음의 능력이 나타나게 된다. 나를 위해서 십자가를 지신 주님의 그 사랑이 너무나 감사해서 내가 누릴 수 있는 당연한 지위와 권한을 기쁨으로 내려놓을 때, 하나님의 놀라운 변화의 역사와 구원의 역사가 나타난다.

하나님의 역사는 한 사람의 변화로부터 시작된다. 한 사람의 변화로부터 그 가정이 변화되고, 그 공동체가 변화되고, 이 사회가 변화된다. 바울이 전한 복음이 오네시모라는 한 노예를 변화시켰다.

그의 변화가 있었기에 바울의 동역자, '빌레몬'도 변화될 수 있었다. 하나님의 섭리 안에서 오늘 우리의 삶 가운데에도 이런 성령의 유익한 변화가 있을 줄로 믿는다. 다만 어떠한 상황에서도 자신에게 주어진 은사를 끝없이 노력하고 일구는 자에게 기적이 일어날 것이다. 너무나 힘들고 어려워 모든 것을 포기하고 싶을 때, 도저히 어찌해야 할 바를 알지 못할 때 바로 그때가 복음의 능력을 구해야 할 때이다. 예수 그리스도의 복음만이 사람을 변화시키고 세상을 변화시키는 기적을 일으킨다. 생명을 살리고 구원의 역사를 이루시는 하나님의 사랑이 있기 때문이다.

시대는 악하고 불안과 염려는 많아지고 있다. 분노의 마음도 점점 커지고 있다. 이럴 때일수록 하나님께 지혜와 긍휼을 간구해야 한다. 우리의 간구를 들으시는 하나님께서 선한 것으로 예비하시고, 가장 유익한 것으로 새롭게 하실 것이다. 빌레몬서를 끝맺는 사도 바울의 마지막 인사가 우리 가운데 널리 전파되길 바란다.

"우리 주 예수 그리스도의 은혜가 너희 심령과 함께 있을지어다." 아멘.

내가 누릴 수 있는 당연한 지위와 권한을

기쁨으로 내려놓을 때

하나님의 놀라운 변화의 역사와

구원의 역사가 나타난다

46

히 1 ~ 13

말씀 동행

1일차

2일차

3일차

4일차

5일차

6일차

7일차

하나님을 기쁘시게 섬기라

히브리서 13:1~8

1 형제 사랑하기를 계속하고

2 손님 대접하기를 잊지 말라 이로써 부지중에 천사들을 대접한 이들이 있었느
니라

3 너희도 함께 갇힌 것 같이 갇힌 자를 생각하고 너희도 몸을 가졌은즉 학대 받
는 자를 생각하라

4 모든 사람은 결혼을 귀히 여기고 침소를 더럽히지 않게 하라 음행하는 자들과
간음하는 자들을 하나님이 심판하시리라

5 돈을 사랑하지 말고 있는 바를 족한 줄로 알라 그가 친히 말씀하시기를 내가
결코 너희를 버리지 아니하고 너희를 떠나지 아니하리라 하셨느니라

6 그러므로 우리가 담대히 말하되 주는 나를 돕는 이시니 내가 무서워하지 아니
하겠노라 사람이 내게 어찌하리요 하노라

7 하나님의 말씀을 너희에게 일러 주고 너희를 인도하던 자들을 생각하며 그들
의 행실의 결말을 주의하여 보고 그들의 믿음을 본받으라

8 예수 그리스도는 어제나 오늘이나 영원토록 동일하시니라

'첫'이라는 한 단어가 내뿜는 힘은 참으로 놀랍다. 어떤 명사 앞이라도 이 수식어가 붙으면 남다른 의미를 지닌 단어로 탈바꿈한다. 첫 마음, 첫사랑, 첫아이, 첫걸음, 첫눈, 첫날 등등. 생각해 보면 '첫'이란 관형사가 붙은 단어 중에 우리의 마음을 설레지 않게 하는 말은 없다.

하나님과의 관계, 믿음 생활도 마찬가지다. 하나님을 처음 만났던 그 마음, 그 첫사랑을 끝까지 잘 지켜나간다면 아마 우리에게 그다지 큰 문제는 없지 않을까 싶다. 알면서도 우리는 왜 첫 마음을 잃게 될까? 처음에는 특별한 사건이고 특별한 감정이라고 여겨지지만, 시간이 지남에 따라서 잊히고, 그것이 점점 일상화되기 때문이다. 그러나 하나님께서 베푸시는 일상의 모든 것이 기적이요, 하루하루가 소중하고 특별한 첫날임을 깨닫고 사는 것이 바로 믿음의 삶이다.

그렇다면 그런 믿음이 우리에게 왜 필요할까? 하나님은 왜 우리에게 그런 믿음을 갖게 하시는 걸까? 히브리서를 통해 하나님을 믿는 그 믿음의 목적을 깨달을 수 있다. 먼저 히브리서의 특징을 이해할 필요가 있다. 히브리서는 신약의 여러 서신과 마찬가지로 전통적으로 하나의 편지로 이해됐다. 그런데 히브리서를 깊이 연구해 갈수록 다른 서신들과는 다른 평범치 않은 히브리서만의 특징이 발견되었다. 크게 두 가지다.

하나는 히브리서의 문체이다. 어떤 글이든 그 글에는 독특한 문제가 있다. 우리는 우리말로 번역된 성경을 읽기 때문에 다른 서신들과의 문체상의 차이를 예민하게 느끼기가 어렵다. 하지만 신약성경 중에서 가장 정교하고 세련된 문체로 쓰인 책이 바로 히브리서라는 데에는 성서학자들 간에 이견이 없다. 그만큼 신중하게 분명한 의도와 목적을 가지고 기록했다는 말이다. 그런데 참 신비한 것은 이것을 누가 썼는지, 그 저자에 대해서는 여전히 명확히 밝혀지지 않았다는 사실이다. 기록된 장소도 정확히 알 수 없다. 그저 로마일 것으로 추정할 뿐이다.

또 하나의 특징은 히브리서만의 독특한 형식을 들 수 있다. 신약의 다른 서신들은 당시 편지의 형식을 갖추고 있다. 서신을 시작하면서 먼저 문안 인사를 하고, 전하고자 하는 본론의 내용을 기록한 다음에 마지막에는 꼭 끝인사로 마친다. 그런데 히브리서는 그렇지 않다. 첫 시작인 1장의 첫 구절을 보면, 문안하는 인사가 전혀 없다. 시작부터 곧바로 전하고자 하는 내용으로 들어간다. 이것은 당시 서신을 기록하는 관례에서 볼 때, 굉장히 예외적이고 특별한 것이다. 왜 그랬을까? 그 이유에 대한 힌트를 이 서신의 마지막 인사에서 찾을 수 있다.

> 형제들아 내가 너희를 권하노니 권면의 말을 용납하라
> 내가 간단히 너희에게 썼느니라 (히 13:22)

마지막으로 축복과 끝인사를 전하면서 자신이 기록한 이것을 용납하라고 말한다. 이것이 무엇인가? '권면의 말'이다. 여기서 '권면의 말'이라고 기록된 바로 이것이 당시 초대 교회에서 행해졌던 '설교'를 일컫는 전형적인 표현이었다. 이러한 특징들을 이해한다면 히브리서는 우리에게 단순한 편지로서 아니라 '권면의 말', 즉 '설교'로서 다가오게 된다. 이런 관점에서 히브리서 13장은 이 설교의 가장 마지막 결론에 해당하는 중요한 말씀임을 깨닫게 된다. 히브리서 기자는 자신의 권면을 마무리하면서 마지막으로 가장 핵심이 되는 내용으로 설교를 정리한 것이다.

그렇다면 히브리서의 주요 내용은 무엇인가? 히브리서는 처음부터 계속해서 예수 그리스도의 우월하심을 선포한다. 초대 그리스도인들이 사모

했을 천사보다도, 유대 그리스도인들이 숭상했을 모세나 여호수아보다도, 하나님께서 친히 맡기셨던 아론의 제사장직보다도, 구약의 율법 그 자체보다도 탁월하신 분이 바로 예수 그리스도이심을 증언해 간다. 그분이 하나님의 아들로서 우리의 유일한 구원자가 되심을 말한다. 예수님만이 우리를 영원한 생명과 영원한 안식으로 인도하시는데, 그 주님 안에 있는 우리에게는 하나님이 주신 가장 확실한 약속이 있다고 말한다. 소위 '믿음장'이라고 불리는 히브리서 11장을 시작하기에 앞서서 10장 마지막 구절에서 바로 이것을 선언하고 있다.

> 우리는 뒤로 물러가 멸망할 자가 아니요
> 오직 영혼을 구원함에 이르는 믿음을 가진 자니라 (히 10:39)

하나님께서 우리에게 이런 놀라운 믿음을 선물로 주셨음을 잊지 말아야 한다. 또한 더욱 중요한 것은 우리에게 이 믿음을 왜 주셨는지 그 목적을 잘 깨닫고 이루어 가는 것이다. 우리에게 왜 믿음을 주시는 걸까? 구원받기 위해서? 영원한 생명을 얻기 위해서? 맞다. 그러나 그것이 전부는 아니다. 우리는 하나님을 믿음으로 구원을 받았고, 예수 그리스도를 통해 죄사함을 받고 영생을 얻었다. 그러면 다 된 것인가? 아니다. 그때부터 비로소 믿음의 삶이 시작된다. 구원받은 자로서 하나님의 자녀로서 어떻게 하면 그 믿음을 우리의 삶 속에서 역사하게 할 수 있는지 히브리서 기자는 바로 이것을 가장 마지막으로 권면한 것이다.

말씀을 통해 우리는 크게 세 가지 차원에서 '권면의 말'을 듣게 된다. 첫째, 1절로 3절 말씀에서 가장 먼저 '사회생활'에 대한 권면을 듣는다. 이것은 믿음의 차원에 있어서 의미하는 바가 매우 크다. 진정한 믿음은 교회와 가정에만 국한되어서는 안 된다는 것을 나타내기 때문이다. 형제와 이웃을 사랑하는 것, 그것이 바로 믿음의 시작이요 사랑이신 하나님을 제대로 아는 자의 삶이라는 것이다. 어떻게 하면 이것을 잘 감당할 수 있는가? 형제와 이웃 사랑하기를 하나님을 사랑하듯 하면 된다. 어느 정도 하다가 손익을 따져서 하는 것은 믿음의 삶이 아니라는 얘기다. 그런 믿음이 있을 때 형제뿐만 아니라 손님도 귀찮게 여기지 않고 기쁨으로 대접할 수 있다. 이런 깨달음을 가지게 되면 더 나아가 이 사회의 모든 이들이 바로 우리가 하나님의 사랑을 전하고 나누어야 할 대상이 된다. 특별히 갇힌 자들, 학대받는 자들은 사람들의 관심에서 소외되고 부당함에도 소리 낼 수 없는 힘없는 자들이다. 그런 사람들이 나와는 상관없는 이들이 아니라 우리가 관심하고 찾아가야 할 이들임을 깨닫게 된다는 뜻이다.

둘째, 4절로 6절에서 '가정과 개인 생활'에 대한 권면을 듣게 된다. 믿음의 사람은 하나님께서 맺어주신 결혼을 귀히 여겨야 한다. 하나님과의 언약만 소중한 것이 아니라 가정을 이루게 하신 하나님 안에서 서로의 약속을 잘 지켜가야 한다는 얘기다. 음행하지 않는 것, 간음하지 않는 것이 바로 가정의 주인 되시는 하나님을 인정하는 믿음의 고백이 된다. 그다음은 참 중요하고도 어려운 문제를 권면한다. 바로 '돈'에 대한 것이다. '돈을 사랑하지 말라' 열심히 벌어야 하면서도 사랑하지는 말아야 한다는 것, 절대 쉽지 않은 일이다. 어떻게 하면 그렇게 살 수 있을까? 바로 이어지는 다음 말씀에서 그 방법을 깨닫게 된다.

… 내가 결코 너희를 버리지 아니하고 너희를 떠나지 아니하리라
(히 13:5 / 신 31:6, 수 1:5)

언제나 나와 함께하시는 임마누엘의 하나님을 진정 믿는다면, 돈을 열심히 벌면서도 결코 돈을 사랑하지는 않을 수 있다는 말씀이다. 하나님이 돈 보다, 아니 돈과 비교도 할 수 없는 분임을 알기 때문이다. 내가 지금 돈을 사랑하는지 아닌지, 알 수 있는 방법이 있다. 돈보다 하나님을 사랑하는 자는 이런 고백을 하기 때문이다.

> … 주는 나를 돕는 이시니 내가 무서워하지 아니하겠노라
> 사람이 내게 어찌하리요 … (히 13:6)

이 말씀이 우리의 고백이 되어야 할 것이다. 돈이 없다고 걱정하고 두려워하는 자는 여전히 돈을 사랑하고 있는 사람이다. 돈이 없어도 당당하게 말할 수 있어야 한다. '사람이 내게 어찌하리요'

하나님을 사랑하는 담대한 믿음의 사람은 이 고백이 삶 가운데 넘쳐날 것이다.

마지막 세 번째 차원이 7절로 8절에서 전하는 '신앙생활'에 대한 권면이다. 어떻게 하면 놀라운 믿음의 역사가 오늘 우리에게도 펼쳐지는가? 믿음의 선진들을 보고 그들을 본받으라고 말한다. 히브리서 기자는 바로 이것을 보여주기 위해 앞서 11장에서 우리가 본받을 만한 믿음의 선진들을 많이 소개했다. 아벨로부터 시작해서 에녹, 노아, 아브라함과 사라, 이삭, 야곱, 요셉, 그리고 모세 등 그런 이들을 다 말하려면 시간이 부족하다고 말한다. 그 가운데 우리에게 믿음을 주시는 그 목적을 밝히고 있는 말씀이 있다.

> 믿음이 없이는 하나님을 기쁘시게 하지 못하나니
> 하나님께 나아가는 자는 반드시 그가 계신 것과
> 또한 그가 자기를 찾는 자들에게 상 주시는 이심을 믿어야 할지니라 (히 11:6)

하나님을 기쁘시게 하기 위해서 우리에게 믿음을 주신다는 뜻이다. 우리가 형제와 이웃을 사랑해야 하는 궁극적인 이유도 그것이 바로 하나님이 기뻐하시는 일이기 때문이다. 믿음의 사람은 그 인생 전체를 통해 하나님을 기쁘시게 해야 한다. 그의 섬김이 하나님을 기쁘시게 하는 것이 되어야 한다. 만일 우리의 섬김이 사람만 기뻐하는 것이라면, 그것은 하나님이 주시는 믿음으로부터 비롯된 것이 아니다. 우리의 수고가 우리에게 믿음을 주신 하나님이 보시기에 언제나 기뻐하시는 것이 될 때, 주님의 일이 날로 부흥되게 하실 줄로 믿는다. 하나님은 바로 이 목적을 이루시기 위해 우리를 구원하셨고, 오늘도 연약한 우리에게 믿음을 더해 주신다. 우리가 하나님을 믿게 하신 그 목적을 잘 깨닫고 이루어 감으로 하나님을 기쁘시게 하고, 하나님을 전하는 구원의 도구로 더욱 귀히 쓰임 받는 복된 인생이 되어야 할 것이다.

47

약 1 ~ 벧전 5

말씀 동행

1일차

2일차

3일차

4일차

5일차

6일차

7일차

버릴 것과 사모할 것

베드로전서 2:1~5

1 그러므로 모든 악독과 모든 기만과 외식과 시기와 모든 비방하는 말을 버리고
2 갓난 아기들 같이 순전하고 신령한 젖을 사모하라 이는 그로 말미암아 너희로 구원에 이르도록 자라게 하려 함이라
3 너희가 주의 인자하심을 맛보았으면 그리하라
4 사람에게는 버린 바가 되었으나 하나님께는 택하심을 입은 보배로운 산 돌이신 예수께 나아가
5 너희도 산 돌 같이 신령한 집으로 세워지고 예수 그리스도로 말미암아 하나님이 기쁘게 받으실 신령한 제사를 드릴 거룩한 제사장이 될지니라

미국의 여러 항공사 가운데 '사우스웨스트 에어라인'이라는 회사가 있다. 이 항공사는 미국 국내선 운항에 있어서 최대 규모이고, 승객 운송에 있어서 세계적으로도 3위를 차지할 만큼 대형항공사이다. 우리나라 국적 항공사의 경우, 상당히 오랫동안 선택할 수 있는 항공사가 둘 뿐이었다. 하지만 이제는 저렴한 가격을 무기로 내세운 소위 '저가항공사'가 많이 등장했고, 해마다 무서운 속도로 성장하고 있다. 우리가 저가항공사라고 부르는 이 단어가 바로 1971년에 사우스웨스트항공의 성공으로 인해 처음으로 세상에 알려지게 되었다. 그 이전만 하더라도 항공 용어에 저가항공사라는 단어는 없었다. 항공 여행 자체가 부자들만 누릴 수 있는 부의 상징이었고, 비행기 하면 곧 '보잉 747 점보기'였으니 말이다. 처음 이 비행기가 취항할 당시에 비행기에 피아노가 있었고, 칵테일을 마시기 위한 테이블을 비롯해 각종 편의시설과 심지어 샤워 시설까지 갖추고 있었다고 한다. 그런 상황에서 당시 항공 여행의 개념을 완전히 바꾸어 놓는 새로운 회사가 등장한 것이다. 비행기 석 대를 가지고 시작한 이 회사가 바로 저가항공사의 효시가 되었고, 지금까지 놀라운 속도로 성장해 온 것이다. 엄청난 경쟁 가운데 유독 이 항공사는 설립 이후 지금까지 계속해서 흑자를 내면서 홀로 승승장구 해오고 있다. 어떻게 이런 일이 가능했을까?

그들은 먼저 무엇을 버려야 하는지, 버려야 할 것을 제대로 알았다. 그리고 그것을 과감히 버렸기 때문에 성공할 수 있었다. 사람들이 불평하던 값만 비싼 기내식을 없앴고, 처음부터 별도의 항공권도 발행하지 않았다. 예약 번호와 신분증 확인만으로 신속하게 탑승할 수 있는 무항공권 제도를 최초로 시행했다. 우리는 대부분 성공하기 위해서는 일단 많이 있어야 한다고 한다. 이왕이면 하나라도 더 있는 게 낫다고 여기고, 그런 탓에 부족하게 느끼는 그것 때문에 자꾸 불안해한다. 왜 있어야 하는지, 왜 해야 하는지 전혀 고민하지 않고 그저 남들이 하니까 하고 있다면, 그 인생은 분명 문제가 있다.

그리스도인의 삶도 마찬가지다. 진정 믿음으로 승리하는 삶을 살려면 먼저 버릴 것을 버려야 한다. 믿음으로 살아가는 데 방해가 되는 것을 잘 알고 버려야 한다. 더 가지는 것, 더 배우고자 하는 것, 더 봉사하는 것도 물론 중요하다. 하지만 그보다 앞서 해야 할 것은 버려야 할 것을 담대히 버리는 것이다. 버려야 할 것을 버리지 않고 계속 가지고 있으면, 아무리 좋은 것이나 새로운 것이 들어와도 뒤엉켜 버리고 만다. 뒤죽박죽돼서 말씀의 능력이 그 삶에 제대로 나타나지 못하게 된다.

사도 베드로는 베드로전서를 통해 먼저 그리스도인이 버려야 할 것을 말한다. 하나님의 은혜로 세워진 믿음의 공동체가 진정 주님 안에서 사랑의 공동체가 되기 위해 먼저 성도들이 버려야 할 것을 가르치고 있다.

> 그러므로 모든 악독과 모든 기만과 외식과 시기와 모든 비방하는 말을 버리고 (벧전 2:1)

'그러므로'라고 시작하고 있다. 이 말은 앞선 1장의 내용과 연결되고 있다는 것을 의미한다. 베드로는 앞서 그리스도인의 형제 사랑에 대해 권면했다. 그 핵심 말씀은 이것이다.

> 너희가 진리를 순종함으로 너희 영혼을 깨끗하게 하여 거짓이 없이
> 형제를 사랑하기에 이르렀으니 마음으로 뜨겁게 서로 사랑하라 (벧전 1:22)

우리가 하나님의 자녀들로서 진정 형제자매임을 믿는다면, 믿음의 공동

체 안에서 그것이 서로 사랑함으로 보여야 한다는 얘기다. 우리가 서로를 사랑하지 못하면서 어떻게 이웃을 사랑한다고 하겠는가? 그런 사랑의 공동체가 되기 위해서 사도 베드로는 사랑의 관계를 무너뜨리는 것들을 버려야 한다고 말한다. 그것이 바로 '악독, 기만, 외식, 시기 그리고 비방하는 말'이다. 이 말씀을 쉬운성경에서는 이렇게 풀이한다.

> … 모든 악과 거짓을 버리십시오. 위선자가 되지 말고,
> 시기하며 험담하는 자가 되지 마십시오.
> 여러분의 삶 가운데서 이 모든 것을 없애십시오. (벧전 2:1, 쉬운성경)

하나님의 뜻보다 내 뜻을 앞세우는 것, 진리를 왜곡해서 남을 속이는 것, 사람을 의식해서 겉모습만 그럴싸하게 만드는 것, 남이 잘되는 것을 함께 기뻐하지 못하고 헐뜯고 깎아내리는 것. 주님께서 명하신 사랑의 공동체가 되려면, 먼저 우리 가운데 이런 것들을 없애야 한다. 여기서 베드로가 사용한 '버린다'라는 원어의 의미는 우리의 몸에서 완전히 분리해서 아예 치워버린다는 뜻이다. 적당히 줄이거나 절제하는 정도가 아니다. 단단히 마음을 먹고 작심삼일이 되지 않도록 비장한 각오로 하는 것을 뜻한다. 이런 의미는 베드로가 언급하는 버려야 할 것들 앞에 사용된 형용사와 더불어 더욱 강하게 느껴진다. 우리가 버려야 할 것은 '모든' 악독과 '모든' 기만과 외식과 시기, '모든' 비방하는 말이라고 무려 세 번씩이나 반복해서 강조하고 있다. 적당히 버려서는 안 된다는 말이다

앞서 예로 든 사우스웨스트 항공사가 지금까지 이렇게 놀라운 성공을 거둘 수 있었던 것은 단지 잘 버렸기 때문만이 아니다. 버려야 할 것을 버린 다음, 꼭 필요한 것을 잘 도입했기 때문이다. 이 회사의 직원들은 회사에서 일하는 게 너무 즐겁다고 말한다. 직원을 우선으로 대하는 이 회사만

의 경영방침이 있기에 가능한 일이다. 직원이 먼저 행복해야 고객을 정성스럽게 응대할 수 있다는 철학을 가지고 'Fun 경영'을 실천해 온 것이다. 직원도 즐겁고 고객도 즐거운 회사, 이것을 목표로 하다 보니 오히려 이익 창출이 자연스럽게 따라오더라는 얘기다.

그렇다면 우리 그리스도인이 버릴 것을 버린 후에 취해야 하는 것은 무엇일까?

> 갓난 아기들 같이 순전하고 신령한 젖을 사모하라 … (벧전 2:2)

베드로가 사모하라고 명령한 '순전하고 신령한 젖'은 생명의 양식인 하나님의 말씀을 의미한다. 갓난아기가 젖을 먹어야 자랄 수 있는 것처럼 하나님의 말씀이 우리를 구원에 이르도록 자라게 한다는 것이다. 여기서 한 가지 우리가 깨닫게 되는 것이 있다. 예수님을 믿음으로 내가 구원을 받았다고 해서 그것으로 끝이 아니라는 사실이다. 그 구원에 이르도록 구원에 이르는 날까지 계속 자라나야 한다는 말이다. 그를 위해서 그리스도인은 날마다 하나님의 말씀을 먹어야 한다. 내 생각, 내 경험, 내 지식이 삶의 근거가 되는 것이 아니라 하나님의 말씀에서 삶의 방향을 찾고 나아갈 길을 찾아야 한다.

마지막으로 말씀에서 한 가지 흥미롭게 보게 되는 사실은 베드로가 예수님에 대해 말하면서 예수님을 '돌'로 비유하고 있다는 사실이다.

> 사람에게는 버린 바가 되었으나
> 하나님께는 택하심을 입은 보배로운 산 돌이신 예수께 나아가 (벧전 2:4)

성경에는 예수님을 비유하는 여러 이미지가 있다. 대표적인 것이 양 떼를 인도하시는 목자로서의 예수님이다. 또한 예수님께서 친히 '나는 포도나무요, 너희는 가지다' 비유하시기도 했다. 그런데 베드로는 많은 이미지 가운데 왜 예수님을 하필 돌로 비유했을까? 그 이유를 그의 이름에서 찾을 수가 있다. '베드로'라는 그의 이름이 바로 '돌'이라는 뜻이다. 사도 베드로는 자신의 이름을 걸고 그의 인생을 통해서 경험한 예수 그리스도를 담대히 증언한 것이다.

우린 각자 감당해야 할 인생의 무게를 짊어지고 살아간다. 감당하기 어려운, 아니 감당할 수 없는 그 무거운 짐을 이제는 내려놓아야 한다. 주님 앞에 그 짐을 내려놓을 때, 버릴 것이 무엇인지 깨닫게 될 것이다. 버릴 것은 버리고 다시 일어나 주님과 함께 걸어갈 때, 비록 갈 길이 멀다 할지라도 그 길을 완주하리라 믿는다. 우리의 현실은 막막하지만, 주님이 함께하시기에 여전히 우리에게 소망이 있는 줄로 확신한다.

그리스도인의 삶도 마찬가지다

진정 믿음으로 승리하는 삶을 살려면

먼저 버릴 것을 버려야 한다

48

벧후 1 ~ 유 1

말씀 동행

1일차

2일차

3일차

4일차

5일차

6일차

7일차

부르심과 택하심을 굳게 하라

베드로후서 1:10~11

10 그러므로 형제들아 더욱 힘써 너희 부르심과 택하심을 굳게 하라 너희가 이것
을 행한즉 언제든지 실족하지 아니하리라
11 이같이 하면 우리 주 곧 구주 예수 그리스도의 영원한 나라에 들어감을 넉넉
히 너희에게 주시리라

신약에는 사도 베드로의 이름으로 기록된 책이 두 권 있다. 베드로전서와 베드로후서이다. 기록된 연대로 보면, 주후 60년에서 70년 사이로 신약의 책들 가운데 가장 늦은 편에 속한다. 그중 베드로후서는 전서가 기록된 지 몇 년 지나지 않아 기록되어 두 책의 전반적인 배경은 크게 다르지 않다. 베드로가 말년에 로마에서 오래 머물게 되는데, 그때 네로 황제의 대박해가 있던 시기를 겪으면서 소아시아 일대에 흩어져 사는 성도들을 위해서 기록한 서신들이다. 그런데 이러한 동일한 배경을 가지고 있으면서도 베드로전서와 후서는 그 주제와 기록 목적에서 분명한 차이가 있다.

베드로전서가 박해로 인해서 고난에 처한 성도들의 삶에 초점을 두고 그들에게 거룩한 삶을 살도록 권면하는 '격려의 서신'이라고 한다면, 베드로후서는 그 위기를 틈타서 교회에 침투한 거짓 교사들의 문제에 초점을 두고 복음의 진리를 지켜가도록 권면하는 '경계의 서신'이라고 할 수 있다. 다시 말해 베드로전서가 교회 외부로부터 오는 박해에 대처한 서신이라면, 베드로후서는 교회 내부에서 발생한 거짓 교리와 이단에 대처한 서신이다. 이러한 특징과 더불어 베드로후서가 더욱 의미가 있는 것은 당시 교회만이 아니라 장래의 모든 세대를 염두에 두고 기록한 사도 베드로의 마지막 유언적 서신이라는 사실이다.

베드로후서 1장 12절 이후의 구절들을 보면, 베드로후서를 기록할 당시 베드로는 주님의 계시를 통해 자신의 순교가 임박한 것을 알고 있었다. 죽음을 목전에 둔 상황에서, 이제 곧 자신이 떠난 후에라도 모든 성도가 항상 기억하고 지켜야 할 진리의 교훈을 남기고자 한 것이다. 사도 베드로의 그 간절한 마음이 담긴 베드로후서의 첫 번째 교훈이 바로 이 말씀이다.

> 그러므로 형제들아 더욱 힘써 너희 부르심과 택하심을 굳게 하라
> 너희가 이것을 행한즉 언제든지 실족하지 아니하리라 (벧후 1:10)

실족하지 않는 비결이 바로 여기에 있다. 신앙생활을 하다가 때로 실망하거나 실족할 상황에 있을 때, 이 말씀을 꼭 기억하길 바란다. 예전에는 열심히 했는데 그만 실족해서 지금 교회를 떠나 있는 이가 있다면, 이 말씀으로 꼭 권면하길 바란다. '너희 부르심과 택하심을 굳게 하라' 하나님께서 너희를 부르셨고 택하셨음을 굳게 믿으라는 얘기다. 그런데 사람 때문에 이 고백이 흔들리면, 낙심하게 되고 실족하고 만다. 기독교의 가장 큰 특징 중 하나는 우리가 먼저 하나님께 나아간 것이 아니라 하나님이 우리를 먼저 찾아오셨다는 사실이다. 이것이 바로 성탄의 은혜요, 성육신의 사건이다. 우리가 하나님을 부르기도 전에 하나님은 우리를 먼저 부르셔서 택하셨음을 잊지 말아야 한다. 이것이 바로 하나님께서 주신 귀한 믿음을 실족하지 않고 끝까지 아름답게 지켜갈 수 있는 소중한 비결이다.

그런데 이 말씀에서 좀 의아한 것이 있지 않은가? 부르심과 택하심, 택하심과 부르심, 순서상 어느 것이 맞는다고 생각되는가? 로마서를 보면 사도 바울이 믿음으로 구원을 받는다는 주제를 설명하면서 이와 관련된 순서를 언급한 구절이 있다.

> 또 미리 정하신 그들을 또한 부르시고 부르신 그들을 또한 의롭다 하시고
> 의롭다 하신 그들을 또한 영화롭게 하셨느니라 (롬 8:30)

여기에 그리스도인이 누리는 구원의 과정이 들어있다. 첫째, 미리 정하심. 이것이 바로 하나님의 택하심이다. 그다음이 부르심이고, 그다음이 의롭다 하심과 영화롭게 하심으로 이어진다. 이처럼 믿음으로 구원을 받는

다는 것은 단순히 한 번의 고백이나 극적인 사건으로 되는 것이 결코 아니다. 기독교의 구원은 하나님의 전적인 택하심으로 시작되는 긴 과정이요, 하늘나라에 이르기까지 실족하지 않아야 받을 수 있는 축복이다. 이 과정을 순서로 말하면, 택하심이 부르심보다 먼저이다.

하지만 이 말씀에서 베드로는 부르심을 먼저 언급하고 있다. 바로 여기에서 베드로가 강조하고자 하는 의도를 깨달아야 한다. 택하심은 하나님의 전적인 주권에 의해서 이루어진다. 인간의 생각이나 의지가 반영되는 영역이 아니라는 얘기다. 신학적으로 이것을 '예정'이라고 말하는데, 하나님의 뜻에 따라서 구원이 정해진다는 뜻이다. 구원이 하나님께 속한 것임을 설명하려는 것으로는 타당하다. 하지만 자칫 구원을 단지 예정으로만 생각하게 되면, 인간은 아무것도 할 필요가 없다는 '예정론'에 빠지게 된다. 이미 다 결정되어 있으니 택하심을 받은 인간의 행위나 노력은 아무 의미가 없다고 주장하는 것이다. 그러나 그렇지 않다.

하나님의 택하심은 부르심으로 이어지기 때문이다. 하나님의 부르심은 부르심만으로 끝나지 않는다. 부르심이 택하심과 가장 큰 차이는 인간의 응답을 요구한다는 사실이다. 인간이 하나님 앞에서 그 부르심을 깨닫고 그 부르심에 응답할 때, 하나님의 부르심이 진정 의미가 있게 된다는 뜻이다. 사도 베드로는 그의 마지막 유언적 서신을 시작하면서 가장 첫 번째 교훈으로 바로 이것을 강조하고자 했다. 어떠한 형편에 있든지, 하나님께서 너희를 택하셨고 부르셨음을 굳게 믿고 하나님의 그 부르심 앞에 날마다 응답하는 거룩한 삶을 살아야 한다는 말이다.

또한 말씀에서 우리가 깨달아야 할 것은 하나님의 부르심에는 분명한 목적이 있다는 사실이다. 하나님은 목적 없이, 우리를 그냥 부르시지 않는다. 따라서 하나님의 부르심에는 우리의 응답이 있어야 하는데, 그 응답은 하나님이 우리를 부르시는 목적에 부합해야 한다는 뜻이다. 만일 그 목적에 부합하지 않는다면, 그것은 부르심에 대한 응답이 아니다. 그렇다면 하나님께서 우리를 택하셔서 부르신 목적이 무엇인가? 사도 베드로는 베드로후서를 시작하면서 사실 이것을 먼저 설명했다.

> … 너희가 정욕 때문에 세상에서 썩어질 것을 피하여
> 신성한 성품에 참여하는 자가 되게 하려 하셨느니라 (벧후 1:4)

하나님께서 이 땅에 보내신 예수 그리스도를 통해 하나님이 어떠한 분이신지를 잘 알고, 우리의 삶에서 하나님의 그 거룩한 성품을 나타내는 자가 되라는 말씀이다. 그렇다면 어떻게 세상에서 썩어질 것은 피하고, 신성한 성품에 참여하는 자가 될 수 있을까?

> 그러므로 너희가 더욱 힘써 너희 믿음에 덕을, 덕에 지식을
> 지식에 절제를, 절제에 인내를, 인내에 경건을,
> 경건에 형제 우애를, 형제 우애에 사랑을 더하라 (벧후 1:5~7)

여기에 언급된 요소들 하나하나를 이해하면, 그 순서가 매우 놀랍다. 첫째, 믿음에 덕이 있어야 한다. 그래야 나의 믿음으로 남에게도 유익을 줄 수가 있다. 덕이 없는 믿음은 남을 정죄하고 비판하는 교만에 빠지게 하기 때문이다. 둘째, 지식을 더해야 한다. 여기서 지식은 성경 말씀에 근거한 올바른 이해를 말한다. 모든 것을 덕으로만 해결할 수 없기에 그렇다. 말씀에 대한 지식이 있을 때, 올바른 영적 분별력이 생기는 것이다.

셋째, 절제를 더해야 한다. 지식이 더해졌다고 모든 것을 아는 것처럼 행해서는 안 된다. 정도를 넘지 않도록, 늘 자신을 스스로 통제해야 한다.

그래야 합당한 것은 취하고, 합당치 못한 것은 과감히 버릴 수 있기 때문이다. 넷째, 인내를 더해야 한다. 어려운 것을 참는 것을 말한다. 절제하다 보면, 답답해지고 지치기 쉽다. 그러나 하나님을 신뢰하면서 하나님이 말씀하시고 인도하실 때까지 절제하며 인내하는 자가 되어야 한다. 다섯째, 경건을 더해야 한다. 참는다고 모든 것을 다 절제하고 중단해서는 안 된다. 오히려 하나님을 경외하는 일은 더욱 힘써 확장해야 한다.

여섯째, 형제 우애를 더해야 한다. 하나님을 경외한다고, 가정을 버리거나 형제 관계에 불화를 일으켜서는 안 된다. 믿음에 덕을 더한 자답게 넓은 마음으로 형제를 배려하고 이해하는 자가 되어야 한다. 마지막은 사랑이다. 예수 그리스도께서 우리를 형제자매가 되게 하신 십자가 그 사랑에 감사하며 진정 그 사랑을 우리의 믿음에 더해야 한다.

하나님의 부르심에 합당한 거룩한 삶을 살아가려면, 믿음을 바탕으로 해서 그 위에 이러한 요소들을 잘 더해가야 한다. 나는 예수 믿었으니 무조건 천국행 티켓을 받았다고 생각하면, 큰 오산이다. 하나님은 이 땅에서 의의 열매를 맺으라고 우리를 부르셨다. 만일 그 열매가 우리 삶 가운데 전혀 없다면, 우리는 하나님의 부르심과 상관없이 우리의 정욕대로 살아가고 있다는 증거이다.

하나님의 부르심에 합당한 삶은 단번에 이루어지지 않는다. 잘 감당하다가도 때로는 작은 것 하나에 무너지고 넘어지기도 한다. 그러나 절대 포기하지 말자. 우리를 택하시고 부르신 이가 바로 전능하신 하나님이시기 때문이다. 우리는 부족하고 연약할지라도 늘 우리와 함께하시는 하나님께서 우리의 믿음이 예수 그리스도의 장성한 분량에까지 이르게 하실 것이다.

무엇보다 부르심과 택하심을 굳게 하길 바란다. 하나님께서 우리에게 지혜와 능력을 더하셔서 세상 속에서 거룩한 삶으로 하나님께 온전히 예배하게 하실 것을 믿는다. 하나님 나라 확장에 동참하도록 우리를 인도하실 줄로 믿는다. 소망의 하나님께서 주시는 기쁨과 평강이 하나님의 부르심과 택하심을 굳게 하고, 이에 합당한 삶을 살기로 결단하는 모든 이에게 늘 충만할 것이다.

49

계1~11

말씀 동행

1일차

2일차

3일차

4일차

5일차

6일차

7일차

성령이 에베소교회에 하시는 말씀

요한계시록 2:1~7

1 에베소 교회의 사자에게 편지하라 오른손에 있는 일곱 별을 붙잡고 일곱 금촛대 사이를 거니시는 이가 이르시되

2 내가 네 행위와 수고와 네 인내를 알고 또 악한 자들을 용납하지 아니한 것과 자칭 사도라 하되 아닌 자들을 시험하여 그의 거짓된 것을 네가 드러낸 것과

3 또 네가 참고 내 이름을 위하여 견디고 게으르지 아니한 것을 아노라

4 그러나 너를 책망할 것이 있나니 너의 처음 사랑을 버렸느니라

5 그러므로 어디서 떨어졌는지를 생각하고 회개하여 처음 행위를 가지라 만일 그리하지 아니하고 회개하지 아니하면 내가 네게 가서 네 촛대를 그 자리에서 옮기리라

6 오직 네게 이것이 있으니 네가 니골라 당의 행위를 미워하는도다 나도 이것을 미워하노라

7 귀 있는 자는 성령이 교회들에게 하시는 말씀을 들을지어다 이기는 그에게는 내가 하나님의 낙원에 있는 생명나무의 열매를 주어 먹게 하리라

우리는 그리스도인으로서 주일마다 하나님께 예배를 드릴뿐만 아니라 매일 세상 속에서 우리의 삶으로 신앙을 나타내며 살아간다. 세상은 그런 우리의 모습을 보면서 수시로 우리에게 묻는다.

"너의 그 믿음이 진짜냐?"

이 도전에 두려워하거나 주저하는 모습을 보이면, 그 믿음은 여지없이 세상의 조롱거리가 되고 먹잇감이 되고 만다. 이 시대의 많은 유혹과 눈에 보이지 않는 영적인 싸움 속에서 우리는 어떻게 해야 매일 믿음의 길을 온전히 갈 수 있을까? 어떻게 해야 하나님께서 기뻐하시는 믿음의 공동체가 될 수 있을까?

요한계시록이 기록될 당시, 그리스도인들은 목숨을 걸고 믿음의 길을 가야만 했다. 예수 그리스도를 믿는다는 이유로 온갖 박해와 차별을 받고 죽음을 각오하고 믿어야 했던 이들에게 성령께서 하신 말씀은 무엇이었는가? 놀랍게도 그 고난의 한가운데서 울려 퍼진 하나님의 나팔 소리는 당시 영적으로 깊은 잠에 빠졌던 성도들을 흔들어 깨웠고, 또한 하루하루 힘겹게 믿음을 지켜가던 성도들을 더욱 신실한 일꾼들로 세웠다. 신약성경의 가장 마지막에 있는 요한계시록은 그 위치와 더불어 '계시록'이라는 이름 탓에 흔히 마지막 종말에 관한 책으로만 여기기가 쉽다. 그러나 요한계시록의 말씀은 모든 시대의 성도들, 모든 교회를 위해서 주시는 하나님의 말씀이다.

신약학자인 마이클 고먼(Michael J. Gorman, 1941~)은 〈요한계시록 바르게 읽기〉라는 자신의 책에서 이렇게 말한다.

"요한계시록은 이 세상을 벗어나는 휴거가 아니라 이 세상에서 신실한 제자로 살아가야 할 제자도를 이야기한다."

이런 특징은 요한계시록을 시작하는 처음 세 장에서부터 잘 나타난다. 사도 요한은 예수 그리스도의 계시를 선포하면서 먼저 성령에 감동해 듣게 된 큰 음성에 따라서 그가 본 것을 두루마리에 써서 일곱 교회에 보내게 된다. 성경에 그 일곱 교회의 이름이 기록돼 있다.

> 이르되 네가 보는 것을 두루마리에 써서
> 에베소, 서머나, 버가모, 두아디라, 사데, 빌라델비아, 라오디게아 등
> 일곱 교회에 보내라 하시기로 (계 1:11)

이 일곱 교회는 지금의 터키 서쪽 지역에 해당하는 당시 소아시아 지역에 있던 교회들이었다. 그러니 이 말씀은 고난과 핍박 가운데서 믿음의 길을 가야 했던 당시 성도들에게 주신 주님의 귀한 응답이었다. 그러나 성령이 교회들에 하신 말씀은 거기에만 머물러 있지 않다. 성경에서 '일곱'은 완전을 상징하는 숫자이다. 이 일곱 교회는 그 땅에 있던 당시 교회들만이 아니라 지금 이 땅에 존재하고 있는 이 시대의 교회들, 그리고 앞으로 세워질 주님의 모든 교회를 의미한다.

일곱 말씀 가운데 첫 번째 말씀은 에베소 교회에 주신 말씀이다. 당시 에베소는 로마 제국에서 네 번째로 큰 도시였고, 정치와 경제, 사회적으로 매우 영향력이 있었다. 역사 기록에 따르면, 주후 96년에 에베소의 인구는 약 22만 명 정도로 당시로는 세계적인 규모의 도시였다. 약 2만 5천 명을 동시에 수용할 수 있는 원형극장도 있을 정도였으니 말이다. 종교적으로 에베소는 수많은 종교의 집산지였고, 황제 숭배의 중심지였다. 다산과 풍요의 신인 아데미 여신을 숭배하는 이들도 많았다. 사도행전 19장에 보면 바울이 에베소에서 전도할 때 소동이 일어났던 이야기가 기록돼 있다. 바

울을 통해서 예수를 믿는 사람들이 점점 늘어나자 아데미 신상을 판매하는 사람들이 경제적인 손실을 보면서 발생한 사건이었다. 그만큼 당시 에베소에는 우상을 숭배하는 자들, 거짓 가르침을 전하는 이들이 많았다.

그러나 에베소교회는 그런 상황 속에서도 많은 사역을 감당했고, 하나님 나라의 일에 적극적으로 참여했다. 심한 박해 속에서도 에베소교회 성도들은 예수를 부인하지 않았고, 말씀을 향한 충성과 인내가 변하지 않았다. 또한 거짓 교사들을 시험해서 그 거짓을 다 드러낼 정도로 신앙의 정통성을 지키는 일에도 최선을 다했다. 그래서 예수님은 이런 에베소교회를 칭찬하셨다. 이 정도로 칭찬받는다면 참 귀하고 훌륭한 교회가 아닌가?

그런데 예수님은 에베소교회가 한 가지 부족한 점이 있다고 책망하시면서 그것이 이 모든 칭찬받을 만한 일보다 더 중요하다고 말씀하신다. 그것이 과연 무엇일까?

> 그러나 너를 책망할 것이 있나니 너의 처음 사랑을 버렸느니라 (계 2:4)

주님께서 가장 중요하게 여기시는 것은 바로 '처음 사랑'이다. 일곱 별을 붙잡고 일곱 교회 사이로 다니시는 주님은 우리 영혼의 상태를 누구보다 잘 아신다. 에베소 교인들에게는 칭찬할 행위가 많았지만, 그 중심에 문제가 있음을 꿰뚫어 보고 계셨다. 에베소교회는 주님이 가장 귀하게 보시는 것 한 가지만 빼고는 모든 것을 다 갖추고 있었다. 그 한 가지가 바로 '처음 사랑'이다. 처음 사랑을 잃어버린 에베소 교인들의 마음은 차갑게 식어버렸다. 사랑이 식어버린 채로 그저 습관적으로 수고하고 인내하며 지낸 것이다.

20세기 최고의 설교자 가운데 한 사람이었고, 현대 기독교 지성을 대표하는 신약학자였던 존 스토트(John Stott, 1921~2011)는 살아있는 참 교회의 첫 번째 지표는 '사랑'이라고 말했다. 그는 〈예수님이 이끄시는 교회〉라는 자신의 책에서 이렇게 말한다.

"사랑으로 부드러워지지 않은 진리는 냉혹해진다."

"첫 사랑의 환희가 살아있는 교회는 날마다 성장한다."

사랑의 감격이 식어버리면, 하나님의 놀라운 사랑에도 반응하지 않게 된다. 그러면 결국 사랑 없이 수고하는 교회로 전락하고 만다. 우리 안에 사랑이 없으면, 결국 모든 사역은 생명력을 잃게 된다. 그래서 사도 바울이 감옥에서 에베소서를 쓰면서 남긴 마지막 말이 바로 '사랑'이다. 이것은 다른 것은 필요 없다는 뜻이 아니다. 이 사랑 위에 모든 것이 세워져야 한다는 뜻이다.

놀라운 사실은 이런 사랑 없이도 우리가 수고할 수 있고, 사랑 없이도 인내할 수 있다는 사실이다. 즉 주님과의 처음 사랑을 버렸다는 말은 주님 없이 살아간다는 뜻이 아니다. 주님만큼 사랑하고 주님으로 인해서 기뻐하던 것만큼 다른 것들이 내 마음속 여기저기에 자리를 잡았다는 뜻이다. 그러니 이제는 주님 한 분만으로 만족하지 못한다. 주님이 나의 전부가 아니기 때문이다.

예수님은 에베소교회 성도들을 책망하신 후에 이어지는 말씀에서 처음 사랑을 회복할 방법을 알려주신다.

> 그러므로 어디서 떨어졌는지를 생각하고 회개하여 처음 행위를 가지라 …
> (계 2:5)

처음 사랑을 회복하기 위해서 우리가 무엇을 해야 하는가? 세 가지를 말씀하신다.

첫째, '어디서 떨어졌는지를 생각하라' 이것은 주님께서 우리의 삶을 그동안 어떻게 인도하셨는지를 돌아보고 기억하라는 뜻이다. 영어로 말한다면, Remember다. 둘째, '회개하라'는 주님과의 사랑의 관계를 막고 있는 죄가 기억난다면, 지금 하나님 앞에 나아가 전심으로 고백하고 뉘우치라는 뜻이다. 영어로 말한다면, Repent다. 셋째, '처음 행위를 가지라'는 처음 주님을 사랑할 때 했던 행동을 다시 해보라는 뜻이다. 영어로 말한다면, Re-do, 다시 시작하라는 말이다.

'Remember, Repent, Re-do'

하나님께서 인도하신 지난날을 기억하고, 지금 주님과의 사랑을 막고 있는 것이 있다면 당장 그것을 끊어내자. 그리고 처음 주님을 사랑했을 때 했던 그 행동을 다시 시작하자. 반드시 성령께서 그리스도를 향한 '처음 사랑'을 다시금 회복시켜 주실 것이다.

그런데 만일 회개하지 않고, 그 사랑을 회복하지 않으면 어떻게 될까?

> … 만일 그리하지 아니하고 회개하지 아니하면
> 내가 네게 가서 네 촛대를 그 자리에서 옮기리라 (계 2:5)

'네 촛대를 그 자리에서 옮기리라' 이 말씀의 의미가 무엇일까? 우리의 신앙생활에 사랑이 없으면, 형식만 남는 종교 행위가 된다. 예배를 드리고 성도의 의무는 감당할지 모르지만, 그 안에 생명력이 없고 빛이 없는 빈 껍데기만 남는다는 얘기다. 그래서 신앙의 연륜이 더할수록 이것을 경계하고, 날마다 우리 안에 주님의 사랑을 가득 채워야 한다.

'처음 사랑'을 회복하라는 말씀은 단순히 감정적인 느낌만을 이야기하는 것이 아니다. 처음 사랑은 내 마음을 상대방에게 전부 다 주는 상태를 뜻한다. 주님께서 말씀하시는 처음 사랑은 단지 감정적 느낌의 차원이 아니라 상대방을 자신의 전부로 생각하는 마음이다. 따라서 예수님께서 처음 사랑을 말씀하신 것은 지금 우리의 마음에 가장 소중한 이가 누구인지에 관한 질문이다.

어떤가? 지금 주님께 마음 전부를 다 드리고 있는가? 만일 그렇지 못하다면 칭찬받은 어제는 있지만, 오늘의 신앙생활에는 살아있는 생명력이 없다는 뜻이다. 그 삶에 더는 빛이 나지 않고, 예수의 향기가 나지 않는다는 얘기다. 이것이 바로 '회개하지 않으면 네 촛대를 그 자리에서 옮기리라' 하신 말씀의 뜻이다. 아무리 많은 것을 가져도 우리의 삶에서 예수의 향기가 나지 않고 살아있는 생명력이 없다면, 하나님 앞에서 의미 없는 삶이 되고 만다.

반면에 주님과의 사랑을 회복하는 사람에게는 생명나무의 열매를 주어 먹게 하겠다고 약속하신다.

> … 이기는 그에게는 내가 하나님의 낙원에 있는
> 생명나무의 열매를 주어 먹게 하리라 (계 2:7)

창세기에 등장했던 생명나무가 요한계시록에 다시 등장한다. 성경의 처음과 마지막에 등장하는 것이다. 처음 창조 때의 생명나무는 에덴동산의 한가운데 있었지만, 인간의 죄 때문에 감히 접근하지 못하게 되었다. 그러나 이제 예수님의 십자가 사랑으로 인해서 그 보혈의 능력으로 말미암아 그 길이 활짝 열리게 된 것이다. 예수님께서 친히 우리의 생명나무가 되셨기 때문이다. 그 은혜로 인해 우리는 매일 생명나무의 열매를 먹을 수 있게 됐다. 그저 전심으로 주님께 나아가기만 하면 된다.

에베소교회는 많은 사역을 감당했고, 말씀을 향한 충성과 인내도 있었고, 신앙의 정통성을 지키는 분별력도 있었다. 하지만 사랑이 약했다. '믿음, 소망, 사랑 중에 제일은 사랑'이라고 하신 말씀처럼 하나님이 원하시는 교회는 하나님에 대한 사랑이 절대 변하지 않고 날로 커지는 교회이다. 하나님이 원하시는 성도는 주님을 사랑하는 마음이 식지 않고 '처음 사랑'이 날로 깊어져 가는 성도이다.

하나님을 향한 사랑이 우리 마음에 언제나 가득하기를 바란다. 두 마음을 품지 말고, 우리의 마음에 주님을 향한 사랑만이 가득해야 한다. 그렇지 않다면 기억하고 회개하고 다시 시작하자. 처음 사랑을 회복함으로 하나님을 기쁘시게 하고, 그 사랑으로 이웃을 섬기는 이 시대 진정한 사랑의 사도들이 되길. 그 순전한 걸음을 마음 다해 응원한다.

하나님이 원하시는 성도는

주님을 사랑하는 마음이 식지 않고

처음 사랑이 날로 깊어져 가는 성도이다

50

계 12~22

말씀 동행

1일차

2일차

3일차

4일차

5일차

6일차

7일차

그리스도의 승리

요한계시록 19:11~21

11 또 내가 하늘이 열린 것을 보니 보라 백마와 그것을 탄 자가 있으니 그 이름은 충신과 진실이라 그가 공의로 심판하며 싸우더라

12 그 눈은 불꽃 같고 그 머리에는 많은 관들이 있고 또 이름 쓴 것 하나가 있으니 자기밖에 아는 자가 없고

13 또 그가 피 뿌린 옷을 입었는데 그 이름은 하나님의 말씀이라 칭하더라

14 하늘에 있는 군대들이 희고 깨끗한 세마포 옷을 입고 백마를 타고 그를 따르더라

15 그의 입에서 예리한 검이 나오니 그것으로 만국을 치겠고 친히 그들을 철장으로 다스리며 또 친히 하나님 곧 전능하신 이의 맹렬한 진노의 포도주 틀을 밟겠고

16 그 옷과 그 다리에 이름을 쓴 것이 있으니 만왕의 왕이요 만주의 주라 하였더라

17 또 내가 보니 한 천사가 태양 안에 서서 공중에 나는 모든 새를 향하여 큰 음성으로 외쳐 이르되 와서 하나님의 큰 잔치에 모여

18 왕들의 살과 장군들의 살과 장사들의 살과 말들과 그것을 탄 자들의 살과 자유인들이나 종들이나 작은 자나 큰 자나 모든 자의 살을 먹으라 하더라

19 또 내가 보매 그 짐승과 땅의 임금들과 그들의 군대들이 모여 그 말 탄 자와 그의 군대와 더불어 전쟁을 일으키다가

20 짐승이 잡히고 그 앞에서 표적을 행하던 거짓 선지자도 함께 잡혔으니 이는 짐승의 표를 받고 그의 우상에게 경배하던 자들을 표적으로 미혹하던 자라 이 둘이 산 채로 유황불 붙는 못에 던져지고

21 그 나머지는 말 탄 자의 입으로부터 나오는 검에 죽으매 모든 새가 그들의 살로 배불리더라

1998년, 마이클 베이(Michael Benjamin Bay, 1965~) 감독의 SF재난영화가 큰 흥행을 이뤘다. 영화의 제목은 '아마겟돈'. 지구에 소행성이 충돌할 위기가 닥쳐와 이를 막으려는 과정을 담은 영화였다. 아마겟돈은 '하르마게돈'이라는 고대 그리스어와 같은 의미로 세상의 종말에 일어날 것으로 예언된 최후의 전투가 일어나는 장소이다. 기독교에서 유래된 단어지만 일반적인 세상의 종말을 말할 때도 쓰인다.

그 마지막 전쟁이 바로 요한계시록 19장에 등장한다. 그런데 아마겟돈 전쟁이라고 해서 지금까지와는 다른 어떤 특별하고 엄청난 사건이 벌어진다거나 우리가 미처 예상치 못한 극적인 반전이 일어나지 않는다. 오히려 아주 싱겁게 끝나고 만다. 왜일까? 싸우기도 전에, 이미 그 승패가 결정된 전쟁이기 때문이다. 이 마지막 전쟁을 주님께서는 어떻게 승리하셨을까?

> 또 내가 하늘이 열린 것을 보니
> 보라 백마와 그것을 탄 자가 있으니 그 이름은 충신과 진실이라
> 그가 공의로 심판하며 싸우더라 (계 19:11)

마지막 전쟁은 '백마와 그것을 탄 자'의 등장으로 시작한다. 여기서 '백마를 탄 자'가 누구를 나타낼까? 바로 예수 그리스도다. 그의 등장과 함께 이름과 행함을 소개하고 있다. '그의 이름은 충신과 진실이라'. '충신'은 한결같음을 말하고, '진실'은 거짓이 없음을 뜻한다. 이어서 '그가 공의로 심판하며 싸우더라'라고 소개하는데, '공의'는 사사롭게 행하지 않음을 강조하는 것이다. 충신, 진실, 공의 이 모두는 거룩하신 하나님의 속성을 나타내는 것들이다. 이러한 소개와 설명이 있기에 여기서 말하는 백마 탄 자를 예수 그리스도라고 알 수 있다. 그런데 백마 탄 자라고 무조건 예수 그리스도라고 여겨서는 안 된다. 앞서 '백마 탄 자'가 등장했었다. 바로 어린

양이 첫 번째 봉인을 떼었을 때다.

> 내가 보매 어린 양이 일곱 인 중의 하나를 떼시는데
> 그 때에 내가 들으니 네 생물 중의 하나가 우렛소리 같이 말하되 오라 하기로
> 이에 내가 보니 흰 말이 있는데 그 탄 자가 활을 가졌고
> 면류관을 받고 나아가서 이기고 또 이기려고 하더라 (계 6:1~2)

여기서 백마를 탄 자는 사탄이다. 예수 그리스도가 아니다. 흰색, 붉은 색, 검은 색, 청황색 이렇게 네 가지 말의 환상 가운데 등장하는 한 종류로서의 흰 말이다. 잘 구별해야 한다. 19장의 말씀에서야 백마를 탄 자로서의 예수 그리스도가 요한계시록에 처음 등장하는 것이다. 이어지는 말씀에서 백마를 탄 예수 그리스도의 모습을 더 자세히 묘사한다.

> 그 눈은 불꽃 같고 그 머리에는 많은 관들이 있고
> 또 이름 쓴 것 하나가 있으니 자기밖에 아는 자가 없고
> 또 그가 피 뿌린 옷을 입었는데 그 이름은 하나님의 말씀이라 칭하더라
> (계 19:12~13)

'불꽃 같은 눈'이라는 표현은 우리도 많이 듣고 사용하는 구절이다. 여기만이 아니라 사도 요한이 처음 1장에서 일곱 금 촛대 사이로 처음 인자를 보았던 첫 번째 환상을 설명할 때도 '그의 눈은 불꽃 같다'라고 이미 소개한 바가 있다. 그다음으로 '그 머리에는 많은 관들이 있다' 설명한다. 그런데 앞서 6장에서도 흰 말을 탄 사탄도 승리를 의미하는 '면류관'을 가졌다. 사탄은 그다음 어떻게 하는가? 면류관을 가지고도 '나아가서 이기고 또 이기려고 하더라' 많은 관을 가짐으로써 사람들에게 자신을 더 드러내고 나타내고자 한다는 뜻이다.

그런데 19장에 기록된 백마를 탄 자, 예수 그리스도의 모습은 어떠한가? 많은 관들이 있는데 거기에 이름을 쓴 것은 하나밖에 없고, 그마저도 자기밖에는 그 쓴 것을 아는 자가 없다고 말한다. 즉 사람들에게 자신을 드러내고자 하는 것이 아니라는 뜻이다. 여기서 보이는 예수 그리스도의 이름은 '자기밖에 아는 자가 없는 이름'이다. 머리에 쓰신 그 관들이 자신을 드러내고자 하는 것이 아니라는 얘기다. 이를 통해서도 적그리스도의 세력과 구별되게 하신다. 그렇다면 그 '이름 쓴 것 하나'는 뭐였을까? 바로 '하나님의 말씀'이다. 하나님의 말씀을 통해서 백마를 탄 자, 예수 그리스도가 어떤 분인지를 우리가 알 수 있다는 뜻이다.

또한 백마를 탄 자가 입고 있는 옷도 묘사하는데, '그가 피 뿌린 옷을 입었다' 피 뿌린 옷이라고 하면, 그 옷이 어떻다고 상상되는가? 흔히들 '옷에다가 피를 몇 방울 정도 뿌렸겠구나.' 생각하게 된다. 그러나 원문을 보면, 그 정도가 아니다. 이 옷은 피로 완전히 적셔진 옷을 말한다. 피에 완전히 담가졌다가 꺼내진 옷이다. 누구의 피에 담가진 것이겠는가? 바로 주님 자신의 십자가에서 쏟은 피, 우리를 구원하시기 위해 친히 십자가에 달려 흘리신 그 피이다. 그 피에 젖은 옷을 입고 나타나셨다는 말이다.

이 말씀은 주님의 그 십자가 보혈이 적그리스도의 세력을 완전히 물리치고 우리에게 영원한 승리를 주시는 것임을 보여주신다. 오늘도 우리가 사탄의 세력을 물리쳐 이길 수 있는 최고의 무기는 바로 '어린 양의 피'와 '하나님의 말씀'이다. 하나님의 어린 양이 십자가에서 흘리신 그 대속의 피로 말미암아 사탄은 치명타를 입고 하늘에서 쫓겨났다. 그리고 이 땅에서 벌어지는 최후의 전쟁에서도 마찬가지다. 그래서 백마를 탄 주님께서 십자가의 피에 적신 옷을 입고 등장하시는 것이다. 이런 주님의 뒤 따라서 하늘에 있는 군대들이 등장한다.

> 하늘에 있는 군대들이 희고 깨끗한 세마포 옷을 입고 백마를 타고
> 그를 따르더라
> 그의 입에서 예리한 검이 나오니 그것으로 만국을 치겠고
> 친히 그들을 철장으로 다스리며
> 또 친히 하나님 곧 전능하신 이의 맹렬한 진노의 포도주 틀을 밟겠고
> 그 옷과 그 다리에 이름을 쓴 것이 있으니
> 만왕의 왕이요 만주의 주라 하였더라 (계 19:14~16)

이들은 '희고 깨끗한 세마포 옷'을 입고 있다. 언뜻 보면 전쟁에 나가는 자의 복장으로는 잘 어울리지 않다고 느껴진다. 차라리 튼튼한 갑옷 같은 것을 입어야 맞지 않나 싶다. 그러나 이들이 입은 이 '세마포 옷'은 주님께서 입으신 '피로 적신 옷'과 밀접하게 연관돼 있다. 구원받은 자들이 입는 옷이 바로 '어린 양의 피에 씻어서 희게 된 것'이다. 하늘의 군대도 마찬가지임을 알 수 있다. 그들은 옷 이외의 다른 무기를 전혀 갖고 있지 않다. 마지막 전쟁인데, 여기서 그들이 하는 일이 뭔가? 백마를 탄 예수 그리스도를 '뒤에서 따르는 것', 이것뿐이다.

15절에서 언급되는 무기인 '그의 입에서 예리한 검이 나오니' 이것은 물론 하나님의 말씀을 뜻한다. 그리고 철장을 가지고 친히 그들을 다스리시고 진노의 포도주 틀을 밟으신다. 이런 주님의 무기보다 여기서 강조하는 것은 바로 주님의 또 다른 이름이다. 그의 옷과 다리에 쓰여 있는 이름. 무엇인가? '만왕의 왕, 만주의 주' 헨델의 〈할렐루야〉 합창 끝부분에 등장하는 노랫말이 바로 여기서 온 것이다. '왕의 왕, 주의 주'를 계속 반복하며 찬양하는데, 아마겟돈 전쟁은 인류멸망의 전쟁이 아니라 예수 그리스도만이 진정한 왕이시고 진정한 주님이심을 선포하는 것이다.

순서상으로 보면, 이제 곧 마지막 전쟁이 벌어지기 직전이다. '백마를 탄 자'가 등장했고, 그를 따르는 '백마를 탄 하늘의 군대'가 등장했다. 그런데 어떤가? 최후의 전쟁을 앞둔 엄청난 긴장감이 느껴지는가? 사실 전쟁이 닥쳤다고 말하지 않으면 전쟁인지 아닌지 잘 모를 정도로 그리스도와 적그리스도 간의 어떤 긴장감도 없다. 즉 승부의 추가 이미 기울어진 그런 상황임을 전하고 있다. 전쟁은 아직 본격적으로 시작되지도 않았는데, 한 천사가 나타나서 그리스도의 승리를 선언한다.

> 또 내가 보니 한 천사가 태양 안에 서서
> 공중에 나는 모든 새를 향하여 큰 음성으로 외쳐 이르되
> 와서 하나님의 큰 잔치에 모여
> 왕들의 살과 장군들의 살과 장사들의 살과 말들과
> 그것을 탄 자들의 살과 자유인들이나
> 종들이나 작은 자나 큰 자나 모든 자의 살을 먹으라 하더라 (계 19:17~18)

한 천사가 나서서 공중에 나는 모든 새들을 '하나님의 큰 잔치'에 초대하는데, 이 잔치의 음식은 마지막 전쟁에서 죽임을 당한 이들의 살이다. 새들이 죽은 자들의 시체로 배불리 먹도록 초대한다는 말씀이다. 이와 같은 초대는 앞서 구약의 에스겔 선지자를 통해 이스라엘을 대적하는 곡의 연합군에게 선포하셨던 말씀을 떠올리게 한다.

> 주 여호와께서 이같이 말씀하셨느니라
> 너 인자야 너는 각종 새와 들의 각종 짐승에게 이르기를 너희는 모여 오라
> 내가 너희를 위한 잔치 곧 이스라엘 산 위에 예비한 큰 잔치로
> 너희는 사방에서 모여 살을 먹으며 피를 마실지어다 (겔 39:17)

이 예언의 말씀이 드디어 역사의 종말에 적그리스도 세력과의 마지막

전쟁에서 그대로 성취되는 것이다. 그렇다면 이 마지막 전쟁은 어떻게 진행되는가?

> 또 내가 보매 그 짐승과 땅의 임금들과 그들의 군대들이 모여
> 그 말 탄 자와 그의 군대와 더불어 전쟁을 일으키다가
> 짐승이 잡히고 그 앞에서 표적을 행하던 거짓 선지자도 함께 잡혔으니
> 이는 짐승의 표를 받고 그의 우상에게 경배하던 자들을 표적으로
> 미혹하던 자라
> 이 둘이 산 채로 유황불 붙는 못에 던져지고
> 그 나머지는 말 탄 자의 입으로부터 나오는 검에 죽으매
> 모든 새가 그들의 살로 배불리더라 (계 19:19~21)

사탄의 분신인 '짐승'이 이끄는 적그리스도 연합군이 선제공격해 오지만, 이 전쟁은 시작하자마자 끝나버린다. 짐승이 잡히고, 그 앞에서 표적을 행하던 거짓 선지자도 잡힌다. 이 둘은 산 채로 유황불 붙는 못에 던져지고, 나머지 그들의 군대는 주님의 입으로부터 나오는 검에 다 죽게 된다. 그러자 그 자리에 초대받아 와있던 모든 새들이 그들의 살을 배불리 먹는다고 기록돼 있다.

이렇게 마지막 아마겟돈 전쟁이 끝나버린다. 뭔가 강 대(VS) 강으로 맞서는 긴장감 넘치는 장면을 기대했다면, 시시할 정도다. 하나님을 믿는 우리는 이제부터라도 분명히 알고 전해야 한다 사탄의 수하에 있는 적그리스도의 세력이 하나님과 대등하게 맞서 싸울 거라는 그 생각 자체가 잘못됐다는 사실을 말이다. 사탄의 세력은 처음부터 우리 주님과 감히 맞설 수 있는 상대가 아니다. 그런데 하나님은 왜 악한 사탄이 세상에서 활개 치고 사람들을 넘어뜨리도록 두시는가? 그것은 단지 마지막 때까지 한 영혼이라도 더 구원하시기 위해 하나님이 조금 더 기다려 주시는 것뿐이다. 하나

님이 사탄의 세력에 밀려서 뒤로 물러나 계시는 것이 아니라는 말이다. 그러니 하나님이 기다려 주시는 동안 우리는 이것을 바로 깨닫고 아직 사탄에 빠진 이들에게 길이요 진리요 생명이신 예수 그리스도를 전해야 한다.

하나님이 정하신 때에, 사도 요한을 통해 보여주신 이 말씀대로 그 모든 상황이 순식간에 다 이루어질 것이다. 반드시 그럴 것이다. 그날까지 오직 하나님께 소망을 두고, 말씀과 기도로 모든 환난을 이겨내는 이 시대의 거룩한 사명자로 당당히 살아내길. 전심으로 응원하고 기도한다.

만왕의 왕이요 만주의 주라 하였더라

-계 19:16-

스토리 성경통독 ONE

2023년 10월 31일 1판 1쇄 펴냄

지은이 김형래
펴낸이 정양호
펴낸곳 도서출판 예수전도단
그레이스 미디어(주)
출판 등록 1989년 2월 24일(제2-761호)
주소 서울특별시 강서구 양천로 424
가양역 데시앙플렉스 지식산업센터 530호
전화 02-6933-9981 · **팩스** 02-6933-9989
이메일 ywampubl@gracemedia.co.kr
홈페이지 www.ywampubl.com

ISBN 978-89-5536-636-5